浦崎直浩 著

公正価値会計

東京 森山書店 発行

ま え が き

　本書『公正価値会計』は，会計的認識領域の拡大を測定・伝達面に関連させて総合的に展開した基礎理論研究である。公正価値会計とは，伝統的な期間損益計算の枠組では把握されえない事実関係を，公正価値による測定を介して数関係に写像し，これを利害関係者に伝達するシステムとして捉えている。

　証券・金融市場のグローバル化が進む中で，公正価値評価の対象は，今や，金融商品の一部から全体へと伸展し，さらに有形資産の評価に及ぶとともに，ブランドやビジネスモデルといった無形資産にまで拡大しつつある。それゆえに，公正価値会計に対する社会的な役割期待は多大なものがあり，公正価値会計の首尾一貫した体系化が求められている。

　周知のように，金融の自由化・国際化は，為替，金利，価格等のリスクエクスポージャーを増大させ，リスク管理という新たな経営課題を引き起こした。経営者は，種々のリスクに対処するために，リスク管理の手段としてデリバティブ取引を積極的に活用するようになり，デリバティブ市場が急速に拡大し発展することとなった。さらに，金融市場の変動が景気変動の主因とみなされるに至り，実物経済から金融経済へと経済の機軸がシフトしたと例えられるようになった。

　このような金融主導型の経済環境の中で，日本の上場企業の総資産に占める金融資産の保有割合は，平均で5割を超え，この比率が6割を超える業種は全業種のほぼ3分の1に達している。また，製造業であっても金融資産比率が80パーセントを超える企業が存在する。しかも，6割強の企業が何らかのデリバティブを利用してリスクヘッジを行っているという実態が明らかとなっている。したがって，現代会計の資産評価問題とは，まさに金融資産の評価問題であるということができる。

このような環境変化は，伝統的な取得原価主義会計の理論的限界を露呈させた。すなわち，取得原価主義会計は，デリバティブ取引について，決済後の事後的な損益情報しか提供できないことから，投資・与信の意思決定にとって妥当性をもたないことが問題となり，公正価値会計の生成を促したのである。取得原価主義会計は，もともとプロダクト型市場経済を前提に精緻化された理論の体系であり，ファイナンス型市場経済に対して適合する余地はなかったのである。ファイナンス型市場経済を背景として生成した公正価値会計は，利害関係者の経済的意思決定にとって有用な情報の提供を目的として，説明責任の範囲を貨幣資本の管理運用プロセスを取り巻く環境へと拡大し，環境条件の変化（市場のボラティリティ）を取り込んだ情報を提供するという行き方を取るところにその特長がある。

本研究は，如上のような環境変化と事実認識に基づいて，次に掲げる5部で構成されている。

第1部　公正価値会計の生成基盤
第2部　公正価値会計における認識の基底
第3部　公正価値会計の測定フレームワーク
第4部　公正価値会計の報告モデル
第5部　金融リスク管理と公正価値会計の実態

第1部は，公正価値会計の生成を促した環境変化に関する筆者の認識を示したものである。これを受けて，第2部では，デリバティブに代表される未履行契約の認識のメカニズムを解き明かし，会計的認識領域が拡張されることを理論的に証明している。第3部では，公正価値会計における資本維持と利益測定の問題を論じ，金融資産と金融負債の公正価値による測定と包括利益の意義を闡明にしている。さらに，公正価値会計の適用形態の一つであるヘッジ会計の概念モデルを提示し，設例を用いた具体的な分析を行っている。第4部では，公正価値による測定結果をどのように伝達するかについてその報告モデルを提示している。最後に，第5部は，公正価値会計に関するアンケート調査に基づいて日本企業におけるリスク管理と公正価値会計の実態を明らかにしている。

このように，本研究は，金融の自由化・国際化に起因する会計的認識，測定，報告をめぐる諸問題を理論的，実証的に講究することを通じて，公正価値会計という新たな会計領域の体系化を試みたものである。公正価値会計は，企業のリスク管理の顛末を明らかにし，その結果としての財務業績を評価することに役立つ情報の提供を目的とするものである。これを手続的にいうならば，公正価値会計は，金融財を中心とした経済事象を対象に，資産負債アプローチに基づく公正価値を基礎とする測定手続きを適用し，リスク管理や財務業績に関する包括的な写像結果を利害関係者に伝達するシステムであるといえる。

　ところで，本書の内容は，大学院時代から今日までその時々に個人的な関心でまとめてきた論文，ならびに，日本会計研究学会や日本簿記学会のいくつかの委員会で行った研究が本書の骨格をなしている。これらの論文を公正価値会計という視座から，加筆と修正を行い体系づけたものである。また，測定に関する二つの章は新たに書き下ろしたものである。

　このような形で研究をまとめることができたのは，ひとえに恩師武田隆二先生（大阪学院大学教授・神戸大学名誉教授）のご指導によるものである。どのように研究を進めていくか思い悩んでいたとき，進むべき道筋に光を当ててくれたのが武田学説である。本書をまとめ終えるにあたって，そびえ立つ山に登るようなものだったという感想を申し上げたところ，武田先生から「それは小さい山ですよ」と諭されたことがある。本書は，研究の一里塚であり，つたない成果ではあるが，これからなお一層精進することによって先生の御恩に報いたいと思う。

　また，公正価値会計の問題に取り組む直接的な切っ掛けを与えて下さったのは，古賀智敏先生（神戸大学教授）である。メルボルン大学での在外研究を終えて帰国したとき，それまでやっていた諸外国の会計概念フレームワークを題材とした基礎研究をベースに，個別問題，とりわけデリバティブの認識および測定に関する研究を行うことの重要性を説いて下さった。さらに，河﨑照行先生（甲南大学教授）からは，近年の情報通信技術の発展がディスクロージャーに及ぼす影響を考慮した情報開示について考究する必要性のあることをご教示

いただいた。公正価値会計は，認識および測定に関する諸問題の解明のみならず，測定結果の効果的な伝達が行われてはじめて完全な体系になるものと考えている。その意味で，筆者は恵まれた研究環境にあった。

言うまでもなく，本書の研究は，筆者個人のアイデアや能力のみでなしえたものではない。興津裕康先生（近畿大学教授）は，日頃より励ましの言葉をいただくとともに，筆者の研究を評価され後押しして下さった。土方久先生（西南学院大学教授）からは未履行契約の認識問題を検討する機会をいただいた。中野常男先生（神戸大学教授）からは，綿密な文献渉猟に基づいて議論を展開することの重要性を学んだ。また，高須教夫先生（神戸商科大学教授）および藤井秀樹先生（京都大学教授）は，FASB 概念フレームワークの研究を行う機会を与えて下さり，桜井久勝先生（神戸大学教授）は，大学院の講義等を通じて理論構築における実証研究の意義をご教示下さった。筆者の属する財務会計研究会の先生方からは，本書を構成するそれぞれの論文を報告するたびに建設的な貴重なご教示をいただいた。

また，本書は，海外の研究者との交流を通じて積み重ねた研究成果が反映されている。とりわけ，メルボルン大学留学時のセミナー報告やその後の共同研究を通じて，筆者の理論研究を対極的な視点から見直すことができた。Keith Houghton 先生（メルボルン大学教授）をはじめとして，故 Peter Brownell 先生（メルボルン大学教授），Kevin Davis 先生（メルボルン大学教授），Peter Drysdale 先生（オーストラリア国立大学教授，豪日研究センター所長），Tim Brailsford 先生（オーストラリア国立大学教授，経済商業学部長），Richard Heaney先生（オーストラリア国立大学），Alfred Tran 先生（オーストラリア国立大学），Cecilia Lambert 先生（グリフィス大学），Chris Lambert 先生（サンシャインコースト大学）の諸先生方に対して深く謝意を表するものである。

さらに，学部時代の恩師豊岡隆先生（琉球大学名誉教授）からは郷里沖縄に帰省するたびに励ましの言葉をいただいている。筆者の勤務する近畿大学商経学部の上野秀夫学部長からは，快適な研究環境となるようご配慮を賜った。商経学部のスタッフからも多くの激励とご教示をいただいている。また，校正の

最後の段階で近畿大学大学院興津裕康ゼミナールと筆者のゼミナールに所属する学生諸君の協力を得ることができた。心より御礼を申し上げたい。

なお，本書は，科学研究費補助金奨励研究（平成10年・11年），同基盤研究C(2)（平成12年・13年・14年），近畿大学学内研究助成金（奨励，平成12年）による研究成果である。また，出版に当たっては，近畿大学学内研究助成金（刊行，平成14年）を受けた。記して感謝申し上げる次第である。

また，本書は，森山書店代表取締役菅田直文氏の心温まる励ましがなければ，完成には至らなかった。菅田社長は，側面から研究の厳しさをご示唆いただいた。今でもその言葉が心に響いている。

最後に，私事にわたるが，郷里を離れて生活することを許し，筆者の成長を見守っている父直彦と母頼子に感謝の気持ちを伝えたい。また，筆者の仕事を理解し常に心の支えとなってくれた妻江美にも感謝の言葉はつきない。長男直将の無垢な笑顔に何度となく元気づけられた。

このように本書の研究は，多くの方々のご理解とご支援によってできあがったものである。今後なお一層精進することによって本書の研究を発展させ，これらの方々の期待に応えていきたいと思う。

　　　　　　　　　平成14年4月　若葉映える小若江キャンパスにて

　　　　　　　　　　　　　　　　　浦　崎　直　浩

目　次

序　章　公正価値会計の視座 …………………………………… *1*

　第1節　公正価値会計の意義と研究目的 ………………………… *1*
　第2節　研究の構成と概要 ………………………………………… *4*

第1部　公正価値会計の生成基盤

第1章　公正価値会計の研究フレームワーク ………………… *15*

　第1節　公正価値会計生成の経済的背景 ………………………… *15*
　第2節　公正価値測定の意義とファイナンス型会計理論 ……… *17*
　　　1　公正価値の特質 ……………………………………………… *17*
　　　2　公正価値測定の論拠 ………………………………………… *20*
　　　3　ファイナンス型会計理論と公正価値会計の定義 ……… *23*
　第3節　公正価値会計の報告モデル ……………………………… *26*

第2章　経済社会の変容と企業の資産負債構成の変化 ……… *31*

　第1節　金融の自由化・国際化による経営環境の変化 ………… *31*
　第2節　金融資産比率・金融負債比率の趨勢分析 ……………… *32*
　第3節　金融資産比率・金融負債比率の業種平均値の比較 …… *36*
　第4節　個別企業の資産負債構成の変化 ………………………… *41*

第3章　公正価値会計の制度的基礎 … 49

第1節　会計的コミュニケーションにおける役割構造の体系 … 49
　　1　会計行為と役割期待の相補性 … 49
　　2　役割期待の構造的特質 … 52
第2節　利害関係者の類型と情報要求 … 54
　　1　スタンプ・レポートの意義 … 54
　　2　利害関係者の分類 … 55
　　3　利害関係者の情報要求 … 59
第3節　公正価値会計の目的 … 63
　　1　利用者指向性の会計目的 … 63
　　2　SFAC1号における財務報告の目的 … 66
　　3　公正価値会計の目的に関する検討 … 68

第2部　公正価値会計における認識の基底

第4章　財務諸表の基礎概念 … 75

第1節　会計情報の質的特性 … 75
第2節　財務諸表の諸要素の定義と認識 … 79
　　1　財務諸表の諸要素の定義 … 79
　　2　認識規準 … 85
第3節　会計行為への会計的選択規準の適用 … 86

第5章　取引概念の拡大とその会計的認識 … 93

第1節　未履行契約の認識の意義 … 93

第2節　取引概念の拡大と資産の本質 ……………………………… 94
　　　1　取引概念の拡大 ……………………………………………… 94
　　　2　資産の本質と識別規準 ……………………………………… 96
　第3節　資産の認識規準と未履行契約の認識 …………………… 99
　第4節　会計情報の質的特性に基づく認識問題の検討 ………… 104
　第5節　取引概念の拡大とその認識の理論的含意 ……………… 105

第6章　経済事象の認識規準の操作性 …………………………… 109

　第1節　「発生の可能性」の要件の問題性 ……………………… 109
　第2節　IASC概念フレームワークにみる役割構造の体系 …… 110
　　　1　IASC概念フレームワークの構成 ………………………… 110
　　　2　IASC概念フレームワークにおける役割構造の4局面 … 111
　第3節　IASC概念フレームワークにおける会計的認識の構図 … 112
　　　1　計算構造の基礎的仮定 ……………………………………… 112
　　　2　財務諸表の質的特性 ………………………………………… 113
　　　3　財務諸表の要素の定義・認識・測定 …………………… 115
　第4節　「発生の可能性」規準の操作性 ………………………… 119
　　　1　「発生の可能性」規準を分析するための三つのアプローチ … 119
　　　2　発生確率に基づく認識方法の評価 ………………………… 121
　第5節　「発生の可能性」規準の質的変容 ……………………… 124

第3部　公正価値会計の測定フレームワーク

第7章　公正価値会計における資本維持と利益観 ……………… 129

　第1節　伝統的会計モデルの特徴と限界 ………………………… 129

　　　　　1　取得原価主義会計における企業観 …………………129
　　　　　2　取得原価主義の三つの仮定 ……………………………130
　　第2節　ファイナンス型会計理論における資本維持 …………133
　　　　　1　ファイナンス型会計理論の企業観 …………………133
　　　　　2　会計目的の変化と計算原則 …………………………136
　　　　　3　金融商品に適用される資本維持概念と包括利益 …………140
　　第3節　包括利益と資産負債アプローチ ………………………143
　　　　　1　資産負債アプローチの意義と利益計算の類型的特徴 …………143
　　　　　2　資本比較計算法 ……………………………………146
　　　　　3　資産負債比較計算法 ………………………………147
　　　　　4　個別有高差額計算法 ………………………………148
　　　　　5　総　額　計　算　法 ………………………………150

第8章　公正価値による資産および負債の測定 …………153

　　第1節　SFAC7号の目的 ……………………………………153
　　第2節　現在価値測定の期待キャッシュフロー・アプローチ …………154
　　第3節　資産の公正価値 ……………………………………159
　　　　　1　公正価値測定の前提 ………………………………159
　　　　　2　資産および負債の識別 ……………………………160
　　第4節　負債の公正価値と信用状態の測定 ……………………164
　　　　　1　信用状態の測定の問題点 …………………………164
　　　　　2　当初認識時の測定に対する信用状態の影響 …………166
　　　　　3　新規測定に対する信用状態の影響 ………………168
　　　　　4　売却価値による負債の測定 ………………………170
　　　　　5　負債の測定に対する信用保証の影響 ……………172
　　　　　6　繰上返済規定が測定に及ぼす影響 ………………173

第9章 ヘッジ会計の基礎理論 ……………………………………… *177*

第1節 ヘッジ会計の基礎概念 ……………………………………… *177*
 1 リスク管理の有効性の評価 ……………………………… *177*
 2 ヘッジ戦略におけるデリバティブの利用 …………… *178*
第2節 ヘッジ会計のフレームワーク …………………………… *180*
 1 デリバティブの定義 …………………………………… *180*
 2 ヘッジ会計の3形態 …………………………………… *182*
第3節 ヘッジ会計の概念モデル ………………………………… *186*

第10章 ヘッジ活動の会計処理 ………………………………… *193*

第1節 ヘッジ会計の論点 ………………………………………… *193*
第2節 コモディティの予定販売に係るキャッシュフローヘッジ ……… *194*
第3節 スワップをヘッジ手段とするキャッシュフローヘッジ ……… *197*

第11章 公正価値評価の課税所得計算への応用 ………………… *207*

第1節 公正価値評価と課税所得計算 …………………………… *207*
第2節 キャッシュフロー・担税価値アプローチによる課税所得計算 … *210*
第3節 課税所得計算の事例 ……………………………………… *213*

第4部　公正価値会計の報告モデル

第12章 企業環境の変化とリスク・レポーティング …………… *225*

第1節 環境変化と企業経営の革新 ……………………………… *225*

第2節　リスク・シェアリング社会と企業経営の課題 ……………228
　　　　　1　リスク・シェアリング社会の特質 ………………………228
　　　　　2　株主重視と公正価値会計情報の開示 ……………………230
　　　第3節　リスク管理とリスク・レポーティングの必要性 ………233

第13章　情報開示の拡充の方向 …………………………………239

　　　第1節　ジェンキンズ報告書の背景と意義 ………………………239
　　　第2節　包括的企業報告モデルの展開 ……………………………242
　　　第3節　コア概念に基づく財務諸表の体系 ………………………245
　　　　　1　コア概念による損益計算書・貸借対照表・キャッシュフロー計算書
　　　　　　 の様式 ………………………………………………………245
　　　　　2　コアの資産および負債の公正価値による測定 …………250

第14章　財務業績報告の類型と包括利益の表示 ……………253

　　　第1節　包括利益の意義と表示 ……………………………………253
　　　第2節　財務業績報告の現状と問題点 ……………………………255
　　　第3節　財務業績計算書の4類型 …………………………………260

第5部　金融リスク管理と公正価値会計の実態

第15章　金融リスク管理の実態分析 ……………………………271

　　　第1節　調査目的と調査対象 ………………………………………271
　　　　　1　調　査　目　的 …………………………………………271
　　　　　2　調査対象会社 ……………………………………………271

　　　　3　調査事項の概要 …………………………………………272
　　　　4　回収率と回答会社のプロフィール ……………………274
　第2節　リスク管理とデリバティブの利用 ……………………………276
　第3節　デリバティブ利用の目的・理由の分析 ………………………280
　付　録　調査票のサンプル「デリバティブとリスク管理に関する実態調査」
　　　　　………………………………………………………………285

第16章　先物取引の利用実態と会計処理 …………………293

　第1節　先物取引の制度と会計処理 ……………………………………293
　　　　1　先物取引の概要 …………………………………………293
　　　　2　会計処理の方法と問題点 ………………………………295
　第2節　先物取引の会計処理に関する経営者の意識 …………………297
　　　　1　調査目的と回答会社の概要 ……………………………297
　　　　2　デリバティブ取引の利用実態 …………………………298
　　　　3　先物取引の会計処理の実態 ……………………………300
　第3節　日本におけるヘッジ会計の方向 ………………………………301
　　　　1　日本におけるヘッジ会計処理 …………………………301
　　　　2　米国におけるヘッジ会計の動向 ………………………302

第17章　金融商品会計の実務動向 …………………………305

　第1節　調　査　目　的 …………………………………………………305
　第2節　調査対象会社と調査票回収率 …………………………………306
　第3節　売買目的有価証券の時価評価の実態 …………………………308
　第4節　その他有価証券の時価評価の実態 ……………………………309
　第5節　ヘッジ会計の実態 ………………………………………………311
　第6節　企業経営に対する時価会計の影響 ……………………………316

第 7 節　企業統治に関する経営管理者の意識動向 ……………………*321*
　第 8 節　調査結果の要約 …………………………………………………*327*
　付　録　調査票のサンプル「時価会計・企業統治に関する実態調査」…*331*

終　章　公正価値会計の展望と課題 ……………………………*341*

　第 1 節　研究の総括と展望 ………………………………………………*341*
　第 2 節　公正価値会計の課題 ……………………………………………*349*

参考文献 ………………………………………………………………………*359*
索　　引 ………………………………………………………………………*389*

略語一覧

AAA:	American Accounting Association	アメリカ会計学会
AARF:	Australian Accounting Research Foundation	オーストラリア会計研究財団
AICPA:	American Institute of Certified Public Accountants	アメリカ公認会計士協会
AIMR:	Association for Investment Management and Research	投資管理調査協会
ASB:	Accounting Standards Board	会計基準審議会
ASCPA:	Australian Society of Certified Practising Accountants	オーストラリア公認実務会計士協会
ASOBAT:	a Statement of Basic Accounting Theory	基礎的会計理論に関する報告書
CICA:	Canadian Institute of Chartered Accountants	カナダ勅許会計士協会
FAF:	Financial Accounting Foundation	財務会計財団
FASB:	Financial Accounting Standards Board	財務会計基準審議会
FRS:	Financial Reporting Standards	財務報告基準
IAS:	Internatinal Accounting Standards	国際会計基準
IASC:	International Accounting Standards Committee	国際会計基準委員会
IASB:	International Accounting Standards Board	国際会計基準審議会
ICAA:	Institute of Chartered Accountants in Australia	オーストラリア勅許会計士協会
ICAEW:	Institute of Chartered Accountants of England and Wales	イングランド・ウェールズ勅許会計士協会
IOSCO:	International Organization of Securities Commissions	証券監督者国際機構
JWG:	Joint Working Group of Standard-Setters	基準設定機関協同作業部会
NCSC:	National Companies and Securities' Commission	国立会社証券委員会
SFAC:	Statement of Financial Accounting Concepts	財務会計概念書
SFAS:	Statement of Financial Accounting Standards	財務会計基準書
SAC:	Statement of Accounting Concepts	会計概念書

金融会計基準：金融商品に係る会計基準
金融会計意見書：金融商品に係る会計基準の設定に関する意見書
金融会計実務指針：金融商品会計に関する実務指針

序章　公正価値会計の視座

第1節　公正価値会計の意義と研究目的

　本研究は，会計的認識領域の拡大を測定・伝達面に関連させて展開する基礎理論研究であり，企業会計の基礎となっている取得原価主義の理論的限界を考慮し，それを補完するシステムとしての公正価値会計の体系化を試みるものである。

　実物経済から金融経済への移行を背景として，FASBをはじめとする各国の基準設定機関が牽引役となって，デリバティブを中心とした新たな金融経済取引の認識，測定，開示に関する研究が蓄積され，関連する基準が設定されてきた[1]。そこでの議論の前提は，端的にいって，少なくとも次の3点にある。

① 　為替，金利，価格等の種々の金融リスクに直面する企業は，企業経営に及ぼすそれらの影響を減殺するために積極的にリスク管理を行っているという事実関係が存在していること。

② 　製造業を前提として構築されてきた原価・実現アプローチに基づく伝統的な期間損益計算は，複雑化多様化した金融経済取引の会計システムとして理論的妥当性を持たないこと[2]。

③ 　その結果として，金融の自由化・国際化によって企業が種々の金融リスクにさらされているにもかかわらず，これまで金融リスク管理の遂行状況が株主や債権者に対して十分に開示されてこなかったこと。

金融主導型の経済環境の中で，今や，日本の上場企業の総資産に占める金融資産の保有割合は，平均で5割を超え，この比率が6割を超える業種は全業種のほぼ3分の1に達している。また，製造業であっても金融資産比率が80％を超える企業が存在する[3]。しかも，6割強の企業が何らかのデリバティブ[4]を利用してリスクヘッジを行っているという実態が明らかになっている[5]。

　したがって，公正価値 (fair value)[6] に基づいた測定を通じて種々の金融リスクを適正に評価するとともに，リスク管理の顛末を明らかにすることによってはじめて企業の経済的実態が浮き彫りにされるものと考える。それ故に，現代企業の資産評価問題とは，まさに金融資産の評価問題であるとみることができる。FASB [1998a] によれば，「公正価値とは，資産（負債）が，強制または清算によることなく，取引の意思を有する当事者間で売買（発生）されうる金額」として規定され，取引が活発に行われている市場の相場が公正価値の最善の証拠となる (FASB [1998a], par. 540)。公正価値会計の究極的な目的は，市場の評価を反映した公正価値による測定を通じて前掲のような問題点を克服し，企業の情報提供に依存せざるを得ない一般投資者の意思決定をめぐる状況を改善することにある。

　ひとまず，ここで，公正価値会計とは，伝統的な期間損益計算の枠組では把握されえない事実関係を，公正価値による測定を介して数関係に写像し，これを情報利用者に伝達するシステムであると定義しておきたい。公正価値会計の対象は，今や「金融商品の一部から全体へと伸展し，さらに有形資産の評価に及ぶとともに，ブランドやビジネスモデルといった無形資産にまで拡大しつつある」(武田 [2001d]，7頁) のである。

　指摘するまでもなく，AAAが1966年にASOBATを公表してから，会計の目的観が「意思決定有用性」という概念で規定されるようになり[7]，爾来，実務上の会計問題に係る会計基準の策定は今日まで有用性という一貫した視点で行われてきた。さらに，近年のデリバティブを中心とした金融商品に関しては，「経済的実質優先 (substance over form)」という視点が有用性概念と共に議論の展開の論拠となった[8]。

有用性という概念は，投資者保護に関連して規範的提言を行うための理論装置として極めて利便性の高い概念であったが，日本に限らず諸外国の国際資本市場における金融不祥事等の経営上の問題を契機として[9]，有用性概念の実効性ないし有効性を保証するシステムが必要とされるようになった[10]。これを会計の理論問題と捉え，有用性の不完全性として論じる場合，それは情報の信頼性と目的適合性という二つの面から扱うことができる[11]。有用性の不完全性を情報の信頼性の欠如とみるとき，監査制度や会社機構の問題が前面に出てくる。これに対して，それを情報の目的適合性の欠如として捉えたとき，会計の認識測定に係わる問題に焦点が当たる。

　本研究は，情報の目的適合性の改善という点に重点を置き，その手段を公正価値会計に求め，情報利用者の情報要求を反映した情報を作成伝達することにより，会計情報の有用性の程度を高めていくことを研究課題とするものである。これまでの議論を踏まえ，公正価値会計に関する研究の体系を図式化したものが，「図1」である。その図から知られるように，企業の会計行為は事実関係を数関係に写像し，その結果を情報利用者に伝達する体系であるという基本的視座の基に，事実関係システムとしての金融経済取引の内部構造原理の解明，かかる内部構造原理に基づく公正価値測定システムの設計，さらにその結果を伝達するための報告モデルの展開を基本的課題とするものである。

図1　公正価値会計の概念的体系

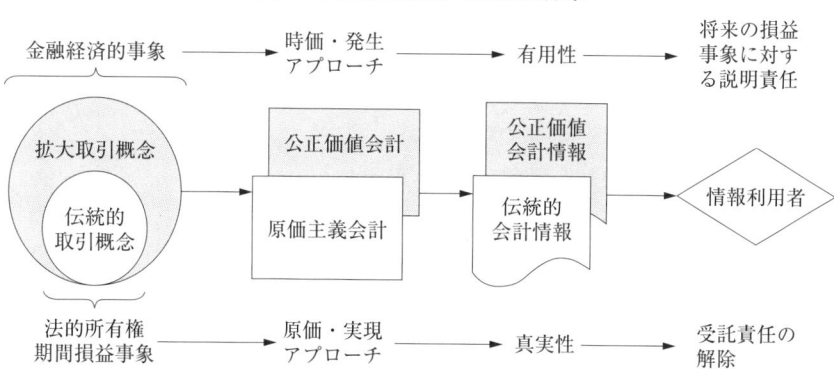

第2節　研究の構成と概要

　本研究は，如上の問題意識に基づいて展開した基礎理論研究であり，序章と終章を除き，以下の5部17章で構成されている。第1部は，公正価値会計という領域を形成し体系化しなければならないという研究の動機づけを整理したもので，企業経営を取り巻く環境条件に関する筆者の認識を示したものである。企業の経営環境の変化に対応すべく，企業会計の認識（第2部），測定（第3部），伝達（第4部）のそれぞれの領域に関連する問題を講究している。すなわち，企業環境の変化に動機づけられて，そこに生起する会計上の諸問題を会計手続きの一連のプロセスに沿って研究を展開しているところに特徴がある。さらに，第5部においては，アンケート調査を通じて日本企業のリスク管理や金融商品会計の実態を明らかにするとともに，金融重視の環境下におけるコーポレート・ガバナンスに対する経営管理者の意識動向を浮き彫りにしている。

　序　章　公正価値会計の視座
　第1部　公正価値会計の生成基盤
　　第1章　公正価値会計の研究フレームワーク
　　第2章　経済社会の変容と企業の資産負債構成の変化
　　第3章　公正価値会計の制度的基礎
　第2部　公正価値会計における認識の基底
　　第4章　財務諸表の基礎概念
　　第5章　取引概念の拡大とその会計的認識
　　第6章　経済事象の認識規準の操作性
　第3部　公正価値会計の測定フレームワーク
　　第7章　公正価値会計における資本維持と利益観
　　第8章　公正価値による資産および負債の測定
　　第9章　ヘッジ会計の基礎理論
　　第10章　ヘッジ活動の会計処理

第11章　公正価値評価の課税所得計算への応用
　第4部　公正価値会計の報告モデル
　　第12章　企業環境の変化とリスク・レポーティング
　　第13章　情報開示の拡充の方向
　　第14章　財務業績報告の類型と包括利益の表示
　第5部　金融リスク管理と公正価値会計の実態
　　第15章　金融リスク管理の実態分析
　　第16章　先物取引の利用実態と会計処理
　　第17章　金融商品会計の実務動向
　　終　章　公正価値会計の展望と課題

　第1部「公正価値会計の生成基盤」は，まず，第1章において公正価値会計に関する研究のフレームワークを提示する。第1章は，序章の公正価値会計の視座に基づいて研究の展開の方向性を示すとともに，公正価値会計がなぜ必要であるのかの論拠を提示している。次に，第2章では，公正価値会計の生成を促した経済的背景について言及し，日本企業の財務諸表データを利用して金融資産および金融負債の構成比率に関する分析を通じて，公正価値測定の意義を明らかにしている。さらに，第3章では，公正価値会計が制度として成立するための諸条件について検討を行い，現在の経営環境を前提とする限り，公正価値会計情報が情報の作成者（企業）と利用者（投資者）との間のコミュニケーションを促進するものであることを指摘している。

　第2部「公正価値会計における認識の基底」は，第4章において，伝統的な期間損益計算における原価・実現アプローチによって把握することのできなかったデリバティブ取引を認識測定するために，まず，財務諸表の基礎概念，とりわけ，財務諸表の構成要素の定義とその認識規準について検討している。次に，第5章において，公正価値会計の生成を促した一つの理由は，伝統的な期間損益計算がデリバティブ取引を決済時点まで認識できないということであったことから，未履行契約によって生じる権利・義務を認識するための論理を提示する。この検討を通じて伝統的な取引概念が拡大し，会計の認識対象が拡張

することを明らかにしている。さらに，第6章においてオプション取引等のデリバティブ取引によって生じる債権または債務を認識するためには，「発生の可能性が高い（probable）」という認識規準をいかに操作的に扱うべきであるかについて論じている。

第3部「公正価値会計の測定フレームワーク」は，まず，第7章において取得原価主義会計の特徴を描き出すとともに，デリバティブ等の未履行契約に対するその限界を考究している。同時に，公正価値会計における企業観を提示し，かかる企業観に基づいた資本維持の思考を明らかにし，その結果としての利益観，つまり包括利益の意義について論じている。さらに，第8章において金融資産および金融負債の測定属性としての公正価値の妥当性ないし目的適合性について設例を用いて検討している。これらの公正価値測定に関する理論的前提を提示した後で，第9章において公正価値会計の適用形態の一つであるヘッジ会計の基礎理論について検討し，ヘッジ活動の有効性を評価するという目的にとって公正価値測定が最善の手段となることを概念的に説明している。これを踏まえて，第10章において先物とスワップをヘッジ手段とするキャッシュフローヘッジのケースについてその具体的な会計処理を検討している。さらに，第11章において公正価値評価を課税計算に応用したキャッシュフロー・担税価値アプローチの考え方について紹介している。課税所得の計算に対しても資産負債アプローチに基づいた所得計算が可能であることを述べている。

第4部「公正価値会計の報告モデル」は，公正価値による測定結果をどのように開示すべきかについて，すなわち伝達の問題について検討している。そこで，まず，第12章において，なぜ公正価値会計情報を企業外部の利害関係者に公表しなければならないのかについて，株主重視とリスク開示の視点から再度考察している。次に，第13章において，ジェンキンズ報告書[12]において提示された包括的企業報告モデル[13]を援用し，情報開示の拡充化の方向を明らかにするとともに，企業活動のコア概念に基づいた財務諸表の様式を提示している。さらに，第14章において包括利益を含めた財務業績の報告を行うための最善の方法を選択するために，財務業績報告の類型的分析を行っている。

第5部「金融リスク管理と公正価値会計の実態」は，わが国上場企業の金融リスク管理の実態ならびに公正価値会計の現状を闡明化しようとするものである。まず，第15章の金融リスク管理の実態分析は，各種の金融リスクエクスポージャーに対して企業がどのようなリスク管理を行っているかの実態を明らかにするもので，一般事業会社と金融機関に分けてリスク毎のヘッジ活動の現状を示している。第16章は，金融会計基準が導入される以前の先物取引の会計処理の実態を明らかにしている。最後に，第17章では，金融会計基準が2001年3月決算期から年度決算として初めて適用されたことを踏まえて，売買目的有価証券やその他有価証券の時価評価の実態，金融会計基準が企業経営に及ぼした影響等について最新の調査データを基に分析を行っている。

（1）　FASBは，1986年に緊急に対処すべき課題としてデリバティブおよびヘッジ活動に関する会計処理を審議会の議題に追加した。当初，このプロジェクトは，開示問題に焦点を当てていた。そのため，プロジェクトの成果として公表された基準は最初の段階では次の開示基準が中心であった。
　①　SFAS105号「オフバランスシートリスクを伴う金融商品および信用リスクの集中を伴う金融商品に関する情報の開示」（1990年3月）
　②　SFAS107号「金融商品の公正価値に関する開示」（1991年12月）
　FASBは，1991年9月に研究報告書『ヘッジ会計：基本問題の探求』（Bierman et al. [1991]，白鳥他訳 [1997]）を公表した。また，同年11月には，討議資料『金融商品の認識と測定』が公開された。この段階から，FASBの金融商品プロジェクトは認識と測定の段階へと伸展していった。FASBは，1992年1月から1996年6月までに100回に及ぶ公開の会議をもった。その間に，「ヘッジおよびその他のリスク調整活動に係る審議報告書（特定の問題に関連する暫定的結論を含む）」（1993年6月）が公表された。このようなFASBの金融プロジェクトの審議が進行する過程においても，デリバティブ市場は急速に拡大し，しかも，種々の複雑な新たな金融商品が開発されていった。このような状況を考慮し，SECをはじめとした関係当局は，FASBに対して報告問題を優先的に早急に処理するように促した。これを受けて以下に示すSFAS119号が，まず公表された。
　③　SFAS114号「貸付金の減損に関する債権者の会計処理」（1993年3月）
　④　SFAS115号「負債証券および持分証券への投資の会計処理」（1993年3月）
　⑤　SFAS118号「貸付金の減損に関する債権者の会計処理—利益の認識と開示」（1994年10月）
　⑥　SFAS119号「派生金融商品および金融商品の公正価値に関する開示」（1994年10

月）

⑦ SFAS125号「金融資産の移転および利用ならびに負債の消滅に関する会計処理」（1996年6月）

1995年10月には，FASBは，連合王国，カナダ，オーストラリアのそれぞれの国の基準設定機関およびIASCの代表者と共同で特別報告書『ヘッジ会計に係る主要問題』（Adams and Montesi [1995]）を公表した。この報告書では，ヘッジ会計モデルを開発する過程で解決すべき問題点の多くを扱っていた。1996年6月には，SFAS133号の原案となった公開草案「デリバティブおよび類似の金融商品ならびにヘッジ活動に関する会計処理」が公表されるに至った。以上の基準策定のプロセスは，FASB [1998a] のパラグラフ207-215の解説に基づいてまとめたものである。

（2） IASCは，1997年7月に討議資料『金融資産および金融負債の会計』（IASC [1997b]）を公表した。この報告書の中で伝統的会計の問題点が詳細に論じられている（IASC [1997b], pp. 16-19）。

（3） 詳細については，第2章を参照されたい。そこでは，日経財務データを利用して日本企業の金融資産および金融負債の保有割合を分析している。

（4） デリバティブとは，次の三つの条件を備えた金融商品またはその他の契約を意味する（FASB [1998a], par. 6）。

① 一つまたは複数の基礎変数，かつ，一つまたは複数の名目数量（notional amount）または支払条件のいずれかもしくはその両方を有すること。これらの条件は，決済額を決定し，さらに決済が必要であるかどうかを決める。例えば，ストックオプションの場合，基礎変数は株式の市場価格であり，名目数量は株式数である。決済額は，「（市場価格－行使価格）×株式数」によって計算される。

② 初期の純投資を全く必要としないこと。あるいは，市場ファクターの変動に対して類似の反応が期待されるその他のタイプの契約に要求される初期純投資よりも少額の初期純投資であること。

③ 契約の条件で差金決済が要求されているかもしくは認められること。契約に規定されない手段で容易に差金決済されること。もしくは，実質的に差金決済と変わらないポジションで受領者に資産の引き渡しを行うこと。

（5） 詳細については，第15章を参照されたい。金融リスク管理におけるデリバティブの利用に関する調査は，2001年1月に日本会計研究学会・特別委員会「各国におけるデリバティブの会計・監査および課税制度に関する総合研究」（委員長・神戸大学古賀智敏教授）によって実施されたものであり，筆者はその調査を担当した。

（6） 公正価値とは資産（負債）が強制または清算によることなく取引の意思を有する当事者間で売買（発生）されうる金額を意味する。取引が活発に行われている市場の相場は公正価値の最も良い証拠となり，もしそれが利用可能であるなら測定の基礎として利用

されるべきである。もし相場が利用可能であるなら，公正価値は取引単位数とその市場価格の積で示される。もし相場が利用可能ではないなら，公正価値の見積もりはその時点で利用できる最善の情報に基づくものでなければならない。公正価値の見積もりは，類似の資産または負債の価格および利用可能な評価技法の結果を考慮したものでなければならない。評価技法の例として，想定されるリスクに見合った割引率を用いた見積期待将来キャッシュフローの現在価値，オプション価格モデル，マトリックスプライシング，オプション修正スプレッドモデル，ファンダメンタル分析などがある。資産および負債を測定するための評価技法は公正価値の目的に合うものでなければならない。それらの評価技法を利用する場合に，市場参加者は公正価値を見積もるために金利，デフォルト，満期前償還，ボラティリティに関する仮定を含めた将来収益と将来費用を利用するという仮定をおかなければならない。見積もり将来キャッシュフローを割り引いて外貨先渡契約などの先渡契約の公正価値を測定する場合には，スポットレートよりもむしろ先渡レートの変動に基づいて将来キャッシュフローを見積もらなければならない。見積もり将来キャッシュフロー（またはそれと等価のその他資産のアウトフロー）を割り引いて金融負債および負債である非金融デリバティブの公正価値を測定する場合には，それらの負債が独立企業間取引において決済されるときの割引率を利用することが望ましい。(FASB [1998a], par. 540)

(7) 日本においても，ASOBATを契機として，情報技術の発達，会計と隣接諸科学との交渉，企業の利害関係者の多様化による情報需要の増大等を主たる要因として，1970年代に「情報会計論」という研究領域が提唱され，華やかな議論が展開された。情報会計は，当初，制度会計に対峙する会計領域として論じられていたが，1980年代に入りFASBの概念フレームワークの影響もあり，制度会計上の問題解決や会計基準の策定が情報の有用性に基づいて行われるようになってきたこともあって，情報会計と制度会計をあえて区別して議論することはなくなってきた。わが国で情報会計論をはじめて体系的に整理し，かかる領域の展開の可能性を論じたのが，武田隆二教授による『情報会計論』（武田 [1971]）である。また，日本におけるこれまでの情報会計研究を総合的に昇華し，近年の情報技術の発展を背景にデータベース指向の情報会計を展開した研究に河﨑照行教授の『情報会計システム論』（河﨑 [1997]）がある。

(8) わが国では，古賀智敏教授が，実質優先会計の展開という一貫した視点で整理した『デリバティブ会計』（森山書店，初版1996年）を出版されている。本書は，デリバティブを体系的に扱ったわが国で最初の研究書であり，1999年に改訂され第2版が出版されている。久保田秀樹教授は，市場経済の変容という視点で金融商品の認識測定問題を取り上げ，発生主義会計の限界を論じている（久保田 [1996]）。

(9) ここで，個別の企業の失敗の事例を取り上げるものではないが，阿部・小島 [1995]によって，金利スワップ，為替先物予約，ヘッジ，デリバティブの運用，ヘッジファン

ド，ワラント投資のそれぞれについて失敗の事例が綿密に紹介されている。
(10) 　経営者不正や企業倒産などを直接の要因として論じられるようになったものが，コーポレート・ガバナンスである。周知のように，「コーポレート・ガバナンス」という用語を「企業統治」という観点からみるとき，会社は誰によって支配され，誰のものとして認識されているかという観点に立って，「経営陣」という観点から株主との利害調整，労使関係や企業間取引の実態を巡る経営・経済問題を扱う領域として理解される。また，「会社運営機構」という観点からコーポレート・ガバナンスを考えるとき，経営陣の選任・解任，組織，権限と責任を中心とした法学的視点から会社構造のあり方や取引関係が，主として論じられる領域となる（武田［2000a］，5頁）。

　また，表現を換えるならば，「コーポレート・ガバナンス」という用語は，これをより広い概念として用いた場合，①企業における経営上の意思決定の仕組み，②企業のパフォーマンスに密接な利害をもつ主体相互間の関係を調整する仕組み，③株主が経営陣をモニタリングしコントロールする方法，の三つの視点からなる概念として捉えることができる（深尾・森田［1997］，9頁）。すなわち，「企業が効率よく運営されるためには，株主，経営陣，従業員，債権者，取引先等の企業の様々な利害関係者（ステークホルダー）の間で，どのように権限や責任を分担し，また企業が生み出す付加価値をどのように配分していけばよいかという」（深尾・森田［1997］，9頁）問題とみることができる。

　要するに，コーポレート・ガバナンスの問題は，企業の経営者（取締役）と株主やその他利害関係者との間の権利・義務関係に基づくコミュニケーションと意思決定に関わる問題であると見なすことができる。本研究では，このようなコーポレート・ガバナンスを視野に入れつつ，企業と情報利用者のコミュニケーションを促進する手段として公正価値会計を展開するものである。
(11) 　FASBのSFAC2号『会計情報の質的特性』（FASB［1980］）によれば，会計情報の意思決定に対する有用性は，目的適合性と信頼性によって規定される特性として体系化されている。
(12) 　AICPAは，1994年に『企業報告の改善—顧客重視の視点—』（AICPA［1994］）を公表した。これは，FASBの議長であったエドモンド・ジェンキンズ（Edmund L. Jenkins）がこの報告書を作成するための委員長を務めたことからジェンキンズ報告書と呼ばれている。
(13) 　ジェンキンズ報告書の原題は，Improving Business Reportingである。その中のBusiness Reportingという用語を本研究では企業報告と訳している。ジェンキンズ報告書において，Financial ReportingではなくBusiness Reporting という用語を使用したのは，そこで提案されている開示情報の拡充化の方向を考慮すると，伝統的な名称は使用できないということからである。その意味で，企業報告という訳を当てている。エクセ

ル他が2001年に出版した『価値報告革命』(Eccles et al. [2001]) においてBusiness Reportingという表現をCorporate Reportingに言い換えてジェンキンズ報告書の内容に言及していることからも (Eccles et al. [2001], p. 105)，企業報告という訳語に妥当性があると考えている。なお，ジェンキンズ報告書の日本語版（八田・橋本 [2002]）では，事業報告という訳語があてられている。同訳書のviii頁においてBusiness Reportingの訳出の難しさが説明されている。企業報告とするか，事業報告とするかは，Businessのどの側面を重視するかの違いであり，本質的な差はない。すなわち，企業報告は，エンティティそれ自体を重視した訳語であり，事業報告はエンティティの行動に焦点をあてた用語であると筆者は考えている。

第1部　公正価値会計の生成基盤

第1章　公正価値会計の研究フレームワーク

第1節　公正価値会計生成の経済的背景

　かつて，近代会計の成立期において財産法から損益法への会計パラダイムの転換が図られたのは，工業化社会への発展という背景があった。すなわち，経済社会の発展は重工業の発展なしにはありえなかった。工業化社会の発展のプロセスの中で企業の保有資産に占める工場の設備等の固定資産の割合が趨勢的に増大していった。当時，減価償却費をいかに適正に計算するかが重大な問題となっていた。この問題に理論的解答を与えたのがオイゲン・シュマーレンバッハ（Eugen Schmalenbach）であった（山下［1980］，8頁）。

　会計理論のパラダイムシフトが経済社会の変容に呼応していたように，脱工業化社会の中で金融経済取引の占める割合が飛躍的に増大し，しかもそれらの取引が企業の損益にかなりの影響を及ぼすという事実が取得原価主義会計の見直しを迫っており，今まさに会計パラダイムの転換が進行しているのである。今日の経済状況下において企業の金融経済取引を把握しない会計情報は，それ自体が全く無意味な会計数値であるといえるのではないか。

　周知のように，1960年代から1970年代に欧米諸国において顕著であったインフレーションを背景として登場した現在原価会計や取替原価会計がイギリスやアメリカで一時期試験的に実施された。しかし，実際には，インフレの収束とともに時価評価情報の必要性が薄れたこと，情報作成コストや情報の信頼性の

問題，さらには監査上の問題も絡んで，取得原価主義が時価主義に転換するには至らなかった[1]。

しかし，1985年を境に新たな資産の時価評価の問題が起こってきた。それは従来の議論とは全く異なるもので，脱工業化社会の中で生まれてきた金融資産の時価評価問題である。金融資産の時価評価問題の起点として想起すべき点は歴史的に若干遡るが1973年に為替相場が完全な変動相場制へ移行したことである。変動相場制への移行により国際間取引の中で企業は著しい為替リスクにさらされるようになった。1970年代は為替リスクや金利リスクの移転を促進するためのプリミティブな金融商品が開発された時代ではないかと考えられる[2]。

また，1970年後半から悪化してきたアメリカ経済（高インフレ率，高失業率，ゼロ成長）を建て直すために，景気拡大策として実施された財政支出の増大・減税というレーガン政権の経済政策は，結果的にドルの過大評価をもたらし，輸入急増による製造業の競争力の衰退を招いた（伊藤［1996］，133-135頁）。さらに，ドル高是正を目的とした1985年のいわゆるプラザ合意によりその後円高とマルク高がすすみ，当時240円だった円ドルレートは，1985年末には200円近くまで趨勢的に上昇し，1986年末には160円台の相場となった。アメリカ経済のインフレ懸念や円高・欧州通貨高による経済成長不安からドル安の修正を目的として1987年2月にG7によるルーブル合意が締結されるものの，このようなドル安傾向は実質的に1987年中続いた（伊藤［1996］，46, 47頁）。

プラザ合意以降，為替相場の急変や金利・物価の大幅な変動により金融取引のリスクや不確実性が増大し，為替リスク・金利リスクに対処するため1986年頃からスワップ，オプションなどのデリバティブ取引が急激に増加していくのである。金融取引による利益が本業の利益を超えるような企業が出現するに及んで，実物経済から金融経済への移行ということが指摘されるようになってきた。このような経済環境の激変を通じて投資者を保護するという視点で強く主張された点は，金融市場のグローバル化とデリバティブ取引の発展のもとで企業の財務リスクポジションを適時にかつ的確に把握し，企業のリスク管理に資することが財務報告にとって急務であるということであった（古賀［1998d］，

20頁)。

　そのような認識のもとで，デリバティブに関する会計基準の設定が1986年からFASBにおいて検討されてきたのである。10年以上にわたる研究活動を経て，1998年6月にはSFAS133号「デリバティブおよびヘッジ活動に関する会計処理」が公表された。また，IASC（現IASB）も2000年に改訂IAS39号「金融商品：認識と測定」（IASC［2000］）を公表している。これらの基準は財務諸表本体においてデリバティブの時価評価を全面的に採用しようというものである。わが国では1999年1月に「金融商品に係る会計基準」が企業会計審議会より公表され，2001年3月末決算会社が，世界に先駆けて年度決算としては初めてその基準を適用した財務諸表を作成し公表することとなった。

第2節　公正価値測定の意義とファイナンス型会計理論

1　公正価値の特質

　製造業を中心とする産業を対象に成立した伝統的な企業会計は，原価・実現アプローチに基づく期間損益計算を目的とした理論体系をなしている。このような伝統的な企業会計について，IASCは，1997年討議資料『金融資産および金融負債の会計』（IASC［1997b］）において次のような問題点を指摘した。

① 第1に，当初コストのないデリバティブは，収入・支出を基礎に記録・計算を行う期間損益計算においては，決済時点まで認識されないこと。

　　デリバティブには当初コストが存在しないため，期末に公正価値の変動があったとしてもそれが認識されず，簿外となってしまう。デリバティブは，基礎となっている価格の変動に応じて，実質的な価値を有し，それが企業の金融リスクを移転する重要なリスクポジションを表現していたとしても，外部の情報利用者にはそれが明らかにされないという問題がある（IASC［1997b］，p. 17）。

② 第2に，急激な価格変化によって過度の損失を被ることがないように積極的に金融リスクを管理する必要性を企業経営者が認識していること。

金融資産および金融負債の取得原価は，金融リスク管理に関する意思決定にとってほとんど目的適合性がない。また，金融資産および金融負債を財務諸表に取得原価で計上したとしても，かかる情報は，企業の業績，流動性，金融リスクエクスポージャーを評価しようとする投資家にとって目的適合性と情報価値がないのである（IASC［1997b］，p. 17）。

③ 第3に，金融商品の種類によって取得原価または公正価値による次期への引継を認める混合属性による測定は，種々の問題を引き起こすこと。

一つに，取得原価で次期へ引き継ぐ金融商品と公正価値で次期へ引き継ぐ金融商品を区別する完全な原則を定義することは不可能である。二つ目に，混合属性測定は，報告利益を管理するために売り上げを選択的に記録することと類似するような会計処理の可能性を残している。三つ目に，公正価値で引き継がれる投資ポートフォリオが取得原価で引き継がれる債務によって資金調達されているとき，あるいは，公正価値で測定されるデリバティブが，認識されないか，もしくは取得原価で引き継がれる金融リスクポジションをヘッジするために利用されるとき，混合属性測定は利得と損失の認識のミスマッチを引き起こす（IASC［1997b］，p. 17-19）。

公正価値による測定は，デリバティブの価値の変動やその他金融資産・負債の経済的実態を明らかにするため，企業の業績，流動性，金融リスクエクスポージャーを評価しようとする投資家に対してより目的適合性の高い情報を提供することができる。また，第3の問題点については，ヘッジ会計を適用することによってミスマッチの問題を解決することができる（詳細は，第9章および第10章を参照されたい）。

ここで，デリバティブやその他の金融資産および金融負債の測定属性として，なぜ公正価値がより目的適合性の高い属性であるかを示しておきたい。古賀［2000a］は，公正価値の特質を次の3点に求めている（古賀［2000a］，27頁）。

① 公正価値は，主観価値（使用価値）と客観価値（交換価値）の二つの側面を有していること。

② 公正価値の本質は,「将来キャッシュフローの現在価値」としての使用価値にあり,完全・完備した市場においてのみ「使用価値＝交換価値（市場価格）」となること。
③ 活発な市場が存在しない場合,オプション評価モデルや類似商品の市場価格等の市場価値の推定方法を採用し,金融商品の公正価値を見積もる必要のあること。

この点は,IASC討議資料（IASC [1997b], p. 84）やSFAS133号（FASB [1998a], par. 540）においても同様のことが指摘されている。公正価値とは,資産（または負債）が強制または清算によることなく取引の意思を有する当事者間で売買（または発生）されうる金額を意味する。取引が活発に行われている市場の相場は公正価値の最も良い証拠となり（客観価値＝市場価値）,もし相場が利用可能でないなら,その時点で利用できる最善の情報に基づいて公正価値を見積もらなければならない（見積もり客観価値）。公正価値の見積もりは,類似の資産または負債の価格および利用可能な評価技法[3]の結果を考慮したものでなければならない。このように,公正価値は,市場価値を包摂する概念として用いられている。

IASC討議資料では市場価値についてさらに次のような説明を行っている（IASC [1997b], pp. 84-85）。資本市場理論では,合理的投資者は期待キャッシュフローの割引計算によって金融商品の価格づけを行うという前提に立っている。競争市場の条件下では,類似の期間およびリスクをもつ金融商品の現在市場収益率（current market rate of return）が期待キャッシュフローの割引現在価値の計算のために使用され,金融商品の市場価値は当該現在価値に収束する。また,異常収益に対する期待があったとしても,直ちに裁定されることによって,主観価値（現在価値）は市場価値と等しくなる。

また,市場価値に関するこの考え方は,相場のない金融商品の公正価値へも適用することができる。すなわち,金融商品が活発な市場で取り引きされていないとしても,契約上の権利または義務に内在する特定の金融リスクに対する競争価格に言及することによって,相場のない金融商品の公正価値を算定する

ことが可能である。例えば，合理的投資者は，類似の期間およびリスクを有する相場のある金融商品の利用可能な収益率よりも低い期待収益率の相場のない金融資産に対しては投資を行わないであろう。逆に，売り手または発行者は類似の期間およびリスクを有する資産の現在市場収益率よりも低い利率で計算される資産金額を受け取ることはないであろう。したがって，相場のない金融商品の公正価値は，専門的知識と取引の意思を有する独立第三者間で交換されうる金額を意味する（IASC［1997b］, p. 85）。

以上のような説明に基づいて，最終的に，金融商品の公正価値は，類似の期間およびリスクの金融商品の現在市場収益率で割り引かれた期待将来キャッシュフローの現在価値を表現するものであると述べられている（IASC［1997b］, p. 85）。

2 公正価値測定の論拠

わが国において金融商品の時価評価に係る会計処理が包括的に定められたのは，最近の証券・金融市場のグローバル化や企業の経営環境の変化等に対応して企業会計の透明性を一層高めていくことにあると金融会計意見書[4]は指摘する。さらに，金融会計基準の整備を含め連結財務諸表制度の見直しにはじまる一連の会計基準等の整備は，わが国証券市場への内外からの投資参加を促進し，自己責任に基づく適切な投資判断や実態に即した適切な経営判断を可能にし，国際的にも遜色のないディスクロージャー制度を構築することで，21世紀に向けて活力と秩序ある証券市場の確立を目指していることが謳われている[5]。

金融資産および金融負債の評価基準に関する基本的な考え方の変化について，金融会計意見書の中で理論的説明はないが，上記のように基準整備の背景として金融の自由化・国際化という企業の経営環境の変化をあげ，投資者の適切な投資判断に資するような情報を提供することで証券市場の活性化を図ることが基準整備の理由であると理解できる。

周知のように，1998年6月に公表されたSFAS133号（FASB［1998a］）は，

部分的な改訂を経て2000年6月15日以降に開始する事業年度からSEC登録会社に適用されることとなった。この基準書によって，すべてのデリバティブは公正価値で測定され，契約上の権利義務関係を考慮して貸借対照表に資産または負債のいずれかとして公正価値で報告するように求められている（FASB [1998a]，par. 17）。デリバティブを公正価値で測定する根拠について，当該基準書の中で次のように述べられている。デリバティブは財務諸表に報告されるべき資産または負債の定義を満足する権利または義務を表す。その際,公正価値で報告されるのは，それが金融商品にとって最も目的適合性がある測定尺度であり，デリバティブにとっては唯一の目的適合的な測定尺度となるからである（FASB [1998a]，par. 3）。

　FASBがデリバティブについて公正価値による測定を義務づけたのは，すべての金融資産および金融負債は貸借対照表上歴史的原価に基づく金額ではなく公正価値によって認識するというFASBの長期的な政策目標に基づいた措置であると指摘されている（Willis [1998]，p. 20）。金融資産および金融負債の公正価値に基づく財務報告システムを構築するという方針は，歴史的原価に基づく情報と比較して次のような点で優れている（Willis [1998]，p. 20）。

① 公正価値は金融資産および金融負債についてより目的適合性の高い情報を提供すること。
② 原価と時価が混在する混合属性測定モデルは今日の複雑な金融商品およびリスク管理戦略に対処できないこと。

　財務報告の目的は投資者および債権者の意思決定に役立つ有用な情報を提供することであると措定する目的観（FASB [1978]，par. 34）に立つ場合，上記①の目的適合性という情報特性は経済事象の認識測定の最高の指導原理として機能する（武田 [1976]，6頁）ということから公正価値測定の論拠として重視すべき規準である。ここで意思決定に対する情報の有用性とは，投資者および債権者が企業への将来の純キャッシュインフロー（最終的には投資者・債権者へのキャッシュフロー）の金額，時期，および不確実性を評価することに対する役立ちを意味する（Willis [1998]，p. 20）。

表1　公正価値と歴史的原価の情報内容

公正価値	歴史的原価
①　同種の事象と異質の事象の比較可能性を改善する。	①　同種の事象と異質の事象の比較が容易でない。
②　決算時点の経済条件によって期待される資産の便益と負債によって課される義務に関する情報を提供する。	②　取得または発生時点の経済条件によって期待される資産の便益と負債によって課される義務に関する情報を提供する。
③　資産の取得，売却および負債の発生，決済ならびに資産の継続保有または負債の継続負担に関する経営者の意思決定が企業の業績にどのような影響を及ぼしているかを反映する。	③　資産の取得，売却および負債の発生，決済に関する経営者の意思決定が企業の業績にどのような影響を及ぼしているかを反映するが，決算時点での資産の継続保有または負債の継続負担に関する経営者の意思決定の影響は反映されない。
④　価格変動による利得および損失が報告される。	④　売却または決済によって実現した利得および損失のみが報告される。
⑤　報告金額を決定するために決算時点の市場価格が利用されるが，この場合見積もり計算が必要とされ，信頼性の問題が生じる。	⑤　企業外部の市場データに言及することなく過去の取引の価額について内部的に利用できる情報に基づいて報告金額が計算される。
⑥　大部分のリスク管理戦略の影響を容易に反映する。	⑥　大部分のリスク管理戦略の影響を反映するために複雑なルールが必要となる。

　金融商品の市場価格に関する情報が投資者・債権者の意思決定に対して役立つというのは，金融商品の公正価値は当該商品が決算時点で取引の意思を有する当事者間で売買されうる金額を表現しているからであり，換言すれば金融商品に係る将来キャッシュフローの現在価値に関する市場の評価を反映しているからである。それによって将来キャッシュフローの金額や時期に関する事前の期待と決算時点のデータがどの程度乖離しているかを判断することができ，その乖離の幅をリスクに関する市場の評価とみて意思決定の改善が図られるからである（Willis [1998], p. 20）。

　FASBのシニアプロジェクトマネジャーであるウイリス（D. Willis）は，保

有債券の期末評価に関連する幾つかの事例の検討を通じて金融資産および金融負債に対する公正価値による測定と歴史的原価による測定の特徴を「表１」のように具体的にまとめている (Willis [1998], p. 27)。

　如上のように金融資産および金融負債を公正価値で測定する論拠は，金融の自由化・国際化によって経営環境が変化したということ，かかる環境変化に対応するためにデリバティブを利用したリスク管理戦略が行われ，公正価値はこのような企業行動を把握し企業実態を明らかにすることができる目的適合的な測定属性であるということに求められている。製造業を前提として精緻化されてきた原価・実現アプローチに基づく伝統的会計理論は，経済社会の変容とともに理論と実務の両面において金融資産負債の会計処理に対してその妥当性を失いつつあり，伝統的な原価・実現を基礎とする測定概念は金融リスク管理のために利用される金融商品の認識測定に関して適切でないという認識が一般化してきた (IASC [1997b], par. 4.9-4.11)。

3　ファイナンス型会計理論と公正価値会計の定義

　すでに述べたように，産業構造の変化が，会計理論へ大きなインパクトを及ぼし，会計パラダイムの転換を引き起こす要因となる。20世紀の産業構造の特質はプロダクト型市場経済にあり，それは製造業によって生み出されるプロダクトを主軸とする経済社会として特徴づけることができる。これに対して，20世紀後半の中葉以降，経済全体に占める金融セクターの比重が大きくなるにつれて，ファイナンス型市場経済へと産業構造が変化していった。ファイナンス型市場経済とは，デリバティブ等の金融財やビジネスモデル，ノウハウ等の無形のサービスの比重が高まった経済社会として特徴づけることができる (武田 [2001d], 4頁)。

　武田 [2001d] は，20世紀における企業会計の特質はプロダクト型市場経済を前提とした会計理論であったとして次のように説明する (武田 [2001d], 5頁)。すなわち，企業を生産事業単位として捉え，その生産の効率性のクライマックス（財貨発生）を収益実現のときとして期間に限定し，それに対応する

かたちで財貨費消を関連づけることで，期間的，発生的にみて正しい損益を確定することに計算の課題がおかれた。この場合，損益は「時点概念」ではなく「期間概念」に属し，期中の企業活動を通じてプロダクトからのみ利益は稼得されるという基本認識のもとで，フロー重視の計算体系が構築されていた。そこでは，ストックからは原則として損益は生じず，取得原価で評価されるという構図であった。

表2　プロダクト型会計理論とファイナンス型会計理論

	プロダクト型会計理論	ファイナンス型会計理論
会計目的	・受託責任の遂行・利害調整 ・操業活動の業績評価	・リスク管理・財務活動の業績評価
会計の対象	・物財・リアル資産	・金融財・バーチャル資産
取引市場の特性	・市場のボラティリティ・リキュディティを前提としない	・ボラティリティ・リキュディティの高い市場を想定する
利益決定アプローチ	・収益費用アプローチ ・対応概念を重視	・資産負債アプローチ ・将来キャッシュフローを用いたストックの価値評価
利益観	・分配可能利益 ・業績利益 ・過去期間の収益費用対応による過去指向的計算	・将来キャッシュフローの現在価値の期間比較という経済的利益 ・将来期間の収益力維持に枠づけられた将来指向的計算
維持すべき資本概念	・名目貨幣資本維持 ・貨幣的実体資本維持	・現在の市場収益率で算定された成果資本ないし清算貨幣資本維持
評価基準	・取得原価 ・カレントコスト	・公正価値ないし売却価値

これに対して，ファイナンス型市場経済においては，投下貨幣資本の回収余剰計算に関心がおかれているため，回収貨幣額から投下貨幣額を差し引くネット計算によって利益認識が行われる。そこでは，物財利用による収益稼得とそれに要した費用額（物財維持に必要とされた額）とを総額で計算表示するとい

う考え方は見られない（武田［2001d］，8頁）。さらに，決算時点での企業のリスクを明らかにするために，ストックの評価に重点がおかれる。

　古賀［2001a］は，プロダクト型市場経済を前提とする会計理論をプロダクト型会計理論と呼び，ファイナンス型市場経済を前提とする会計理論をファイナンス型会計理論と表現することによって，これら二つの会計理論の相違を類型的に整理している（古賀［2001a］，41頁）。それをまとめたものが「表2」である。ここで，ファイナンス型会計理論の特徴に依拠して公正価値会計のより具体的な定義を考えてみたい。

　いま，会計を手続論的に定義するならば，「ある特定の計算主体によって認知された対象または事象を分類し，計量化することにより，これを伝達する過程」として規定することができる。次に，会計を目的論的に定義するならば，「情報利用者の意思決定に役立つような情報を算出する過程」として表現することができる[6]。河﨑［1997］は，これらの定義を総合して，情報会計，すなわち利用者指向的会計を次のように定義している[7]。

① 特定の受け手（情報利用者）の意思決定に役立つために（目的）
② 情報利用者の情報要求を充足するすべての経済活動について（対象）
③ 多元的な測定手続きを適用し（手段）
④ 情報要求別に成層化された各情報利用者に対して，任意の形式の伝達メディアで報告するとともに（結果）
⑤ 情報利用者の意思決定結果に係る情報要求を，適切なメカニズムによって反映させる（フィードバック）。

　公正価値会計は，情報利用者の意思決定に役立つ情報の提供を前提とする会計領域であるという考え方に立っているため，利用者指向的会計の定義を援用して公正価値会計を次のように規定することができる。公正価値会計とは，リスク管理・財務業績の評価を目的として，金融財を中心とした経済事象を対象に，資産負債アプローチに基づく公正価値を基礎とする測定手続きを適用し，リスク管理や財務業績に関する包括的な写像結果を情報利用者に伝達するシステムである。また，以下において述べるように，情報技術の発展によって情報

利用者からの企業へのフィードバックが現実のものとなりつつあり，インターネットを基礎とするネットワーク技術によって企業と情報利用者との間の会計的コミュニケーションが実践的な課題となってきている[8]。

第3節　公正価値会計の報告モデル

　会計理論にインパクトを及ぼすものとして産業構造の変化とともに情報技術の発展をあげることができる。インターネットを基礎としたネットワーク技術の発展が，企業と情報利用者との会計的コミュニケーションのあり方を大きく変えようとしている。以下においては，まず，ジェンキンズ報告書の中で提示されている会計ディスクロージャー拡大の視点を提示し，ネットワークを基礎とする経済社会における公正価値会計情報の開示の意義について論究するものである。

　AICPAは，1994年に『企業報告の改善―顧客重視の視点―（*Improving Business Reproting - a customer focus*）』（AICPA［1994］）を公表した。これは，FASBの議長であったエドモンド・ジェンキンズ（Edmund L. Jenkins）がこの報告書を作成するための委員長を務めたことからジェンキンズ報告書とも呼ばれている。

　本報告書は，21世紀を迎えるにあたり将来の企業報告は如何にあるべきかのビジョンを提示したものであり，アメリカが金融経済不況から立ち直りつつある時期に，企業の外部報告のプロセスを根本から見直した画期的な報告書である。そこでは，企業の外部報告書の利用者である株主や債権者を企業情報の顧客とみなし，顧客の満足を最大化するという視点から，利用者の情報要求が現状の財務報告によってどの程度満たされているかを実証的に分析し，さらに，情報要求の特定化を含めた意思決定態様[9]の調査分析を行うことで，企業が提供すべき情報内容を規定しようとする方法を採っている。

　ジェンキンズ報告書は，企業が情報利用者に提供する情報の拡充化のために以下に掲げる三つの視点を提案し，利用者の情報要求を反映した将来の企業報

告のあり方として包括的企業報告モデル (comprehensive model of business reporting) という外部報告のプロトタイプを提示している (AICPA [1994], p. 5)。
① 未来化の視点——経営計画，その機会とリスク，および測定の不確実性を含めた将来指向的なパースペクティブをもった情報を提供すること。
② 非財務情報の重視の視点——いかにして重要な事業プロセスが遂行されるのかを説明する非財務的測度を含めたより長期的な価値を形成する諸要因に焦点を当てること。
③ 内部管理情報の外部化の視点——事業管理目的でシニアマネジメントに報告された情報を外部に提供される情報と同列に扱うこと。

まず，第1に，未来化の視点は，情報利用者の意思決定を支援するために将来指向的な情報を積極的に開示すべきであるという視点である。この場合，情報利用者の情報要求の調査によって，利用者が一般に予測財務情報そのものを必ずしも必要としているわけではなく，彼ら自身がもっている予測モデルにインプットするデータの開示を求めているということから (AICPA [1994], pp. 29-31)，意思決定に資する企業の経営計画やその機会とリスク，さらには測定の不確実性に関する将来指向的な情報を開示することを提案している。公正価値に基づく会計情報は，この未来化の視点からも正当化される。すなわち，公正価値は，決算時点における企業の将来の損益事象を数関係として表現した情報であり，とりわけデリバティブの公正価値は企業が実施したリスク管理の市場を通じた評価測度となるからである。

第2に，非財務情報重視の視点は，情報利用者が最善の意思決定ができるように測定結果としての数値情報を補完する説明的情報を積極的に開示すべしという視点である。金融リスク管理との関わりでいえば，ヘッジ会計の条件としてヘッジ活動の文書化が求められており，当該情報をもとにヘッジ活動の有効性について測定情報のみならず，経営者によるその分析結果の定性的情報を開示することも同様に重視されるという考え方である。

最後に，第3の視点は，情報利用者の意思決定に役立てるために，企業の経

営管理者が意思決定に利用した内部情報を開示するという視点である。企業内部者と外部者としての株主・債権者等の情報利用者には，明白な情報格差があり，その意味で弱い立場にある利用者の利害を保護するためには，内部的に利用された情報を開示し，情報利用者の意思決定の改善を図る必要がある。とりわけ，リスク管理については，時価ないし公正価値を用いて絶えずリスク管理の状況が内部的に把握されている。リスク管理にかかる経営管理プロセスの情報は，外部者にとってきわめて情報価値の高いものである。

この考え方は，外部者としての株主を内部者として扱い，企業の長期的な存続・発展のためには，企業経営に対する理解と株式の長期保有が不可欠であるという点から出発しており，コーポレート・ガバナンスの視点からもこの種の考え方がモンクスとミノウによって展開されている[10]。このような観点のもとでは，もはや，外部報告と内部報告の境界は曖昧となり，むしろ両者を区別しないという発想になっているように思える。

ジェンキンズ報告書では，上記の情報拡充化の視点に基づいて，五つの記載カテゴリーと10の情報要素からなる包括的企業報告モデルを提示している。この内容については，第13章において詳細に論及しているので，ここでは情報技術と開示頻度について触れておきたい。

デリバティブに関する測定情報は，適時性が情報の価値を決定する。市場のボラティリティを反映した公正価値会計情報は，適時に情報利用者に伝達されてこそ，意思決定にとって意味のある情報となる。ジェンキンズ報告書では，このような観点から，企業の損益に重要な影響を及ぼす取引・事象が発生したときは，少なくとも数日以内に開示しなければならないという勧告を行っている（AICPA［1994］, p. 133）。とくに，デリバティブに関する情報は，即時性が求められる。したがって，将来的な課題として，経営プロセスの進行過程に沿った即時的報告，すなわち継続的報告が提案されている（AICPA［1994］, p. 133）。これは，1994年当時の主張であるが，現在ではインターネットの技術の発展によって，継続的報告が技術的に可能となり，情報利用者が企業のウェブサイトを通じてデータベースに随時アクセスし，必要な情報を入手することが

できるような環境が出現しようとしている（河﨑［2001］，8頁）。このように，情報技術の発展が，公正価値会計の理論展開にも重要なインパクトを与えているといえる。

（1） 古賀智敏教授は，1930～40年代以降のアメリカにおける会計理論の発展は，評価パラダイムとして原価を軸とする理論体系と時価を軸とする理論体系とが，「原価－時価－原価－時価」の形で交錯・融合しつつ，螺旋的・上昇的に移行する過程として特徴づけている（古賀［2000a］，22頁）。
（2） 金融商品としての世界最初のデリバティブは，1972年5月にシカゴ・マーカンタイル取引所に上場された通貨先物であった。1972年の通貨先物から始まったアメリカのデリバティブ取引は，株式，債券，金利などの先物とオプションへと広がり，1980年代半ばまでには概ね現在の原形を確立した（阿部・小島［1995］，6-9頁）。わが国では1985年の国債先物取引の開始まで待つことになる。
（3） 評価技法の例として，想定されるリスクに見合った割引率を用いた見積期待将来キャッシュフローの現在価値，オプション価格モデル，マトリックスプライシング，オプション修正スプレッドモデル，ファンダメンタル分析などがある（FASB［1998a］, par. 540）。
（4） 企業会計審議会「金融商品に係る会計基準の設定に関する意見書」（平成12年1月22日）のⅠ経緯2を参照されたい。
（5） 同上意見書のⅡ本意見書の位置づけを参照されたい。
（6） 会計の手続論的定義および目的論的定義は，武田隆二教授の所説に従っている（武田［1971］，4頁）。
（7） 本文中の定義を含め，情報会計の概念規定と特質について，河﨑［1997］を参照されたい（河﨑［1997］，10頁）。
（8） 情報技術の発展を背景とした企業の財務報告の将来的な展開について，河﨑照行教授が中心となって研究した成果（河﨑［2001］）がすでに公表されている。そこでは，ウェブサイトを媒介として企業と情報利用者が随時にかつ直接的にコミュニケーションをとる考え方が提示されており，これをコーポレート・ダイアローグと呼んでいる。
（9） ジェンキンズ報告書では，企業が公表する情報に依存する意思決定アプローチとそれに必ずしも依存しないアプローチに分かれると指摘する。前者の企業情報依存アプローチには次の基本的アプローチと期待アプローチがある（AICPA［1994］, p.9）。

　　基本的アプローチとは，有価証券を発行する会社に発生するであろう将来のキャッシュフローまたは利益の金額，時期，不確実性を評定することによって当該有価証券の価値を決定しようとするアプローチである。これに対して，期待アプローチは，有価証券

の価格の短期的な変動を予測する手段として会社の短期的稼得利益，稼得利益の変動，稼得利益のトレンドの変動を予測するアプローチである。

また，企業情報を補足的情報とする三つのアプローチとして，インデックスファンド・アプローチ，有価証券価格の歴史的パターンまたは有価証券価格と特定の現象との歴史的な相関関係に基づいて有価証券の将来の価格変動を予測するアプローチ，特定の有価証券価格の変動を予測する手段として当該有価証券の供給または需要の短期的変動を予測する技術的アプローチが提示されていた（AICPA［1994］, p. 9）。

(10) モンクスとミノウは，マイケル・ポーターの所説を引用し，アメリカにおける資本市場制度の中で最も問題とされる点は，投資家による株式の短期的保有であり，機関投資家は短期的な利益に目を奪われ企業の長期的な収益力を維持するために企業と協調する意思や能力がないことが批判されている。このような批判を受けて，次のような株式の所有構造が安定的な会社経営のために必要であることが指摘されている。つまり，企業が長期的な利益を確保するためには，企業と共通の目標を持つ少数の株主によって，長期的，あるいは半恒久的に株式を保有してもらうことである。こうした長期株主は，企業所有を長期間にわたって維持し，企業情報に精通することに尽力することになる。この点は，まさに，株式持ち合いによる日本型経営の特徴を表現した内容となっている。ただし，このような所有構造においては，長期的所有者は，外部の一般的株主としての役割が求められるのではなく，インサイダーとしての立場が与えられ，すべての情報へのアクセスを保証することが必要であると指摘されている。(Monks and Minow［1995］, pp. 163, 164.)

第2章　経済社会の変容と企業の資産負債構成の変化

第1節　金融の自由化・国際化による経営環境の変化

　本章は，経済社会の変容が企業の資産負債構成にどのような影響を及ぼしているかを上場企業の財務諸表の分析を通じて明らかにし，金融重視の経済環境における会計的認識の問題を浮き彫りにしようとするものである。

　周知のように，1980年代に進められた金融の自由化・国際化によって我が国の金融システムは市場重視型のシステムへと移行した。具体的には，資金調達の手段が多様化し，大企業を中心に銀行借り入れに依存する間接金融から直接金融へと資金調達の手段がシフトしていった（小川・北坂［1998］，1頁）。

　このような状況下で，とくに1980年代後半，融資先を失った金融機関は，金融自由化の恩恵を享受できなかった中堅・中小企業への資金提供を積極的に進めた。当時，株式や土地の資産市場は価格上昇期にあり，土地を担保とした融資によって大量の資金が中小企業へ流れた。担保主義による融資は，中小企業に対する金融機関の審査機能が，脆弱であったためであるといわれている[1]。

　また，1980年代中頃から1990年初頭にかけて株価に含まれていたと考えられるバブルの要素が，実物資産と金融資産との間の企業の資産選択行動を金融資産に偏向させる効果を持っていたと指摘されている（小川・北坂［1998］，257頁）。つまり，株価がバブルを含んでいるため，株価は実物投資の収益性を表すシグナルとはならず，株式市場から調達された資金は実物投資に向かうこと

なく金融資産に再投資されたということである(小川・北坂[1998],261頁)。

武田[1992]は,このようなバブル経済期の企業の金融資産選択行動の結果(財務的成果)を経常利益倍率(経常利益÷営業利益)という手法で分析している。その研究は,1981年から1990年を調査期間として分析を行い,商業,電気機器,機械,化学の4業種において営業利益を超える営業外純利益を獲得した企業が顕著に存在することを見出している。

ここで,繰り返すまでもなく,金融の自由化・国際化によって上記のように経済環境が大きく変貌し,実物経済から金融経済へとその体制が変化したと例えられるようになった(武田[1998],29頁)。その変化は,たとえば,金融の自由化・国際化以降,景気変動は実物経済における有効需要の過不足によって引き起こされるものではなく,金融経済部門が景気変動の主導的役割を演じたという形で表現される[2]。

筆者の問題意識は「経済社会の変容が個別の企業レベルでどのような影響を及ぼしたのか」を明らかにすることにある。すでに述べたように,近年,問題となっている時価会計は棚卸資産や減価償却資産などの費用性資産を対象としたものではなく,金融資産,金融負債の時価評価の問題である[3]。そこで,金融資産・金融負債の時価評価の意義を例証するために,次節において,東京証券取引所および大阪証券取引所の1部・2部に上場する金融・証券をのぞく33業種の3月決算会社について,総資産に占める金融資産の比率と総資本に占める金融負債の比率を分析した。

第2節 金融資産比率・金融負債比率の趨勢分析

金融資産比率および金融負債比率の分析対象を3月決算会社に限定したのは,日本企業の大部分が3月決算会社となっていることを主たる理由としている。「NEEDS-CD ROM日経財務データ」(日経QUICK情報,以下「日経財務データ」と略記する)を利用して集計したところ,2000年4月から2001年3月までに決算期を迎えた会社総数は2,255社であった。そのうち,2001年3月決算

会社は，1,807社で，その割合は80.1パーセントであった(4)。いうまでもなく，3月期を選択したもう一つの理由は，2001年3月決算期から「金融会計基準」が適用され，売買目的有価証券やデリバティブの時価評価が実施され，かかる実務が財務諸表の資産構成比率や負債構成比率に影響を及ぼしているかをみるためである。

分析にあたっては，上記「日経財務データ」に収録されている個別企業の財務諸表を利用し，分析対象となる資産・負債項目を抽出した後，まず，総資産に対する金融資産の割合（金融資産比率），総資本に対する金融負債の割合（金融負債比率），ならびに，自己資本比率を計算した。期間は，1985年から2001年である(5)。1985年を分析の初年度としたのは，同年9月に開催された先進5か国蔵相・中央銀行総裁会議における金融政策に関する合意（プラザ合意）(6)が，その後の為替相場を急激に変化させ，それによって企業の経営戦略が大きな転換を迫られるとともに，為替リスクや金利リスク等のリスク管理が経営課題として重視されることとなったからである。

「金融会計意見書」および「金融会計実務指針」における金融資産に関する定義および具体例を考慮して(7)，「日経財務データ」に収録されている資産項目から金融資産として取り上げた項目は，以下の通りである。なお，それらの項目の表記は，「日経財務データ」における表記法に従ったものである。

　流動資産項目：現金・預金，受取手形，売掛金，営業貸付金・営業投資有価
　　　　　　　証券，有価証券，未収入金，短期貸付金，金銭の信託，デリ
　　　　　　　バティブ債権，
　固定資産項目：投資有価証券（子会社株式含む），出資金，長期貸付金，破産
　　　　　　　債権・更生債権，投資不動産，敷金・差入れ保証金，その他
　　　　　　　の投資・その他の資産(8)

同様に，金融負債に関する定義および具体例を考慮して(9)，「日経財務データ」に収録されている負債項目から金融負債として取り上げた項目は，以下の通りである。なお，それらの項目は，「日経財務データ」における表記法に従ったものである。

流動負債：支払手形，買掛金，設備関係支払手形，短期借入金，コマーシャル・ペーパー，1年以内返済の長期借入金，1年以内償還の社債，1年以内償還の転換社債，未払金・未払消費税，設備関係未払金，預り金，従業員預り金，デリバティブ債務

固定負債：社債，転換社債，長期借入金，長期支払手形，長期未払金

「グラフ1」は，3月決算会社の金融資産比率，金融負債比率，自己資本比率の趨勢を示したものである。まず，金融資産比率についてみてみると，1986年にはこの比率が下降しているが，これはプラザ合意による円高不況で金融資産が目減りしたことによるものである。当時，急激な円高により経営戦略の変更を迫られていた時期で，とりわけ，輸出産業は現地生産へ踏み切っていった時代である。その後は，1987年に始まるいわゆるバブル経済期にあたり，金融資産比率は1990年をピークとして1993年にかけて下降したことがわかる。この比率は，経済情勢により変化はあるが，常に50パーセントを超えており，資産構成における金融資産比率の相対的重要性を認識することができる。

また，金融負債比率と自己資本比率をみると，前者は逓減の趨勢を示してい

グラフ1　金融資産比率・金融負債比率・自己資本比率の趨勢（全業種平均）

年	金融資産比率	金融負債比率	自己資本比率
1985	58.3	57.2	28.5
1986	57.5	55.9	24.9
1987	58.6	55.2	31.3
1988	60.1	54.4	32.0
1989	61.0	53.1	33.5
1990	61.8	51.7	35.4
1991	60.5	51.2	36.1
1992	58.0	50.9	37.1
1993	57.2	50.5	37.6
1994	57.6	49.9	38.5
1995	58.1	49.6	39.1
1996	58.6	49.5	39.2
1997	58.5	48.7	40.2
1998	57.1	48.5	41.2
1999	57.2	48.3	41.7
2000	56.3	46.7	42.7
2001	56.2	45.9	42.2

グラフ2　金融負債に占める社債・転換社債比率と借入金比率の趨勢（全業種平均）

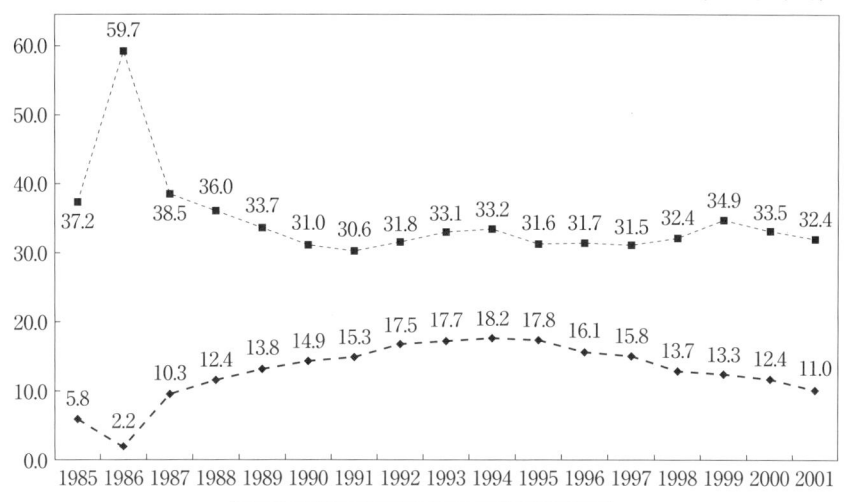

年	社債・転換社債比率	借入金比率
1985	37.2	5.8
1986	59.7	2.2
1987	38.5	10.3
1988	36.0	12.4
1989	33.7	13.8
1990	31.0	14.9
1991	30.6	15.3
1992	31.8	17.5
1993	33.1	17.7
1994	33.2	18.2
1995	31.6	17.8
1996	31.7	16.1
1997	31.5	15.8
1998	32.4	13.7
1999	34.9	13.3
2000	33.5	12.4
2001	32.4	11.0

るのに対して，後者は1986年にいったん落ち込むものの，その後2001年に至るまで増加の傾向を示し，2001年3月末時点で33業種の平均は，42.2パーセントとなっている。金融負債比率が落ち込み，自己資本比率が増加するという趨勢は，すでに述べたように1980年代に直接金融の手段が多様化し，銀行借入に依存する資金調達から直接金融に依存する経営に変化していることを全業種平均値が明瞭に物語っている。この点を検証するために作成したものが，「グラフ2」である。このグラフは，金融負債に占める社債・転換社債の割合と借入金の割合を，それぞれ社債・転換社債比率と借入金比率として全産業の平均値を各年度で計算した結果を示したものである。財務諸表は資金調達方法の変化に係る事実関係を反映したものとなっており，借入金比率が減少し，社債・転換社債比率が増加していることがわかる。

　このように金融資産比率，金融負債比率，自己資本比率は，企業経営を取り巻く経済の実勢を如実に反映するということが明らかとなったが，実はこれらの比率は取得原価主義会計による情報を基礎としたものである。1985年のプラザ合意以降，ドル安・円高の為替相場の経営環境の中で企業経営者は為替リス

クや金利リスクについて徹底した管理が求められ，その手段としてデリバティブを積極的に利用するようになってきた時期である[10]。しかし，原価・実現アプローチに基づく利益計算では，デリバティブ取引は決済時点まで認識されず，オフバランスシート項目となっており，これまで外部の情報利用者は財務諸表からリスク管理活動の有効性を読みとることができなかったのである。しかも，デリバティブ取引の残高は巨額に上るため，損益に及ぼす潜在的影響は無視できないものがある。公正価値会計はこの点を改善するものであり，リスク管理に係る企業経営の透明性を高める手段として有効な手段であるといえる。

第3節　金融資産比率・金融負債比率の業種平均値の比較

すでに指摘したように，2001年3月決算期から「金融会計基準」が適用され，売買目的有価証券，その他有価証券，デリバティブが時価評価され，評価損益が財務諸表に計上されることとなった。また，ヘッジ会計の適用によりヘッジ手段の時価評価による利得または損失が繰延処理されるようになった。これによって企業のリスク管理の実態が明らかになるとともに，企業経営の透明性が高まることが期待される。ここでは，「金融会計基準」の適用前後で金融資産比率と金融負債比率に変化があるかどうかを業種平均値によって分析しようとするものである。そのため，1998年3月決算会社1,800社（会計期間1997年4月1日～1998年3月31日）と2001年3月決算会社1,807社（会計期間2000年4月1日～2001年3月31日）を対象としてこれらの会社の財務諸表を分析した。「表1」は，金融資産比率，有価証券比率，投資有価証券比率，償却対象有形固定資産比率について，各業種の平均値を示したものである[11]。業種の表記は，「日経財務データ」における表記法に従っている。1998年3月期と2001年3月期の各比率の業種全体に係る最小値，最大値，中央値，平均値は，「表2」のようになっている。

まず，「表2」の全業種平均値を比較して明らかに変化が見られるのは，有

表1 日本企業の金融資産関連比率（1998年3月期と2001年3月期の比較）

		金融資産比率		有価証券比率		投資有価証券比率		償却対象有形固定資産比率	
		1998	2001	1998	2001	1998	2001	1998	2001
1	水産	60.3	58.9	8.2	7.4	15.0	15.9	7.2	11.5
2	鉱業	52.4	56.1	4.9	1.5	7.7	16.4	13.6	12.8
3	建設	60.4	60.5	4.7	1.8	5.4	8.9	6.7	6.3
4	食品	54.0	54.3	6.2	2.6	11.9	17.3	21.2	19.8
5	繊維	58.8	57.2	7.2	2.5	12.9	19.2	19.5	19.5
6	パルプ紙	39.4	41.7	5.3	0.2	7.1	10.9	22.3	36.5
7	化学	57.2	56.8	6.6	2.2	12.9	17.1	22.3	20.9
8	医薬品	66.4	66.2	9.8	7.7	8.7	15.6	15.6	13.2
9	石油	59.2	58.4	5.0	2.5	10.1	12.0	16.0	14.1
10	ゴム	57.9	58.4	3.1	0.1	13.8	17.9	26.1	23.1
11	窯業	55.0	56.6	5.4	2.1	13.1	18.1	24.5	22.9
12	鉄鋼	44.8	43.2	7.3	2.0	7.5	13.2	32.4	29.5
13	非鉄金属	57.7	53.4	7.3	1.2	11.3	15.6	19.1	18.4
14	機械	62.1	60.4	8.5	2.5	11.6	16.5	13.9	13.1
15	電気機器	67.1	65.9	7.6	3.5	13.1	17.0	13.9	12.7
16	造船	45.5	43.1	10.2	2.5	6.6	12.9	14.5	14.7
17	自動車	55.7	56.3	6.4	3.1	15.6	20.5	25.8	23.4
18	その他輸送用機器	57.1	58.1	7.6	2.4	6.6	12.8	19.9	18.6
19	精密機器	61.5	59.5	6.5	2.9	12.7	14.6	14.5	12.1
20	その他製造	58.3	58.3	3.1	2.4	11.6	12.1	18.8	15.7
21	商社	73.1	71.9	5.6	2.0	8.3	12.4	7.4	7.2
22	小売業	50.6	48.9	5.2	2.1	5.5	6.6	17.0	15.9
23	その他金融	79.4	80.6	1.0	0.8	1.5	3.5	11.3	14.1
24	不動産	27.4	27.0	2.5	0.9	5.1	8.1	23.2	22.2
25	鉄道バス	17.2	17.9	1.7	0.5	6.9	10.5	44.5	43.3
26	陸運	49.5	45.5	7.8	3.0	8.0	11.4	27.9	24.9
27	海運	53.6	63.0	7.5	1.2	17.9	21.7	34.2	24.7
28	空運	47.7	47.2	3.0	1.9	11.6	10.9	27.0	29.4
29	倉庫運輸関連	42.8	44.8	3.7	1.3	8.0	17.6	37.6	35.1
30	通信	36.6	54.1	5.1	7.1	6.2	22.4	38.8	26.4
31	電力	6.5	8.2	0.1	0.0	2.4	4.2	68.7	67.7
32	ガス	21.4	24.5	0.6	0.0	5.7	11.5	49.7	50.3
33	サービス	61.1	61.2	8.0	4.1	12.3	14.4	18.1	14.3

表2 金融資産関連比率の特徴

	金融資産比率		有価証券比率		投資有価証券比率		償却対象有形固定資産比率	
	1998	2001	1998	2001	1998	2001	1998	2001
1) 最小値	6.5	8.2	0.1	0.0	1.5	3.5	6.7	6.3
2) 最大値	79.4	80.6	10.2	7.7	17.9	22.4	68.7	67.7
3) 中央値	55.7	56.6	5.6	2.1	8.7	14.4	19.9	19.5
4) 平均値	57.1	56.2	**5.3**	**2.3**	**8.4**	**12.2**	18.4	17.1

価証券比率と投資有価証券比率である。有価証券比率は約3パーセント減少し，投資有価証券比率が同程度増加している。これは，流動資産に掲記される有価証券は，売買目的有価証券に限定されるものの，「金融会計基準」により時価評価が求められ，評価益が損益計算書に計上されることになり，その影響を回避しようとして記載区分を変更したことが伺える。減少の割合が最も大きいのは「造船」で，有価証券比率が7.7パーセント減少し，投資有価証券比率が同程度増加している。また，「電力」と「ガス」は有価証券の保有がなくなっていることがわかる。

次に，「表1」の2001年3月決算期の金融資産比率についてみていると，33業種の平均は56.2%である。さらに，業種特性により金融資産比率の小さい「不動産」(27.0%)，「ガス」(24.5%)，「鉄道バス」(17.9%)，「電力」(8.2%) を除いた29業種の金融資産比率の平均は56.6%となり，総資産のおよそ6割が金融資産ということになる。償却対象有形固定資産比率の全産業平均値の17.1%と比較をしても，総資産に占める金融資産の割合の相対的な重要性を認識することができるであろう。金融主導型の経済環境の中で，今や，日本の上場企業の総資産に占める金融資産の保有割合は，平均で5割を超え，この比率が6割を超える業種は全業種の3分の1近くまで達している。また，製造業であっても金融資産比率が80%を遙かに超える企業が存在する。例えば，2001年3月期の電気機器137社のうち，金融資産が7割を超える会社は48社で，その割合は51.8パーセントである。そのうちこの比率が8割を超える会社は13社で電気機器全

表3　日本企業の金融負債関連比率（1998年3月期と2001年3月期の比較）

		金融負債比率		負債比率		自己資本比率	
		1998	2001	1998	2001	1998	2001
1	水産	63.6	58.7	70.6	67.2	29.4	32.8
2	鉱業	70.1	69.2	77.5	78.7	22.5	21.3
3	建設	52.2	52.9	70.4	71.6	29.6	28.4
4	食品	40.0	37.7	50.2	50.2	49.8	49.8
5	繊維	46.8	43.6	56.3	57.1	43.7	42.9
6	パルプ紙	64.2	58.4	70.4	68.1	29.6	31.9
7	化学	48.7	43.2	56.4	53.3	43.6	46.7
8	医薬品	27.2	24.5	39.2	38.0	60.8	62.0
9	石油	66.8	64.5	73.5	70.6	26.6	29.4
10	ゴム	48.0	45.8	56.4	58.2	43.6	41.8
11	窯業	42.9	42.1	52.7	54.2	47.3	45.8
12	鉄鋼	48.1	47.7	55.8	58.7	44.2	41.3
13	非鉄金属	47.9	44.7	59.3	58.9	40.7	41.1
14	機械	42.9	40.3	52.8	51.9	47.2	48.1
15	電気機器	39.4	39.3	48.6	50.4	51.4	49.6
16	造船	51.2	52.5	79.1	78.1	20.9	21.9
17	自動車	44.1	39.5	56.0	55.1	44.0	44.9
18	その他輸送用機器	44.4	42.8	52.8	53.7	47.2	46.3
19	精密機器	42.1	41.7	50.8	52.4	49.2	47.6
20	その他製造	41.0	38.5	48.4	47.6	51.6	52.4
21	商社	61.0	58.7	66.8	64.8	33.2	35.2
22	小売業	46.3	41.7	55.1	51.0	44.9	49.0
23	その他金融	72.5	68.9	84.5	82.8	15.5	17.9
24	不動産	59.8	57.4	73.3	70.9	26.7	29.1
25	鉄道バス	68.4	68.0	83.9	83.3	16.1	16.7
26	陸運	44.9	39.7	55.9	58.1	44.1	41.9
27	海運	67.1	65.2	74.4	74.7	25.6	25.3
28	空運	65.0	61.9	73.3	71.0	26.7	29.0
29	倉庫運輸関連	43.9	41.3	56.8	57.6	43.2	42.4
30	通信	44.7	30.6	55.6	39.6	44.4	60.4
31	電力	72.8	67.4	83.6	80.7	16.4	19.3
32	ガス	58.9	54.6	73.0	68.7	27.0	31.3
33	サービス	35.9	27.6	49.0	40.9	51.0	59.1
	33業種全社平均	48.5	45.9	58.8	57.8	41.2	42.2

体の9.5パーセントに及んでいる。

「表3」は，金融負債比率（総資本に対する金融負債の割合），負債比率（総資本に対する負債合計（流動負債と固定負債の合計）の割合），ならびに，自己資本比率について，各業種の平均値を示したものである。この表のデータおよび金融資産比率のデータを用いて作成した百分率貸借対照表が「図1」である。この図における貸借対照表は，金融資産と金融負債を分類基準とするもので，2001年3月期における33業種の全会社平均値を示している。

これまで分析してきたように，総資産に占める金融資産比率の高さを前提として，企業の経済実態を把握するという観点から資本維持との関連で企業の資産評価問題を論じる場合，企業の金融資産をいかに認識するかということが，

図1　金融資産・負債を分類基準とする百分率貸借対照表（全業種平均）

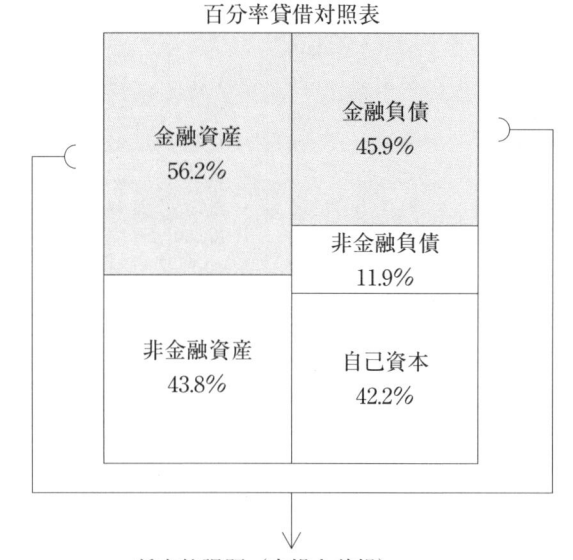

百分率貸借対照表

金融資産 56.2%	金融負債 45.9%
	非金融負債 11.9%
非金融資産 43.8%	自己資本 42.2%

将来的課題（市場を前提）
全面的公正価値評価
　市場のボラティリティを反映
　リスク状況の把握
　経営の透明性を高める

費用性資産の原価配分と同様に現代会計における資産会計の重要な課題であると考えられる。JWGドラフト基準（JWG［2000］）が指摘するように，金融資産および金融負債としての金融商品はすべて公正価値で測定することが将来的な課題として提案されている（JWG［2000］, par. 69）。金融資産および金融負債を公正価値で全面的に測定することによって，市場のボラティリティを反映した測定値が財務諸表に表示され，企業のリスクエクスポージャーとリスク管理活動の結果が明らかになり，企業経営の透明性が高まることが期待されるのである。

第4節　個別企業の資産負債構成の変化

　金融資産比率および金融負債比率の分析の目的は，実物重視の経済が金融重視の経済へ移行したという一般的な主張が，個別企業の資産と負債の構成にどのように現れているかを明らかにすることにあった。そこで，Business Week誌（1998年7月13日）の世界企業1000社ランキングのうち日本地域の上位10社のなかで金融を除く7社（日本電信電話，トヨタ自動車，ソニー，本田技研工業，松下電器産業，セブンイレブンジャパン，東京電力）の中から海外に製造拠点を有してグローバルに経済活動を行う4社（ソニー，松下電器産業，トヨタ自動車，本田技研工業）について1970年からの期間比較を行った。1998年のランキングデータを利用したのは，前節において指摘したように「金融会計基準」設定前後で変化があるかどうかを見るためである。

　「グラフ3」は上記4社の金融資産比率について，「グラフ4」はそれらの会社の投資有価証券比率について，各比率の趨勢を示したものである。まず，4社の金融資産比率をみてみると，2001年3月期において，ソニーと松下電器産業の両社とも80％を越えており，表中では数値を明示していないが，トヨタ自動車が77.5％で，本田技研工業が54.3％となっている。このことから国際的に経済活動を行っている企業の資産評価の問題とは，金融資産の評価の問題であるとしてとらえることができる。これらの金融資産が，為替リスク，金利リス

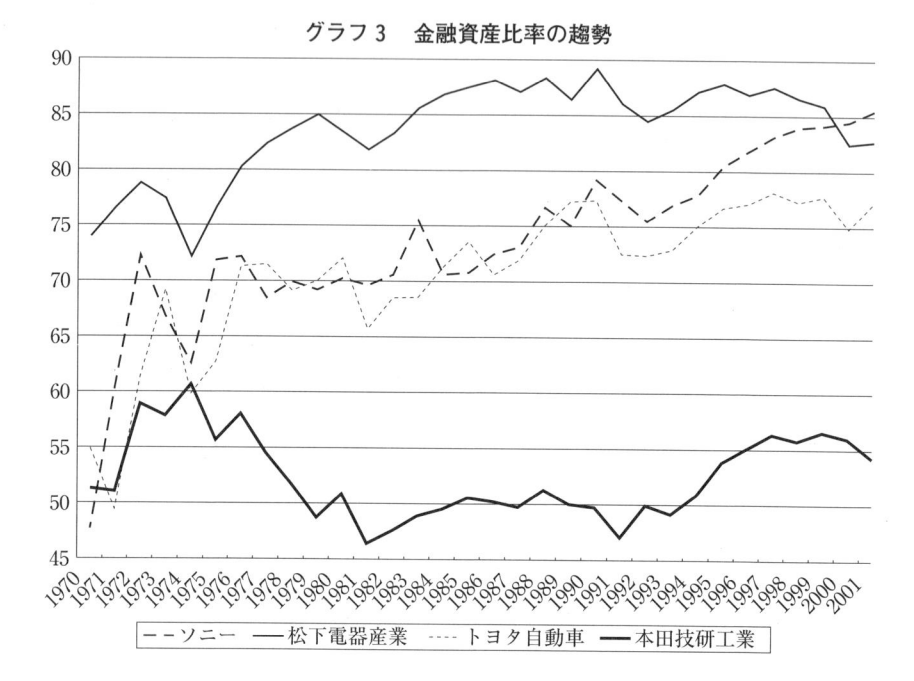

42 第1部 公正価値会計の生成基盤

グラフ3 金融資産比率の趨勢

――ソニー ――松下電器産業 ……トヨタ自動車 ――本田技研工業

ク，価格リスク，信用リスク等の種々のリスクにさらされていることを考慮すると，企業の経済実態を把握するような測定属性で金融資産の評価をしなければ，貸借対照表は企業の真の姿を映し出したものとはならないということである。

　これに対して，償却対象有形固定資産，すなわち，減価償却資産の構成比率は金融資産比率と比較すると，かなり僅少なものとなる。この比率は，2001年3月期において，ソニー4.9％，松下電器産業5.6％，トヨタ自動車10.2％，本田技研工業19.6％となっている。総資産に占める減価償却資産の割合は，製造業においてさえ相対的に小さくなっている。このような傾向は，各企業の経営方針ないし経営戦略の反映であると考えられる。減価償却費が企業の収益性を圧迫しないように，機械設備等の有形財をリース契約により使用することで生産能力を維持し，さらに人件費の削減や貿易摩擦等の理由で生産拠点を海外子会社に移転することにより，それらの企業の償却対象資産比率が小さくなってい

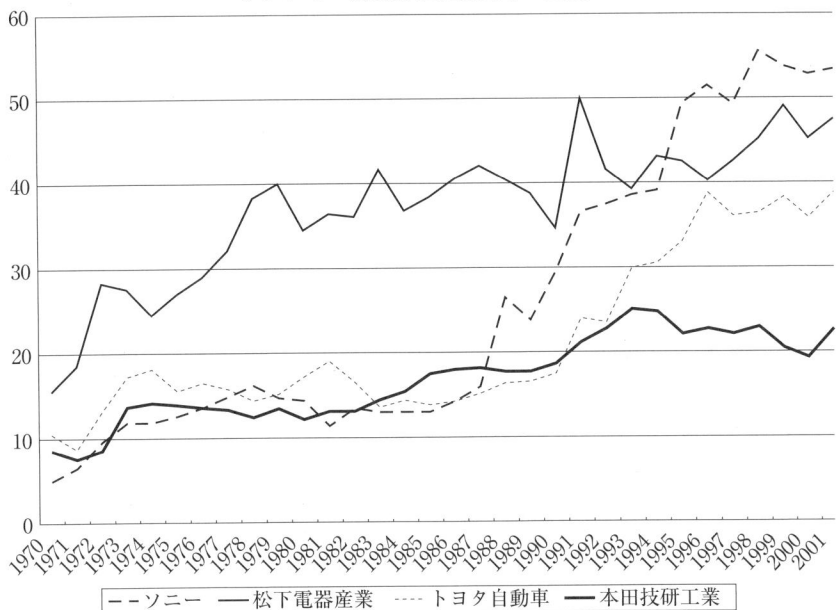

グラフ4　投資有価証券比率の趨勢

――― ソニー　――― 松下電器産業　・・・・・ トヨタ自動車　――― 本田技研工業

るものと考えられる[12]。また，「グラフ4」に示すように，そのような経営戦略は4社のグラフのなかで投資有価証券比率が趨勢的に上昇していることに現れていると考えられ，特にソニーとトヨタ自動車の比率が1985年以降顕著に増加している。

また，「金融会計基準」の影響であるが，有価証券比率をみていると，1998年と2001年を比較すると，トヨタ自動車が5.2パーセントから8.6パーセントへ増加し，松下電器産業は0.1パーセントのままで変化はなかった。これに対して，ソニーは2.6パーセントから0.0パーセントへ，本田技研工業は5.9パーセントから0.0パーセントへと減少している。この理由は，売買目的有価証券の時価評価の影響を回避するためであるとは断定できないが，ソニーと本田技研工業の有価証券の保有行動には明らかな変化が生じたことになる。

さらに，実物重視の経済から金融重視の経済への転換が企業の資産構成にどのように現れているかという点であるが，すでに指摘したように，上記4社の

金融資産比率について1985年以降に比率は小さいものの顕著に増加していることがわかる。また，バブル経済崩壊後の1992年に金融資産比率が一律に落ち込んでいることは経済の実態を個別企業のデータからも読みとることができる。また，拙稿（浦崎［1999d］）において検討したように，金融負債についてみるならば，4社とも程度の差はあるが，1980年代に社債・転換社債比率がかなり増大し，それとともに借入金比率は極端に減少している。すべてに共通している点は，社債・転換社債比率が1980年代に顕著に増加していくことである[13]。

　ここで，問題となるのは，上記のような資産構成や負債構成は原価・実現アプローチに基づいて認識測定された資産および負債に限定されていることである。金融経済の象徴であるデリバティブ取引はプロダクト指向の計算体系である期間損益計算の枠組みではオフバランスとなっており，景気変動を引き起こすほどのデリバティブの実態は貸借対照表の本体からはこれまで読みとることはできなかった。1997年6月末時点でのアメリカにおけるデリバティブ取引残高（想定元本23兆3千億ドル）は，米国内総生産の3.3倍に達している（日本経済新聞1997年12月20日朝刊）。日本においても大手銀行19行の1998年3月末のデリバティブ取引高は，想定元本の総額が2,305兆4,402億円に上ったことが報じられ（読売新聞1998年9月5日朝刊），取引高が最も多かった富士銀行（当時）は想定元本が418兆5,695億円となり総資産51兆880億円の8倍を超えている。

　企業の経営者は経営上の様々なリスク（金利リスク，為替リスク，信用リスク等）を回避するためにヘッジ取引を行っており，かかる取引が企業の損益に重大な影響を及ぼすという事実はいくつかの失敗の事例がそれを物語っている。また，日本簿記学会・簿記実務研究部会で実施したアンケート調査においてもデリバティブ取引を行っている企業のほとんどがヘッジ目的でそれを利用しているという回答であった[14]。したがって，経営者が指示したヘッジ手段がどの程度有効であったかを決済を待たずに期間毎に把握することは，経営上のリスクを明らかにするということから正当化されるであろうし，投資者を保護するというコーポレート・ガバナンスの観点からも必要とされるであろう。公正価値会計は，取得原価主義会計によっては写像することのできなかった企業の経

済的事実関係を映し出すものであり，それによって「我が国証券市場への内外からの投資参加の促進」や「投資者の適切な投資判断を可能にする」といった目的をよりいっそう達成することが可能になるものと考えるのである。次章においては，公正価値会計の認識，測定，報告にかかる諸問題を検討していく上で，その前提となる理論的基礎について検討するものである。

（1） このような金融機関の融資のあり方が，資産価格下落期に大量の不良債権を生むことになったと指摘されている（小川・北坂［1998］，45，46頁）。
（2） この点については，小川・北坂［1998］の研究において詳細に論じられているので参照されたい。
（3） かつて華やかな議論が展開された時価主義会計と金融の自由化・国際化によってクローズアップされてきた時価会計とは，その目的と対象が次のような点で異なっている（武田［2001d］，7，8頁）。すなわち，時価主義会計と時価会計を産業構造との関連で論じるならば，製造業を中心としたプロダクト型市場経済を背景としたものが，時価主義会計である。つまり，実物経済を重視する環境の下では，企業を再生産的に持続的に維持する「実物資本維持」に目的が置かれ，とくにインフレーション期における価格変動に対処するために，物的実物維持に必要な資本額を時価基準によって費用化し，収益からそれを回収することに計算の課題が求められた。

これに対して，時価会計は，ファイナンス型市場経済を背景として論じられるようになった領域であり，金融資産を対象としている。時価会計は，企業継続を前提としながらも，投下貨幣資本の時点的・即時的清算を指向した「清算貨幣資本維持」を目的として，その対象を金融商品に限定した時価評価会計である。この点が，棚卸資産や固定資産といった非金融商品の物的生産力維持を目指した時価主義会計と異なるのである。
（4） 2000年4月期から2001年3月期までに決算期を迎えた東京証券取引所および大阪証券取引所の1部・2部上場会社2,255社の月毎の会社数と割合は次の通りである。

　　① 2000年4月　　7社（0.3%）　　⑦ 2000年10月　　17社（0.8%）
　　② 2000年5月　　22社（1.0%）　　⑧ 2000年11月　　42社（1.9%）
　　③ 2000年6月　　13社（0.6%）　　⑨ 2000年12月　　152社（6.7%）
　　④ 2000年7月　　7社（0.3%）　　⑩ 2001年1月　　27社（1.2%）
　　⑤ 2000年8月　　12社（0.5%）　　⑪ 2001年2月　　119社（5.3%）
　　⑥ 2000年9月　　30社（1.3%）　　⑫ 2001年3月　1,807社（80.1%）

（5） 1985年から2001年までの各年度3月決算の分析対象会社数は次の通りである。括弧内の社数は前年度4月から当該年度3月までに決算期を迎えた会社総数を示しており，その後の数値は会社総数に対する3月決算会社の割合を示している。

① 1985年　　961社（1864社，51.6%）
② 1986年　　993社（1922社，51.7%）
③ 1987年　1,089社（2015社，54.0%）
④ 1988年　1,257社（1961社，64.1%）
⑤ 1989年　1,431社（2004社，71.4%）
⑥ 1990年　1,525社（2049社，74.4%）
⑦ 1991年　1,589社（2093社，75.9%）
⑧ 1992年　1,639社（2125社，77.1%）
⑨ 1993年　1,677社（2160社，77.6%）
⑩ 1994年　1,701社（2187社，77.8%）
⑪ 1995年　1,743社（2225社，78.3%）
⑫ 1996年　1,767社（2250社，78.5%）
⑬ 1997年　1,792社（2253社，79.5%）
⑭ 1998年　1,800社（2254社，79.8%）
⑮ 1999年　1,804社（2254社，80.0%）
⑯ 2000年　1,804社（2254社，80.0%）
⑰ 2001年　1,807社（2255社，80.1%）

（6）　G5（先進5か国蔵相・中央銀行総裁会議）の会議が，1985年9月，ニューヨークのプラザホテルで開催されたため，ドル高是正・円高容認に関する金融政策の合意をプラザ合意と一般に呼んでいる。当時のドル相場（1ドル＝240円）が実勢にあわず高すぎるため，以後各国がドル安に誘導すべきだとした。当時のアメリカは大幅な貿易赤字（ドル安要因）が長期資本黒字（ドル高要因）を上回っていたのにドル高を保ち，これが実勢（市場本来の姿）に反するとしたものである。以後，円高ドル安が続き，88年11月には120円にいたり，94年には100円を突破した。

（7）　「金融会計実務指針」4. によれば，金融資産とは，「現金，他の企業から現金若しくはその他の金融資産を受け取る契約上の権利，潜在的に有利な条件で他の企業とこれらの金融資産若しくは金融負債を交換する契約上の権利，又は他の企業の株式その他の出資証券」であると説明されている。具体的には，「金融会計意見書」三一1において，金融資産として，現金預金，金銭債権，有価証券，デリバティブ取引により生じる正味の債権等が示されている。

　また，「金融会計実務指針」6. によれば，デリバティブとは，次のような特徴を有する金融商品として定義されている。

　　① その権利義務の価値が，特定の金利，有価証券価格，現物商品価格，外国為替相場，各種の価格・率の指数，信用格付け・信用指数，又は類似する変数（これらは基礎数値と呼ばれる）の変化に反応して変化する(1)基礎数値を有し，かつ，(2)想定

元本か固定若しくは決定可能な決済金額のいずれか又は想定元本と決済金額の両方を有する契約である。

② 当初純投資が不要であるか，又は市況の変動に類似の反応を示すその他の契約と比べ当初純投資をほとんど必要としない。

③ その契約条項により純額（差金）決済を要求若しくは容認し，契約外の手段で純額決済が容易にでき，又は資産の引渡しを定めていてもその受取人を純額決済と実質的に異ならない状態に置く。

(8) 「日経財務データ」では，当該項目には，1年内に期限の到来しない預金等，ストックオプションにより取得した自己株式，満期保有目的の金銭信託，その他の金銭の信託のうち満期が1年以内に到来しないものなどが分類されている。

(9) 「金融会計実務指針」5.によれば，金融負債とは，「他の企業に金融資産を引き渡す契約上の義務又は潜在的に不利な条件で他の企業と金融資産若しくは金融負債（他の企業に金融資産を引き渡す契約上の義務）を交換する契約上の義務」を意味する。具体的には，金融負債には，金銭債務，デリバティブ取引により生じる正味の債務等が該当する（「金融会計意見書」三一1）。

(10) 日本におけるデリバティブの市場は，1985年に債券先物から始まり順次拡充されていった。日本におけるデリバティブ取引所取引の開始年度を示すと次の通りである。

  1985年 債券先物（長期国債）
  1988年 株価指数先物（TOPIX，日経225）
      債券先物オプション
  1989年 株価指数オプション（TOPIX，日経225）
      金利先物（円，ドル）
      日本円通貨先物（ドル建て）
  1991年 日本円通貨先物（円建て）
      円金利先物オプション
  1994年 株価指数先物（日経300）
      株価指数オプション（日経300）

(11) 金融資産比率，有価証券比率，投資有価証券比率，償却対象有形固定資産比率は，次のように計算した。有価証券は，流動資産の部に掲記されるもので，投資有価証券は，固定資産の部に掲記されるものである。また，償却対象有形固定資産には，建物・構築物，機械・装置，船舶・車輌，および，その他の減価償却の対象となる資産が含まれている。

  ① 金融資産比率＝金融資産項目÷総資産×100
  ② 有価証券比率＝有価証券÷総資産×100
  ③ 投資有価証券比率＝投資有価証券÷総資産×100

48 第1部 公正価値会計の生成基盤

　　　④　償却対象有形固定資産比率＝償却対象有形固定資産÷総資産×100
(12)　1998年3月期のデータであるが，連結ベースでの償却対象有形固定資産比率は，ソニー（16.7%），松下電器産業（14.3%），トヨタ自動車（26.8%），本田技研工業（16.1%）となっている。
(13)　紙幅の関係から金融負債比率については計算結果に関するグラフを示していないので，詳細については拙稿（浦崎［1999d］）を参照されたい。
(14)　日本簿記学会・簿記実務研究部会が実施したアンケート調査結果は，古賀・浦崎［1998］および日本簿記学会・簿記実務研究部会［1998］で公表されているので参照されたい。

第3章 公正価値会計の制度的基礎

第1節 会計的コミュニケーションにおける役割構造の体系

1 会計行為と役割期待の相補性

　会計行為とは，企業の利益稼得の物的・経済的事実関係を一定の測定ルールを介して貨幣的・経済的数関係として写像する活動であると規定することができる（武田［2001b］，4頁）。かかる会計行為に外部利害関係者への情報の伝達という要素を加味したとき，財務会計という領域が形成される。外部報告会計としての財務会計は，伝達行為を通じて，社会システムの中で企業と外部利害関係者を有機的に結びつける一つのシステムとして機能する。財務会計を社会システムを構成するシステムとして捉えるとき，これを「制度」の側面から把握することができる（武田［1982］，3頁）。

　制度とは，それを支える行為者の「役割」の側面からアプローチされるものであり，会計の制度化は，行為者の役割の制度化を意味するものとして理解される[1]。すなわち，会計行為自体，企業と利害関係者とのコミュニケーション・プロセスであるため，行為者間の役割が制度化の理論の中心的要素となるからである（武田［1982］，3頁）。制度の概念は，個人と社会との連結概念である役割の概念を内容とするものであり，行為者間に安定的秩序が観察されるとき，何らかの制度が成立した状態として理解するのである（武田［1982］，8頁）。したがって，公正価値会計が，何らかの社会制度として成立するために

は，公正価値会計に関わる行為者の役割に関する理解と行為者間の安定的秩序がなければならない。

この安定的秩序は，社会を構成する行為者の役割期待の相補性のメカニズムによって達成されるものである（武田［1982］，8頁）。役割期待の相補性とは，役割期待とサンクションの関係として規定される。この場合，役割期待とは情報の送り手の行動に関する情報の受け手の期待を意味し，サンクションとは情報の送り手の行為によって予想される情報の受け手の行為（反応）に関する情報の送り手の期待を意味する。すなわち，情報の送り手（企業）にとって情報の受け手（利害関係者）からの期待がサンクションをなし，情報の受け手にとって情報の送り手からの期待がサンクションをなす（武田［1982］，9頁）。

このような役割期待の相補性のメカニズムによって，社会システムを構成する行為者間に何らかの均衡状態，つまり安定化した価値体系が次第に形作られていくのである。たとえば，会計慣行は，伝統的に，その時々の問題を解決する形で知識の集積を重ね，発展してきたものであり，企業と利害関係者集団との役割期待の相補性に基づき形成されたものと解することができる。

会計システムを上述のような役割構造の機能的体系として理解するとき，会計行為は次の四つの役割の局面から構成されるものとして考えることができる（武田［1998］，17，18頁）。

① 役割期待：企業の営む会計行為の役割に対する利害関係者の期待
② 役割規定：会計行為がどのように遂行されるべきかに関する正式な表明
③ 役割記述：会計行為がどのように遂行されたのかに関する記録
④ 役割開示：役割記述の結果を報告書を通じ利害関係者に伝達する過程

これら役割の四局面の関係を図式化したものが，「図1」（武田［1998］，18頁「図2-1」）である。法律の枠組の中で営まれる制度会計[2]では，情報の送り手の役割が予め法律（例えば，商法）によって規定されている。すなわち，利害関係者の役割期待（例えば，受託資本の維持管理）に基づき，基本的な手段（会計処理の原則および手続）としての原価・実現の基準が役割規定として採択され，これが会計行為の手段枠となる。原価・実現アプローチという役割規定

に基づいてとられた行動の結果は，財務諸表という形式で記述される（役割記述）。この役割記述としての財務諸表が利害関係者に報告されることになるが，企業のいだく役割期待（受託責任履行の信任を問うこと）が利害関係者のサンクション＝反応行動（例えば，承認）として働く（武田［1982］，12頁）。

図1　役割構造の体系

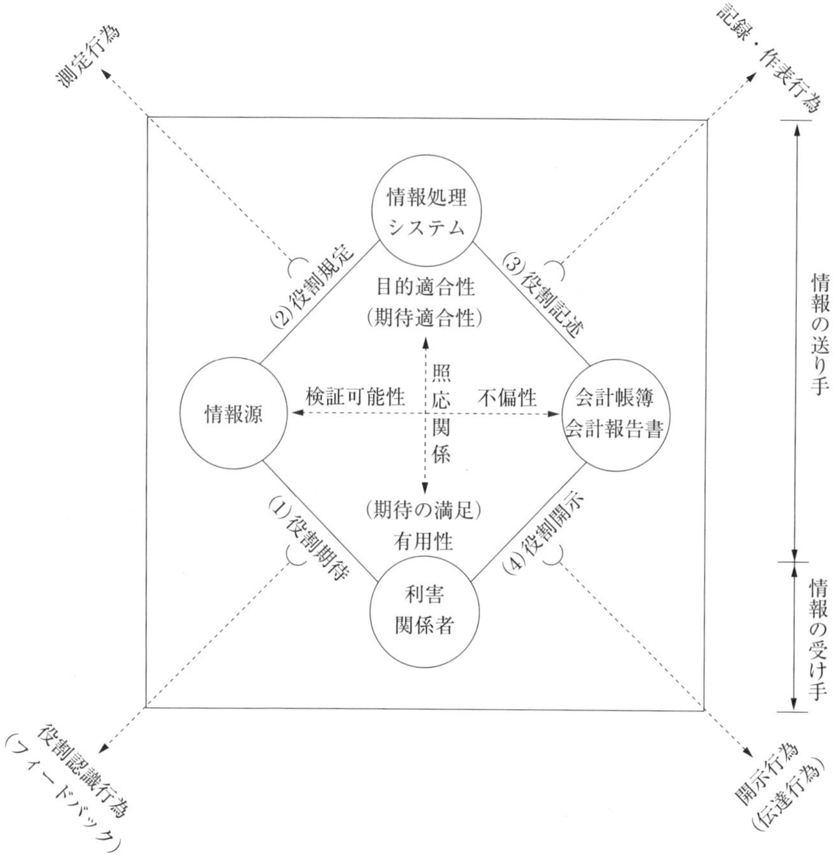

上述のような役割期待の相補性を前提とするならば，公正価値会計が提供する情報内容は，利害関係者の情報要求によって規定されるものであり，利害関

係者の「役割期待」が,企業の「役割規定」,「役割記述」,「役割開示」の内容を決定するという行為の連関を理解することができるであろう。したがって,公正価値会計における役割の4局面の内包を予め明らかにすることが,公正価値会計が制度として社会的に受容される条件となりうる。次に,役割期待の相補性というメカニズムを会計的コミュニケーションにあてはめ,公正価値会計研究における方法論的基礎をより具体的に解明していきたい。

2 役割期待の構造的特質

情報利用者を指向した財務報告においては,企業の会計行為は,会計情報の送り手と受け手との間のコミュニケーション・プロセスとして捉えられ,情報利用者からのフィードバックを情報作成者が積極的に受け入れ,情報利用者の意思決定に役立つ情報を提供することにより,両者のコミュニケーションを促進しようとする行き方がとられる。このような会計的コミュニケーションのアプローチが必要とされるのは,企業と情報利用者との間に情報を媒介としたコミュニケーション・ループが存在し,自由にして豊かな情報の流れが確保されるとき,利害の相互的な調整が図られ,環境変化に対する企業の適応が促進されるものと考えられるからである。

この会計的コミュニケーション・プロセスは,既述のように,役割構造の機能的体系として一般的に理解することができる。たとえば,主要な情報利用者としての投資者・債権者の投資・与信の意思決定に有用な情報を提供するという情報要求(役割期待)を受けて,情報作成者(経営管理者)は,その情報要求を反映させた作成・開示指針(役割規定)に基づき,アウト・プットとしての財務諸表(役割記述)を作成し,財務報告(役割開示)を通じて情報利用者に財務情報を提供していくという関係が描かれる(武田[1998],17-19頁)。

ただし,制度的側面からそのコミュニケーションの図式をみるならば,監査人がそのプロセスに関与することによってはじめてコミュニケーションのループが完結する。作成された財務情報を監査することにより,その情報に信頼性に関する一定の保証を与えなければ,そのようなコミュニケーションの安定化

第3章 公正価値会計の制度的基礎 53

（制度的定着）は促進されえないからである。

そのことは，「作成者—利用者」のコミュニケーションと同様に，実は，「監査人—利用者」との間にも役割構造の体系が存在するということを意味する。というのは，監査人の保証行為は，情報利用者から向けられた情報要求に基づく保証行為であると考えられるからである。つまり，情報の信頼性の保証に関する情報利用者の監査人に対する要請（役割期待）に基づき，監査人のとるべき行動が規定され（役割規定），この役割規定に基づいて情報に対する関与範囲が規定され監査業務が実施される。その実施結果は，監査報告書の形式で記述され（役割記述），情報利用者に伝達される（役割開示）（古賀［1990］，108頁）。

図2 会計的測定・伝達のフレームワーク

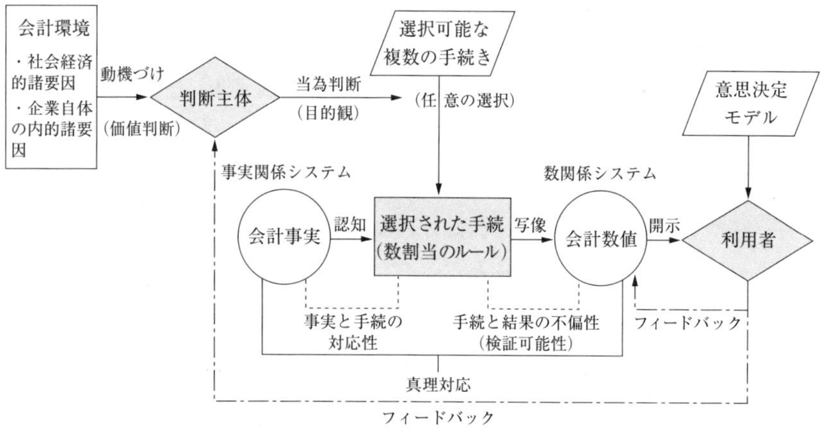

上記の情報の「作成者—監査人—利用者」のコミュニケーション・プロセスを考慮して，会計の測定・伝達のフレームワークを図式化したものが「図2」（武田［1982］，173頁「図11-1」）である。そこに示されているように，会計行為は，会計事実を数割当ルールを適用することにより財務諸表に写像し，これを利害関係者へ伝達する過程である。会計事実の数量化の過程において，「一般に公正妥当と認められる会計処理の原則または手続」（選択可能な複数の手

続) から特定の原則または手続を選択しなければならないが (武田 [1982], 172頁), その選択の判断は利害関係者からの役割期待 (情報要求) に基づくことになる。

次に, 情報の監査プロセスを考慮するならば, 「事実」と「手続」との間にはなんらかの妥当な対応関係が認められなければならない。また, 「選択された手続」(数割当ルール) により事実関係を数関係として写像することになるが, 「手続」と「会計数値」(計数的結果) との間には「不偏性」と「検証可能性」が満たされなければならない。事実と手続との間に妥当な対応性が, また, 手続と数値との間に不偏性と検証可能性とが存在するとき, 当該会計数値 (財務諸表) は会計事実と一致するものとみなされる。ここに, いわゆる, 真理対応の関係が成立するものとして理解されるのである (武田 [1982], 172頁)。

公正価値会計における会計行為も, 事実関係を測定システムを通じて数関係へ写像し, その結果を情報利用者へ伝達するプロセスである。このとき, 会計行為を方向づけるなんらかの動機付けがなされなければならない。公正価値会計は, 第1章において述べたように, 情報利用者の意思決定に役立つ情報を提供することを目的とするため, 会計行為の指導原理は情報利用者の情報要求を反映する目的適合性の概念に依拠することになる。換言すれば, 会計における測定と伝達は目的適合性によって方向付けられ, 情報の送り手と受け手の相互的コミュニケーションが図られるのである。そこで, 次節においては, 企業と利害関係を有する外部の情報利用者の類型化と情報要求の特定化を行うことによって, 公正価値会計にかかわる行為者の役割期待の内容をまず明らかにするものである。

第2節　利害関係者の類型と情報要求

1　スタンプ・レポートの意義

ここでは, 上述の問題意識に基づき, CICAが1980年に公表した『会社報

告:その将来と展開』(CICA [1980])[3]に依拠して,公正価値会計の制度的基礎,すなわち公正価値会計に対する役割期待について検討するものである。スタンプ・レポート(Stamp Report)と呼ばれるこの報告書を研究対象として取り上げたのは,この報告書が,1970年代に各国で行われてきた財務報告の目的の検討や概念フレームワークの構築そして新たな会計基準設定という種々の作業を鑑みて,カナダの社会的,政治的背景を考慮し,企業の財務報告のあり方に関して検討したものであるからである。

すなわち,諸外国での研究成果を分析し,自国の制度的条件を考慮して,財務報告のあり方を提言するというアプローチは,諸外国の研究成果を吸収して昇華させてきたわが国の研究スタイルと通じるものがあり,そこから学ぶことが多々あると判断されたからである。また,年代的には20年前のものであるが,そこで提示されている理論の妥当性は,現在においても失われていないものと考えられる。

スタンプ・レポートの研究を概略すれば,企業の環境変化のインパクトを受けて会計基準および財務報告を発展させるために,まず財務報告の目的が明確にされ,その目的との関わりで情報利用者が分類され,続いて情報利用者の情報要求が分析される。つぎに,その分析に基づいて会計基準および会計責任を評価するための諸規準が提案される。それらの規準は会計情報の質的特性を規定することになり,さらにそのような会計情報を提供する財務報告の概念フレームワークの構築が試みられ,研究成果の会計実務への含意が提示される。

以下においては,スタンプ・レポートに依拠して企業の利害関係者を分類し,分類された個々のグループに固有の情報要求を明確にする。これは,会計情報の目的適合性の意味内容を把握するための基礎となるものである。また,特定化された情報要求は利害関係者の役割期待であり,この役割期待に基づいて企業の会計行為が方向づけられることになる。

2 利害関係者の分類

スタンプ・レポートでは利害関係者の分類に先立ち,企業の利害関係が企業

の株主や債権者を超えた広い範囲に及ぶことから，まず会計責任の概念に関して考察がなされ，会計責任のおよぶ領域が拡大されている。それに基づいて分類された情報利用者グループをまとめたものが「表1」である（CICA［1980］, p. 44）。

そのリストから明かなように，企業の利害関係者は，株主から基準設定機関・学術研究者まで15のグループに区画され，その構成員が現在，将来（潜在的），過去という時間的観点から整理されている。通常，会計責任は企業と株主の受託・委託の関係から説明されるものであるが，企業が発展する過程でその活動を国際的に多極化したり，工場周辺で水質汚染や大気汚染などの環境問題が生じてくると，利害関係が複雑に絡み合い利害関係者の意思決定に必要な

表1　企業の利害関係者の類型

利害関係者集団	企業との時間的関連性		
	過去	現在	将来
(1) 株主		○	○
(2) 長期債権者		○	○
(3) 短期債権者		○	○
(4) 上記 (1)-(3) に寄与するアナリスト・アドバイザー		○	
(5) 従業員	○	○	○
(6) 執行権限のない取締役		○	○
(7) 得意先	○	○	○
(8) 仕入先		○	
(9) 産業グループ		○	
(10) 労働組合		○	
(11) 政府関係官庁・地方自治体の関係機関		○	
(12) 一般公衆（政治団体，消費者団体，環境保護団体，地域住民等）		○	
(13) 規制当局（証券取引委員会）		○	
(14) 競争相手（国内外）		○	
(15) 基準設定機関・学術研究者		○	

情報要求も多元的となってくる。そのようになると,企業が自己の利益のみを追求し,単に企業が遂行した資本運用状況の写像結果をもって十分に利害関係者の要求を充足し得ない状況が多々見受けられるようになってきた（武田[2001b],353頁）。したがって,会計責任は企業の受託責任の遂行の過程を財務的側面から説明することに限られるものではなく,株主や債権者を超えた利害関係者に対しても企業内容の開示を促す要請が認められるのである。

つぎに,個々の利害関係者と企業の利害関係についてみていきたい。株主は企業に資本を拠出することから資本の委託・受託の関係で捉えられ,情報開示に対して合法的な請求権を有する。債権者は,契約に基づき企業と権利・義務の関係で結びついており,情報入手に関して正当な権利を持つものである。株主や債権者はその利害が法律上保護されているので,その他の利害関係者に対して会計責任から情報開示を説明するとき,実際その必要があるのかあるいは開示するとすればどのような情報をどの程度開示すべきかが問題となる[4]。

ここでは,ひとまずその問題をおき,広範な企業の外部利害関係者に積極的に情報を提供するという立場から展開していきたい。企業の生産活動を仕入,製造,販売という3側面から把握するとき,仕入活動と販売活動において企業と取引関係にあるものが仕入先と得意先である。仕入先および得意先は,財貨および役務の提供・授受という関係で企業と連係している。また,企業の生産活動の全体を通じて役務の提供を行っているものが,従業員である。従業員はその主たる収入の源泉を企業に依存しており,将来の生活の保障を考え併せると年金問題についても関心を持っている。このカテゴリーで,賃金交渉の場面をみると,実際に労働組合が企業に特定の情報を要求することがある。さらに,業界固有の会計処理が行われているとき,同業種（産業グループ）内での企業間コミュニケーションが必要となるであろう（CICA [1980], pp. 41-45）。

また,すでに付加価値会計や社会責任会計,あるいは,近年では環境会計といった領域で研究されてきているように,企業は社会と相互依存的に存在するものであり,企業の社会に対する貢献つまり企業の創造した社会的価値を社会関連情報として開示する立場がみられる。ここでの利害関係者として地方自治

体や一般公衆が念頭に置かれている(5)。

　これまで，企業が事業活動に必要な資金を調達する場面，調達されたその資金を基に生産活動を行う場面，さらにそれら企業活動が社会的に貢献する場面に即して企業の利害関係者の利害を考察してきた。ここで，利害関係者の利害の同質性を勘案すると，それら利害関係者を統合しクラスターとして利害関係者をさらに大きな枠でくくることができる。そこで，利害関係を委託・受託関係，権利・義務関係，財貨および役務の提供・授受関係，企業活動の社会的影響という側面から再度分類し，それぞれのクラスターに属する利害関係者がいかなる情報を重視しているかを示したものが「表2」である(6)。

表2　利害関係と利害関係者のクラスター

利害関係	委託・受託	権利・義務	財貨および役務の提供・授受		企業活動の社会的影響（貢献）
利害関係者のクラスター	株主	債権者	仕入先 得意先	従業員 労働組合 産業グループ	一般公衆 地方自治体
	財務アナリスト等				
	政府関係官庁・規制当局・競争相手・基準設定機関・学術研究者				
重視される情報	収支関連情報			労務関連情報	社会関連情報

　「表2」では，執行権限のない取締役を分類から除いている。というのは，企業の財務報告は意思決定に際し企業の提供する情報に依存するしかないような利害関係者を想定しており，執行権限のない取締役であっても企業の内部情報は入手可能と考えるからである。また，「株主・債権者・仕入先・得意先」は，意思決定に際して企業が提供する会計情報を判断材料として利用し，将来のキャッシュフローを最適化するように合理的選択を行うことが共通する特徴である（浦崎[1985]，203-207頁）。したがって，これらのグループを収支関連情報を重視するグループとして，従業員等は労務関連情報を重視するグループとして，一般公衆と地方自治体は社会関連情報を重視するグループとして整理

した。財務アナリスト等は株主や債権者といった投資家に対する業務特性から，政府関係官庁や規制当局等はその情報利用目的を考えて三つの関連情報を指向するものとして整理を行った。

3 利害関係者の情報要求

続いて，利害関係者の情報要求について検討したい。もともと，企業の利害関係者が企業に対して情報を要求するのは，意思決定に際してその判断材料として会計情報を利用し，意思決定にともなうリスクや不確実性を減少させ，代替案の合理的選択を行うためである。したがって，企業が財務報告の改善を図り，会計情報の有用性を高めるには，利害関係者の意思決定態様を分析し，意思決定目的に適った情報を産出する会計システムを構築し，社会的情報需要の充足を保証しなければならない。そのため，そのような会計システムを有する会計情報作成者の側では，利害関係者の情報要求を反映する目的適合性の規準が始発概念となり，会計情報の質的特性，つまり利用目的に合致した情報内容が規定されることになる。

スタンプ・レポートでは企業の会計責任に幅をもたせ，先に分類した利害関係者集団の情報要求を満足させる情報を提供するという立場がとられるため，つぎにその情報要求を特定化する段階に移る。ここで，利害関係者の意思決定プロセスに関する分析の必要性は指摘されているが，個々の利害関係者の意思決定態様の詳細な考察や意思決定プロセスのモデル化が試みられるのではなく，意思決定は，合理的な，場合によっては，非合理な人間の内面のプロセスであるため，利害関係に基づき利害関係者が要求すると考えられる情報の種類を識別することが現実的に可能なことであると述べられている[7]。

そこで，まずスタンプ・レポートにおいて識別された情報要求のタイプを「表3」に列挙しておきたい（CICA [1980], pp. 48$f\!f$）。情報要求のタイプは，「全社的業績の評価」から「企業の社会・国家目標等への貢献の評価」まで13の類型として整理されている。それぞれの情報要求の後に付されている数字は，「表1」で分類した「株主」から「基準設定機関・学術研究者」までの15

表3 利害関係者の情報要求の類型

情報要求のタイプ	該当する利害関係者（表1参照）
① 全社的業績のタイプ	
(a) 絶対値（表示金額）による評価	1〜15
(b) 諸目標との比較による評価	1〜15
(c) 他企業との比較による評価	1〜15
② 経営管理者の資質の評価	
(a) 利益，全社的業績，効率性による評価	1〜11
(b) 受託責任に関する評価	1, 4, 6, 11〜13
③ 以下の諸項目に関する将来の見通し	
(a) 利益	1〜11
(b) 配当金および利息の支払	1〜4
(c) 投資および資本需要	1〜6, 8〜14
(d) 雇用	5, 10〜12
(e) 仕入先	3, 5, 11, 12, 14
(f) 得意先（製品保証等）	7, 9, 11, 12
(g) 過去の従業員	5, 10〜13
④ 財務力と安定性の評価	1〜15
⑤ 支払能力の評価	1〜15
⑥ 流動性の評価	1〜15
⑦ リスクと不確実性の評価	1〜15
⑧ 以下の利害関係者に対する資源配分の援助情報	
(a) 株主（現在・将来）	1, 4, 11〜14
(b) 債権者（現在・将来）	2〜4, 8, 11〜14
(c) 政府関係官庁等	11, 12
(d) プライベートセクターの諸団体	4, 9, 12〜14
⑨ 以下の諸項目との比較	
(a) 過去の業績	1〜15
(b) 他企業	1〜15
(c) 産業および経済全体	1〜15
⑩ 企業の負債および持分の評価	1〜4
⑪ 適応能力の評価	1〜15
⑫ 法律または規制への準拠性の程度	11〜13
⑬ 企業の社会・国家目標等への貢献の評価	11, 12

表4　利害関係者と情報要求の分類

情報要求		株主	長期債権者	短期債権者	アナリスト等	仕入先	得意先	従業員	労働組合	産業グループ	一般公衆	政府関係官庁	規制当局	競争相手	基準設定機関等
財務安全性評価のための情報	① 支払能力の評価	○	○	○	○	○	○	○	○	○	○	○	○	○	○
	② 流動性の評価	○	○	○	○	○	○	○	○	○	○	○	○	○	○
	③ 負債と持分の評価	○	○	○	-	-	-	-	-	-	-	-	-	-	-
	④ 財務力と安定性の評価	○	○	○	○	○	○	○	○	○	○	○	○	○	○
	⑤ 適応能力の評価	○	○	○	○	○	○	○	○	○	○	○	○	○	○
	⑥ リスクと不確実性の評価	○	○	○	○	○	○	○	○	○	○	○	○	○	○
業績評価のための情報	① 全社的業績の評価														
	(a) 表示金額による評価	○	○	○	○	○	○	○	○	○	○	○	○	○	○
	(b) 諸目標との比較による評価	○	○	○	○	○	○	○	○	○	○	○	○	○	○
	(c) 他企業との比較による評価	○	○	○	○	○	○	○	○	○	○	○	○	○	○
	(d) 過去の業績との比較による評価	○	○	○	○	○	○	○	○	○	○	○	○	○	○
	(e) 産業・経済全体との比較による評価	○	○	○	○	○	○	○	○	○	○	○	○	○	○
	② 経営管理者の資質の評価														
	(a) 利益,全社的業績,効率性による評価	○	○	○	○	○	○	○	○	-	○	-	-	-	-
	(b) 受託責任に関する評価	○	-	-	○	-	-	-	-	-	-	-	-	-	-
社会的資源配分を表す情報	① 株主に対する資源配分	○	-	-	-	-	-	-	-	-	-	-	-	-	-
	② 債権者に対する資源配分	-	○	○	-	-	-	-	-	-	-	-	-	-	-
	③ 仕入先に対する資源配分	-	-	-	-	○	-	-	-	-	-	-	-	-	-
	④ 得意先に対する資源配分	-	-	-	-	-	○	-	-	-	-	-	-	-	-
	⑤ 過去の従業員に対する資源配分	-	-	-	-	-	-	○	-	-	-	-	-	-	-
	⑥ 政府関係官庁等に対する資源配分	-	-	-	-	-	-	-	-	-	-	○	-	-	-
	⑦ プライベートセクターの諸団体に対する資源配分	-	-	-	-	-	-	-	-	○	-	○	-	-	-
予測情報	① 利益	○	○	○	○	○	○	○	○	-	○	-	-	-	-
	② 配当金および利息の支払	○	○	○	-	-	-	-	-	-	-	-	-	-	-
	③ 投資および資本需要	○	○	○	○	-	-	○	-	-	-	-	-	-	-
	④ 雇用	-	-	-	-	-	-	○	○	-	○	-	-	-	-
社会関連情報	社会・国家目標等への貢献の評価	-	-	-	-	-	-	-	-	-	○	○	-	-	-
監査情報	法律または規制への準拠性の程度	-	-	-	-	-	-	-	-	-	-	○	○	○	-

の利害関係者のうち,どのグループが当該情報を要求しているかを示している。

「表3」のリストから明らかなように,情報要求は企業が提供すべき情報内容として必ずしも個々に明確にされているものではなく,リストのほとんどはあるべき情報が提供されたとき,利用者がそれをどのように利用するかという観点から整理されたものである。各々のカテゴリーの内容を吟味すると,その内容が重複する部分やある視点からひとまとめにできるニーズがあることがわかる。そこで,(1)財務安全性評価の情報,(2)業績評価のための情報,(3)社会的資源配分を表す情報,(4)予測情報,(5)社会関連情報,(6)監査情報という括りで上掲の情報要求の再整理を試みたものが「表4」である。そこでは,先に提示した利害関係者のクラスターに基づき利害関係者を配列しており,社会関連情報を重視する地方自治体は政府関係官庁等に含め,執行権限のない取締役が除かれている。また,それぞれの情報要求に関連する利害関係者グループに○印が付されているが,当該グループ以外の利害関係者が含まれると考えられるケースもあるであろう。

以上みてきたように,スタンプ・レポートでは,企業の説明責任が外部の利害関係者の非常に広い範囲に及ぶものとして述べられている。この報告書が公表された当時は,金融の自由化・国際化が充分に進展した現在の経済環境とは異なっているものの,財務安全性を評価するための情報要求としてリスクと不確実性の評価がすでに挙げられており,また,企業業績の評価のために包括的な業績情報を必要としていることが理解できる。ただし,スタンプ・レポートにおいてデリバティブ等の金融商品が明示的に取り上げられてはいないので,現在の企業環境を考慮した上で情報要求に関する追加的な説明を行いたい。

すでに指摘した点であるが,金融リスク管理と情報技術の進歩,資本市場の国際化,高度化したデリバティブやその他の金融商品の積極的な利用等の種々のファクターが相互に関連して,企業の事業および投資の環境が根本的に変化してきている。このような環境において,為替,金利,価格等の種々の金融リスクに直面する企業は,企業経営に及ぼすそれらの影響を回避するために積極

的にリスク管理を行っているという事実関係が存在している。それにもかかわらず，製造業を前提として構築されてきた原価・実現アプローチに基づく伝統的な期間損益計算は，それらの事実関係を認識測定することができなかった。したがって，その結果として，金融の自由化・国際化によって企業が種々の金融リスクにさらされているにもかかわらず，これまで金融リスク管理の遂行状況が株主や債権者に対して十分に開示されてこなかった。

それゆえに，現在の金融重視の経済環境における種々のリスクエクスポージャーを考慮すると，公正価値会計に対する利害関係者の情報要求，つまり，役割期待は，種々のデリバティブを活用した企業のリスク管理がどの程度有効であったかの実態を把握したいということにあるといえる。公正価値会計の目的観は，このような観点から規定することができる。

公正価値会計は，スタンプ・レポートにおいて取り上げられている幅広い利害関係者に対して彼らの情報要求を満たすような情報を提供することが将来的な課題である。しかし，伝統的な取得原価主義会計は金融商品の会計処理に対して限界があるため，公正価値で金融商品を測定し，これを伝達することによって意思決定に対する情報内容を改善することに公正価値会計の緊要な短期的課題がある。

第3節　公正価値会計の目的

1　利用者指向性の会計目的

企業環境の変化は，企業活動のみならず，また企業会計に対しても直接的なインパクトをもたらすことになり，会計自体の変革も必要となってくる。1950年代から1960年代にかけての企業環境の変化，とりわけ企業の大規模化・多国籍化に伴う社会的情報需要の増大やコンピュータ技術の発展などにより，会計理論への反省が促され，1966年にAAAがASOBATを公表したことを契機として，会計学研究が利用者指向的側面を重視する方向へと大きく転換することとなった[8]。

ASOBATは，会計を「情報の利用者が事情に精通して判断や意思決定を行なうことができるように，経済的情報を識別し，測定し，伝達するプロセスである」(AAA [1966], pp. 1, 4；飯野 [1969], 2-5頁) と定義し，会計の目的を希少資源の利用に関する意思決定に役立つ情報を提供することであると規定した。ASOBATは，それによって企業の利害関係者の情報需要を充足するために伝統的会計の規範的な変換を迫ったのである。

ASOBAT以降，利用者指向的な視座から様々な研究が展開されてきたが[9]，会計情報の有用性つまり会計情報の意思決定への役立ちという観点からそれらの研究における利害関係者の情報要求を満足させる方途をみると，それは価値理論的アプローチと事象理論的アプローチとに大別される（武田 [1973]；Sorter [1969], pp. 12-19)。価値理論とは，利用者の情報要求が既知のもので，十分よく特定化されている結果，会計は用いられるモデルに対し最適な情報を提供すべきであるとする考え方である。これに対し，事象理論とは，利用者にとって有用となるかもしれない事象に関する情報をすべて提供することが会計の目的であるとする立場から，アグリゲートされた価値ではなく，事象それ自体に重点をおく考え方である[10]。

情報開示との関わりで，これら二つのアプローチのいずれが妥当するかについて定説的な解釈は確立していない[11]。ただ，「情報要求―情報の作成―情報の伝達―意思決定―フィードバック」という一連の要求・充足の動的プロセスを通じ，システムの均衡的安定化を得るためには，コミュニケーション効果の観点，とりわけ情報の比較可能性という観点から価値理論的アプローチが支持されうるものと考える[12]。

利用者指向的会計は規範的アプローチであるため，まず利害関係者の情報要求（要請）から会計目的観が規定され，その目的と財務諸表の情報機能つまり会計情報の効果の発現を考慮することにより測定ルールの選択がなされ，利害関係者の情報要求に適った会計情報が作成され伝達されるという行き方をとる（武田 [1971]，8頁)。このような考え方は，本章の第1節において述べた役割期待の相補性に基づいた制度化の理論と共通するものであり，利用者指向的会

計それ自体のフレームワークの中に制度化の理論が組み込まれているものと解釈することができる。

 周知のように，会計に利用者指向的側面から接近するとき，会計の目的は利害関係者の意思決定への役立ちという会計情報の有用性から捉えられ，それが会計情報の作成者サイドにおいて情報要求を反映させた目的適合性に代置され，目的適合性を前提とした理論展開が行われる。前節において取り上げたスタンプ・レポートでは，まず企業環境の変化に対応して現行の会計基準および財務報告を改善するために，議論の混乱を生じさせている概念的問題[13]や会計基準の必要性に関する考察を踏まえて，会計の一般目的を次のように明らかにしている。

 「会社財務報告の一般目的は，投資意思決定に責任を負う人々にとって有用な情報を提供することにより，希少資源の効率的な配分を援助することである。」(CICA [1980]，p. 32) 企業は，利害関係者と経済的諸関係だけではなく社会的諸関係を有するため，財務報告の目的をより幅広く把握する必要性が指摘され，会計責任，不確実性とリスク，環境変化とイノベーション（会計基準の改善）そして財務諸表の複雑性と専門的知識を有さない利用者（一般投資家）への役立ちといった観点から財務報告の個別目的がさらに明確にされていく。まず，それらの観点から導かれた財務報告の個別目的を掲げておきたい。

① 財務報告の目的は，株主および債権者に対する受託責任の履行の過程を財務的側面から説明することだけではなく，満足のいく経済的業績をあげるという目標や強力で健全な財政状態を維持するという目標の達成程度に関する会計情報も提供することである (CICA [1980]，p. 33)。

② 財務報告の目的は，潜在的利害関係者を含めたすべての利害関係者に対して目的適合性があるような形式でかつ定期的に有用性ある情報を提供することである (CICA [1980]，p. 34)。

③ 財務報告の目的は，情報の妥当性に係る不確実性を最少にし，その結果として企業活動のリスクを利害関係者が評価できるような形式で情報を提供することである (CICA [1980]，p. 35)。

ここで，役割の4局面に関連させて，スタンプ・レポートの会計目的を説明するならば，目的①において受託責任の履行に関する信任を求めるために損益計算書と貸借対照表を作成し（役割記述），目的②においてそれらの情報を定期的に提供すべきことが求められている（役割開示）。さらに，目的③において情報の不確実性を減少させ，企業のリスク評価を可能にするような情報の提供を求めているが，これは企業会計の測定システムにおける測定属性を規定するものである（役割規定）。ただし，スタンプ・レポートの会計目的は一般的説明にとどまっているため，FASBのSFAC1号「営利企業の財務報告の目的」（FASB［1978］）に依拠してより具体的な会計目的を提示したい。

2　SFAC1号における財務報告の目的

SFAC1号においても，企業の利害関係者として広範な情報利用者が想定されている。企業の財務情報の潜在的な利用者として，所有者，貸し手，仕入先，潜在的投資者および債権者，従業員，経営管理者，取締役，顧客，財務アナリストおよびアドバイザー，ブローカー，アンダーライター，証券取引所，弁護士，エコノミスト，税務当局，規制当局，立法当局，財務プレスおよび報道機関，労働組合，貿易機関，ビジネス調査機関，教育関係者，一般公衆が挙げられている（FASB［1978］, par. 24）。

特定の企業に直接的な利害を有している財務情報の潜在的利用者は，期待されるキャッシュフローの金額，時期，不確実性に関連して意思決定を行うために，一般にその企業が好ましいキャッシュフローを生み出す能力を有しているかどうかに関心がある（FASB［1978］, par. 25）。財務報告の目的は，それらの利害関係者のうち，企業から必要な財務情報を入手する権限がなく，経営者が提供する情報しか利用することができない外部利用者の情報要求によって規定されるものと述べられている（FASB［1978］, par. 28）。

財務報告は，好ましいキャッシュフローを生み出す能力に対する種々の情報利用者の共通する関心に向けられる。おおよそ実利的な理由から，投資および与信意思決定のための情報に焦点が当てられる。投資者および債権者ならびに

彼らのアドバイザーは，財務報告によって提供される情報の利用目的が最も明確でかつ重要な外部のグループである。なぜなら，彼らの意思決定は，経済における資源配分にかなりの影響を及ぼすからである。また，投資者および債権者の情報要求を満たすために提供される情報は，企業の財務的側面について彼らと実質的に同様な情報要求を有しているその他の利害関係者にとっても有用である可能性が高いといえる (FASB [1978], par. 30)。したがって，FASBの概念フレームワークでは，投資者・債権者の情報要求を充足するような情報を提供することによって，結果としてその他の利害関係者の情報要求も直接・間接に満足させるという方法論を採っている。

　SFAC 1 号では，まず，投資および与信の意思決定にとって有用である情報の提供に幅広い焦点を当てることから出発し，それに基づいてより詳細な目的を敷衍する。投資者および債権者は，企業への投資または貸付からのキャッシュの受領を予測することに主たる関心がある。最終的には，企業の将来キャッシュフローの予測を評価するときに有用であるような企業の経済的資源，経済的資源に対する請求権，それらの変動に関する情報に焦点が当てられている (FASB [1978], par. 32)。

　財務報告は，現在および潜在的な投資者および債権者ならびにその他の利用者が行う合理的な投資，与信，および類似の意思決定にとって有用性のある情報を提供しなければならない (FASB [1978], par. 34)。現在および潜在的な投資者および債権者の意思決定では，将来の配当金収入または社債や貸付金からの利息収入，有価証券の売却収入や償還収入または貸付金の返済収入等の金額，時期，および不確実性を評価することによって代替案の選択が行われる。したがって，財務報告は，投資者，債権者，およびその他の利用者が，利害関係を有している企業への将来の正味キャッシュインフローの金額，時期，および不確実性を評価することに役立つような情報を提供しなければならない (FASB [1978], par. 34)。

　SFAC 1 号では，このような財務報告の目的に基づいて関連する情報を伝達するためのメディアとしての貸借対照表，損益計算書，キャッシュフロー計算

書を想定して,次のような情報を提供することが財務報告の具体的目的として提示されている (FASB [1978], par. 41, 42, 49, 50, 54)。

① 企業の経済的資源,義務,および所有者持分に関する情報の提供
② ある期間の企業の財務的業績に関する情報の提供
③ 企業の流動性または支払能力に影響を及ぼす,キャッシュの調達と使途,借入とその返済,資本取引,その他の要因に関する情報の提供
④ 企業の経営者が委託された経営資源の利用について所有者に対する受託責任をどのように履行したかに関する情報の提供
⑤ 提供される財務情報を理解することに役立つ説明や解説の提供

FASBのSFAC1号における財務報告の目的に関する議論をみると,スタンプ・レポートにおける財務報告の目的はSFAC1号のそれを参考にしていることは明らかであり,カナダに限らずオーストラリアやIASCの概念フレームワークにおける財務報告の目的も,その内容をみればSFAC1号における議論を踏襲していることがわかる[14]。

3 公正価値会計の目的に関する検討

ここで,公正価値会計の目的を考察するために,以上の議論を踏まえて,投資者および債権者の意思決定の特質を明らかにしたい。一般に,投資行動または与信行動の成否は,そのコストとリターンの差の程度に依存している。投資または与信が成功したといえるのは,投資元本の回収のみならず,投資リスクに見合った利益(投資額を上回る収入)を獲得した場合である。さらに,投資,与信,およびこれに類似する意思決定は,現在のキャッシュをとるか,あるいは,将来のキャッシュをとるかという選択を含んでいる。つまり,有価証券の現在の売買価格による収入と将来の配当金収入および売却収入のいずれを選択するかという意思決定である。したがって,投資者,債権者,およびその他の利用者は,将来のキャッシュ受領額に関する合理的期待の形成に役立つ情報,そして,将来収入の金額または時期が期待とは異なってしまうリスクを評価することに役立つ情報,さらに,投資先または貸付先の企業への将来キャッシュ

第3章 公正価値会計の制度的基礎　69

フローを予測するのに役立つ情報を必要としている（FASB［1978］, par. 38）。

　企業は，投資者および債権者と同様に，より多くのキャッシュを獲得するために，非キャッシュ資源にキャッシュを投資する。企業の事業活動の成否は，回収したキャッシュが投資したキャッシュを長期的にみて超過している程度に依存している。事業活動が成功している企業は，投資元本の回収のみならず投資額を上回る満足のいく利益を獲得している。有価証券の市場価格の水準は特定の企業とは関わりのない経済条件，金利，市場心理等の種々の要因によって影響を受けるのであるが，企業が期待通りに好ましいキャッシュフローを生み出すかどうかに関する市場の評価は当該企業の株式の相対的な市場価格に影響を及ぼす。したがって，好ましいキャッシュフローを生み出す企業の能力は配当金や利息を支払う能力と株式の市場価格の両方に影響を及ぼすので，投資者・債権者への期待キャッシュフローは，投資先または貸付先の企業への期待キャッシュフローに関連しているのである（FASB［1978］, par. 39）。

　投資者および債権者は，将来のキャッシュ受領額に関する合理的期待の形成に役立つ情報，将来収入の金額や時期が期待とは異なってしまうリスクを評価することに役立つ情報，投資先または貸付先の企業への将来キャッシュフローを予測するのに役立つ情報を分析することによって，事前の期待の確認または改訂を行う。具体的にいえば，利益情報を利用することで，経営者のパフォーマンスの評価，長期的な収益力の見積もり，将来利益の予測，投資リスクの評価等が行われる。

　すでに指摘したように，原価・実現アプローチに基づく伝統的な取得原価主義会計では，リスク管理の手段として多用されているデリバティブは従来オフバランスとなっており，契約の決済時点が帰属する期間の財務諸表にその結果のみが反映されるにすぎなかった。そのため，上述のような企業の将来キャッシュフローの予測やリスクの評価が十分に行えず，デリバティブ取引の失敗による事後的な損益情報では，投資者や債権者の利害を保護できず，証券市場における希少資源の適正な配分ができないという認識が高まってきた。

　このような認識の下で，企業の財務報告に依存せざるをえない一般の投資者

および債権者が，公正な条件の下で投資および与信の意思決定を行うことができる環境を整備するための条件の一つとして，公正価値会計という領域の理論的体系化の意義があるものと考えている。

　役割期待の相補性に基づく理論体系として公正価値会計を説明するならば，それを次のように表現することができる。公正価値会計は，利害関係者が企業のリスクエクスポージャーの把握やリスク管理の有効性の評価を行うことに役立てるために（役割期待），金融商品としての金融資産および金融負債を対象としてこれらを公正価値で測定し，資産負債アプローチに基づく利益計算を行うことで，企業の財務的業績を包括的に明らかにし（役割規定），その結果を包括的企業報告書にとりまとめ（役割記述），これを利害関係者に伝達する（役割開示）システムである。次の第2部においては，公正価値会計の役割規定に相当する認識問題を取り上げることとする。

（1）　本節では，武田隆二教授の所説（武田［1982］）に依拠して，役割理論を援用した公正価値会計の制度化に関する分析枠組を提示している。本研究の特質は，会計行為および監査行為を役割期待の相補性のメカニズムによって形づくられる役割期待の体系的構造として把握するところにある。
（2）　制度会計に対峙する研究領域が，情報会計である。近年の情報技術の発展を踏まえた最新の情報会計研究として河﨑［1997］および河﨑［2001］があるので参照されたい。
（3）　本報告書は，エドワード・スタンプ（Edward Stamp）を委員長とするCICAスタディグループの研究成果であり，スタンプレポートと呼ばれているものである。スタンプレポートとは別に，財務報告の目的やその概念的フレームワークおよび会計基準設定に関する研究や概念書としてMacve［1981］，Barton［1982］，Arthur Andersen［1984］，AICPA［1973］，FASB［1978］，FASB［1980］，AARF［1990a］，AARF［1990b］等をあげることができる。
（4）　会計責任がおよぶ範囲は株主および債権者に限定されるとしても，次のような点について企業は責任を有するものであると述べられている（CICA［1980］, pp. 40ff.）。
　　①　消費者に対する製品の質。
　　②　政府関係官庁，投資者，財務アナリスト等に提供される公表（および内部）データの正確性。
　　③　環境汚染，労働条件や作業の安全性の確保，健康保全や製品の安全性に関する基準を取り締まる法律や規制への準拠性。

(5) たとえば,企業が社会に対してどのように貢献しているかについて,社会的費用と社会的便益を計算し,その差額として得られる社会的残高を社会的指標として社会貸借対照表や付加価値計算書等に開示していくという考え方である。西ドイツにおけるその実態調査については大矢知・興津・道明［1983］（87頁）を参照されたい。
(6) すでにこのような利害関係者のクラスター化を拙稿（浦崎［1985］,207頁）において行っているので参照されたい。
(7) 意思決定における人間の内面のプロセスを見ると,たとえば,意思決定の基礎となるものは,企業に関する正確で信頼できる情報であったり,一般的な情報であったり,特定の情報利用者が個人的に使用するような,または自分の経験や関心から引き出されるその他の情報であったり,情報利用者に固有の期待や選好の一般的な構造や信念であったり,情報利用者間でかなり異なるその他の要因であったりする（CICA［1980］,p. 48）。
(8) この点については,興津裕康教授が詳細に検討しているので参照されたい（興津［1986］および興津［1987］）。
(9) たとえば,ASOBATを転換点として,それ以前の会計研究の伝統的アプローチとその後の会計研究に関して類型化を試みたものがAAA［1977］であるので参照されたい。

また,過去20数年間に情報経済学や資本市場研究あるいは行動科学的研究の領域において著しい展開がみられたが,それらの研究の一つの結実としてBeaver［1981］をあげることができる。

なお,科学技術,とくにコンピュータ技術の発展とともに展開されてきたものが,会計情報システムに関する研究である。会計および監査に関連したコンピュータ情報システム研究を広範にサーベイし,その研究の類型を明らかにしたものがAmer et al.［1987］であるので参照されたい。

アーマー他によれば,過去10数年においてコンピュータをベースとした会計データベースシステムやEDP監査の領域におけるアカデミックな会計研究は時折みられるくらいで,その方向性は明確なものではなかったといえる。そこで,それらの研究をレビューし,要約し,分類することによって今後の会計情報システム研究になんらかの示唆を与えようとするものである。

その類型化にしたがえば,従来の研究は以下の3点を特徴としている。
① 会計データベースシステムの設計における概念的考察。
② EDP監査技法。
③ コンピュータベースの意思決定支援システム。

なお,アーマー他による研究は,池田［1989］が詳しく検討しているので参照されたい。
(10) 河﨑照行教授は,事象理論に基づいたディスクロージャー論を展開しており,近年の

情報技術の発展によってデータベース開示の可能性が理論的にも実践的にも高まってきている。この点については，河﨑［1997］および河﨑［2001］を参照されたい。

(11) 価値理論的アプローチに対する批判としては，情報利用者の情報ニーズは多様であって，それを特定化し，それに適合した情報を提供することは困難であるという点に集約される。このことから，事象理論的アプローチが展開されるのであるが，有用であると思われる情報や生のデータをすべて提供するとしても，一般的な情報利用者には能力と限界があるため，合理的行動に対し誤解や混乱を導くおそれがあるという反論がみられる（武田［1973］，221頁）。制度会計においては，経済活動が貨幣数値を用いて財務諸表に集約されているので，事実上，価値理論的アプローチに基づいた情報開示が行われていると解してよい。

(12) この点については，武田隆二教授の『制度会計論』（武田［1982］，213-217頁）において詳述されているので参照されたい。また，ドイツ語圏における価値理論的アプローチに基づく財務報告研究としてケレンベルガーの『情報要求指向的外部報告』（Kellenberger［1980］）がある（浦崎［1985］）。なお，注(10)において示したように，インターネットの発展によって事象理論に基づく情報開示は技術的に可能となっており，インテルやマイクロソフトのウェブサイトでは，為替や金利等の経済的条件を変更することで自社の財務諸表の利益情報等がどのように変化するかを画面上で確認できるようになっている。利用者が対話形式で必要な情報を入手するコミュニケーションのあり方をコーポレート・ダイアローグと呼んでいる。

(13) 概念的問題としては，たとえば効用と経済的事実，所有権と実体概念，資本維持概念，評価基準の問題，利益概念などが考察されている（CICA［1980］, see chapter 2）。

(14) IASCの概念フレームワークにおける財務報告の目的については第6章を参照されたい。また，オーストラリアの概念フレームワークにおける財務報告の目的については『オーストラリアの会計制度に関する研究』（浦崎［2000c］）において検討しているので参照されたい。

第 2 部　公正価値会計における認識の基底

第4章　財務諸表の基礎概念

第1節　会計情報の質的特性

　財務報告の目的は，投資者，債権者およびその他の利用者が希少資源の配分の意思決定や経営者の受託責任の評価を行うときに有用となる情報を伝達することである。すでに，FASBのSFAC2号「会計情報の質的特性」(FASB [1980]) において，会計情報の有用性を規定する種々の質的特性が検討されている。それらの特性は，財務報告の目的を達成するための会計的選択を方向づける判断規準であり，その結果として，会計情報が兼ね備える特性として理解されている (FASB [1980], par. 1, 5)。

　有用な会計情報を作成するための代替的会計方法の選択が行われるレベルは，少なくとも次の二つがある (FASB [1980], par. 1, 6)。一つは，企業がある特定の会計方法を採用するように強制する権限をもつ機関が行う会計的選択である。もう一つは，個別企業が行う会計的選択のケースである[1]。ここでは，個別企業が行う会計的選択に焦点を当て，会計プロセスのなかで会計情報の質的特性がどのような関わり合いをもつものであるかを明らかにしたい[2]。前章において検討した役割期待の相補性のメカニズムに基づく役割の4局面に関連させていえば，利害関係者の情報要求に基づく役割期待によって方向づけられる役割規定の理論的検討に相当する。

　ここで，会計行為を企業の物的・経済的事実関係を貨幣的・経済的数関係に

写像するプロセスとして理解するとき，アカウンタントがそのプロセスにおいて種々の質的特性を備えた会計情報を作成するためには，かかる会計行為の指針が必要になると考える。会計情報の質的特性は，会計的選択に際してアカウンタントの行為規範として捉えている。

「表1」は，FASBのSFAC 2号の会計的特性の階層図（FASB [1980]，figure 1）に提示されている諸特性をまとめたものである。会計情報の意思決定有用性を規定する基本的特性が，目的適合性と信頼性であり，比較可能性は目的適合性と信頼性の両方に作用する副次的な特性として位置づけられている。情報の理解可能性は，それらの特性を兼ね備えた有用性ある会計情報と情報利用者を結びつける利用者に固有の特性として置かれている。つまり，情報の作成者サイドで情報利用者の情報要求を考慮して，有用性ある情報を産出したとしても，利用者に事前の（専門的）知識や情報を解読する能力がなければ，情報の意思決定に対する役立ちは発現されえないからである。

表1　会計情報の質的特性

会計情報の利用者	意思決定者とその特性（理解力，事前の知識等）	
制約条件	ベネフィット＞コスト	
利用者の固有の特性	理解可能性	
目的とする情報の特性	意思決定有用性	
意思決定に固有の基本的特性	目的適合性	信頼性
基本的特性の構成要素	予測価値 フィードバック価値 適時性	検証可能性 表現の忠実性 中立性
副次的相互作用的特性	比較可能性	
識閾	重要性	

したがって，情報利用者としての投資者，債権者，およびその他の利用者は「事業活動や経済活動について合理的な理解力を有し，理性的な勤勉さをもっ

第4章　財務諸表の基礎概念　77

て情報を研究する意思があるもの」(FASB [1980], par. 40) と仮定した上で，彼らの情報要求を反映させた概念である目的適合性の意味が，次のように明らかにされている。

　会計情報が，投資者，債権者，およびその他の利用者の投資，与信，およびこれに類似する意思決定にとって目的適合性を有するのは，これらの利用者が過去，現在または将来の事象の結果を予測したり，あるいは，事前の期待を確認するかまたは修正することに役立ち，結果として意思決定に何らかの差異をもたらすときである (FASB [1980], par. 470)。かかる目的適合性の内容は，予測価値，フィードバック価値および適時性からなっている (FASB [1980], par. 51-57)。

　財務諸表において提供される情報は，通常それ自体が予測そのものではないが，投資者，債権者およびその他の利用者が将来の利益やキャッシュフローを予測するのに役立つ情報は，予測価値を有する。フィードバック価値とは，事前の予測の確認または修正を可能にする情報の属性である。適時性は，これらの価値特性がなくなる前に，つまり情報が意思決定に影響を及ぼす能力を失う前に情報利用者に提供されなければならないことを要請するものである。

　この段階では，情報の理解可能性と目的適合性に基づき，情報の送り手（作成者）と受け手（利用者）の二者間のコミュニケーションが，想定されている。

　次に扱われているものが，情報の信頼性である。信頼性は，上掲の諸特性と同様に情報の有用性を規定するものである。情報が信頼できるものとなるためには，情報が取引および事象の背後にある事実と一致し，その関係が独立した第三者によって検証可能であり，合理的に誤謬や偏向がないことが必要である。すなわち，信頼性は，情報に表現の忠実性，検証可能性および中立性があるときにえられる (FASB [1980], par. 62)。

　表現の忠実性は，測定結果とそれが表現しようと意図している現象（経済的資源および義務，資源および義務を変化させる取引および事象）との照応性または一致の関係を意味している (FASB [1980], par. 63)。取引および事象は，必ず

しも法律やその他の規制で定める形式ではなく，むしろ実質を伝達するような方法で説明され表現される必要がある（CICA［1988］, par. 18）。

検証可能性は，専門的知識を有する独立した第三者によって，財務諸表における表現が，取引または事象の背景にある事実と合理的な程度の正確性をもって照応関係にあると確認されたときにえられるものである。検証可能性は，測定ベース自体の妥当性よりは，むしろその適正な適用に焦点をあてたものである（FASB［1980］, par.81-89; CICA［1988］, par. 18）。

中立性は，投資者，債権者およびその他の利用者の意思決定が情報の測定または表現方法によって影響を受けないという意味で不偏性を有するときにえられるものである。測定における偏向は，適用された測定尺度が測定の対象となる諸項目を継続的に過大表示または過小表示するときに生じる。会計原則の選択に際して，特定の利用者の利害を考慮して，あるいは，特定の経済的・政治的目的のために選択がなされるときに，偏向が生じるかもしれない。また，企業実体に影響を及ぼす取引および事象の忠実な表現のために必要となるものすべてを含んでいない財務諸表は，不完全で，その結果潜在的な偏向があるかもしれない（FASB［1980］, par. 98-110 ; CICA［1988］, par. 18）。

以上のように，情報の信頼性は，監査人が情報の作成方法（中立性）を検証し，それに基づき事実と写体の照応関係（表現の忠実性）が確証されたときに，もたらされるものである。ここにおいて，さきに述べた二者間のコミュニケーションに独立した第三者という監査人が介在することにより，情報の「作成者―監査人―利用者」という関係者のコミュニケーション・ループが，「目的適合性―信頼性―有用性」という関係概念をもって成立するのである。

それでは，最後に残った比較可能性は，関係者のコミュニケーション・ループにおいてどのように作用するのであろうか。比較可能性は，特定の情報それ自体の特性というよりは，むしろ二つの情報間の関係を示す特性である。比較可能性は，投資者，債権者およびその他の利用者が二組の財務諸表によって提供される情報の同質性や相違点（異質性）を確認することを可能にするものである。二つの異なる企業実体の財務諸表を比較するときそして同一企業実体の

期間比較を行うときに，情報の比較可能性が必要となる（FASB [1980], par. 111; CICA [1988], par. 19）。

ある企業実体の財務諸表の比較可能性は，同一の会計方針を継続的に適用することによりその程度が高められる。一貫性は，会計期間ごとに異なる会計方針を適用することから生じる利用者の誤解を防ぐことに役立つ。会計方針の変更が適切であるとみられるとき，その変更に伴う影響の開示は比較可能性を維持するために必要である（FASB [1980], par. 120-122; CICA [1988], par. 20）。

以上述べてきた会計情報の質的特性は，会計実践において質的特性間にトレード・オフがしばしば必然的なものとなる。たとえば，特に目的適合性と信頼性の間のトレード・オフがその例として挙げられる（FASB [1980], par. 90）。そのほか，財務諸表の作成にかかる適時性と財務諸表に報告される情報の信頼性との間のトレード・オフが考えられる。ここで留意すべきことは，財務諸表の目的を満たすために諸特性間の適切な均衡を達成することである。種々のケースにおける諸特性の相対的な重要性は，専門的判断の問題となる（CICA [1988], par. 21）。

第2節　財務諸表の諸要素の定義と認識

1　財務諸表の諸要素の定義

繰り返すまでもなく，伝統的会計理論は，製造業を前提とする原価・実現アプローチがその理論的骨格をなしていた。そのため，企業の将来の収益性や財政状態に重大な影響を及ぼすデリバティブ等の未履行契約の測定情報を提供することができなかった。デリバティブ取引の失敗に起因する企業倒産等が社会問題化するに至り，企業が公表する情報に依存せざるを得ない投資者・債権者の利害を保護するという観点から，原価・実現アプローチを補完する，あるいは，それに代替する会計理論の必要性が主張されるようになってきた。

オフ・バランスとなる取引に関する情報は，情報利用者の経済的意思決定にとって将来キャッシュフローを予測するために当然に情報価値を有するもので

あり，当該情報が盛り込まれていない財務諸表は企業の経済的実態を伝達するものではない。かかる問題点を解決するための方途をFASBやその他諸外国の会計概念フレームワークに求めることができる。すなわち，そこにおいて展開されている財務諸表の諸要素の定義に基づいて会計的認識を行うという方法は，取引事象の財務諸表への計上に焦点を当てた認識問題を論じるものであり，取引の開始時点において収支事象を伴わない契約上の権利・義務関係の財務諸表への計上の途を開こうとするものであった。

ここでは，各国の概念フレームワーク設定に主導的役割を演じたFASBならびにその基本的思考を踏襲しながらも独自の視点を取り入れているカナダとオーストラリアの概念フレームワークにおける定義と認識の取り扱いについて管見するものである。この分析は，次章における未履行契約の会計的認識という応用問題を解決するための予備的作業にあたる。

財務諸表の諸要素は，財務報告の目的を満たすために財務諸表に表示される諸項目の基本的なカテゴリーである。その諸要素には，次の二つのタイプがある。一つは，ある時点における企業実体の経済的資源，義務および持分を記述する要素である。もう一つは，経済的資源，義務および持分の変動を記述する要素である。前者の要素が資産，負債，持分であり，これらの変動を記述するものが収益，費用，利得，損失である。財務諸表の注記は，財務諸表の諸項目の明瞭性の程度を高め，それらの項目を詳しく説明することに役立つ財務諸表の重要な部分であるが，一つの要素とはみなされない（CICA [1988], par. 22, 23）。以下においては，FASB，CICA，AARFのそれぞれの概念フレームワークにおける財務諸表を構成する要素の定義についてみていきたい。

(1) 資産・負債・持分の定義

「表2」は資産の定義をまとめたものである（FASB [1985], par. 25；CICA [1988], par. 25-27；Parker [1999], p. 42）。資産の定義に共通することは，将来の経済的便益（future economic benefits）に資産の本質を求めていることである。将来の経済的便益とは，用役潜在力（service potentials）と同義であり，資産を利用する企業に便益または用役を提供する希少な能力を意味する。将来

の経済的便益または用役潜在力は，営利企業の場合，最終的には，資産それ自体かもしくは他の資産と組み合わせることによって，当該企業への将来の純キャッシュインフローに直接かまたは間接に貢献する能力として理解されるものである。本質をこのように規定することができる資産は，以下の三つの重要な特質を有している（FASB [1985], par. 26, 28）。

表2 資産の定義

FASB	CICA	AARF
資産とは，過去の取引または事象の結果として，特定の実体が取得したかまたは支配する発生の可能性が高い将来の経済的便益である。	資産とは，過去の取引または事象の結果として，企業実体が支配する将来の経済的便益をもたらす経済的資源である。	資産とは，過去の取引またはその他の事象の結果として，実体が支配する将来の経済的便益である。

① 資産は，発生の可能性が高い将来の経済的便益を内包していること。
② 特定の企業が，その経済的便益を獲得し，他者がその便益にアクセスすることを支配（control）することができること。
③ その経済的便益に対する権利もしくはその支配を引き起こした取引または事象はすでに発生したものであること。

また，三つの資産の定義の中で，FASBの定義のみがその中に「発生の可能性が高い（probable）」という要件を入れており，その後に設定されたCICAとAARFの定義ではそれが除かれている。財務諸表の要素の定義を取引事象の処理過程におけるフィルター（濾過器）の役割を担うものとして理解するとき，FASBの資産の定義では「発生の可能性が高い」という要件を入れているために，当該定義によって形成される会計データは，CICAとAARFの資産の定義によって作られる会計データと比較してその範囲は相対的に小さいものとなる。とりわけ，オプションなどデリバティブ取引により生じる権利の資産性を検討するときに，「発生の可能性が高い」という概念の操作性が問題となる。

この点は，第6章において検討している．

表3 負債の定義

FASB	CICA	AARF
負債とは，過去の取引または事象の結果として，将来，特定の実体に対して資産を移転するかもしくはサービスを提供する現在の義務に起因する経済的便益の発生の可能性が高い将来の犠牲である．	負債とは，過去の取引または事象に起因する企業実体の義務である．その義務の弁済は，将来における資産の移転または利用，サービスの提供，その他の経済的便益の提供によってなされる．	負債とは，過去の取引またはその他の過去の事象の結果として実体が現時点において他の実体に対して負っている経済的便益の将来の犠牲である．

「表3」は，負債の定義をまとめたものである (FASB [1985], par. 35 ; CICA [1988], par. 28-30 ; Parker [1999], p. 49)．負債の定義に共通していることは，負債の本質を経済的便益の犠牲と規定していることである．負債は，特定のまたは確定可能な期日に，特定の事象の発生または請求に基づいて，資産の将来的な移転または利用，サービスの提供，経済的便益の譲渡によって弁済される (FASB [1985], par. 36)．負債は，資産の場合と同様に，次の三つの重要な特質がある (FASB [1985], par. 35-40 ; CICA [1988], par. 28-30)

① 負債は，第三者に対する債務または責任を内包していること．
② その債務または責任は，裁量の余地なく企業実体に負わされたものであること．
③ 企業実体の義務の原因となった取引または事象は，既に発生したものであること．

負債は，その定義に合致していれば，必ずしも法的強制力が付与されていなくてもよい．それらは，衡平法上の義務または擬制的な義務に基づいている．衡平法上の義務は，倫理観または道徳観に基づく債務である．擬制的な義務は，契約に基づく義務とは異なり，特定の状況における事実から推定されるものである．

さらに，持分については，FASB, CICA, AARFのいずれの概念フレームワークにおいても，資産から負債を控除した後の純資産に対する株主の残余権益であると規定している点で共通している（FASB [1985], par. 49；CICA [1988], par. 31；Parker [1999], p. 49）。営利企業において，持分は所有者権益である。それは，所有者の権利から生じる。所有者権益は，企業と所有者としての株主との関係に由来するものであり，従業員，仕入先，顧客，貸し手等と企業との関係を想定していない。持分は，負債控除後の企業資産に対する抽象的請求権または権益として分類されるので，その意味で持分は残余権益である。つまり，持分は，純資産と同義であり，企業の資産と負債の差額である。また，持分の増減は，所有者からの投資および所有者への分配のみならず，所有者を源泉としない純資産の増加および減少によるものである（FASB [1985], par. 60）。

(2) 収益・費用の定義

FASB, CICA, AARFのいずれの概念フレームワークにおいても，収益と費用は資産および負債の定義を援用することによって定義されている。「表4」は，収益の定義をまとめたものである（FASB [1985], par. 78；CICA [1988], par. 32；Parker [1999], p. 62）。そこに共通することは，収益は，企業の経常的，中心的な事業活動の結果としての資産の流入ないし増加，あるいは，負債

表4　収益の定義

FASB	CICA	AARF
収益は，実体の進行中の主要なまたは中心的な営業活動を構成する財貨の引き渡しもしくは生産，用役の提供，またはその他の活動による，実体の資産の流入その他の増加もしくは負債の返済である。	収益とは，経済的資源の増加分であり，企業実体の経常的な活動から生じる資産のインフローまたは価値の増加あるいは負債の減少によりもたらされる。	収益とは，所有者からの貢献分を除いた，報告期間の持分の増加をもたらす資産の増加または負債の減少という形態での将来の経済的便益の流入またはその他の増加もしくは将来の経済的便益の流出の節約である。

の減少と規定されていることである。また，収益は，発生した実際のキャッシュインフローまたは将来の期待キャッシュインフローを表現するものであり，収益による資産の増加は，現金，売掛金，受取手形として，場合によっては，財貨またはサービスの受領という形態で，あるいは，生産プロセスを経て完成する製品の価値の増加として具体化する（FASB［1985］, par. 79）。

収益が企業の本来の事業活動から生じるものであるという定義を前提として，利得が次のように定義されている。「利得とは，収益または所有者からの投資による持分の増加を除いて，企業の周辺のまたは付随的な取引から生じる持分の増加，ならびに，企業に影響を及ぼすその他のすべての取引事象および環境から生じる持分の増加をいう。」（FASB［1985］, par. 82）

表5　費用の定義

FASB	CICA	AARF
費用は，実体の進行中の主要なまたは中心的な営業活動を構成する財貨の引き渡しもしくは生産，用役の提供，またはその他の活動の遂行による，実体の資産の流出その他の費消もしくは負債の発生である。	費用とは，経済的資源の減少分であり，企業実体の経常的な収益獲得活動から生じる資産のアウトフローまたは価値減少もしくは負債の増加によってもたらされる。	費用とは，所有者への分配を除いた，報告期間の持分の減少をもたらす資産の減少または負債の増加という形態での将来の経済的便益の費消または損失である。

「表5」は，費用の定義をまとめたものである（FASB［1985］, par. 80；CICA［1988］, par. 33；Parker［1999］, p. 63）。そこに共通することは，費用は，企業の経常的，中心的な事業活動の結果としての資産の流出ないし費消，あるいは，負債の増加と規定されていることである。また，費用は，発生した実際のキャッシュアウトフローまたは将来の期待キャッシュアウトフローを表現するものである（FASB［1985］, par. 81）。

費用は企業の本来の事業活動から生じるものであるという定義を前提とし

て，損失が次のように定義されている。「損失とは，費用または所有者への分配による持分の減少を除いて，企業の周辺のまたは付随的な取引から生じる持分の減少，ならびに，企業に影響を及ぼすその他のすべての取引事象および環境から生じる持分の減少をいう。」(FASB [1985], par. 83)

2 認 識 規 準

　認識とは，ある項目を資産，負債，収益，費用，またはこれらに類するものとして，正式に記録するか，もしくは，企業の財務諸表に組み入れるプロセスである (FASB [1984], par. 6)。認識は，資産または負債に属する項目の取得または発生を記録するだけではなく，その後の変化をも記録することを含む。したがって，認識には，取引の会計帳簿への記帳の段階における当初認識と認識された項目のその後の変動や除去に関連する期間帰属認識がある (FASB [1984], par. 58)。

　FASBは，基本的認識規準として以下の四つのものを提示している。これらの規準は，会計的認識に関連する問題を解決するための指針を提供することにその目的がある。SFAC 5 号によれば，企業の資産および負債，ならびにそれらに対する事象の影響や持分に対する事象の影響は，財務諸表における認識の候補であるにすぎない (FASB [1984], par. 59)。したがって，ある項目が四つの認識規準を満足させる場合には，「コスト＜ベネフィット」の制約条件および重要性の識閾を条件として，その項目が財務諸表本体に計上されなければならないと述べられている (FASB [1984], par. 63)。

① 定　　　義—認識対象となる項目は，財務諸表の要素の定義を満たすこと。
② 測定可能性—認識対象となる項目は，充分な信頼性をもって測定できる目的適合的な属性があること。
③ 目的適合性—認識対象となる項目に関する情報は，情報利用者の意思決定に差異を引き起こす能力があること。
④ 信　頼　性—認識対象となる項目に関する情報は，表現の忠実性，検証

86　第2部　公正価値会計における認識の基底

可能性，中立性があること。

上記のようにこれらの四つの認識規準は,「コスト＜ベネフィット」の制約条件下で適用される。すなわち，ある特定の項目を認識することから得られる期待ベネフィットは，情報を提供し利用することにかかるコストを正当化するものでなければならないということである。認識は，また，重要性の識閾を条件としている。すなわち，ある項目およびそれに関する情報は，その項目に重要性がない場合にはその認識を行う必要がない（FASB［1984］, par. 63）。

このようなSFAC 5 号の認識規準に対して，CICAおよびAARFの認識規準は，次のようになっている（CICA［1988］, par. 38, 39；Parker［1999］, p. 47）。

① 測定可能性——項目が適切な測定の基礎を有していること。および関連する金額に関して合理的な見積りができること。

② 高い発生の可能性——将来の経済的便益の獲得または費消に関連する項目について，そのような便益が獲得されるかまたは費消される発生の可能性が高いこと。

先に指摘したように，FASBはその定義の中に「発生の可能性が高い」という要件を入れているが，CICAとAARFの定義にはそれが取り入れられていないということが特徴である。したがって，企業の取引事象に定義のフィルターを当てはめて作成される会計データの範囲は，FASBとCICA・AARFの場合で異なることになる。ただし，CICAとAARFは認識規準の中に「高い発生可能性」の要件を組み込むことにより，認識規準の段階で発生の可能性が低い項目を除くようなデータの選別が行われ，この段階で会計データの範囲は概念的に一致することになる。

第3節　会計行為への会計的選択規準の適用

これまで，財務諸表の諸要素の定義を明らかにし，それに続いてある項目を要素として財務諸表に計上するときに，アカウンタントが判断指針として依拠

する要素の認識規準を管見してきた。

　ここでは，会計情報の「作成者―監査人―利用者」という関係者の連携から会計情報の質的特性を行為の判断規準として捉え，会計行為において定義，認識，測定がどのような関わり合いを持つものであるかを検討し，さらに会計的選択規準としての質的特性が会計行為に対していかに作用するものであるかを考察していきたい。

　いま，会計行為を手続過程と理解すると，会計行為は，アカウンタントが企業の経済事象を識別し，識別された取引を分類・記録し，決算に際して分類・記録されたデータを集計することにより会計情報を作成し，さらに会計情報を利用者へ伝達する一連の行為として表現することができる（武田［2001b］, 8-10頁）。

　このような理解の下で，すなわち経済事象の「識別―分類―記録―集計―伝達」の過程において，定義，認識規準および測定がいかに関係するかをみてみると，定義は識別過程におけるフィルターの役割を担い，認識は分類・記録されたデータに基づく集計の過程で行なわれるものであり，さらに測定は分類・記録・集計の過程における測定対象の財務的属性の選択に関係するものと解釈される。この解釈に従えば，会計行為は，過去の取引および事象の「定義による識別―分類・記録（データベース）―認識（集計）―伝達」の過程と表現することができる。

　それでは，会計行為に会計的選択規準がどのように作用するものであるかを考察するために，まず，「図1」を掲げておきたい[3]。その図の基本的な流れは，企業の取引・事象が，財務諸表の諸要素の定義のフィルターを経て，分類・記録され，データベースが構成されることになる。次に，認識の段階へ移るが，決算の段階で，データベースの中から財務諸表の要素に属する項目の集計がなされ，会計情報が作成される。この会計情報が，第三者の検証行為を経て，情報利用者へ提供されるのである。このような会計行為に対して会計的選択規準が作用するのは，関係者の意思決定過程においてである。

　ここで，既に検討した財務諸表の諸要素の中から資産について図の中での概

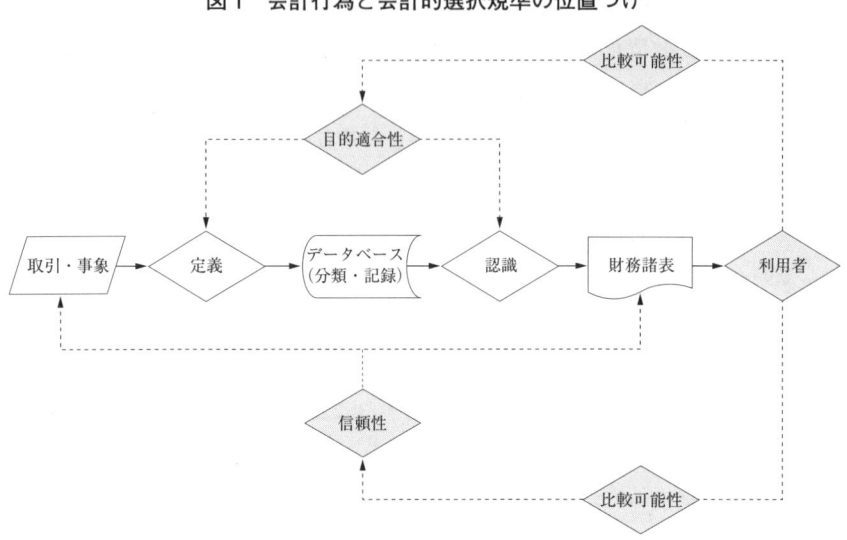

図1 会計行為と会計的選択規準の位置づけ

```
          比較可能性
         目的適合性
取引・事象 → 定義 → データベース → 認識 → 財務諸表 → 利用者
              (分類・記録)
          信頼性
          比較可能性
```

念的な流れを追うと次のように説明できる。まず，資産の定義をみてみると，資産とは過去の取引または事象の結果として企業が支配する将来の経済的便益である。この定義にみられる資産の本質は，将来の「経済的便益」，便益に対する「支配可能性」，取引・事象の「既発生性」である。

したがって，アカウンタントは，企業の取引・事象のうち「経済的便益」・「支配可能性」・「既発生性」のフィルターをパスするものを識別し，それを分類・記録することによりデータベースを構成する。目的適合性の規準は，定義を満たすが目的適合的でない取引・事象を除外するような形で作用する。

次に，認識の過程において，FASBによるならば「定義・測定可能性・目的適合性・信頼性」という判断規準を，そして，CICAおよびAARFによるならば「測定尺度の適切性・金額の合理的見積可能性」および「将来の経済的便益を獲得する発生の可能性が高い」という判断規準を適用することにより，データの集計が行われる。ここにおいても，目的適合性の規準は，識別判断の場合と同様に，認識規準を満たすけれども，目的適合的でないデータを除外するような形で作用する。

また，測定とは，認識された項目の金額を決定するプロセスであると述べられているため，図の中ではとくに位置づけを行わず，先の認識の場面で項目の財務的属性を考慮して適切な測定属性（歴史的原価・取替原価・実現可能価額・現在価値）を選択する行為であると解される。

さらに，その認識規準に基づいて作成された情報は，専門的知識を有する独立した第三者によって，取引・事象と分類・記録されたデータの文書的照応関係が定義に基づいて，ならびに，データと作成された情報の操作的照応関係が選択された会計処理の原則および手続きに基づいて検証される[4]。このような検証手続に基づき，表現の忠実性がえられる。ただし，そこでは選択された会計処理の原則および手続き自体に関して判断はなされていないので，選択された原則と手続きの中立性を確認することにより情報に信頼性が付与されることになる。

以上の説明により，情報を提供するために必要な情報の「目的適合性―信頼性」の関係はえられた。それでは，主たる質的特性として提示されている残りの理解可能性と比較可能性は関係者にいかに作用するのであろうか。後者の，情報の比較可能性は，利用者が情報の期間比較および企業間比較という利用目的のために作成者サイドに要請される規準である。そのため，アカウンタントは，目的適合性の規準に基づき会計処理の原則および手続きの一貫した選択をしなければならない。利用者は，原則および手続きの一貫性について直接確認することができないために，一貫性に関する第三者の保証が必要となる。したがって，比較可能性の規準は，アカウンタントが会計処理の原則および手続きを選択する場面と第三者が情報に信頼性を付与する場面に作用する。FASBのSFAC2号の会計的特性の階層図において比較可能性が目的適合性と信頼性に作用するような形で図式化されていたのは，そのような理解があったためではないかと忖度される。

また，理解可能性は，すでに述べたように，情報の有用性を規定するものであり，利用者が理解できるように目的適合的に情報が財務諸表に表示されることを要請する。その際，情報利用者には，当該情報を解読する能力があるもの

と仮定されている。そのため，理解可能性は，「図1」のなかではとくに位置づけられていない。

最後に，これまで述べてきたような会計的選択規準の適用に基づき，情報が適時に利用者へ伝達される。それによって，関係者を関連づける「目的適合性―信頼性―有用性」の関係概念が成り立つのである。なお，制約条件として提示されている「コスト＜ベネフィット」と「重要性」の規準は，その適用に関する図式化を行っていないが，それらは会計行為における関係者の意思決定過程に作用するものと考えられる。

以上述べてきたように，会計情報の質的特性は，それを行為の判断規準として捉え，会計行為の中で体系づけることによりその意義が高められるものと思うのである。

（1） 個別企業が行う会計的選択は無数に存在し，会計プロセスに即した会計的選択に限定しても次のような幾つかのケースがあることがわかる（FASB［1980］, par. 8）。アカウンタントは，ある取引・事象の会計処理に際して，まず，資産・負債，ならびに，収益・費用の本質と定義に関する意思決定，そして，それらを認識するときの規準に関する意思決定に直面する。

　次に，資産の測定にあたり，歴史的原価，現在原価，現在売却価格，正味実現可能価格，または，期待キャッシュフローの現在価値のいずれかの属性を選択する。原価を配分するときに，減価償却費を計算するために，期間を基準とするのか，生産高を基準とするのかによって，原価配分の方法が異なる。

　さらに，財務諸表に記載する情報の集約度についても判断が求められる。さらには，連結の範囲に関する意思決定や報告すべきセグメントの識別などがある。

　さらに，会計期間の選択や財務諸表の表示科目の選択，会計方針として注記するかどうかなど個別企業のレベルにおいても判断が求められる多数の会計的選択がある。会計情報の質的特性は，このような会計的選択に際してアカウンタントの行為規準として機能するものとして捉えている。

（2） 周知のように，会計情報の質的特性を会計プロセスにおけるアカウンタントの判断規準としてはじめて論じたのは，ASOBATである。ASOBATでは，目的適合性，検証可能性，不偏性，計量可能性という四つの規準が提示され，これを会計情報基準と呼び，会計情報を評価するための基準として位置づけている（飯野［1969］, 13頁）。

（3） 会計情報基準（規準）の会計行為に即した体系化が，武田［1983］，武田［1986］，河

崎 [1988] において詳しく扱われているので参照されたい。
（4） 武田隆二教授は，検証可能性を会計行為のプロセスに即して，文書的検証可能性，不偏性の検証可能性，操作的検証可能性，実証的検証可能性の四つに区別して説明されている。本文中の文書的・操作的という用語は，その説明に基づくものである。（武田 [2001b]，79-82頁）。

第5章　取引概念の拡大とその会計的認識

第1節　未履行契約の認識の意義

　本章は，会計の認識対象の拡張を取引概念の拡大と捉え，かかる取引を会計的に記録する際の認識規準を体系的に検討することを主たる課題とするものである[1]。リース取引に係る会計基準（平成5年）をはじめとして，退職給付に係る会計基準（平成10年），金融商品に係る会計基準（平成11年）等の策定は，会計の認識対象の拡張をもたらし，それによって財務諸表の情報内容が拡充化されてきた。

　これらの制度の新設ないし改正は，かつて，リース物件のように経済活動を通じ企業の利益稼得活動に直接的に貢献するという用役潜在力が認められるものの，収益費用アプローチに基づく期間損益計算においては，それが資産・負債として貸借対照表に記載されなかったために，情報利用者がネガティブな影響を受ける（例えば，過大なリース債務による経営破綻）という看過できない状況が顕在化してきたことによるものである。

　また，金融の自由化・国際化によりリスク管理の重要性が高まり，その手段としてのデリバティブが利用される状況下で，貸借対照表の記載外におかれる種々のオフバランス取引が増大し，それが企業の将来の財政状態に影響を及ぼすにもかかわらず，伝統的な会計システムから得られる情報ではそれが明らかにされないことから，種々のオフバランス事項に関する貸借対照表能力[2]の

検討の必要性が高まってきたのである。

とりわけ，企業の財務報告の目的を，情報の有用性，つまり情報利用者の経済的意思決定への役立ちと措定する利用者指向的会計（あるべき会計）[3]の観点からそのような問題の解決を図るとき，企業の会計システムにおいて認識すべき会計事実（取引）の範囲は，情報の目的適合性に照らして当然拡大せざるをえないということができる。

今，このような視座から，オフバランス事項の貸借対照表能力に関する検討を進める場合，その方法として，(1)貸借対照表に収容されるべき対象範囲の画定原理を明らかにすること，(2)貸借対照表能力の認められた事項の開示の方法を明らかにすることの2点が指摘されている（武田［1988b］，12頁）。

そこで，本章では，上記(1)を課題として，リース取引やデリバティブ等の未履行契約に基づく権利・義務の貸借対照表能力を検討しようとするものである。以下においては，FASBのリサーチレポート『契約に基づく権利と義務の認識』（Ijiri［1980］）に依拠して，未履行契約の認識の可能性を明らかにしようとするものである。

なお，議論の前提として，未履行契約とは，リース契約，購買契約，雇用契約，年金契約等にみられるように，将来一定の支払を行ない，これに対して一定の給付（財貨・用役）を受領することを約束する契約であって，その契約による当事者の約束が全く履行されていないものと規定しておきたい（Ijiri［1980］, p. 6）。

第2節　取引概念の拡大と資産の本質

1　取引概念の拡大

企業の会計行為は，「利益稼得の物的・経済的事実関係を一定の測定ルールを介して貨幣的・経済的数関係として写像する活動である」（武田［2001b］, 4頁）と規定することができる。これを，手続的に定義すれば，「企業の経済活動に直接または間接に関連して生起する経済事象のうち貨幣資本利益計算の目

的に合致する事象を識別し，それを分類・記録・集計して，その結果を会計情報として利害関係者に伝達する行為」（武田［2001b］，8頁）であると言い換えることができる。

　上記の説明に従えば，取引とは，企業に生起する様々な経済事象のうち貨幣資本利益計算という目的に従って識別されたものであって，識別された物的・経済的事実関係が，取引（会計事実）として会計システムへインプットされることになる。かかる取引は，一般的に，資産・負債・資本に影響を及ぼす事象であると説明されるにとどまる場合がほとんどである。

　そこで，経済活動はもともと有償行為であることから，取引は財貨と貨幣との対価関係において次のように規定される（武田［2001a］，153頁）。

① 　入り来る財貨に対して，出て行く貨幣（財貨の増加＝貨幣の減少）
② 　出て行く財貨に対して，入り来る貨幣（財貨の減少＝貨幣の増加）

　その①が購買過程を，②が販売過程を表す。購買・販売という経済活動が「原因」となって，「結果」として上記のような2面的価値変動関係がもたらされる（武田［2001a］，154頁）。会計では，経済活動に起因して生じるこの2面的価値変動関係を取引として記録の対象としているのである。そして，かかる取引の勘定認識（処理的記帳）にあたっては，収入・支出によって貨幣的測定を行い，取引の物的側面を表現することになる。そこで，財貨の流れと貨幣の流れの組み合わせを取引としてまとめたものが「表1」である。

表1　財貨の流入・流出と収入・支出による取引の類型

購買過程における取引タイプ

	現在財貨流入	将来財貨流入
現在支出	○	○
将来支出	○	＊1

販売過程における取引タイプ

	現在財貨流出	将来財貨流出
現在収入	○	○
将来収入	○	＊2

　購買過程と販売過程の取引のうち「○」を付したものが，伝統的に処理的記帳のなされてきたものである。「＊1」と「＊2」の取引については，貨幣的計

量可能性が認められたとしても，確実性および検証可能性という観点（武田［2001a］，156頁）および法的所有権を基礎とする資産観に照らしてこれまで記帳の対象とはされてこなかったものである。

しかし，既に述べたように，「＊1」と「＊2」に属するオフ・バランス取引の企業に及ぼす将来の影響を無視できない状況に至っており，その会計的認識を行なうためには次の①'と②'を取引として新たに規定する必要がある。

　　①'　　将来入り来る財貨に対して，将来出て行く貨幣（＊1）
　　②'　　将来出て行く財貨に対して，将来入り来る貨幣（＊2）

それらの取引を記帳の対象とすることによって，会計上認識すべき会計事実（取引）の範囲の拡大がもたらされる。具体的に言えば，契約を「原因」として，「結果」として生じる「権利・義務」を資産・負債として認識しようというものである。すなわち，未履行契約に基づく権利と義務の認識を利用者指向的会計の観点から根拠づけることにより，貸借対照表の情報提供能力の改善を図ろうということである。そのため，未履行契約に基づく権利・義務の認識にあたって，その貸借対照表能力を検討するための新たな理論的装備が必要となるのである。

2　資産の本質と識別規準

伝統的な期間損益計算においては，収入・支出計算を基礎として，その収入・支出が期間的に収益や費用となって解消するものが損益計算書に計上され，収入と収益，費用と支出，および収入と支出との期間的食違い分（期間的未解消項目）が貸借対照表に収容される（武田［1988a］，16頁）。その貸借対照表に表示される期間的未解消項目は，損益指向的に能力が規定されたもので，「収益・未収入」，「支出・未収入」および「支出・未費用」という三つの能力特性によって資産が区画される[4]。

未履行契約を損益指向的能力の観点からみた場合，例えば，リース会計基準の制定以前において，リース資産は「未支出・未費用」項目（武田［1988a］，17頁）と規定され，上記のいずれの組合せにも属するものでない。したがっ

て，期間損益計算の原理からすれば，リース物件を資産として認識することは不可能であり，そしてそのことは法的所有権を基底に置く資産観からすれば当然の処理であるといえる。そのため，リース物件は，期間損益計算においては，提供を受けたサービス（リース物件の利用）に対するリース料の支払によって把握されていたにすぎない。

しかし，資産の本質を用役潜在力に求めたとき，リース物件は「支出・未費用」項目として表現される費用性資産となんら変わることなく，そこに用役潜在力を認めることができる。とりわけ，リース期間において中途解約のできない契約の場合，契約により契約期間にわたるリース債務が確定するとともに，リース物件を独占的に利用する権利を取得することになる。この利用権に基づきリース物件は企業の利益稼得活動に直接的に貢献するのであるから，所有権をベースとする期間損益計算における資産概念に利用権を含めることができるような新たなコンセプト，つまり資産を全体として統一的に把握することができるような概念が必要となるのである。

周知のように，FASBは，その概念として将来の経済的便益[5]という概念を導入することによって資産および負債の画定原理を明らかにしている。その画定原理とは，FASBのSFAC 6号『財務諸表の構成要素』（FASB［1985］）において提示されている経済事象の識別規準および資産・負債の定義である。ここで識別規準と呼んでいるのは，当該ステートメントにおいて資産の特質として掲げていた「将来の経済的便益」，「将来の経済的便益に対する支配」，「将来の経済的便益をもたらす取引または事象の発生（既発生取引）」という三つの要件である（FASB［1985］, par. 25, 26, 35, 36）。

これらの三つの識別規準が，資産の本質を規定するものであり，したがって「資産とは，過去の取引または事象の結果として，特定の実体が取得したかまたは支配する発生の可能性が高い将来の経済的便益である。」（FASB［1985］, par. 25）と定義されている。資産の定義の対概念になるものとして，「負債とは，過去の取引または事象の結果として，将来，特定の実体に対して資産を移転するかもしくはサービスを提供する現在の義務に起因する経済的便益の発生

の可能性が高い将来の犠牲である。」(FASB [1985], par. 35) と定義されている。

　SFACでは，資産は経済的資源と同義であると規定され，経済的便益が経済的資源の基本的特質とされている[6]。経済的便益とは，将来純キャッシュインフローを意味し，用役潜在力と同質のものと説明される (FASB [1985], par. 27-28)。この点で，FASBの資産概念は，それまでの資産概念を踏襲している。次に，「将来の経済的便益に対する支配」という規準により，法的所有権を有さない経済的資源を資産の範疇に含め，もって資産概念の拡大を図っている。さらに，経済的資源の支配の原因となる「既発生取引」という規準により時系列的制約をかけている。

　先に掲げた三つの識別規準に基づき，例えば，リース契約により使用するリース物件は，企業の利益稼得活動に直接的に貢献するという意味で当該物件には経済的便益を認めることができ，しかもその物件の利用は他者の利用を排除し特定の企業が支配するものであるから，リース物件を資産として認識することが可能となる。

　ただし，ここで問題となるのは「既発生取引」[7]という規準の取引概念である。伝統的会計の取引概念に従えば，リース物件は受領の段階でその認識がなされる。しかし，リース契約が決算日前に締結され，物件の受領が決算日後である場合，リース債務とリース物件の利用権が確定しているにもかかわらず，そのことは貸借対照表には記載されないため，貸借対照表は企業の実体を反映しているとはいえない。したがって，このことから先に述べた時間的観点からの取引概念の拡大の意義が認められるのである。

　すなわち，契約時点で見込まれる「将来財貨流入・将来支出」および「将来収入・将来財貨支出」を取引とみなすことにより，未履行契約に係る権利・義務の認識が可能となるのである。次に，FASBのリサーチレポートにおいて取りあげられている契約に基づく権利および義務の認識の事例を検討するものである。

第3節　資産の認識規準と未履行契約の認識

　従来，企業の会計システムにおいては，資産・負債・資本に影響を及ぼす経済事象を取引として記録の対象としてきた。しかし，貸借対照表に記載されない簿外の資産・負債としてのオフバランス取引の増大やそれらが情報利用者の経済的意思決定に影響を及ぼすということを勘案すれば，従来認識の対象とされてこなかった取引を会計記録の対象とする必要性が生じてくる。

　換言すれば，資産・負債・資本に即時的な影響を及ぼさない取引（Ijiri [1980], p. 4）を会計記録の対象としなければならないということである。具体的にいえば，契約に基づく権利と義務を認識し，貸借対照表への計上の可能性を検討しようというものである。

　なお，契約に基づく権利および義務を認識するための代替的時点に関する事例として販売・購入契約に焦点を当てる。その契約を取り上げるのは，それが企業の営業活動の基幹となっているからであり，それを基礎としてデリバティブ取引等のその他の未履行契約への適用の可能性を示唆するためである（Ijiri [1980], p. 6)。なお，ここでは，購入者の認識の時点を主として検討することにしたい。

　契約に基づく権利・義務の認識は，まず，契約が将来確実に履行されるということ，つまり約定の確定性（firmness of commitments）を前提として認識が行なわれる（Ijiri [1980], p. 59)。約定の確定性とは，厳格な罰則の条件があるために約定履行の破棄のおそれが高くないことを意味する（Ijiri [1980], p. 63)。したがって，約定が確定的であると判断されるときに，契約によって生じる権利および義務の認識を行うことになる。

　そこで，FASBのSFAC 5 号（FASB [1984]）によれば，「認識とは，ある項目を資産，負債，収益，費用，またはこれらに類するものとして，正式に，記録するか，もしくは，企業の財務諸表に組み入れるプロセスである。」（FASB [1984], par. 6) と述べられている。そして，資産および負債の認識規準とし

て,「定義・測定可能性・目的適合性・信頼性」(FASB [1984], par. 63) という四つの規準を挙げている。契約に基づく権利・義務は,先に述べたように,資産および負債の定義を満たすものであり,次に提示する事例はさらに測定可能なものとして取り上げられている。目的適合性と信頼性については,その事例との関わりで次節において検討したい。

事例1　購買契約 (Ijiri [1980], p. 11)

> 銅製品の製造業であるA社は,銅の生産者であるB社と20X0年11月に次の条件で契約するに至った。
> 条件1　B社は,20X1年の1月31日に5百万ポンドの銅をA社に引き渡す。
> 条件2　A社は,20X1年2月28日に4百万ドルまたは1ポンドにつき80セントを支払う。
> 　この契約には,偶発事象に対する引当や契約破棄のオプションは含まれていない。

この場合,A社(買い手)が,資産および負債を認識する少なくとも五つの時点が,B社(売り手)の契約の履行過程に即して識別できる (Ijiri [1980], pp. 12-15)。それらは,①契約時点,②採掘時点,③生産時点,④出荷時点,⑤引渡時点の五つの時点である。はじめに,各時点における仕訳を示しておきたい。

①　契約時点――A社とB社が契約に署名したとき
(借) 注文に基づく原材料(契約時点)　4,000,000
　　　(貸) 注文に基づく原材料に対する約定(契約時点)　4,000,000
②　採石時点――B社が銅鉱石を採石したとき
(借) 注文に基づく原材料(採石時点)　4,000,000
　　　(貸) 注文に基づく原材料に対する約定(採石時点)　4,000,000
③　生産時点――B社が銅鉱石の精製を完了したとき
(借) 注文に基づく原材料(生産時点)　4,000,000
　　　(貸) 注文に基づく原材料に対する支払勘定(生産時点)　4,000,000
④　出荷時点――B社がA社への船積みのために銅を出荷したとき

（借）未着原材料または船積み待原材料　4,000,000
　　　（貸）未着原材料または船積み待ち原材料に対する支払勘定　4,000,000
　⑤　引渡時点—B社がA社に銅を引き渡したとき
　（借）原材料　4,000,000
　　　（貸）支払勘定　4,000,000

　上記の契約において，その萌芽段階が契約締結の時点であり，この時点から契約に基づく権利と義務の認識がなされ，契約の結実段階である引渡時点へ向けて契約が履行されるにつれて，すなわち①から④各段階で，将来受領する財貨に対する権利とそれに対する支払義務が，$4,000,000で記帳され，それとともにその前段階での仕訳が反対記帳される（Ijiri［1980］, p. 15）。

　すでに述べたように，契約が確実に履行されると判断されるならば，将来受領する原材料を加工しそれを販売することにより収益を獲得することが見込まれるという意味で，契約による権利には経済的便益を認めることができるためそれを資産として認識し，同時にそれに対する支払義務を負債として認識しなければならないということである。

事例2　購入保証契約（take-or-pay contract）（Ijiri［1980］, pp. 19, 20）

> 　A社とB社は，B社がA社に対して25年間銅を供給するということに同意した。
> A社の条件；
> 　条件1　価格は，原価に1ポンド当たり$0.10を加えた金額とする。
> 　条件2　少なくとも，毎年1.1億ポンドの銅を購入する。
> 　条件3　もし実際の購入量がその条件を下回るときは，実際の購入価格に最低の取引量に対するマージンの合計額$11百万を加えた金額を支払う。
> 　条件4　毎月初に次月末の引渡分の発注を行なう。
> B社の条件；
> 　条件1　A社のそのような保証に基づいて，B社は$1億のコストで銅鉱石の加工プラントを建設する。

　次に取り上げるのは，購入保証契約と呼ばれる長期の供給契約である。このタイプの契約と他の長期の供給契約を区別する特徴は，最低の売買条件が設定されていることである。買い手は，少なくとも，同意した最低の量の製品を各

期間に「購入する」ことを保証し，実際の購入量が下回った場合は，買い手は同意した不足額を「支払う」ことになる［Ijiri, p. 19］。

このような長期供給契約の場合，基礎となっている長期契約が効力を発する時点と特定の購入発注がなされる時点を区別することが重要となる。つまり，長期供給契約を締結し，加工プラントの完成後，発注から引渡が二ヶ月にわたって履行されるため，次のような認識の時点が提示されている。

長期供給契約の締結から加工プラント完成に至るまでについては，次の4つの時点が示されている（Ijiri［1980］, p. 21）。

① 契約時点——長期供給契約に署名がなされたとき
② 工事開始時点——加工プラントの工事が開始されたとき
③ 工事進行時点——工事期間の幾つかの特定のとき
④ 工事完成時点——加工プラントの工事が完了したとき

その①・②・④で，購入者であるA社の帳簿記入は次のようになる（Ijiri［1980］, p. 22）。

（借）購入契約の下での権利　100,000,000
　　　（貸）購入契約の下での義務　100,000,000

また，③の工事進行時点により認識する場合には，認識の時点に応じた金額が記入される。さらに，二ヶ月を単位とする「発注—引渡」については，発注時点，採石時点，生産時点，出荷時点，引渡時点の5つの時点が示され，事例1のような帳簿記入がなされる（Ijiri［1980］, p. 21）。なお，リサーチレポートでは，その他の長期供給契約として，スループット契約と呼ばれる加工契約が検討されている（Ijiri［1980］, p. 23, 24）。

事例3　リース契約（Ijiri［1980］, pp. 24, 25）

ここでは，リース契約に基づく権利・義務の認識の事例として資本リース（capital lease）を取り上げる。A社は銅鉱石を所有するが加工処理施設をもたないため，B社にプラントの建設を1億ドルのコストで委託し，それをA社にリースするという条件で契約するに至った。A社は，リース期間25年で，毎年$11百万をB社に支払う。A社の支払義務は，プラントの完成に基づき無条件で

確定する。B社は，プラントの所有権を保有し，リース最終年度末にプラントの有効耐用年数に基づく見積額で所有権がA社に移転される。

この事例の場合，リース契約に基づく権利・義務の認識の時点は，①契約時点，②工事開始時点，③工事進行時点，④工事完成時点，⑤引渡時点という五つの時点が考えられる（Ijiri [1980], p. 25）。それらの時点のうち，A社がプラントを支配しそれに対する支払義務が確定するのは，契約条件により④の時点であるから，この時点で契約に基づく権利・義務を会計的に認識することになる。そこで，この事例では，利子率を年10％と仮定したリース料支払総額（$275百万）の割引現在価値が$100百万となることから，A社は次のような仕訳を行う[8]。

(借) リース資産　100,000,000
　　(貸) リース債務　100,000,000

これに対して，B社では，年10％の利子率で計算される受取リース料の総計額（$275百万）の割引現在価値$100百万で次のような仕訳がなされ，その割引現在価値は受取リース料総計額から未実現利益$175百万を控除した金額を意味する（Ijiri [1980], p. 25）。

(借) 直接ファイナンスリースへの純投資額　100,000,000
　　(貸) 資産　100,000,000

以上，FASBのリサーチレポートから契約に基づく権利・義務の認識の事例を取り上げてきたが，それらの事例で認識された権利・義務をどのように開示するかについては述べられていない。そこで，現行の企業会計は，期間損益計算を主題とするものであるから，期間損益計算の枠組のなかで情報を豊富化するために財貨の損益作用性という観点から次の開示方法が考えられる。

購買契約に関する権利・義務については，引渡以前の記録を備忘記録とする方法とその記録を注記する方法が考えられる。リース契約による権利・義務については，その記録を備忘記録とするかまたは注記し，リース物件の受領後は，それが企業の利益稼得活動に直接的に貢献することから貸借対照表本体に記載する[9]。このように，企業の将来事象のもたらす損益作用性を当期の貸借

対照表に投影させることによって，企業の持つ潜在的収益性に関する情報内容が改善されるものと考えるのである。

第4節　会計情報の質的特性に基づく認識問題の検討

これまで，契約に基づく権利および義務の認識に関して論究してきたが，ここでは，SFAC2号『会計情報の質的特性』（FASB [1980]）に依拠して未履行契約の認識がどのような意義をもっているかを明らかにしたい。

FASBのそのステートメントでは，財務報告の目的が情報利用者の意思決定への役立ちと規定され（FASB [1980], par. 22），それは意思決定有用性と表現されている。この意思決定有用性を規定するものが，情報の目的適合性と信頼性という2つの質的特性である（FASB [1980], figure1）。したがって，契約に基づく権利・義務に関する情報が有用であるかどうかに関する評価は，目的適合性と信頼性という規準に照らして行われることになる。結論的にいえば，権利と義務のより早い認識を支持するものが目的適合性であり，より遅い認識を支持するものが信頼性である。

その関係がリサーチレポートにおいて説明されており（Ijiri [1980], p. 47），それに基づいて整理したものが「表2」である。利用者指向的会計の観点から，引渡時点以前に権利・義務を認識することが支持されるものであり，企業の将来キャッシュフロー，企業の流動性や支払能力，経営管理者の受託責任の履行等に関する評価のためにより役立ちうる情報が得られ，情報の目的適合性の改善がなされる（Ijiri [1980], pp. 41, 42, 47, 48）。

しかし，「表2」から知られるように，伝統的会計の観点からみるとき，引渡以前において認識を行なうことには，それまで負担することのなかった情報作成に伴う様々なコストが生じることになり，また情報作成プロセスの検証可能性の程度が低くなり，情報の信頼性について問題が生じることになる（Ijiri [1980], p. 48）。

このように，契約に基づく権利・義務の認識について目的適合性という視点

からは，情報の改善が見込まれるものの，情報の信頼性の程度が低くなるということが考えられる。これは，目的適合性と信頼性という質的特性のトレードオフによる相対的な評価であり，個々の企業の状況によって変化するものであるため，リサーチ・レポートではそのような認識の実践への適用について規範的判断はなされていない。

表2 契約に基づく権利と義務の認識にかかる情報の質的特性

認識を支持する質的特性	1．目的適合性 　a. 企業の将来のキャッシュフローの評価 　b. 流動性と支払能力の評価 　c. 経営管理者の受託責任の履行の評価 　d. 情報の適時性または情報の利用の改善 2．表現の忠実性，特に完全性 3．比較可能性（企業間の比較可能性）
認識を支持しない質的特性	1．コスト要因 　a. 情報の収集，処理および監査のコスト 　b. 情報の普及，分析および起こりうる誤用のコスト 　c. 訴訟危険に起因するコスト 　d. 競争優位の喪失に起因するコスト 2．検証可能性 3．一貫性（企業の期間比較可能性）

第5節　取引概念の拡大とその認識の理論的含意

　本章は，企業環境の変化に伴って会計的認識の対象となる領域が拡張し，それを取引概念の拡大として捉え，貸借対照表の情報提供能力の改善を図るという目的で，未履行契約の認識問題を検討してきた。それを以下に要約することによって，取引概念の拡大とその認識の理論的含意を明らかにしたい。
　① オフバランスとなる取引が増大している現状から，企業の財政状態に関するより有用な情報を提供するため，会計上記録の対象とすべき会計事実

(取引)の範囲の拡大の必要性を指摘したこと。
② 契約を原因として生じる権利・義務およびリース物件の貸借対照表能力を検討するため，FASBのSFACに提示される資産・負債の識別規準に基づき権利・義務が資産および負債として認識されうることを明らかにした。
③ 契約に基づく権利・義務の認識は，契約が確実に履行されることを前提に可能であることを指摘した。ただし，期間損益計算の枠組において情報を豊富化しようとするならば，契約に基づく権利・義務に貸借対照表能力が認められるとしても，それを貸借対照表本体に計上するためにはもう一つの判断規準が必要であると考えた。それは，財貨の損益作用性であるという私見を提示した。つまり，企業への財貨（権利・義務）の移転（引渡）後において，その財貨が将来の企業の経済活動に直接的に貢献し，企業の利益稼得活動に役立つもののみを貸借対照表本体に記載するという考え方である。それによって，貸借対照表が提供する企業の潜在的収益力に関する情報内容が改善されるものと考える。
④ 契約に基づく権利・義務を認識するとしても，リース契約や購買契約以外に雇用契約，年金契約，デリバティブ等の多様な契約があり，認識をどの範囲まで拡張することができるかは，将来受領する財貨の損益作用性をどのように考えるかに依存するものと思われる。

最後に，武田隆二教授の学説に依拠しつつ，取引概念の拡大の意義とその会計的認識の重要性について言及したい。武田教授は，取引概念の拡大を実財産を対象とする契約関係から想定財産を対象とする契約関係へと捉え，次のように述べている。

20世紀は物財を中心とした経済的所有権（物権）の変動がその社会における私的関係（私人間の取引関係）の最も安定した事象として位置づけられ，それが簿記上の取引概念のコアコンセプトを形成してきた。その後，フローに基づく収益費用中心観に変わって，所有権概念と全く結びつかない計算擬制的項目が登場し，資産ないし負債の概念的拡大をもたらした。さらに，リース資産

の登場により，物権（所有権）から利用権（契約の締結）への取引概念の変化が，経済基盤の関わりで招来した（武田［1999b］）。

さらに，金融経済の質的・量的な拡大とともに，市場経済の多様なファクターが企業業績を大きく変動させるようになり，企業の金融経済活動の把握が重要な問題となってきた。従来は，実財産を直接対象とした契約概念が，所有権概念の背後にみられた。ところが，金融資産という概念は，そういう実財産に対する契約関係というよりも，想定財産，あるいは，想定元本を対象とした契約概念としてとらえることができる（武田［1999b］）。

伝統的にプロダクト指向の原価・実現アプローチで会計の構造が理解されてきたが，金融資産になると，想定元本，いわゆる実財産ではなく，実財産の写像されたもの，あるいは実財産と実財産を組み合わせた，あるつくられた想定元本を取引対象としており，このような経済活動を把握するためには，時価・実現可能性アプローチが必要であるというところに取引概念の質的な変化と拡大がみられる（武田［1999b］）。

さらに，金融重視の経済環境が進展するにつれて，グロスの収支概念からネットの収支概念へと収支概念が変化していることを指摘されている。従来の会計で問題とされた収支計算というのは，グロス概念と結びついて，会計学的に言えば，総額主義の収支計算形態というものが前提されていた。ところが，金融経済あるいはデリバティブという問題を中核概念に置くと，差金決済が前提となるため，今後はネット概念をベースとした収支概念，いわゆる純額主義の収支概念が全面に出てくるものと考えられる（武田［1999b］）。

(1) 本章は，浦崎［1993］に基づいてまとめたものである。また，会計の認識対象の広がりを取引概念の拡張として論じたものに，藤井［1997］がある。すでに，古賀智敏教授は，デリバティブと未履行契約の認識について詳細に検討しているので参照されたい（古賀［1999］，81頁）。
(2) 貸借対照表能力という用語法は，ドイツ語圏における用語法であり，詳細については土方［1998］を参照されたい。
(3) 情報利用者指向的会計ないし情報会計とは，現に行われている会計（ある会計）や会計理論を省察し，改善していくための規範的視点をもつ会計を意味し，したがって情報

利用者指向的会計とは,「あるべき会計」であり,会計の理念モデルである。あるべき会計については,武田 [1971],興津 [1989],河﨑 [1997] を参照されたい。

（4） 損益指向的能力に基づき資産を規定する場合,支払手段（現金預金）は,収入・支出および収益・費用の関わり合いからは説明されえない異質の項目となっている（武田 [1988a], 16頁）。

（5） 資産および負債の定義の詳細については,FASB [1985] のパラグラフ25-28を参照されたい。また,FASBの一連の財務会計概念ステートメントの邦訳については,森川 [1988] および平松・広瀬 [1990] を参照されたい。

（6） 資産に対して,負債は,過去の取引または事象に起因する企業の責務であり,経済的便益の犠牲が将来見込まれるものとして理解されている。すなわち,負債には,将来他者に対して経済的便益の犠牲としてのアウト・フローが予定されているということである。これらの資産および負債を認識するための規準として,SFAC 5号『営利企業の財務諸表における認識と測定』(FASB [1984], par. 63) において,定義,測定可能性,目的適合性,信頼性が提示されていた。例えば,企業の経済事象のうち定義を満たすものが会計システムへインプット可能なデータとなり,かかるデータが十分な信頼性をもって測定できる目的適合的属性を有するならば,貸借対照表能力ある会計データとして扱うことができるものと解釈できる。

（7） FASBのSFACでは,「過去の取引または事象の発生」という規準に示される取引概念に購買契約やリース契約を含めている (FASB [1985], par. 190)。

（8） 利子率を10%と仮定して,リース料支払総額の割引現在価値を実際に計算してみると,$99,847,440という金額になるが,本文では,リサーチレポートに従って$100,000,000という金額を表記している。

（9） 日本のリース会計基準に従ったファイナンスリース取引の会計処理が,中野 [2000] (276-283頁) において詳細に解説されているので参照されたい。

第6章　経済事象の認識規準の操作性

第1節　「発生の可能性」の要件の問題性

　本章は，ジョンソン（Johnson [1994]）の所説に基づいて，デリバティブ取引の認識にあたって，「発生の可能性が高い（probable）」という経済事象の認識規準をいかに操作的に扱うべきかについて検討することを主たる課題とするものである。

　IASC（現IASB）の会計概念フレームワークに限らず，カナダやオーストラリアの会計概念フレームワークにおいても認識規準の一つとして「発生の可能性が高い」という要件が提示されている[1]。認識規準としての「発生の可能性が高い」という表現は重要な鍵概念となっているにもかかわらず，その用語の意味するところは曖昧さを残したままである[2]。アカウンタントの判断のメルクマールとして「発生の可能性」規準を実務において適用するためには，かかる規準についての客観的な指針が必要であろう。

　そこで，経済事象の認識規準の操作性を検討するにあたり，以下においては，まず，IASCが1989年に公表した『財務諸表の作成表示に関するフレームワーク』（IASC [1989]）を取りあげ，そこにおける会計的認識の構図を浮き彫りにしたい[3]。これに基づいてデリバティブを含む金融商品の認識にあたっては，「発生の可能性が高い」という規準を字義通りに適用すべきではないことについて明らかにするものである。

第2節 IASC概念フレームワークにみる役割構造の体系

1 IASC概念フレームワークの構成

IASCは,『財務諸表の作成表示に関するフレームワーク』(IASC [1989]) の序文の中で「社会的,経済的,法的環境の多様性」や「財務諸表の利用者の情報要求が異なっている」ことを原因として,各国の財務諸表やそれを構成する諸要素の定義に明確な何らかの差異があることを認めた上で,財務諸表の作成と表示に関する規制,会計基準および手続の国際的な調和化を促進するための理論的指針として利用されることを意図してフレームワークが公表されたことを明らかにしている (IASC [1989], par.1)。

IASC概念フレームワークはプライベートセクターの企業だけではなくパブリックセクターの企業に対しても適用されることが想定されており (IASC [1989], par.8),IOSCOがIASを多国間公募に際して遵守すべき基準としていることから,IASを適用する際に,あるいは,IASが取り扱っていない会計問題を処理する際に斟酌すべき理論的指針となる (IASC [1989], par.3)。その意味で今後IASC概念フレームワークの重要性が一層高まるものと考えられる。そこで,この概念フレームワークが扱っている領域をみると,次の四つの問題領域で構成されている。

① 財務諸表の目的
② 財務諸表の情報の有用性を決定する質的特性
③ 財務諸表を構成する要素の定義,認識および測定
④ 資本および資本維持概念

IASC概念フレームワークでは「財務諸表の目的は幅広い範囲の潜在的利用者の経済的意思決定にとって有用な企業の財政状態,経営成績および財政状態の変動に関する情報を提供することである」(IASC [1989], par.12) と規定され,かかる財務諸表の目的を遂行するための判断規準としての情報の特性の問題が検討され,続いて具体的に情報を作成するときの財務諸表の要素の定義,

表1 IASC概念フレームワークの役割構造

役割期待	情報利用者：投資者，従業員，資金提供者，仕入先・その他の取引債権者，得意先，政府・関係機関，一般公衆 情報要求：現金および現金同等物を生み出す能力・時期・可能性に関する情報
役割規定	国際会計基準（IAS） 『財務諸表の作成表示に関するフレームワーク』の規定
役割記述	一般目的財務諸表： 貸借対照表，損益計算書，財政状態変動表，注記・付属明細書
役割開示	少なくとも年度毎の開示

認識，測定の問題が扱われいる。「表1」は，このフレームワークに内在する役割構造の体系を摘記したものである。

2 IASC概念フレームワークにおける役割構造の4局面

まず，役割期待についてであるが，企業と利害関係を有する情報利用者として現在および潜在的な投資者，従業員，資金提供者等が挙げられている（IASC [1989], par. 9）。そしてそれぞれの利用者グループの情報要求が分析されているが，企業に対するリスク資本の提供者である投資者の情報要求は他のグループの情報要求をほぼ満足させるものであり（IASC [1989], par. 10），「現金および現金同等物を生み出す能力，その時期ならびに可能性に関する情報」が各グループの情報要求を最終的には満足させるものと考えられている（IASC [1989], par. 15）。このような情報は経営者の受託責任の結果を同時に示すものであり，受託責任あるいは経営者の説明責任を評価する上でも必要とされる情報である（IASC [1989], par. 14）。

このような役割期待に基づいて情報作成者の会計行為が規定されるが，実際的な実務指針としてはIASが適用される。IASと概念フレームワークで齟齬する部分があれば，IASがそれに優先すると指摘されている（IASC [1989], par. 3）。また，IASが取り扱っていない領域についてはIASC概念フレームワーク

の認識・測定の規準が適用される。

　IASおよびIASC概念フレームワークに基づいて会計報告書が作成されることになるが，同フレームワークによれば役割記述の手段としての会計報告書としては一般目的財務諸表が想定され，貸借対照表，損益計算書，財政状態変動表（キャッシュフロー計算書，資金フロー計算書を含む），注記および付属明細書がそれを構成する（IASC [1989], par. 6)。しかし，年次報告書に記載される取締役報告や経営者による討議および分析などの記載内容や特別目的財務諸表ならびに納税申告のための計算書などはここでいう一般目的財務諸表の範疇から除かれている（IASC [1989], par. 6)。

　最後に，役割開示についてであるが，IASの性格上開示に関する規定の明示的な説明はないが，少なくとも年度毎の情報の開示を求めており（IASC [1989], par. 6)，半期ないし四半期の報告については各国の法令等に準拠することになる。

　以上が，IASC概念フレームワークを情報の送り手と受け手の役割構造の観点から捉えたときの特徴を要約したものである。次節においては，かかるフレームワークがいかなる計算構造上の特質を有しているのかを明らかにしたい。

第3節　IASC概念フレームワークにおける会計的認識の構図

1　計算構造の基礎的仮定

　IASC概念フレームワークでは，財務諸表が一般には回収可能な歴史的原価に基づく会計モデルおよび名目貨幣資本維持概念に従って作成されているが，経済的意思決定に役立つ情報を提供するという観点からその他のモデルや諸概念がより適切になるケースがあることが指摘されている（IASC [1989], preface)。しかし，この概念フレームワーク公表の時点で，歴史的原価以外の会計モデルや諸概念に対する合意は得られていないということから，明示的ではないが名目貨幣資本維持概念に基づく歴史的原価会計モデルを基軸としつつ，複数の会計モデルと資本維持概念に適用できるようにフレームワークを開

発したと述べられている (IASC [1989], preface)。

そこで，IASC概念フレームワークでは基礎的仮定として発生主義と継続企業という二つの概念が提示されている。発生主義については次のように述べられている。財務諸表の目的を満たすためには，財務諸表は発生主義会計 (accrual basis of accounting) に基づいて作成される。発生主義の下では，取引およびその他の事象の影響は，現金および現金同等物の受領または支払の時点ではなく，取引およびその他の事象が発生するときに認識され，それらの取引事象が帰属する期間の会計帳簿に記録されそしてその期間の財務諸表に報告される。発生主義に基づいて作成される財務諸表は，現金の収支を含む過去の取引のみならず，将来現金を支払う義務や将来受領すべき現金を表現する資源に関する情報をも利用者に提供する。したがって，財務諸表は利用者が経済的意思決定をするときに最も有用な過去の取引およびその他の事象に関する情報を提供する (IASC [1989], par. 22)。また，財務諸表は，企業が予測可能な将来において継続的に事業活動を行うという仮定の下で作成されているため，もし清算または重大な事業の縮小がある場合には，それと異なる基準で財務諸表を作成する必要があると指摘されている (IASC [1989], par. 23)。

2 財務諸表の質的特性

財務諸表の質的特性とは，財務諸表において提供される情報の有用性を規定する属性のことである。IASC概念フレームワークでは四つの基本属性として「理解可能性」，「目的適合性」，「信頼性」，「比較可能性」が挙げられている。

「表2」はIASC概念フレームワークで提示されている種々の情報属性 (IASC [1989], par. 24-46) を基本属性，関係属性，制約条件，制度命題という観点で整理したものである[4]。それらの属性の特徴を会計的コミュニケーションにおける役割構造に照らして摘記するならば，次のように説明することができる。まず，理解可能性は財務諸表において提供される情報が利用者によって容易に理解されることを要求する規準であり，同時に利用者には営業活動，経済活動，会計に関して合理的な知識を有しかつ相応の勤勉さもって財務諸表

表2 財務諸表の有用性を規定する情報の属性

基本属性	理解可能性	目的適合性	信頼性	比較可能性
関係属性	*	重要性	表現の忠実性 実質優先性 中立性 慎重性 完全性	*
制約条件	*	適時性 コストとベネフィットの均衡 属性間の均衡		*
制度命題	真実かつ公正な写像・適正表示			

の情報を研究する意思があることが仮定されている（IASC［1989］, par. 25）。

目的適合性は情報作成者の行為を方向づける規準であり，情報利用者の情報要求が目的適合性の内容を規定する。目的適合性ある情報は，過去，現在，将来の事象に関する評価を可能とし，あるいは，過去の評価の確認や訂正を可能にする（IASC［1989］, par. 26）。

情報の信頼性は，監査人が情報には重大な誤謬や偏向がないことかつ表現の忠実性があることを確認することによって得られる属性である（IASC［1989］, par. 31）。IASC概念フレームワークの特徴となっているのは，検証可能性が信頼性の要件から除かれたことと，実質優先性という関係属性が明示されたことである。すなわち，有価証券やデリバティブ取引の経済的実質を明らかにする時価評価を実施するためには，検証可能性という情報処理のフィルターの厳密な適用を避ける必要がある。そこで，IASC概念フレームワークでは検証可能性という情報属性の箍をはずすことによって，時価評価の可能性を高めたのではないかと解釈することができる。また，イギリスでは固定資産の再評価が認められていたので，かかる実務慣行との食い違いをなくすという点からそのような措置が取られたと考えることもできる（IASC［1989］, par. 81）。

3 財務諸表の要素の定義・認識・測定

　財務諸表は，取引およびその他の事象をその経済的特性に従って分類し，それらの財務的影響を表現したものである。取引事象を分類したクラスが財務諸表の要素と呼ばれる。企業の財政状態の測定に直接関連する諸要素が，資産，負債，および持分であり，これらが貸借対照表に収容される。また，企業の経営成績の測定に直接的に関連する諸要素が，収益と費用であり，損益計算書において両者の差額としての経営成績が算定される。

　「表3」は，IASC概念フレームワークにおいて提示されている財務諸表の要

表3　財務諸表の要素の定義・認識・測定

定　義	資産：過去の事象の結果として企業が支配する資源であり，将来の経済的便益が企業に流入することが期待されるものである。
	負債：過去の事象から生じる企業の現在の義務であり，その義務の弁済は企業から経済的便益を内包する資源の流出をもたらすことが期待されるものである。
	持分：企業の資産からすべての負債を控除することにより生じる残余権益である。
	収益：資産の流入またはその価値の増加という形式で生じる会計期間の経済的便益の増加，あるいは，持分参加者からの貢献を除いた持分の増加をもたらす負債の減少である。
	費用：資産の流出またはその価値の減少という形式で生じる会計期間の経済的便益の減少，あるいは，持分参加者への分配を除いた持分の減少をもたらす負債の増加である。
認　識	認識の規準を満たす項目を貸借対照表・損益計算書に組み入れる過程 ①　定義を満たすこと ②　経済的便益が企業に流入するまたは企業から流出する可能性が高いこと ③　項目は信頼できる測定が可能な原価または価値を有していること
測　定	貸借対照表および損益計算書において認識されそして次期へ引き継がれる財務諸表の諸要素の貨幣金額を決定する過程（特定の測定基礎の選択を含む） ①　歴史的原価　②　現在原価　③　実現可能価値　④　現在価値

素の定義，認識，測定に関わる関連規定をまとめたものである（IASC［1989］,par. 49-99）。「表3」の定義の欄における諸要素の定義から知られるように，例えば，資産や負債については，「収入と収益」および「支出と費用」の組み合わせに基づいた期間的未解消項目として定義されるのではなく，いわゆる資産負債アプローチによって概念規定が行われている。

　資産の定義によれば，発生した取引事象に基づいて支配されている資源であること，そして，将来の経済的便益を内包していることがそのメルクマールとなる。将来の経済的便益は，企業への現金および現金同等物の流入に直接にまたは間接に貢献する潜在力を意味する（IASC［1989］, par. 53）。資産の本質としての将来の経済的便益は法的所有権のみに起因するものではなく，資源に対する支配権にまで拡大されることによって資産の範囲が拡張されている（IASC［1989］, par. 57）。

　これに対して負債の本質は，過去の取引またはその他の過去の事象の結果として現在的に義務を負っているということである。義務は，拘束力ある契約または法令の要求の結果として法律的に強制されるものに限らず，ビジネス慣行から生じるものや衡平法上の行為にまで及ぶ（IASC［1989］, par. 60）。なお，IASC概念フレームワークは引当金の計上を否定せず，引当金が現在的な義務を含み，将来において経済的便益を内包する資源の流出が期待されるならば，負債としてそれを認めている（IASC［1989］, par. 64）。

　さらに，持分は資産と負債の差額概念として規定され，持分の量的測定は資産および負債の測定に依存することになる。収益は経済的便益の増加または資本取引を除いた持分の増加あるいは負債の減少と規定され，費用は経済的便益の減少または資本取引を除いた持分の減少あるいは負債の増加として規定されている。

　次に財務諸表の要素の認識と測定の問題であるが，認識とは要素の定義にかなう項目の中から認識の規準（「発生の可能性が高いかどうか」と「信頼できる測定が可能かどうか」）を満たす項目を貸借対照表および損益計算書に組み入れる過程を意味する（IASC［1989］, par. 83）。

資産は，将来の経済的便益が企業に流入する可能性が高くかつ資産の原価または価値が信頼性をもって測定される可能性が高いときに，貸借対照表において認識される（IASC ［1989］, par. 89）。支出がすでに発生したが，その経済的便益が当会計期間を超えて企業に流入する可能性が高くないと考えられるときは，その支出は貸借対照表において資産として認識されるものではない。そのかわりに，そのような取引は，損益計算書において費用として認識される。このような取扱いは，経営者が企業に対する将来の経済的便益を生み出すことを意図せずに支出を行ったということを意味するものではないし，あるいは，経営者が間違って支出したということを意味するものでもない（IASC ［1989］, par. 90）。

経済的便益を内包する資源の流出が現在の義務の弁済のために生じる可能性が高く，かつ，その弁済の金額を信頼性をもって測定することができる可能性が高いときに，貸借対照表において負債が認識される。実務上，双方が同程度履行していない契約の下での義務（例えば，発注したがまだ受領していない棚卸資産に対する負債）は，一般に，財務諸表においては負債としては認識されない。しかし，そのような義務は，負債の定義を満足させるものであり，認識規準が特定の状況において満足されるならば，前章で検討したように，認識の資格を有するものである。そのような状況においては，負債の認識は，関連する資産または費用の認識にもかかわる（IASC ［1989］, par. 91）。

信頼性をもって測定することができる資産の増加または負債の減少に関連する将来の経済的便益の増加が発生したときに，損益計算書において収益が認識される。これは，事実上，次のようなことを意味する。収益の認識は資産の増加または負債の減少の認識と同時に行われるということである（IASC ［1989］, par. 92）。

信頼性のある測定が可能な資産の減少または負債の増加に関連する将来の経済的便益の減少が生じたときに，損益計算書において費用が認識される。これは，事実上，次のようなことを意味する。費用の認識は資産の減少または負債の増加の認識と同時に行われるということである（IASC ［1989］, par. 94）。

費用は，発生したコストと特定の項目の収益の獲得との間の直接的な関係に基づいて損益計算書において認識される。このプロセスは，一般に費用と収益の対応と呼ばれているものであり，同一の取引または他の事象から直接に，そしてそれと結びついて生じる収益と費用の同時的なまたは結合的な認識を含んでいる。例えば，販売された財のコストを構成する費用の構成要素は，収益が財の販売から生み出されると同時に認識される。しかし，この枠組みの下での対応概念の適用は，資産または負債の定義を満足させない貸借対照表の項目の認識までも可能にするものではない（IASC［1989］, par. 95）。

経済的便益が数会計期間にわたって発生することが期待され，そして収益との関係が大まかにあるいは間接的にしか決定できないときでも，費用は体系的なそして合理的な配分手続きに基づいて損益計算書において認識される。これは，建物，工場，設備，営業権，特許権および商標権といった資産の費消と結びついている費用の認識においてしばしば必要である（IASC［1989］, par. 96）。支出が将来の経済的便益を全く生み出さないとき，あるいは，将来的便益に資産として認識するための資格がないとき，または，その資格がなくなったときには，それは損益計算書において即座に費用として認識されなければならない（IASC［1989］, par. 97）。費用は，また，製品保証によって負債が発生するときのように，負債が資産の認識なしに発生するような場合にも，損益計算書において費用が認識される（IASC［1989］, par. 98）。

次に「表3」に示すように，測定とは貸借対照表および損益計算書において認識され，そして次期へ引き継がれる財務諸表の諸要素の貨幣金額を決定する過程である（IASC［1989］, par. 99）。この過程は測定ベースの選択を含むものであり，測定属性として「歴史的原価」,「現在原価」,「実現可能価値」,「現在価値」の四つが示されていた（IASC［1989］, par. 100）。

財務諸表を作成するときに，企業が最も一般的に採用している測定基礎は歴史的原価である。これは通常他の測定ベースと結びついている。例えば，棚卸資産は通常コストと正味実現可能価値のいずれか低い方で引き継がれ，市場性のある有価証券は市場価値で引き継がれ，そして，年金負債はその現在価値で

引き継がれる。さらに，非貨幣性資産の価格の変動の影響を考慮するために現在原価を利用するケースがある（IASC［1989］, par. 101）。

第4節　「発生の可能性」規準の操作性

1　「発生の可能性」規準を分析するための三つのアプローチ

　IASC概念フレームワークに限らず，オーストラリアやカナダの概念フレームワークにおいても認識規準の一つとして「発生の可能性が高い（probable）」という要件が提示されている[5]。

　それらのフレームワークにおいて認識規準として「発生の可能性が高い」という表現がかなり重要な鍵概念となっているにもかかわらず，その用語の意味するところについては曖昧さを残したままである。アカウンタントの判断規準として「発生の可能性」規準を実務において適用するためには，かかる規準についての客観的な指針が必要であるように思う。

　そこで，ここではG4+1と呼ばれる4カ国（オーストラリア，カナダ，イギリス，アメリカ，IASC）の基準設定機関の共同研究報告書である『将来事象：認識・測定に対する将来事象の有意性に関する概念的研究』（Johnson［1994］）の所説によりながら「発生の可能性」規準の操作性について検討していきたい。

　報告書では「発生の可能性」規準の操作性を検討するに当たり，次の三つのアプローチを提示している（Johnson［1994］, p. 10）。

　① 最頻確率アプローチ（modal probability approach）
　② 累積確率アプローチ（cumulative probability approach）
　③ 加重確率アプローチ（weighted probability approach）

　最頻確率アプローチはより（または最も）起こりうる可能性が高い結果に焦点を当てるものである。宝くじの例でこれを説明してみよう。一万枚のくじが発行され，そのうち当たりくじが1枚（金額100万ドル）のみとするケースを考えてみる。発行されたくじのそれぞれは当選確率が等しい。つまり，1万分の

1，あるいは，0.0001の確率である。また，落選確率も等しく，1万分の9999，あるいは，0.9999の確率である。その計算に基づくならば，経済的便益の最終的な実現は発生の可能性が高くないので，その宝くじを資産として認識することはできない（Johnson [1994], p. 10）。

したがって，最頻確率アプローチの下では，「高リスク資産」は無視される。研究開発費の会計処理がその例として上げられる。研究開発プロジェクトのコストは，一般に資産として資本化されることはない。その理由は，それらのプロジェクトの大多数は最終的に成功するものとして証明することができないからであり，どのプロジェクトが成功するのかということについてわからないからである。しかし，会計基準は常にそのアプローチをとるものではない。会計の「成功努力」法の下では，採掘中の油井の成功の確率が相対的に低くても，ガスおよび石油の採掘コストは採掘失敗の証拠が出てくるまで資産として資本化される（Johnson [1994], p. 10）。

最頻確率アプローチの代替方法として，累積確率アプローチと呼ばれる方法がある。先の事例と同様に，宝くじを取りあげて考えてみることにする。先ほどの事例では当たりくじが1枚だけであったが，今回の事例では発行枚数1万枚のうち当選確率は，「表4」の通りとなっている。

表4　宝くじの当選確率

当選枚数	賞金	当選確率
1	$100,000	0.0001
10	$10,000	0.001
100	$1,000	0.01
1,000	$300	0.1
4,000	$100	0.4

このケースにおいて，最頻確率アプローチによる場合，宝くじは資産として認識されることはない。その理由は，最も可能性が高い単一の結果は賞金がない（確率0.4889）からである。しかしながら，このくじは賞金を受け取らない確率よりも受け取る可能性が高い。その理由は、なんらかの賞金を受け取る確

率の合計(「累積確率」)は50％よりも高い(より正確には,0.0001＋0.001＋0.01＋0.1＋0.4＝0.5111)からである。それゆえに,このくじにおけるチケットは累積確率アプローチの下では資産として認識される。なぜならば便益の最終的な実現は発生の可能性が高いからである(Johnson [1994], pp. 10-11)。

三つ目のアプローチは,加重確率アプローチである。最頻確率アプローチや累積確率アプローチが便益の最終的な実現の確率にのみ焦点を当てるのに対して,加重確率アプローチは各々の可能な結果の程度を考慮する。加重確率とは,合成確率(composite)のことであり,各ケースの結果の確率を乗算して求められるものである(Johnson [1994], p. 11)。

加重確率アプローチがどのように適用されるのかについて,上記の宝くじの事例を使って説明してみよう。最初の宝くじの加重確率は,各結果の確率と結果の金額を乗算することによって計算される。その場合に,100ドルの加重確率 $\{(0.0001 \times \$1,000,000 + (0.9999 \times \$0) = 100\}$ が結果となる。二つ目の宝くじの例における加重確率は,同様に100ドルとなった $\{(0.0001 \times \$100,000) + (0.001 \times \$10,000) + (0.01 \times \$1,000) + (0.1 \times \$300) + (0.4 \times \$100) + (0.4889 \times \$0)\}$。加重確率はそれぞれのケースにおいて正であるので,このアプローチは両方の宝くじのケースを資産として認識するという結果になる(Johnson [1994], p. 12)。

2 発生確率に基づく認識方法の評価

上記のように,経済的便益の発生確率に従って事象を認識する場合,最頻確率アプローチは宝くじを資産として認識せず,累積確率アプローチは「表4」のケースの宝くじを資産として認識するが,最初のケースの宝くじを資産として認識することはない。加重確率アプローチは両方を資産として認識する。

それらのアプローチにおける基本的な相違は,ベネフィットつまり資産それ自体がどのように考えられているかについての基本的な相違を反映している。最頻確率アプローチと累積確率アプローチの下では,宝くじによって具体化される経済的便益は,賞金と考えられている。結果として,資産は賞金に対する

権利と考えられている。すなわち，賞金に対する請求権という形での受取勘定とみなされている。したがって，もし経済的便益を実現すること（賞金を回収すること）の発生の可能性が高くなければ，受取勘定としての資産としてそれが認識されるべきではない（Johnson［1994］, p. 12）。

　反対に，加重確率アプローチの下では，宝くじによって具体化される経済的便益は宝くじに参加することによって賞金を獲得するチャンスであると考えられている。その結果として，資産とは宝くじに参加するための権利（保有オプションに類似）であるとみなされている。宝くじは賞金を獲得する偶発的な権利をもたらすものである。すなわち，この場合の資産は保有オプションと類似の概念であり，チケット保有者は取引相手（宝くじのスポンサー）に将来において経済的便益を提供することを強要することができる。経済的便益や資産をこのように考える場合には「発生の可能性が高い」ということは決定的な検討事項ではないのである（Johnson［1994］, pp. 12-13）。

　以上の検討を踏まえて，Ｇ４＋１の作業部会は，宝くじは資産の定義を満たすということについて合意している。その理由は，宝くじには資産を構成する三つの主要な要素が認められるからである。その三つの要素とは，(1)将来の経済的便益，(2)支配，そして，(3)過去の事象である（Johnson［1994］, p. 13）。

　ただし，宝くじの認識・測定について次のような相違がみられた。もしその宝くじが売買される活発な二次市場が存在するならば，作業部会は一般に宝くじが資産として認識されるべきであるということに同意する。つまり，市場の存在は宝くじ保有者が市場で宝くじを売却することによって容易に経済的便益を実現することができるということについての明確な証拠を提供するからである。しかしながら，もし二次市場が活発でないならば，宝くじが満足的に測定されるかどうかについて疑問視しており，その場合に認識は不可能であるという意見があった（Johnson［1994］, p. 13）。

　もし二次市場が存在しないならば，追加的な問題が生じる。この場合，作業部会の多くのメンバーは最初の事例の宝くじ（１等賞100万ドル１本のみのくじ）を資産として認識することはできないという意見であった。その理由は100万

ドルを獲得する発生可能性は高くないからである。しかしながら，一部のメンバーはそれを資産として認識することができるという意見であった。彼らは，発生確率を評価するための基礎として加重確率アプローチを引用し,認識が可能であると判断している（この場合の資産は保有オプションと類似する）。そして，その宝くじはその期待価値を用いることによって測定される。

反対に，メンバーは一般的に二番目の事例の宝くじ（複数の当選確率がある）は認識規準を満たすものであるということに同意している。規準を満たす理由としては，累積確率アプローチを引用することによって，何らかの賞金を獲得する発生の可能性が高いと判断できるからである。しかしながら，それは満足的に測定可能であるかどうかという問題が残る。特に，複数の賞金獲得の可能性があるからである。また，一部のメンバーは，加重確率アプローチを引用することによって，宝くじの期待価値に基づいて満足的な測定は可能であると考えている。

以上みてきたように，Ｇ４＋１の報告書では資産・負債の認識規準としての「発生の可能性が高い」という概念について，三つの確率評価アプローチによりこの概念の操作可能性について検討していた。報告書では「発生の可能性が高い」を画一的な発生確率，例えば「80％以上」といった固定的な規準ではなく，各ケースにおける相対的な評価（判断）として扱っている。ただし，最頻確率と累積確率の両アプローチでは「発生の可能性が高い」に50％超の発生確率という客観的な指標が示されている。

これに対して加重確率アプローチは，資産・負債の認識について「発生の可能性が高い」という制約をはずした評価が行われる。すなわち，発生確率50％未満でも認識を行うというもので，デリバティブ取引等に基づく契約上の権利義務，例えば，保有オプションの認識を想定した議論となっており，宝くじの事例ではくじ発行後に保有くじの売買が行われる二次市場の存在を前提として認識が可能となるのである。

第5節　「発生の可能性」規準の質的変容

　本章は，経済事象の認識規準の操作性を検討するにあたり，まず，IASC概念フレームワークを検討の素材として，会計的コミュニケーションの役割構造の観点からフレームワークの構造上の特徴を明らかにし，これを踏まえて資産・負債の認識規準としての「発生の可能性」規準の操作性の問題を検討してきた。

　周知のように，IASCはIAS39号「金融商品：認識と測定」においてデリバティブ取引を含む金融商品にかかる契約上のすべての権利および義務を金融資産または金融負債として貸借対照表において認識すべきことを規定している（日本公認会計士協会訳［2001］，778頁）。これはSFAS133号に沿った同様の措置である（FASB［1998a］，par. 17）。

　デリバティブ取引は将来の金利や為替相場の変動によって損益が大きく変動する可能性がある。つまり，期待される将来の経済的便益の流入が，便益の犠牲としての損失に転じる可能性がある。このような金融経済取引を認識・測定しようというのは，かかる取引に付随するリスクを明らかにし，経営リスクを全体として評価することにより，将来キャッシュフローの予測の精度を高め，もって情報利用者の経済的意思決定に資するという点に，その意図を読みとることができる。

　このような観点から金融資産の時価評価という情報の拡大化が進められる中で，当初意図されていた「発生の可能性が高い」の意味も質的な変化を遂げているように思う。つまり，将来の経済的便益の発生の可能性が高い項目のみを資産として計上する確実性としての判断規準が，デリバティブの損益認識にあたって画一的な適用が難しいというところから「発生の可能性が高い」規準がケースバイケースの適用を余儀なくされているように考えられる。

　しかも，IASC概念フレームワークでは財務諸表の質的特性として検証可能性が除かれている。これがどのような配慮に基づくものかを確認する術はない

が，取得原価主義を基軸とする会計モデルに時価評価を導入するという混合属性アプローチが，支配的な会計思考となる中で，厳密な検証可能性の適用をさけるという配慮がなされたのではないかと考えられる。現時点においては，FASBをはじめとした各国の概念フレームワークが公表された時期と経済的環境条件が異なるために，デリバティブ会計を中心とした公正価値会計における会計的認識においては，「発生の可能性が高い」という認識規準は本章で検討したような柔軟な操作性を持たせた適用が必要になるものと考えている。

(1) FASBのSFAC 5号において，認識とは，ある項目を資産，負債，収益，費用またはそれに類するものとして，正式に，記録するか，もしくは，財務諸表に組み込むプロセスであると規定している（FASB [1984], par. 6）。かかる認識のプロセスにおける規準として「定義」，「測定可能性」，「目的適合性」，「信頼性」という四つの規準が提示されている（FASB [1984], par. 63）。

「発生の可能性が高い」という認識の要件は，FASBの場合は，財務諸表の要素の定義の中にそれが盛り込まれている。例えば，資産は，「過去の取引または事象の結果として特定の実体が獲得または支配する発生の可能性が高い将来の経済的便益である。」と定義され，この定義を満たすかどうかが認識の判断の一つのステップとなっている（FASB [1985], par. 25）。

これに対して，カナダ，オーストラリア，IASCの概念フレームワークでは，定義の中から「発生の可能性が高い」という表現が削除され，認識の段階において，例えば，ある項目の将来の経済的便益の「発生の可能性が高い」かどうかという判断が行われるという点で共通している（詳細は，浦崎 [1989b]，浦崎 [1999f]，浦崎 [2000c] を参照されたい）。

(2) FASBのSFAC 5号によれば，「発生の可能性が高い」という用語は，SFAS 5号「偶発事象の会計処理」のパラグラフ3におけるような特別の会計的意味または技術的意味で用いているのではなく，むしろ日常の一般的な意味で用いており，利用可能な証拠または論理に基づいて合理的に期待できる，または，信じることができるという意味であって，確実であるとか，証明されたということを意味するものではないと述べられている（FASB [1985], footnote 18）。

(3) ここで，IASCの概念フレームワークを取りあげるのは，国際会計基準の策定や改廃にあたって当該フレームワークがそのベースとなるとともに，国際会計基準が多国間での資金調達に際して遵守すべき基準として位置づけられていることを理由としている。言い換えれば，IASCの概念フレームワークが，国際的標準としての財務会計の概念フ

レームワークとしての地位を与えられていると解釈することもできるからである。
（4） true and fair viewという用語の訳については，興津［1997］（200頁）および黒田［1987］（序文）の所説に従っている。この用語はこれまで一般に「真実かつ公正な概観」と訳出されてきているが，これは次の資料（113頁）のなかでイギリス会社法の規定にあるtrue and fair viewが「真実且つ公正な概観」と訳されたことを一因としているといわれている。法務大臣官房司法法制調査部［1968］『イギリス会社法—1948年法・1967年法—』法務資料（第408号）。
（5） 各国概念フレームワークの認識規準の比較についてはJohnson［1994］の表4（p. 21）を参照されたい。

第3部　公正価値会計の測定フレームワーク

第7章　公正価値会計における資本維持と利益観

第1節　伝統的会計モデルの特徴と限界

1　取得原価主義会計における企業観

　これまで，FASBをはじめとして，諸外国における会計概念フレームワークにおける情報利用者は，経営者に対して自己の意思決定に役立つような情報の提供を要求する権限のない弱い立場にある投資者や債権者が想定されていた（FASB [1978], par. 28）。このような思考は，まさに経営者支配の会社経営が前提となっているものであり，資本市場の参加者間で情報格差が現実に存在しているため，弱い立場の情報利用者の利害を保護するために一般目的外部財務報告という手段を通じて情報を提供し，市場での公正な投資機会の基盤を作ることで希少資源の最適な配分が究極的に達成されることを目標としたものであるといえる。時価会計情報ないし公正価値会計情報の開示の論拠が上述の観点に求められ，投資者保護を目的としてディスクロージャー制度の拡充化が進展してきた。

　しかしながら，株式会社の機構を考慮するとき，たとえば，金融資産および金融負債を期末の時価で評価して，その結果を開示する論拠を上記の観点は理論的に完全に説明しうるのであろうか。つまり，株式会社という組織（日本でいえば，株主，取締役，監査役の関係）および所有と支配の分離（または出資と経営の分離）を前提とするならば，制度的には取得原価に基づく会計情報で問

題はないと考えられる。すなわち，株主に対する経営者の受託責任は，名目的な出資額を維持管理することによって履行されるものとみなされるからである。

　株主有限責任を前提とするかぎり，経営者の受託責任はその名目的な出資額に限定されるため，出資された貨幣資本を維持した後の余剰分が利益となる。この利益を貨幣資本利益と一般に呼んでいる。受託資本の管理運用の状況を株主に対して説明するとき，貨幣資本維持という観点から取得原価をベースとして利益計算を行う取得原価主義会計は，企業経営を取り巻く種々の環境条件を考慮せず，株主の出資額に責任を限定した，いわば経営者指向の会計であると例えることができる[1]。したがって，時価をベースとする公正価値会計情報を株主に開示する論拠は，また別のところに求めなければならないであろう。この点は，本章の後の節において考察する。

2　取得原価主義の三つの仮定

　株式会社は株主から出資を受け，それを管理・運用する組織体であるという事実から，株主から受託した貨幣（現金）を資本（元手）としてその貨幣資本を維持して，なお余りある余剰分を利益として計算するということが，基本課題となる（武田［2001b］，144頁）。すなわち，株主が出資した貨幣資本の維持を目的とする貨幣資本利益計算は，企業活動に投下した貨幣資本の回収過程において，その投下資本を維持した後の余剰分を利益として計算するものである。その際，投下資本を維持したかどうかの評価のベースとなるものが取得原価である。

　当初の「貨幣（現金）＝貨幣資本」という関係は，購入過程において現金で商品等の財貨を取得するので，上記関係は「取得原価（商品の購入対価）＝貨幣資本」という関係に変化する。ここに貸方の貨幣資本という概念と借方の取得原価という概念とが等価の関係に変化することが理解できる。このことから「貨幣資本を維持するということ」は，「取得原価を維持するということ」と同じこととなり，商品等の棚卸資産を販売したときに売上高から売上原価を控除

して求めれる売上総利益は，売上原価が取得原価を費用化し，当該金額に相当する投下資本を回収したことになるのであるから，貨幣資本の維持余剰分としての貨幣資本利益が確定したことになる（武田［2001b］，144, 145頁）。

つまり，貨幣資本を維持するために，資産評価原則として取得原価主義が，また貨幣資本利益の確定という計算目的から収益認識・測定原則としての実現主義が正当化されるのである。このような貸方側の図式は，借方側において「取得原価の保持－取得原価の費用化」という図式として表現されるところに取得原価主義を支える論拠を求めることができる（武田［2001a］，8-10頁）。

ただし，このような論理は，実は「全体価値から個別価値への移行性の仮定」，「一致の仮定」，「パラレル経過の仮定」の三つの仮定に基づくものである（武田［2001b］，143, 144頁）。これら三つの仮定は次のように説明されている。

企業の資産は，企業全体の組織の中に組み込まれ，資本として機能するものであるから，本来，資産の本質は資産集合としての企業全体の組織価値（すなわち企業価値）によって決定されるものとみることができる。将来期間において企業全体として純収入（キャッシュフロー）を稼得しうる潜在力によって企業価値を評価し，この企業価値を個々の資産に割り当てた大きさ（これを部分価値という）が当該個別資産の本質を規定するものとみられる。企業価値は全体価値であり，個別資産の時価は部分価値である。

企業全体の組織価値から個別資産の本質を規定する方法は，企業価値の評価が困難であるという実務的観点からこれを放棄し，個々の費用性資産からの将来純収入の現在価値という観点へ移行する。武田隆二教授は，これを「全体価値から個別価値への移行性の仮定」と呼ぶ。これが第1の仮定である。

第2の仮定は，個別価値（個々の資産の主観価値）は常に市場価格（客観値）に等しいという「一致の仮定」である。資産の本質はそれを利用する経営者の主観価値にあり，この主観価値は資産の用役潜在力，換言すれば将来の経済的便益に対する経営者の評価である[2]。一致の仮定をおくことによって，取得原価は，用役潜在力または将来の経済的便益の貨幣等価額であるとみることができるのである。

資産の主観価値は心理的なものであり，客観価値は外部証拠に基礎づけられた客観的なものであるから，貨幣的計量可能性を重視する会計では主観的尺度に代えて客観的尺度を採用し，「主観価値＝客観価値」という仮定（一致の仮定）をおいているのである（武田［2001b］，140-142頁）。この仮定により，「取得原価（客観価値）＝用役潜在力（主観価値）」の関係が正当化される。

さらに，第3の仮定として，取引日において成立した「取得原価＝用役潜在力」という関係は，時が経過しても崩れることなく持続的に維持されるものであるという仮定がおかれる。これをパラレル経過の仮定と呼ぶ。この仮定により，市場価格が変化してもこれを無視し，取得原価を維持すべきであるという取得原価主義の考え方が合理化されるのである（武田［2001b］，144頁）。

資産の本質規定の前提として，用役潜在力は購入時価と等しいという一致の仮定をおくことにより，用役潜在力の貨幣的表現として取得原価を規定した。しかも，この一致の仮定が，取引日後においても絶えず継続するものとみなすパラレル経過の仮定が加わるとき，取得原価主義が成立するものとみなされる。取得原価主義は，「取得原価＝用役潜在力」という仮定が持続的に維持されるとする「パラレル経過の仮定」の上に成り立っているが，費用性資産についてこの仮定が崩れたときに，また，貨幣性資産についてその価値特性が何らかの形で失われたときに，評価替（下向的評価切下）の問題が生じるのである（武田［2001b］，145頁）。

すでに第1章において述べたように，伝統的な企業会計は取得原価主義をベースとする期間損益計算の体系であり，その背後にはプロダクト型市場経済が存在し，それが経済全体の中心を占めていた。ところが，金融の自由化・国際化によって経済全体に占める金融経済の割合が相対的に増大し，金融セクターの活動が景気変動の主因と見なされるように至り，実物経済から金融経済への転換ということが指摘されるようになった（小川・北坂［1998］の第1章を参照されたい）。このような経済環境下で，企業は種々の金融リスクにさらされるようになり，市場のボラティリティが業績に大きな影響を及ぼすようになってきた。

しかも，第2章において分析したように，金融資産および金融負債の高い保有割合から推測できるように，市場のボラティリティが金融資産および金融負債に及ぼす潜在的影響を無視できなくなっている。すなわち，上記のパラレル経過の仮定がとりわけ金融資産および金融負債には妥当しないという経営環境に立ち至っているのである。ここに取得原価主義の限界を認めることができるのである。

ファイナンス型市場経済を背景とするファイナンス型会計理論においては，市場のボラティリティを前提として，そのボラティリティの表現の手段を時価（公正価値）評価に求め，ボラティリティの結果をリスクとして把握し，金融商品のリスク負担の結果を評価損益として開示することに会計の課題があるといえる（武田［2001e］，9頁）。

第2節　ファイナンス型会計理論における資本維持

1　ファイナンス型会計理論の企業観

すでに述べたように，取得原価主義が我が国における制度会計の基盤となっている。伝統的な企業会計の理論では，株主と経営者の委任・受任の関係に基づいて，経営者が受託責任をどのように履行したかを財務的側面から明らかにすることにアカウンタビリティの中心的課題があり，会計的にそれを支えるものが取得原価主義であった。伝統的な企業会計の理論を形成してきた取得原価主義会計は，工業化社会への進展の中で製造業を対象として構築された会計であるというところにその本質があった。

これに対して，公正価値会計の生成を促したものが金融の自由化・国際化を背景として発展してきたファイナンス型市場経済であり，ネットワーク技術を中心とした情報技術の発展が金融市場の拡大を支えてきた。すなわち，ファイナンス型市場経済は，情報技術に支えられたネットワークを媒介として成立する市場経済であると例えることができる。このような環境条件の中で企業はどのように変化する可能性があるのであろうか。この変化した企業観は，なぜ企

業が時価をベースとする公正価値会計情報を提供しなければならないのかということの論拠となりうるものである。

　すでに述べたように，株式が公開され，広く分散所有されるなかで，所有（出資）と支配（経営）の分離が進み，専門的知識を有する経営者が受託資本の管理運用を遂行するようになった。株主が出資額を限度とした有限責任であることから，株主に対する経営者の受託責任は貨幣資本に限定され，貨幣資本を維持することによってその責任が果たされる。貨幣資本が維持されたかどうかを判断する基準が取得原価であった。そして，株主に代わって受託資本の管理運用のプロセスを検証し，情報の信頼性を担保するシステムが監査制度であるといえる。

　会計学では，株主は会社外部の利害関係者として扱われ，株式が公開され広く分散所有されている状況から，しかも，経営者が会社を支配しているという実態から，FASBのSFAC1号においても企業の行う会計報告は一般目的外部財務報告と規定されている（FASB [1978], par. 83)。しかし，以下に述べるように，企業の会計報告を提供される情報の測定属性の質や情報内容に従って外部報告と内部報告とに分けることの意義が薄れてきているように思う[3]。

　なぜ，時価情報を開示しなければならないのかということの理由は，一つには，過度の経営者支配による経営の失敗を教訓として，企業から必要な情報を入手することのできない弱い立場にある株主を保護するために，企業の経済的実態を明らかにする必要が生じてきたことにある。その手段が時価評価に求められ，時価情報の開示が正当化される論拠がそこにあると忖度される。換言すれば，コーポレート・ガバナンスの観点から企業経営をモニターする手段として時価情報の開示が合理化されるということである。

　第1節において指摘したように，取得原価主義会計が経営者の責任限界を貨幣資本に求めている点で経営者指向の会計であるのに対して，公正価値会計は利害関係者の意思決定に有用な情報の提供を目的として，説明責任の範囲を貨幣資本の管理運用プロセスを取り巻く環境へ拡大し，環境条件の変化を取り込んだ情報を提供するという点で利用者指向の会計である。利用者指向に基づく

意思決定有用性アプローチはASOBAT［1966］においてはじめて提示された観点であり，爾来，会計理論の構築や会計基準の策定はこの観点で行われてきたことは周知のところである。

　ところで，時価をベースとする公正価値会計情報を開示する論拠のもう一点は，情報技術の発展，とりわけインターネット技術の発達によって，株主と企業が直接的なコミュニケーションを継続的に行うことが物理的に可能となってきたために，株主を仮構的に内部者とみなすことができるようになってきたということにある。法制度上は，株主は株式会社を構成する社員であり，内部者であるのか，あるいは，外部者であるのかという議論は，埒外の問題であるかもしれない。しかしながら，利用者指向という観点を敷衍するならば，株主を擬制的内部者として扱うことによって，時価ベースの公正価値会計情報を開示する論拠をそこに求めることができるようになる。

　株主を内部者とみる考え方は筆者の独断ではなく，ジェンキンズ報告書における情報利用者としての株主の位置づけはまさに内部者であり[4]，モンクスとミノウもコーポレート・ガバナンスの視点から企業経営に長期的な視点で関わり合うような株主の行動が必要であることが指摘され，その条件として株主を内部者として扱い，理想的には企業内部のあらゆる情報にアクセスできるような環境が必要であると述べている（Monks and Minow［1996］, pp. 153-155）。したがって，高度な情報技術に基礎づけられたネットワーク社会においては，株主の存在は内部化し，経営者と株主が一体化した企業観が想定されているように思われる[5]。

　このような企業観および企業報告が，インターネットをベースとしたネットワーク社会では，上述の諸要因によってこれまでとは違った企業モデルとレポーティングが必要になってくるものと考えられる。ネットワークが作り出すサイバースペースにおいては，株主はネットワークによって相互に結ばれ，仮想的に一つのまとまりとして企業と対峙する存在になる。例えば，電子投票制度により議決権の行使が簡単に行えるようになるため，経営の失敗に対する株主からのサンクションの潜在的効果は非常に大きなものとなるように思われる。

換言すれば，ネットワークによって仮想的に一つのまとまりとなっている株主は，これまで以上に会社経営に対して責任の意識が求められるようになってくる。投資に対する自己責任原則というのは，株価下落による損失に対して自ら責任を負うというネガティブな側面を強調すべきではなく，むしろ，株券に表彰される自益権や共益権はネットワーク社会においては質的に重要性を増してくるものであり，かかる権利の行使に対する株主個人の責任が重みを増してくるということを意味するのではないだろうか。

　それゆえに，投資判断に際しては，企業のリスクを評価し経済的実態を把握するような公正価値会計情報の開示が求められるのであり，企業経営のあらゆる情報が蓄積されたデータベース開示[6]もこのような観点から根拠づけることによってより実践的な意義を有してくるように考えている。ファイナンス型会計理論における経営者の説明責任が及ぶ範囲は，上記のように，企業の業績に影響を与える可能性のある環境条件へ拡大される。このような観点について，佐藤［2001b］は，「経営者は，自らが積極的に行った意思決定によって生じた事象のみならず，市場における価格変化など，企業に対して財務的影響を与えるすべての事象」へ対処しなければならないと言及し，「企業の全体に関して当期中に生起したすべての事象に起因した純資産増減額」を企業の財務業績と規定している。すなわち，ファイナンス型会計理論においては，市場の環境条件を取り込んだ包括的な財務的業績が企業の利益観の基礎となる。

2　会計目的の変化と計算原則

(1)　会計行為と販売活動の内部原理

　企業の経営者は，受託資本の管理運用プロセスを通じて，投下資本の回収を図り，利益を獲得していく。会計行為とは，利益稼得の物的・経済的事実関係（例えば，商品を購入し販売するという事実関係）を一定の測定ルール（会計処理の原則・手続）を介して貨幣的・経済的数関係（会計報告書）として写像する活動であると規定することができる。このような会計測定を行うためには，まず，事実における内部原理を正確に理解することが前提となる。つまり，販売

という経済活動によってどのような作用関係が生じるのかということを認識して初めて，それに適合した数割当ルールを見出し適用することが可能となるからである。

　ここで，会計測定の前提となる「事実関係を支配する内部原理」として，一つの原因（販売活動）によって常に二つの結果がもたらされるという仮定をおく。つまり，販売という経済活動を通じて財貨の引き渡しがなされるが，この引き渡しという事実によって一方で「財貨が失われたという事実」（財貨費消）があり，他方で「社会的需要を充足したという事実」（財貨発生）が，並行して同時的に発生するとみるのである（武田［1999a］，177頁）。

　企業活動の事実関係は，そのような販売活動（原因）によって積極的結果（財貨発生）と消極的結果（財貨費消）が常に並行して生じる作用関係だけではなく，販売活動を達成するための企業内部の作用関係とが相互に関連して全体構造が形成される。企業内部の作用関係は，最終的には販売活動につながっていく内部関係であり，生産（販売）準備過程としての固定資産利用や将来発生する損失事象に対する対処などを意味する（武田［1999a］，179頁）。

　このような事実関係は，企業の一般的な事業活動を抽象化して説明したものである。これに対して，金融商品としての金融資産や金融負債の利得・損失の認識・測定は，純額主義の考え方に基づいている。とりわけ，デリバティブについては差金決済ということが取引の特徴をなしている（FASB［1998a］，par. 6）。したがって，前述の事業活動から生じる財貨費消や財貨発生を数量化するための計算原則とデリバティブ等の契約から生じる権利・義務関係の数量化の計算原則は，企業観や資本維持観に応じて異なったものとなる。

(2) 損益計算の原則

　伝統的な期間損益計算においては，貨幣資本の管理運用プロセスから生じる利益を把握するために，これまで「対応原則」・「実現原則」・「発生原則」という三つの原則に基づいて収益・費用の期間帰属が行われてきた。収益の認識・測定原則として実現原則が，そして費用の認識・測定原則として発生原則が挙げられ，これら収益と費用が対応関係にあるところから，収益から費用を差し

引いた差額としての利益を計算することができるのである。

　この関係を企業の経済活動の内部原理に即して説明すれば，次のようになる。すなわち，企業の経済活動の事実関係システムにおける内部原理は，原因（販売活動）に対し二つの結果（財貨発生と財貨費消）を伴い，その結果，プラスの作用因（財貨発生）とマイナスの作用因（財貨費消）とが並行して発生するという構図であった（武田［1999a］，185頁）。

　財貨発生については，「財貨の引き渡し」を手がかりとして実現原則が適用される。そこでは，事実関係システムにおいて「財貨の引き渡し」（販売）があったという事実を収益認識（収益の期間帰属：収益が実現した時点を財貨の引き渡しのあった日の属する事業年度とすること）の標識として，さらに相手方からの現金収入ないし債権確定額をもって数量化（収益測定）し，価値発生（財貨発生を貨幣金額的に数量化した大きさ）とする。ここでの価値発生は，収益（売上高）として計上される（武田［1999a］，187頁）。収益の認識・測定に実現原則が適用されるのは，未実現利益の計上を排除するためであり，投下貨幣資本の回収が確実になされたかを保証するためである。

　これに対して，財貨費消は，その原因となった「財貨の引き渡し」により財貨が失われたという事実に基づき把握され，それを費用認識（費用の期間帰属：費用が発生した時点を財貨の引き渡しのあった日の属する事業年度とすること）の手がかりとして当該財貨の取得原価をベースに財貨費消を数量化（費用測定）し，価値費消（財貨費消を貨幣的に数量化した大きさ）として描写する。財貨費消を価値費消へ変換する数割当ルールが発生原則であり，それは損益計算書において費用（売上原価）として表示される（武田［1999a］，188頁）。

　以上の説明から明らかなように，実現原則や発生原則は数割当のルールとして財貨発生や財貨費消を計量化するための計算原則として機能し，対応原則は財貨発生と財貨費消とのパラレル（並行的）な発生を事実関係の中に認める原則であり，しかもそれらが収益や費用を数関係として描き出す際の始発点にあるものであるから，そのパラレルな関係がいつ生じたかを認識することが，収益や費用の発生した期間を特定することになる。この意味で，対応原則は収

益・費用の認識原則（期間帰属を決定する原則）として機能するものである（武田 [1999a], 189頁）。

会計の認識と測定とを区別し，認識は事実関係システムの内部原理の問題（財貨発生と財貨費消との事実的照応性の認識の問題）として採り上げ，測定は認識された結果の照応性を計量化するための計算原則の問題として採り上げるアプローチは，会計目的が変化した場合の理論のあり方を問題とする場合に重要となる（武田 [1999a], 205頁）。すでに説明したように，財貨発生と財貨費消という対応する二つの概念が，実現原則と発生原則によって数量化され価値発生と価値費消という相対応する数値として写像される。会計目的がかかわるところは，数割当ルール（計算原則）の部分についてであり，どのような目的観 [7] をとるかで，計量化のルールが異なってくるのである（武田 [1999a], 207頁）。

上述のように企業の生産・販売活動を対象としたプロダクト型会計理論における利益計算は，原価・実現アプローチに基づく利益計算の体系である。これに対して，ファイナンス型会計理論は，金融商品としての金融資産および金融負債のリスクを把握することに目的がある。また，為替リスク，金利リスク，価格リスク等の種々の金融リスクが企業業績に及ぼす影響をヘッジするために，経営者が実施しているリスク管理の顛末を数量化し，ヘッジの有効性を評定することに役立つような情報を提供することに目的がある。したがって，公正価値会計は，企業のリスク環境要因をいかに把握し，それを財務諸表に反映させるかに中心課題がある。それは，リスク要因に関する市場の評価を財務諸表に反映させることであり，そこでは利得・損失が実現したかどうかが問題ではなく，会計期間末において相場等の市場の条件が存在しているかどうかが重要である。たとえば，市場金利や為替相場に変動があれば，それを会計上認識しなかったとしても，事実上，金融資産や金融負債に利得や損失が発生していることになる。それゆえ，公正価値会計では，時価・発生アプローチが適用されることになる。繰り返すまでもなく，そこでは努力と成果を総額で対比させた収益性が指向されるのではなく，デリバティブ取引の特徴が差金決済である

ようにネットのキャッシュインフローの把握に焦点が当てられている。

3 金融商品に適用される資本維持概念と包括利益

ファイナンス型会計理論,すなわち公正価値会計における利益計算は,環境条件の変化を取り込んだ計算を行うところに特徴がある。為替相場の変動,金利の変化,証券市場やコモディティ市場での価格の変動,さらには,デリバティブ市場での価格の変動は,企業の保有する金融資産および金融負債の公正価値に潜在的影響を及ぼすものであり,一つには投資者保護の観点からこれら市場の各種ファクターの変化を反映させた公正価値会計情報の開示が必要となる。さらに,近年の情報技術の発展を考慮すると従来の経営者と株主の関係が変化し,株主を内部者とみる企業観の観点から時価をベースとする公正価値会計情報の開示が論拠づけられる。すなわち,当期中に生起したすべての事象に起因した純資産増減額を利益として計算し,それを開示しなければならないのである[8]。

周知のように,このような利益観にFASBは包括利益 (comprehensive income) という名称を与えている。FASBのSFAC 6号「財務諸表の諸要素」(FASB [1985]) によると,「包括利益とは出資者以外の源泉から生じた取引およびその他の事象ならびに環境要因によってもたらされた1期間の営利企業の持分の変動である (FASB [1985], par. 70)」と定義されている。それでは,このような利益は,どのような資本維持概念によって規定される利益であるのか。

IASCの1997年討議資料 (IASC [1997b]) は,金融商品に適用されうる資本維持概念として現在市場収益率資本維持概念 (current-market-rate-of-return capital maintenance concept)[9] を提案している (IASC [1997b], p. 129)。この資本維持概念は,金融商品の公正価値の変動から生じる利得および損失を報告するために適用されるもので,現在市場収益率 (current market rate of return) を稼得する能力によって資本を定義しようとするものである (IASC [1997b], p. 128)。この資本維持概念は,金融商品に焦点を当てたものである。上記討議

第7章 公正価値会計における資本維持と利益観 *141*

資料では，当該資本維持概念の本質を浮き彫りにするために，金融資産および金融負債のみを保有する企業を想定し，そこにおける資本維持とその結果としての利益の意味を検討している。なお，IASC討議資料では，現在市場収益率資本維持概念を財務資本（貨幣資本）維持概念の拡張として論じている（IASC [1997b], p. 129)。

　金融資産および金融負債のみを保有する企業が資本を維持するとは，何を維持することになるのか。それが明らかになれば，利益の内包が規定される。この問いに答えるために，まず，期首と期末の時点で当該企業の資本の適切な測定尺度が何かを決定しなければならない（IASC [1997b], p. 128)。ここで測定属性の選択を方向づけるものが会計目的であるが，すでに述べたように公正価値会計における会計目的は，リスク評価であり，その結果の開示である

　リスク評価という観点から規定される測定属性は，金融商品としての金融資産および金融負債の公正価値である。IASC討議資料によれば，金融商品の評価の基礎にある基本的な前提は，金融商品の公正価値は，常に特定のリスクレベルで，関連する期間について期待市場収益率で割り引かれた期待将来キャッシュフローの現在価値に等しいということである（IASC [1997b], p. 128)。したがって，金融商品の公正価値は，関連する期間の市場収益率を稼得することに対する期待を反映している。

　それゆえに，公正価値で評価された期首の金融資産と金融負債の差額としての期首財務資本の金額は，その時点の期待将来市場収益率で割り引かれた「期首」の期待将来キャッシュフローの現在価値を表す。期末財務資本は，その時点の期待市場収益率で割り引かれた「期末」の期待将来キャッシュフローの現在価値である。資本の追加と引出を修正した後に，これらの二つの金額を比較すれば，企業がその財務資本を維持したかどうか，つまりそれを増加させたのか，あるいは，減少させたのかが判明する。財務資本は，企業の金融商品の公正価値が期待市場収益率で将来キャッシュフローを割り引くことによって測定される限りにおいて維持されているのである（IASC [1997b], p. 129)。IASC討議資料では，この概念を説明するために，次のような設例を掲げている（金

額は邦貨で表示し直している)。

設例―金融商品の公正価値評価 (IASC [1997b], p. 129)

> A社は，3年満期，額面10,000円の割引債 (zero coupon bond) を購入し，実効金利年8パーセントによる現在価値7,938円をその公正価値として代金を支払った。第1年度末に，2年満期債券の将来収益率が引き続き8パーセントである場合，保有する割引債の価値は8,573円に増加する。ここで，第1年度末に，保有割引債と同等のリスクを有する債権の市場利子率が，今後2年間の各年度について10パーセントに上昇するものと仮定する。
>
> 割引債の公正価値
>
> | | 金利8% | 金利10% |
> |---|---|---|
> | 取得日 | 7,938 $(=10,000/(1+0.08)^3)$ | |
> | 第1年度末 | 8,573 $(=10,000/(1+0.08)^2)$ | 8,264 $(=10,000/(1+0.1)^2)$ |

　第1年度末に，保有する割引債の公正価値を評価するとき，環境条件を考慮した利益計算を行う。この場合，市場利子率が10パーセントに変化したのであるから，保有する割引債の公正価値は8,264円となる。したがって，8,264円と7,938円の差額326円が利益となる。仮に，市場利子率の変化を無視し，当初金利8パーセントで計算される金額8,573円と取得時の公正価値7,938円との差額635円を利益として計算した場合，A社は現在市場収益率を稼得する能力という観点で資本を維持したとはいえない。その理由は，第1年度末に資本市場が10パーセントの利子を支払っているときに，合理的投資者は8パーセントの収益率を受け入れることはないからである。資本市場で現時点で利用可能である収益率に関連する稼得能力を維持するために，その投資額を10パーセントでの期待将来キャッシュフローの現在価値8,264円まで切り下げなければならない。しがたって，その期間の利益は，8パーセントによる635円の期待利子利益から市場利子率の増加による309円 (8,573－8,264) の期待外損失 (unexpected loss) を控除したものを表している (IASC [1997b], p. 129)。この利益は，その期間の資本の追加または引出を修正した後で，期首資本に対する期末現在のリスク修正後の市場収益率を稼得する企業の能力を損なうことなく株主に分配

可能な金額を意味すると述べられている (IASC [1997b], p. 129)。

第3節　包括利益と資産負債アプローチ

1　資産負債アプローチの意義と利益計算の類型的特徴

　FASBは，SFAC 6 号 (FASB [1985]) において，包括利益とは出資者以外の源泉から生じた取引およびその他の事象ならびに環境要因によってもたらされた1期間の営利企業の持分の変動であると定義している (FASB [1985], par. 70)。具体的には，稼得利益 (earnings) に「累積的会計修正」と「出資者以外の取引から生じる持分変動」を加減したものが，包括利益となる (FASB [1984], par. 44)。累積的会計修正には，会計原則の変更にともなう損益への影響額があり，出資者以外の取引から生じる持分の変動としては非流動資産として分類される市場性ある持分証券への投資の市場価値の変動や外貨換算調整勘定が含まれる (FASB [1984], par. 42)。包括利益は，複雑化・多角化する経営環境のなかで財務報告の透明性や理解可能性を高めることに役立つことが期待されている。

　ところで，我が国において，企業のある一定期間の利益を計算する方法として，伝統的に，損益法と財産法という2つの方法が認められている。財産法とは，資産・負債・資本が，企業活動を通じてどのように変化したかという財産変動の側面から，一定期間における損益を計算する方法である。つまり，期首における財産の有高と期末における財産の有高との比較を通じて，その純変動額が企業活動によってもたらされた損益を表すものとして把握される (武田 [2001c], 49頁)。損益法とは，収益と費用の差として，企業の一定期間における損益を計算する方法である。財産法では財産がどのように変化したかに着目するのに対して，損益法では財産ごとに純財産の変動を，その源泉にさかのぼって明らかにしようとする方法をとる (武田 [2001c], 50頁)。

　FASBは，1976年に公表した討議資料において，それらに類似する利益計算の観点としてasset and liability viewとrevenue and expense viewという2つ

の視点を提示している（FASB [1976a], par. 34-42；津守 [1997], 49頁）。ここでは，一定期間の企業利益を計算するための方法論という意味で，前者に資産負債アプローチという表現をあて，後者に収益費用アプローチという表現をあてることにする[10]。

FASBが提示した上記の利益観についてわが国において多様な議論が展開されてきが，その議論は上記のそれぞれのアプローチにおける利益計算構造の理論的解明ならびに財産法・損益法と資産負債アプローチ・収益費用アプローチの異同点の分析に大別できる。

佐藤 [1995] によれば，FASBは，フローを重視する収益費用アプローチからストックを重視する資産負債アプローチへの変遷を主張し，将来の会計基準設定のための概念的フレームワークにおける計算構造を論じ，現在の貸借対照表項目を経済的資源および義務と繰延収益および繰延費用ととらえ，特定の測定属性とは自動的には結びつかない評価中立的な思考をとっていることが明らかにされている[11]。

資産負債アプローチに基づく企業利益の計算への転換は，SFAC5号（FASB [1984]）において包括利益という利益概念が導入されることによって一層明確になった。この規定によって，稼得利益は，包括利益の一部とみなされ，その余の部分に外貨換算修正，売却可能証券の未実現利得および損失（FASB [1997], par. 39），あるいは，デリバティブの公正価値に基づく評価差額（FASB [1998], see Summary）などが包摂されることとなった。

このように資産負債アプローチを採らなければ認識・測定できないような利益項目が出現し，当該アプローチに基づく利益計算が重要性を増しているにもかかわらず，1976年討議資料のなかでは，たとえば「利益は，1期間における営利企業の正味の経済的資源の変動の測定値」（津守 [1997], 49頁）であると述べられたり，あるいは，「利益は正味資源の変動額であり，したがってそれは，経済的資源の属性，ならびに将来他の実体に経済的資源を引き渡す義務の属性の各測定値における変動額」（津守 [1997], 63頁）を表していると示されているにすぎない。しかも，その後においても資産負債アプローチの具体的な

計算形態は十分な議論がなされていないように思える。

そこで，以下において，財産法に関する先行研究（武田［1961］,武田［1963a］,武田［1963b］,武田［1963c］,武田［1964］）に依拠しつつ，資産負債アプローチの形態的特徴を明らかにしようとするものである。武田［1963c］によれば，財産法の形態的類型と評価基準による類型が「表1」のように整理されている（武田［1963c］, 107, 121頁）。

表1　財産法の類型

財産法の形態的類型	評価基準による財産法の類型
①　単純な備忘記録を前提とする財産法 　（1）単式簿記を前提とする財産法 　（2）組織的単式簿記を前提とする財産法 ④　複式簿記を前提とする財産法	①　時価評価思想を背景とする財産法 　（1）清算原理に基づく財産法 　（2）投資原理に基づく財産法 ②　原価評価思想を背景とする財産法

「表1」から理解できることは，FASBが資産負債アプローチと評価属性の選択を別次元のものとして扱っているのと同様に，財産法においても時価をベースとする財産法と原価をベースとする財産法の2種の考え方があるということである。現代企業の会計システムを考えるとき，それは複式簿記システムを基礎として構築されていることを考慮すると，資産負債アプローチに基づく利益計算構造も複式簿記を原理とする計算構造として理解することが合理的であると考える。すなわち，資産負債アプローチは，「表1」でいえば複式簿記を前提とする財産法であり，会計目的に依存して測定属性が選択されるというのが極めて現実的な理解である。

しかも，貸借対照表と損益計算書は，いずれもがSFAC5号において基本財務諸表として位置づけられているところから，貸借対照表のみによる利益計算が行われるのではなく，損益計算書においても収益と費用の差額としての利益の計算が行われるのである。ただし，この場合に，収益や費用の概念は，資産負債アプローチに基づいて定義されるものであり，収益と費用の意味内容は資産と負債の定義に依存して規定されるという関係にある。さらに，我が国の金

融会計基準において，売買目的有価証券，満期保有目的の債券，子会社株式・関連会社株式以外のその他の有価証券の時価評価差額は，損益計算書に計上されることなく貸借対照表の資本の部に直接計上される。このような会計処理は，資産負債アプローチに基づく利益計算でなければ認識・測定することのできない項目であり，貸借対照表と損益計算書の利益額に差異をもたらすことになる。

そこで，資産負債アプローチに基づく利益計算は具体的にどのように行われるかを，財産法に基づく利益計算の諸類型を管見することにより考えてみたい。財産法に基づく損益計算にあたり，どの財産部分に焦点をおいて期間的変動額を計算するかという観点から次の四つの方法が区別される（武田［2001c］，49頁）。

① 資本比較計算法（武田［2001c］，52, 53頁）
② 資産負債比較計算法（武田［2001c］，53, 54頁）
③ 個別有高差額計算法（武田［2001c］，54-56頁）
④ 総額計算法（武田［2001c］，56-60頁）

2 資本比較計算法

資本比較計算法は，期首と期末の資本額（純財産額）を比較することによって損益を求める方法である。財産法という名称は，それを狭義に解するとき，資本比較計算法のみを指す。

期中の資本の引出額は純財産を減少させるが，損益に影響を与えるものではないため，純財産増加額の修正（加算）として扱われる。また，期中の資本の追加元入額は純財産を増加させるが，資本の引出と同様に損益に影響を与えないので，純財産増加額の修正（控除）として扱われる。したがって，これらの修正後の純財産増加額が，期間利益として決定される。これが通常の計算方法である。

これ以外に，期首純財産の修正として計算する方法と期末純財産の修正として計算する方法がある。前者の場合は，追加元入額と引出額を期首純財産の修

正として仮定計算を行うもので,期末にあるべき純財産を算定した上で,これを実際の期末純財産と比較する方法である。後者の場合は,追加元入額と引出額を期末純財産の修正として仮定計算を行うもので,修正後の期末純財産と期首純財産の比較により,利益を計算する方法である。

資本比較計算法とその他の計算法の具体的適用を示すためのデータが,「表2」であり,このデータをもとに資本比較計算法で計算した利益が「表3」に示されている。

表2　貸借対照表の例示

期首貸借対照表

現　　金	2,500	買掛金	55,000
売掛金	60,000	支払手形	40,000
貸付金	8,000	借入金	3,600
商　　品	90,000	自己資本	161,900
固定設備	100,000		
	260,500		260,500

期末貸借対照表

現　　金	4,500	買掛金	55,350
売掛金	61,000	支払手形	37,900
貸付金	6,500	借入金	4,050
商　　品	101,750	自己資本	171,450
固定設備	95,000		
	268,750		268,750

表3　資本比較計算法の適用例

資本比較計算法	
期末：資　産	268,750
負　債	97,300
純財産	171,450
期首：資　産	260,500
負　債	98,600
純財産	161,900
	9,550

3　資産負債比較計算法

資本(純財産)は,資産と負債の差額として求められる。前述の資本比較計算法において資本の期首と期末との比較により純損益が算定できるのであれば,資本算定の構成要素である資産と負債の期間比較を行うことによって利益

を計算することができるはずである。すなわち，期首の資産・負債と期末の資産・負債の比較は，期首資本と期末資本の比較と同一の結果をもたらすはずである。資本比較計算法は，資本等式の左辺の要素を利用した利益計算であるのに対して，資産負債比較計算法は，資本等式の右辺を利用した利益計算であるといえる。この関係を示したものが「図1」であり，「表4」は資産負債計算法の適用例である。

図1　資本比較計算法と資産負債比較計算法の関係

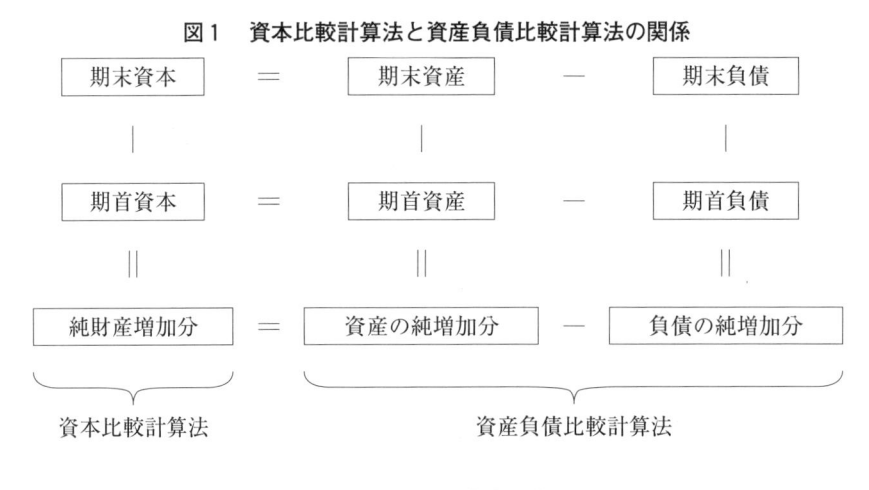

```
期末資本  ＝  期末資産  －  期末負債
  │            │            │
期首資本  ＝  期首資産  －  期首負債
  ‖            ‖            ‖
純財産増加分 ＝ 資産の純増加分 － 負債の純増加分
└──┬──┘  └──────┬──────┘
 資本比較計算法      資産負債比較計算法
```

表4　資産負債計算法の適用例

資産負債比較計算法

資産・期末	268,750	負債：期末	97,300
期首	260,500	期首	98,600
資産増加	8,250	負債減少	1,300
負債減少	1,300		
利益	9,550		

4　個別有高差額計算法

個別有高差額計算法は，資産を構成する個々の項目や負債に属する個々の項目について，期首の資産項目と期末の資産項目の比較，ならびに，期首の負債

項目と期末の負債項目の比較を行うことによって利益を計算する方法である。すなわち，期首と期末の個々の資産と負債の有高（個別有高）の差額から利益を計算する方法である。

ここで，資産と負債の個別有高を期首と期末について比較形式で作成した貸借対照表を変動貸借対照表と呼ぶことにする。この変動貸借対照表には，次の2つの機能が認められる。

① 損益決定機能
② 資金運動の表示機能

変動貸借対照表では，借方側の個別有高の変動額から，貸方側の個別有高の変動額を控除した残高が利益となる。この利益は，前述の方法によって算定された利益額と同一額となる。これが，変動貸借対照表の損益決定機能である。

変動貸借対照表の資金運動の表示機能とは，たとえば，借方側における貸付金の増加分や備品の期中買入分等が，貸方側において現金の支出や負債の増加等によって双方の関係が示されることを意味する。すなわち，貸方側が資金の源泉を，借方側が資金の使途を明示している。つまり，資金の期間的純増加分

表5 個別有高差額計算法の適用例

個別有高差額計算法

資産	増加	減少	負債	増加	減少
現　　金	2,000		買　掛　金	350	
売　掛　金	1,000		支払手形		
貸　付　金		1,500	借　入　金	450	2,100
商　　品	11,750			800	2,100
固定設備		5,000			
	14,750	6,500			
負　　債	2,100	800			
	16,850	7,300			
利　　益		9,550			
	16,850	16,850			

がどのような用途に利用されたかが示されている。その意味において，変動貸借対照表は，資金運用表とみなしてよい。

5 総額計算法

　総額計算法とは，期中に生起した取引の総額（個々の資産・負債・資本の期中における増加額と減少額）を項目別にまとめて一表にしたものである。したがって，表にまとめられた取引の総額は期中の経済活動によって引き起こされた有高の増加・減少，すなわち，運動の経過を示すものであるから，総額計算法に基づく貸借対照表を運動貸借対照表と呼ぶ。具体的な総額計算法の適用例については，武田［2001c］（56-60頁）を参照されたい。

　総額計算法とは，損益法原理の発展に照応して組み立てられた近代的財産法（決算比較法）であり，具体的財貨変動に基づき，あるいは，財貨変動の結果から，利益を算定する方法である。ここでの財貨概念には，貨幣財産，物的財産，擬制的財産，および，実在的・擬制的資本の一切を包含する最広義の概念である。具体的財貨変動とは，一定期間内において企業内に流入し，あるいは，流出したそれらの財貨の運動を指し，財貨変動の結果とは，財貨運動の結果として生ずる有高の純増加ないし純減少を意味する（武田［1964］，120-121頁）。したがって，財貨概念をどのように把握するかによって，純財産増加分としての利益概念は，実在的財産余剰として規定されたり，あるいは，擬制的財産余剰としての性格づけがなされる（武田［1964］，120-121頁）。

　このようにみてくると，資産負債アプローチに基づく利益計算の類型は，これまで述べてきた四つのパターンとして整理することができる。現実の企業会計は，原価・実現アプローチに基づく損益計算と特定の資産・負債項目に対する期末時点での公正価値評価が混在する状況を示している。したがって，資産負債アプローチに基づく利益計算は，総額計算法としての利益計算としてとらえることが，現実の企業会計に対する理論的妥当性と柔軟性をもつものと忖度される。

（1） 取得原価主義会計の特徴と限界について論じた著作は数多く存在する。会計ないし会計測定論という研究フレームワークの中で取得原価主義の意義および特徴を論じている研究に，井尻［1976］，中野［1981］，中野［1987］，若杉［1985］，笠井［2000］等がある。また，研究対象は異なるものの，企業の環境条件の変化を取り込む利益計算という観点で取得原価主義会計の限界を論じた研究に，加古［1981］，青木［1982］，森田［1983］，火原［1985］等がある。企業会計原則論ないし会計基準論という観点で取得原価主義会計を扱っている研究に，新井［1985］，広瀬［1995］があり，取得原価主義会計そのものを体系的に扱っている研究に，田中［1998］がある。

（2） FASBのSFAC 6号では，資産の定義の中ではその本質を将来の経済的便益（future economic benefits）という概念のみで規定しているが，この概念は用役潜在力（service potentials）と同じ概念であり，双方とも企業に将来の純キャッシュインフローをもたらすという点で共通すると述べられている（FASB［1985］, par. 28）

（3） 筆者の指摘と同様に，田中隆雄教授は，財務会計と管理会計の壁が低くなってきたことを減損会計と事業部貸借対照表を題材として論じている（田中［2001］）。

（4） ジェンキンズ報告書では，ディスクロージャー拡大の方向として，「将来指向的情報の提供」と「非財務情報重視」の二つの観点とともに，「内部管理情報の外部化」という視点を提示している。内部管理情報の外部化とは，シニアマネジャーが意思決定のために利用した情報を積極的に外部に提供せよという提言であり，情報利用者が経営管理者と同じような条件で意思決定を行うことを保証しようというものである（AICPA［1994］, p. 5）。このようなディスクロージャー拡大の視点は，外部の投資者とりわけ株主を内部者として扱うからこそ生じるものであると考えている。

（5） 株主の擬制的内部化の論理を突き詰めていくと，所有と経営の仮構的解消へとつながっていく。すなわち，ネットワークを通じて株主が会社経営に対してコマンドを発信するようになる。株主は会社経営に関する意思決定を行うために，企業の事業活動を常時モニターする必要がでてくる。それを具体化するものが継続的報告であり，かかる情報提供の信頼性を保証するものが継続的監査であるとみている。この点は，浦崎［2001a］において論じているので参照されたい。

（6） 企業のディスクロージャーの究極的な方法としてデータベース開示がある（河崎［1997］, 362頁）。データベース開示を具体化させた一つの方法に，コーポレート・ダイアローグがある（河崎［2001］, 8頁）。これは，企業のウェブサイト上で利用者との対話型のメニューを提供し，利用者が条件を入力することで必要とする情報を作成し提供するシステムである。羽藤［2000］が，インテルやマイクロソフトの事例を紹介しているので参照されたい。

（7） たとえば，「会計目的」として貨幣資本維持の観点に立てば，「実現」の内容は「入り来る貨幣」（対価）によって量定され実現収益（価値発生）となる。また，「発生」の内

容は取得原価(貸借対照表の貸方側の貨幣資本の借方側での表現)の期間配分の形式をとり,発生費用(価値費消)が求められる。また,「会計目的」として実体資本維持の観点に立てば,「実現」の内容は「貨幣資本維持」の場合と同様であるが,販売時における再調達価額をもって財貨費消を測定し,発生費用(価値費消)を求める。

　上記二つの会計目的において実現・発生の用語は同じであるが,発生を規定する規準が異なっているために,価値費消たる発生費用(売上原価)の大きさが異なることとなり,求めようとする利益概念の差を導く。さらに,「会計目的」として購買力資本維持の観点に立てば,「貨幣資本維持」の場合の売上高や売上原価等の諸費用を基礎として一般物価を変動修正した金額を価値発生や価値費消として把握する方法を採るが,計算原則は基本的には実現と発生である。(武田 [1999a],207,208頁)

(8) 受託責任の履行の状況を財務的な側面から明らかにするという観点が会計理論上消失してしまうわけではないので,現実モデルとしては取得原価主義会計のフレームワークの中で利益計算が行われる。したがって,いわゆる実現利益と市場評価をベースとした利得・損失を加減した利益額は,質的に異なる内容のものが混在することになる。

(9) 現在市場収益率資本維持概念については,古賀 [1998b],古賀 [2000b],石川 [2000a],石川 [2000b],篠原 [2001] において詳細に論じられているので参照されたい。なお,古賀智敏教授は,この資本維持概念が,貨幣資本・実体資本の区分では貨幣資本維持概念に相当するものであるが,将来キャッシュフローの現在価値という将来の収益力維持に焦点を置くという意味で「成果資本維持」と特徴づけることができると述べている(古賀 [2001b],40頁)。また,石川純治教授は,IASC討議資料が現在市場収益率資本維持概念が財務的資本維持概念を拡張したものである(IASC [1997b],p. 129)と述べているが,その根拠が明らかにされていないことを批判し,独自の視点を展開されている(石川 [2000a],221-225頁)。また,現在市場収益率資本と類似するリスク加重資本と資本維持について,松浦 [2000] が取りあげているので参照されたい。

(10) FASBが提示した利益観であるasset and liability viewとrevenue and expense viewに関する理論的分析については,高須 [1995],佐藤 [1995],藤井 [1997] を参照されたい。なお,藤井 [1997] は,これらの利益観を資産負債アプローチと収益費用アプローチと訳出すべきことを論証されており,ここではこの訳に従っている。

(11) この点については,藤井 [1997] の第2章も併せ参照されたい。

第8章　公正価値による資産および負債の測定

第1節　SFAC7号の目的

　金融の自由化・国際化ならびに情報技術の発展による企業環境の変化が，会計理論のパラダイムシフトを促すととともに，企業会計のプロセスに実践的な変革をせまっている。それは，測定面において取得原価から公正価値へと評価機軸の移転をもたらし，伝達面において定期的な財務報告から継続的なビジネスレポーティングへの展開として論じられている[1]。金融リスク管理の手段としてデリバティブが多用される経営環境においては，公正価値が企業の財務業績を明らかにするための唯一の目的適合的な測定属性（FASB [1998], par. 220) であり，かかる公正価値情報を資本市場の参加者に適時に伝達することを技術的に支えるものが，ウェブサイトを利用した継続的なレポーティングであるとみなすことができる。

　このような会計測定および伝達の理論展開の方向は，製造業を前提として構築された伝統的な期間損益計算が金融商品の認識・測定に対して理論的妥当性をもたない（IASC [1997b], p. 17）という批判を踏まえたものであり，インターネットをベースとした情報技術が上記のような理論展開を可能にするものと考える。かかる研究の流れを，なお一層明確に方向付けたものが，2000年2月に公表されたSFAC7号『会計測定におけるキャッシュフロー情報と現在価値の利用』（FASB [2000a]）である[2]。

本概念書は，現在価値測定の目的とその一般原則を論じるもので，企業活動のリスクと不確実性の実態に関する情報を提供するための基本的な測定の準拠枠を提示した点にその意義を認めることができる。そこでの論点は次の3点にある。
① 現在価値測定を展開するにあたり期待キャッシュフロー・アプローチを採用していること。
② 当初認識時およびその後の新規測定時の測定対象（属性）として公正価値を採用していること。
③ 負債の測定にあたり企業の信用状態を含めていること。

本章は，本概念書において提示されている現在価値に対する期待キャッシュフローアプローチの特徴を浮き彫りにし，公正価値による資産・負債の測定の意義を明らかにすることを主たる課題とするものである。

なお，FASBによれば，当初測定時に公正価値を用いることは伝統的に行われてきたことであり，歴史的原価会計モデルと矛盾するものではなく，取引が行われた時点でその公正価値をもっともよく表現する測定属性が原価であることから，原価が取引の時点で記録されてきた。すなわち，買い手と売り手が交換される財貨またはサービスの公正価値として同意している価格がコストであり，その時点で最も目的適合性が高くかつ表現の忠実性がある数値である。この点を敷衍するならば，現行の会計モデルは，歴史的公正価値モデルと表現することができると述べられている（Foster and Upton [2001a], p. 2）。

第2節　現在価値測定の期待キャッシュフロー・アプローチ

SFAC 7号は，会計測定の基礎として将来キャッシュフローを用いるためのフレームワークを提供するもので，とくに次の2点に焦点を当てている。
① 会計測定における現在価値の目的を明らかにすること。
② 将来キャッシュフローの金額または時期が不確実であるとき，もしくは，その双方が不確実であるとき，現在価値の利用に関する一般原則を提

供すること。

会計測定に現在価値計算を持ち込む最も合理的な理由は，貨幣の時間価値を考慮することにより将来キャッシュフローの時間的同質性を確保し（古賀[1998e]，9頁），代替的キャッシュフローの差異を把握することにある（FASB [2000a]，par. 20）。とりわけ，見積もり将来キャッシュフローに不確実性を取り入れる現在価値測定は，割引計算をしない見積もり将来キャッシュフローの合計額に基づく測定額や不確実性を無視した割引額と比較してより高い程度の目的適合性を有する（FASB [2000a]，par. 21）。

付言するならば，公正価値を算定することを目的として行われる現在価値測定額は，見積もりの制約を受けるが，測定を行う企業から独立したものになる。その結果，公正価値は，当該企業と他の企業を比較するための中立的な基礎を提供する。すなわち，ある特定の企業が，他の企業と比較して優位にあるのかどうかを実際的に評価することができる。当初認識（initial recognition）時の測定または新規測定（fresh-start-measurement）にあたり公正価値を用いることで，企業の優位性の経済的影響に関する会計的認識が可能となる。換言すれば，公正価値は，資産または負債の経済的特性に関して最も完全でかつ表現の忠実性をもった測定値を提供するという特徴を有する（FASB [2000a]，par. 36）。

SFAC 7号は，現在価値を計算する方法として期待キャッシュフロー・アプローチを採用し，現在価値測定を行う場合に考慮すべき要素として次の五つを挙げている（FASB [2000a]，par. 23）

① 将来キャッシュフローの見積額，または，異時点の将来キャッシュフローの流列
② 将来キャッシュフローの金額または時期の変動可能性に関する期待
③ リスクフリーレートによって代表される貨幣の時間価値
④ 資産または負債に固有の不確実性に応じた価格
⑤ しばしば識別不能なその他の要因，例えば市場の非流動性や不完全性等

本概念書の期待キャッシュフロー・アプローチでは，上記③の要素「リスク

フリーレートによって代表される貨幣の時間価値」のみが割引率のなかで考慮され，その他の要因はリスク修正後期待キャッシュフローを計算するための修正計算に利用される。現在価値を計算するための伝統的アプローチでは，単一セットの見積もりキャッシュフローと単一の金利が用いられていた。上記②から⑤の要因による修正は割引率に内包され（FASB［2000a］, par. 40），単一の金利は将来キャッシュフローや適切なリスクプレミアムに関する全ての期待を反映するという仮定にたっていた（FASB［2000a］, par. 43）。そのため，伝統的アプローチは，比較可能な資産および負債が市場において観察される場合に有効に機能する。しかし，幾つかの複雑な測定問題に対して有効なツールを提供しないという欠点があった。とくに，金融資産および金融負債だけでなく，それ以外の資産・負債をも含めて，測定対象について市場が存在しないとき，あるいは市場の中に比較可能な項目が存在しないときに，現在価値の測定のための必要なツールを提供しないことが批判の中心であった（FASB［2000a］, par. 44）。期待キャッシュフロー・アプローチはこの点を改善しようとするものである。

以下においては，期待キャッシュフロー・アプローチによる現在価値計算の具体例をみていきたい。「表1」は，同一金額の将来キャッシュフローを有する五つの資産を示している（FASB［2000a］, par. 110）。AからDの四つの資産は，同一の契約キャッシュフロー（＄10,000）をもっており，また，資産Eの

表1　同一の将来キャッシュフローをもつ五つの資産

	満期日	契約額	契約履行の可能性
資産A	1日後	＄10,000	確実
資産B	10年後	＄10,000	確実
資産C	1日後	＄10,000	不確実[*1]
資産D	10年後	＄10,000	不確実[*1]
資産E	10年後	＄10,000[*2]	不確実[*3]

[*1]　受領額は＄10,000ドル未満の可能性がある。
[*2]　＄10,000は期待額である。
[*3]　実際の受領額は，上限が＄12,000で下限が＄8,000である。

期待キャッシュフローも同じ金額である。資産Aについては，1日後に確実に受領する契約名目額は，公正価値に極めて近似している。その他の資産は，それらのキャッシュフローの差異を具体化するためにさらに修正が必要である（FASB［2000a］, par. 111）。

(1) **貨幣の時間価値**

資産B，D，およびEは，10年後に受領すべきキャッシュを表現している。これに対して資産AとCは1日後にキャッシュを受領する契約である。10年のデフォルトリスクフリーの金利（5％）を用いて計算すると，資産B，D，およびEの現在価値は，$6,139（=10,000/ (1+0.05)^{10}$）となる。10年後に受領することが確実な金額の契約である資産Bについていえば，その測定は公正価値の良好な見積額になる（FASB［2000a］, par. 112）。

(2) **期待による修正**

資産AとCのそれぞれが1日後にキャッシュを受領する契約である。しかし，合理的な企業であれば，双方の契約に同一の金額を支払うことはしないであろう。買い手は，資産Aに$10,000に近似した金額を支払うかもしれないが，資産Cについては回収期待額超の金額が支払われることはないであろう。もし買い手は平均して資産Cと類似の契約について契約額の80パーセントを支払うと期待するならば，買い手は資産Cに対して$8,000超の金額を支払うことは期待しないであろう。また，もし買い手が資産Dに類似の契約について同様なパフォーマンスを期待するときは，この買い手は$4,911（資産Bの現在価値$6,139の80パーセント）超の金額を支払うことは期待しない。資産Eからの期待キャッシュフローはすでに確率加重平均の期待額を含んでいるので，これ以上の修正は必要ない。本概念書において説明されている測定プロセスは，この段階で，5つの資産について四つの異なる（しかしリスクについては未修正の）測定額（資産A $10,000，資産B $6,139，資産C $8,000，資産D $4,911，資産E $6,139）を生み出した（FASB［2000a］, par. 113）。

(3) **リスクプレミアム**

市場参加者は一般に不確実性を受け入れるための補償を求めている。リスク

回避の投資家は，通常，(少なくとも$8,000の期待リターンがある) 資産Cまたは資産Eへの投資を選択する前に，(契約上の金額の回収が確実である) 資産Aへの投資と比較して何らかのインセンティブを要求する。この事例におけるリスクプレミアムに割り当てられた金額は，現実の測定に適用される金額を示すよりもむしろ計算を例示するという目的で与えられたものである (FASB [2000a], par. 114)。

「表2」は，以上の計算プロセスをまとめたものである。そこでは，まず契約キャッシュフローに期待による修正を行って，各資産について期待キャッシュフローを計算する。これにリスクプレミアムによる修正を施して修正キャッシュフローを導きだし，この金額を基に割引計算を行って各資産の現在価値を算出している。

表2　キャッシュフローの構成要素

	資産A	資産B	資産C	資産D	資産E
1) 契約キャッシュフロー	$ 10,000	$ 10,000	$ 10,000	$ 10,000	
2) 期待を反映するための修正			(2000)	(2000)	
3) 期待キャッシュフロー	10,000	10,000	8,000	8,000	$ 10,000
4) リスクプレミアムによる修正			(50)	(500)	(500)
5) 修正キャッシュフロー	$ 10,000	$ 10,000	$ 7,950	$ 7,500	$ 9,500
6) 5％のリスクフリーレートによる現在価値	$ 10,000	$ 6,139	$ 7,950	$ 4,604	$ 5,832

表3　金利の構成要素

	資産A	資産B	資産C	資産D	資産E
時間価値要素		5.000%		5.000%	5.000%
期待による修正				2.370	0.540
リスクプレミアムによる修正				0.695	
実効金利		5.000%		8.065%	5.540%

資産または負債に契約キャッシュフローと観察された価格（いわゆる市場価格）があるならば，契約キャッシュフローの現在価値をその観察された価格と等価にする金利がある（この金利はしばしば会計基準等において契約キャッシュフローにおける内部利益率，実質金利，実効金利と呼ばれている）。観察された金利（いわゆる市場金利）は，資産をその他の別のものから区別し，契約キャッシュフローに固有のリスクに関する期待についての市場のコンセンサスを反映する。しかし，常に，契約キャッシュフローは金額，時期，またはその双方において当初の契約とは異なる変化が生じる。それゆえ，市場参加者は，市場価格を受け入れるかもしくは拒否するかを決定するために，期待キャッシュフローに関する独自の評価を行うのである（FASB [2000a], par. 116）。

このように，SFAC 7 号における期待キャッシュフロー・アプローチは，現在価値測定の伝統的アプローチにおいて分解して明示することのなかった期待による修正とリスクプレミアムによる修正をそれぞれ独立させて検討することに大きな特徴がある。すなわち，実効金利で割引計算を行っていた伝統的な現在価値計算（例えば，資産 $D = 10,000/(1+0.08065)^{10} = \$4,604$）について，期待とリスクプレミアムによるそれぞれの修正を行うことで，実際に行われている意思決定プロセスを分解し，現在価値計算の有効性を高めようとするところにその意義を認めることができるのである。

第 3 節　資産の公正価値

1　公正価値測定の前提

SFAC 7 号によれば，資産または負債の公正価値とは，強制または清算による売却以外で，取引の意思を有する当事者間の現時点における取引によって購入（または発生）されるか，もしくは，販売（または弁済）される資産（または負債）の金額であると定義されている（FASB [2000a], p. 1）。この定義を単純化するならば，公正価値とは，二人の取引当事者が交換取引に同意する価格であるということができる（Foster and Upton [2001b], p. 2）。

160 第3部 公正価値会計の測定フレームワーク

　このような定義は，市場が充分に確立している場合には何ら問題は生じないが，企業の資産の購入や負債の引き受けを行う外部者が全く存在しない場合には，公正価値の合理的な見積値の決定が重要な問題となる。FASBによれば，公正価値の会計的見積もりには幾つかの仮定が置かれる（Foster and Upton [2001b]，p. 2）。また，財務諸表の要素を識別し，原則を適用するには，何らかの準拠枠が必要になる。ここでいう準拠枠とは，市場がどのように機能するのかということに対する期待である。FASBはその準拠枠として次の5点（Foster and Upton [2001b]，p. 2）を指摘している[3]。

　仮定1　資産の買い手（または負債の負い手）は，購入の対象を現状において利用するかもしくはそれを利用する能力を有していること。

　仮定2　資産の買い手（または負債の負い手）は，取引の対象を最も高度なかつ最善の利用に投入すること。

　仮定3　資産の買い手（または負債の負い手）は，潜在的キャッシュフローを取り巻く対象の条件および不確実性に関する合理的な情報を獲得することができること。

　仮定4　資産の買い手（または負債の負い手）は，取引の対象について関心を持っていること。

　仮定5　資産の買い手と売り手（または負債を弁済するかまたは負担する企業）は，市場に参加する能力を持っているという前提で，最も有利な市場で取引を行うこと。

　これらの条件は，現実の世界においては妥当しない場合があるという反論が考えられるが，観察可能な市場が存在しないならば，これらの要因がどのように機能するのかについて知ることができないし，また，公正価値の見積もりのためにそれらの要因を考慮することもできなくなるからである。

2　資産および負債の識別

　上記のような準拠枠に従って資産または負債を対象として公正価値による測定を行う場合，まず，資産または負債を明確に識別しなければならない。とり

わけ，公正価値を見積もる際には，財務諸表において認識されている資産または負債について見積もりが行われることを確認しなければならない。さらに，顧客またはその他の取引相手との日々の関係から生じる資産および負債の公正価値を見積もる場合には，資産または負債の明確な識別が非常に難しいものとなる（Foster and Upton [2001b], p. 2）。具体的には，企業と顧客との事業活動を通じた取引関係から財務諸表では認識されていないような何らかの無形資産が形成されていることが理解できるが，公正価値と未認識の無形資産との相互作用は，完全な解決策を導き出していない問題の一つである。したがって，公正価値による測定技法を適用する際には測定対象の慎重な定義が必要である（Foster and Upton [2001b], p. 3）。公正価値測定における資産・負債の識別の問題の重要性を理解するために，FASBが *Understanding the Issues* [4] において提示する設例を次に取り上げることとしたい。

(1) マリーナの公正価値

> **設例1）** リバーフロントにプロパティを保有しマリーナを経営している企業を考えてみる。このプロパティは，現在広範囲にわたって再開発が進行中の地域に位置している。このマリーナの周辺地域は，タウンハウスといった宅地開発の業者に売却済みである。マリーナのキャッシュフローの期待現在価値は，$500,000である。リバーフロントの施設に隣接する土地の最近の取引価格に基づいて，不動産の期待市場価値は，$1,000,000である。このプロパティの公正価値は，現在のマリーナの経営からの$500,000に基づくべきか，あるいは，不動産の開発価値$1,000,000に基づくべきであるのか（Foster and Upton [2001b], p. 3）。

この企業のプロパティの公正価値を決定する前に，評価の対象とする資産を適切に識別する必要がある。この場合，評価の対象となるのは貸借対照表に計上されている資産としての土地，建物および設備である。認識済みの資産がマリーナ事業を構成しており，その価値は認識済みの有形資産とマリーナの事業価値，すなわち未認識の無形資産の両方を含むものと考えられる。現時点で，「固定資産」のキャッシュフローから「事業」によるキャッシュフローを区分する方法は存在していない。ほぼ他の要素と切り離して識別可能なキャッシュフローの最も低いレベルは，マリーナ経営のキャッシュフローである。しか

し，何が二つの価値の間の乖離を生み出しているのか。この点について，フォスターとアプトンは，次の二つの可能性を指摘している（Foster and Upton [2001b], p. 3）。

① 経営者はマリーナの経営に関連づけてキャッシュフローを見積もっており，土地の残存価値もしくは名目の残存価値を考慮しないケースである。これは，現在の土地開発の状況を考慮すれば，合理的ではない。実際に，マリーナの下にある土地は，周辺の開発が成功すれば，その価値はもっと高まるはずである。ここで，土地の残存価値の現在価値をおよそ$1,000,000（土地の市場価値）であるとすると，マリーナ事業の公正価値は$1,500,000である。

② 反対に，経営者がマリーナのキャッシュフローを土地の残存公正価値を含めて見積もるケースである。つまり，経営者は，マリーナは残りの耐用年数にわたって負のキャッシュフローを生み出し，その期待現在価値を$500,000とする。結果として正味の現在価値は$500,000となる。

表4　プロパティの公正価値

マリーナの公正価値		
	ケース1	ケース2
営業キャッシュフローの期待現在価値	500,000	(500,000)
土地の残存価値	–	1,000,000
当初見積額	500,000	500,000
土地の残存価値の修正	1,000,000	–
マリーナ事業の公正価値	1,500,000	500,000
認識資産への割当額	1,000,000	1,000,000

「表4」（Foster and Upton [2001b], p. 3）に示すように，いずれのケースにおいても，貸借対照表において認識される資産（土地，建物および設備）の公正価値は，$1,000,000である。ケース1において生み出される$1,500,000は，事業の営業価値，すなわち財務諸表において認識されていない営業権に類する無形資産を含んでいる。これに対して，ケース2において生み出される$500,000

は，将来の事業損失の現在価値を含んでいる。

(2) バイオ製造施設の公正価値―1

> 設例2）独自の特許権の下で独占的な生物工学技術を応用した製品を生産するために建設された特別目的の製造施設を所有し稼働させている企業を考えてみる。このプロパティを倉庫として利用しようとしている買い手が存在し，これと同条件の広さの倉庫が$700,000で販売されているとする。経営者は，バイオ製造事業からの期待キャッシュフローの現在価値を$2,000,000と見積もっている。この製造施設の公正価値はいくらか（Foster and Upton [2001b]，p.3）。

この場合も，設例1と同様に，測定対象となる資産の識別を明確に行う必要がある。貸借対照表において認識されている資産は，土地，建物および設備である。ここで，この企業は，倉庫スペースをバイオ製造施設へ転換するために必要な特別の設備にかなりの投資を行ったと仮定する（Foster and Upton [2001b]，p.3）。この設備は特別の目的のために作られているが，上述の準拠枠において提示した要件「対象をその現状において使用するか，または，それを利用する能力を有すること」を当て嵌めてみる。その設備の見積もり公正価値は，別のバイオ製造業者にとっての価値である。そこで，この設備の価値は$500,000であると仮定すると，貸借対照表において認識されている資産の見積公正価値は，土地および建物の$700,000と設備$500,000の合計額$1,200,000ということになる。設例2における期待キャッシュフローの現在価値と見積もり公正価値との間の差額$800,000は，特許権，独占的な技術力等の価値を反映するもので，現行の米国GAAPのもとでは他者から取得された場合を除いて財務諸表において認識されることはない（Foster and Upton [2001b]，p.4）。

(3) バイオ製造施設の公正価値―2

> 設例3）独自の特許権の下で独占的な生物工学技術を応用した製品を生産するために建設された特別目的の製造施設を所有し稼働させている企業を考えてみる。この設備の公正価値に関する利用可能な市場情報は全く存在しない。経営者は企業の特許権と独占的技術は製造設備から切り離して評価することはできないと結論づけている。土地，建物および設備の取得原価は$1,200,000である。無形資産は

財務諸表において資産として報告されていない。経営者はバイオ製造事業からの期待キャッシュフローの現在価値を$2,000,000と見積もっている。この製造施設の公正価値はいくらか（Foster and Upton [2001b], p.4）。

この製造設備の公正価値は，場合によっては，$2,000,000以下になる。上記の設例と同様に，認識済みの資産と未認識の資産の両方の公正価値にキャッシュフローを適用することは可能である。未認識の無形資産が零より大きな価値を有し，そして，その価値は財務諸表において認識されている土地，建物および設備の公正価値に付加されないという仮定をおく。しかし，たとえもし$2,000,000が認識された資産（土地，建物および設備）と未認識の資産（特許権および独占的技術）の双方を含んでいることが分かっているとしても，それが公正価値について利用できる唯一の測度である（Foster and Upton [2001b], p.4）。

FASBによれば，この設例は現在価値測定の限界を示す極端なケースとなっている。非金融資産および非金融負債と関連するキャッシュフローは，通常，有形および無形の資産負債が結合した結果である。設例1や設例2において提示されているような公正価値に関する外部情報がない場合，有形の要素および無形の要素が将来生み出すキャッシュフローに対する相対的な貢献を識別しようとする試みは，恣意的なものになりかねない。しかし，サービス契約のようにアカウンタントが企業に固有の情報よりもむしろ市場情報をキャッシュフローに関する個別の仮定に組み込むような多くのケースが存在している。それらの市場に関する仮定は，その測定値が，対象とその他の要因の結合価値ではなく，本来の測定対象の公正価値を反映する程度を改善することになると述べられている（Foster and Upton [2001b], p.4）。

第4節　負債の公正価値と信用状態の測定

1　信用状態の測定の問題点

すでに述べたように，SFAC 7号は，当初測定および新規測定の対象として

公正価値を選択し，負債の測定に際して企業の信用状態を含めていることにその特徴がある (Foster and Upton [2001a], p. 1)。すでに，佐藤 [1994] は，確定額払い借入金を題材として，借入時に入金額または契約額で記録する借入金の会計処理が，割引現在価値による評価の必要性が主張されるにつれて，その根拠が薄弱になっていると指摘する (佐藤 [1994], 97頁)。さらに，冨塚 [2000] は，金銭債権，とりわけ借入金と社債の評価問題として，この点について検討しており，財政状態の悪化による債務の評価減によって債務免除益が生じる問題点を指摘している (冨塚 [2000], 44頁)。逆に，信用状態が改善されれば，債務の評価増によって損失が発生するという直感的に理解しがたい奇妙な関係が生じる (FASB [2000a], par. 87)。

　FASBによれば，上記のような企業の信用状態を斟酌して負債の測定を行うというSFAC 7号の考え方ついては感情的なコメントレターが多くみられ，そこでの議論の多くは次の2点に集中していたと指摘されている (Crooch and Upton [2001], p. 1)。

① 信用状態の変化の報告 [5]
② 複雑な負債を報告する際の信用状態の役割

　以下，この点を検討するために単純な借入取引，たとえば割引債 (zero-coupon bond) のケースを取り上げ，負債の測定に信用状態を組み込まなかった場合に生じる概念的，実務的問題を検討することにより，信用状態を組み込んだ負債の測定の意義ないしその必要性を明らかにしたい。第2章において分析したように，2001年3月決算会社の金融負債の比率は全業種平均で45.9パーセントであり，金融負債に占める借入金比率は11.0パーセントで，社債・転換社債比率は32.4パーセントに及んでいることからも，公正価値による評価損益が及ぼすであろう潜在的影響の大きさを推測することができるであろう。

　クルーチとアプトンは，負債の測定に際して企業の信用状態を斟酌することについて，次の二つの問題に議論が収斂することを指摘している (Crooch and Upton [2001], pp. 1, 2)。

問題1　負債が財務諸表において最初に認識されるときに，負債の目的適合

166 第3部 公正価値会計の測定フレームワーク

的な測定値は常に企業の信用状態の影響を含むのか。その影響をしばしば含むのか。あるいは，その影響を含むことはまったくないのか。

問題2 問題1の解答は，当初認識時の測定とその後の新規測定で異なるべきであるのか。

そこで，これらの問題を検討するにあたり，次の2点を条件として組み入れることにする（Crooch and Upton [2001]，p. 2）。

条件1 市中金利で資金を借り入れる単純な活動は，利得または損失を生まない事象であること。

条件2 公正価値測定システムは，経済的に同一の資産または負債に対して異なる測定値を割り当ててはならないこと。

2 当初認識時の測定に対する信用状態の影響

> 設例4）A社は事前償還のない期間10年のゼロクーポン債$10,000を資金提供者に発行した。A社の信用格付けAAに従って，この債券は年利7％で割り引かれ，A社は$5,083を現金で受領した。GAAPに準拠して，A社はこの負債を金額$5,083で記録した。同日，B社は同様に事前償還のない期間10年のゼロクーポン債$10,000を発行した。B社の信用格付けBに従って，この債券は年利12％で割り引かれ，B社は$3,220を現金で受領した。GAAPに準拠して，B社はこの負債を金額$3,220で記録した。同日の米国財務省証券の利率は5.8％であった。（Crooch and Upton [2001]，p. 2）

設例4において，ゼロクーポン債を発行した各社における会計処理は，次のようになる（Crooch and Upton [2001]，p. 2）。

A社 （借）現金 5,083 （貸）社債 5,083
B社 （借）現金 3,220 （貸）社債 3,220

この設例におけるA社とB社の資金調達の結果から知られるように，それぞれの会社が受領した金額は，各社の信用状態を反映したものとなっており，負債の公正価値を明瞭に表現している。しかし，両社ともその信用状態にかかわらず，ゴーイングコンサーンとして，債務が契約に基づきかつ測定可能である限り，資金調達の源泉に関係なくその債務履行を完全に行うものでなければな

らないという議論がある。この考え方に従うならば，リスクフリーレート5.8％で$10,000を割り引いた現在価値$5,690で負債の記録をしなければならない（Crooch and Upton ［2001］, p. 2）。

負債をリスクフリーレート5.8％で測定する場合，興味ある結果を引き起こす。すなわち，いずれの会社においても，当該資金調達によって正味の財政状態に変化はないが，現金を借り入れた日にリスクフリーレートによる調達可能額と実際の調達額と差額が損失とみなされる。つまり，B社は，期日に$10,000を返済するという契約で公正価値$3,220の現金を受領した。この時点で，B社の正味持分に何ら変化はない。しかし，B社の信用状態の影響を除いて，負債の金額を$5,690で記録すると，$2,470の損失が生じることになる。

もちろん，このような会計処理を受け入れる経営者はいないはずである。したがって，前述の問題1に対する解答は，信用状態の影響は負債の測定にあたってこれを考慮するということになる（Crooch and Upton ［2001］, p. 2）。ここで，信用状態を考慮して会計処理を行うという実務は，企業をゴーイングコンサーンとみなしていないことによるものであろうか。もちろん，米国GAAPはそのような考え方に立っているわけではなく，当初認識時における測定額，つまり$5,083や$3,220は，発行した債券との交換で受領した資産の価値（公正価値）を表現している。債権者は会社が債務不履行に陥ることを期待するものではなく，経営者も債務不履行を計画しているわけではない。交換価格は，A社やB社のような企業が行う借入の金額が借入期間にわたって平均して債務不履行に陥るかもしれないという市場の期待を表現したものである。市場参加者は，そのような期待を補償する価格（公正価値）を求めているのである（Crooch and Upton ［2001］, p. 3）。

したがって，ここで，問題1に対する解答をあらためて考えてみるならば，当初認識時における負債の測定は常に企業の信用状態の影響を組み込まなければならないということになる。

3 新規測定に対する信用状態の影響

> **設例5）** 資金借入期間の6年目の最初の日に，B社の信用状態は格付けAAに改善した。B社は，新たに事前償還のない期間5年のゼロクーポン債$10,000を発行した。B社の改善した信用状態に従って，この債券は年利7%で割り引かれ，B社は$7,130を現金で受領した（フラットイールドカーブを仮定する）。これによって，B社は，二つの期間5年の負債がある。もし会計測定が信用状態の変化を除外するならば，最初の債券の残高は，$5,675である（年利12%による）。新らしい債券の残高は，$7,130である。(Crooch and Upton [2001], p.3)

この設例について，いかなる分析を行っても，B社の二つの債券は経済的に同一である。双方の債券とも会社が5年後に$10,000を支払うことを要求している。しかし，B社の信用状態の変化を除外すると，それらの債券がまるで異

表5　現行米国GAAPによる債券の会計処理

	貸借対照表		損益計算書	
	現金	社債	支払利息	信用状態の変化
債券1				
年度1　第1日				
当初増加額	3,220	(3,220)		
年度1　発生額		(386)	386	
年度2　発生額		(433)	433	
年度3　第1日				
信用格付けBからAに上昇		―		―
年度3　発生額		(485)	485	
年度4　発生額		(543)	543	
年度5　発生額		(608)	608	
年度6　第1日				
信用格付けAからAAに上昇		―		―
債権残高		(5,675)		
債券2				
年度6　第1日				
当初増加額	7,130	(7,130)		

注：表中の数値のうち，括弧無しの数値は借方記入を意味し，括弧付きの数値は貸方記入を意味する。

なるものであるかのような印象を与えてしまう。企業の信用状態の変化を含めることは，「株主に対して会社の真実の財政状態に関する正確な読みを与えない」という批判が考えられる。この単純なケースはその反対の結果が生じることを示唆している。すなわち，信用状態の変化を除外すれば，「表5」(Crooch and Upton [2001], p. 3) に示すように，二つの同一の負債が異なる金額で測定されるという結果が必然的にもたらされるのである。したがって，信用状態を斟酌しないことの方が，「不正確」な読みを与えてしまうのである (Crooch and Upton [2001], p. 3)。

表6 B社の債券の処理―信用状態の変化を斟酌するケース―

	貸借対照表		損益計算書	
	現金	社債	支払利息	信用状態の変化
債券1				
年度1 第1日				
当初増加額	3,220	(3,220)		
年度1 発生額		(386)	386	
年度2 発生額		(433)	433	
年度3 第1日				
信用格付けBからAに上昇		(980)		980
年度3 発生額		(452)	452	
年度4 発生額		(492)	492	
年度5 発生額		(537)	537	
年度6 第1日				
信用格付けAからAAに上昇		(630)		630
債権残高		(7,130)		
債券2				
年度6 第1日				
当初増加額	7,130	(7,130)		

注：表中の数値のうち，括弧無しの数値は借方記入を意味し，括弧付きの数値は貸方記入を意味する。

「表6」(Crooch and Upton [2001], p. 4) は，B社の信用状態の変化を組み入れた測定結果を示している。年度3の第1日目に信用格付けがBからAに上昇

している。ここで信用格付けAの債務の年利は9％であると仮定する。2回目の信用状態の変化が年度6の初日にあり、格付けがAからAAに上昇している。格付けAAの債務の年利は7％と仮定する。表中の測定結果が示すように、その他のすべての条件は等しいと仮定して、信用状態の変化を認識することは株主持分の減少（損失）を引き起こす。ここで、「表6」の貸借対照表の右側の項目は企業資産に対する債権者と株主の請求権であるとみることができる。信用状態が改善することは、株主に対する債権者の相対的なポジションが増加することを意味する（Crooch and Upton [2001], p.4）。

　このようなB社の信用状態の変化を組み入れる測定は、企業をゴーイングコンサーンとみる考え方に反するものであろうか。設例4における当初認識時の測定と同様に、信用状態の変化を組み入れる測定は、企業をゴーイングコンサーンとみる考え方に反することはない。この場合、B社の契約の公正価値は、B社が支払を期待する金額を表現するものではなく、B社のような企業が行う契約の市場全体の評価を表現するものである。公正価値は、債券の満期日に支払われるべき現金の見積額というよりもその価値を示している（Crooch and Upton [2001], p.4）。

　ここで、先に掲げた問題2に対する解答を考えてみたい。問題2の趣旨は、当初認識時の測定とその後の新規測定時で異なる処理をすることは妥当か、言い換えれば、当初認識時の測定において信用状態を斟酌するが、その後の新規測定時には信用状態を除外することは適切な処理であるのかということである。もちろん、このような取り扱いは認められるものではない。本節の設例4と設例5において例示された二つの債券は、経済的には同一である。FASBは経済学の基本的な考え方に従って、同一のキャッシュフローは必然的に同一の公正価値を有すると指摘している（Crooch and Upton [2001], p.4）。

4　売却価値による負債の測定

　これまでの分析は、負債の購入価値（entry value）に焦点を当てていた。SFAC7号は、売却価値（exit value）アプローチを採用している。ここでは、

負債の測定属性として購入価値から売却価値へ変更した場合に生じる幾つかの問題点について検討するものである。FASBは，売却価値アプローチについて次のように述べている。

「負債の公正価値を見積もるために現在価値法を利用するとき，その目的は，(a)負債を弁済するために，もしくは，(b)同程度の信用状態の企業に負債を移転するために，現時点で要求される資産の価値を見積もることにある (FASB [2000a]，par. 75)。」

ここで，次の設例を取り上げ，負債の売却価値による測定を考えてみたい。

> 設例6) B社の債券は，少なくとも信用格付けAAの新しい借り手によってのみ引き受け可能である。年度6の第1日に，B社の信用状態は改善しなかった。信用格付けはBのままである。したがって，利率の改定はなく，イールドカーブもフラットである。B社は，その債券を「表5」に示す金額$5,675でA社に移転することを望んでいる。A社はその債券の引き受けを希望しているが，その価格は$7,130を考えている。A社の立場からすれば，B社の債券はA社が新たに債券を発行する場合と同じであると仮定できる。(Crooch and Upton [2001]，p. 4)

このケースにおいて，取引の価格は，唯一の利用可能な情報が信用格付けAAの市場のみであるので，B社の債券の公正価値は$7,130になるという主張が考えられる。しかし，この思考法は，取引の対象となる負債の価値と異なる負債の観察される市場価格を混同しているという点で不正確である。$7,130は市場価格であるということについて異論はないが，その金額はB社の契約額ではない。もしB社がA社の希望する価格を支払うならば，B社は二つの要素を含んだ金額を支払うことになる。その一つは，B社の負債の公正価値 ($5,675) である。もう一つの要素は，信用格付けがBからAAに上昇したと仮定した場合に生じる価値 ($1,455) である。B社の負債を測定するときにB社が獲得していない信用状態の変化を認識することは，不適切な会計処理である。B社の債券の公正価値は，観察される価格 ($7,130) からそこに含まれる信用格付けの上昇に係るコスト $1,455) を差し引いた金額である(Crooch and Upton [2001]，p. 5)。

5 負債の測定に対する信用保証の影響

ここで,設例4のB社が年度6の第1日に信用格付けBからAAへ上昇させる信用保証を$1,455で購入したと仮定する。信用保証の購入は負債の測定に影響を与えるのであろうか。また,その価値の増加は,B社の資産といえるのか(Crooch and Upton [2001], p.5)。

信用保証の購入によりB社の債券の公正価値は明らかに$5,675から$7,130に変化する。ただし,この場合,信用保証は資産の定義を必ずしも満たすとはいえないところがある。この契約の「発生の可能性が高い将来の便益」は,すべて支払が完了した時点で,結果的には,B社の債券の保有者に移転してしまうからである (Crooch and Upton [2001], p.5)。

しかし,信用保証による信用状態の変化によって,B社は信用格付けBからAAに上昇した会社として扱われる。格付けの上昇によってB社は,その後の資金調達の条件は依然と異なるものとなる。したがって,信用格付けAAには,B社の資産価値を上昇させるベネフィットがあるといえる。もしこの種のベネフィットがないならば,B社の経営者は信用保証の購入を行わないはずである (Crooch and Upton [2001], p.5)。

表7 信用保証の購入の会計処理

	現金	資産の増加	社債	損益計算書
期首有高	5,675		(5,675)	–
信用保証の購入	(1,455)	1,455		–
信用保証購入による債券の価値の変化	–	–	(1,455)	1,455
期末残高	4,220	1,455	(7,130)	1,455

注:表中の数値のうち,括弧無しの数値は借方記入を意味し,括弧付きの数値は貸方記入を意味する。

「表7」(Crooch and Upton [2001], p.5) は,B社の信用保証の購入の会計処理を示している。信用保証による価値増加の分析は,多くの産業が政府のコントロールと保険の組み合わせの下で活動を行っているという事実関係から見逃してはならない点である。たとえば,保険は実際よりもずっと低い利率で借入

を可能にするものである。このような点を踏まえ，SFAC 7 号では次のように述べられている。

> 「特定の負債の公正価値に対する企業の信用状態の影響は，企業の支払能力や債権者を保護するための負債の条件（liability provision）に依存している。政府機関によって保証されている負債（たとえば，米国の多くの銀行預金）は，債権者に債務不履行リスクを与えていない。その他の負債は，減債基金規定や重要な担保を含んでいる。それらのすべての側面は，企業の信用状態が企業の負債の公正価値に及ぼす影響の程度を見積もるときに考慮されなければならない（FASB［2000a］, par. 79）。」

6　繰上返済規定が測定に及ぼす影響

　これまでの設例では，借入資金を満期日前に返済することはできないという仮定がおかれていた。しかし，ほとんどの資金借入れは，繰上返済が可能であり，通常当初の借入契約において取り決められた金額で行われる。借入金の繰上返済能力は，企業の信用状態の影響とどのような相互作用があるのか。

　ここで，先に掲げた設例5のB社の年度6の第1日に戻って条件を与えてみる。いま，B社の信用状態が格付けBからAAに上昇した。B社のローンの公正価値は，繰上返済能力がない状態を想定すると，$7,130となる。しかし，B社は，当初の借入額に，当初の金利12%で発生した利息額を加算した金額に基づいて繰上返済できると仮定する（Crooch and Upton［2001］, p. 6）。この場合，繰上返済能力は，B社の債務の公正価値を変化させる。SFAC 7 号は，負債の測定を次のように説明している。

> 「負債の公正価値を見積もるために現在価値測定を用いるとき，その目的は，現時点で，(a)債権者に対する負債を弁済するか，もしくは，(b)同程度の信用状態の企業に負債を移転するために必要とされる資産の価値を見積もることである（FASB［2000a］, par. 75）。」

　B社は，債権者に対して負債を繰り上げて返済することが可能であるので，その弁済に必要な金額と第三者に移転するために必要な金額は，同じになる

か，または，非常に近似したものになる。繰上返済能力は，B社の負債の公正価値に有効な上限値を設定することになる（Crooch and Upton ［2001］，p. 6）。

これまで検討してきた説例から理解できるように，クルーチとアプトンは，伝統的財務諸表は，経済的に自明な理と法律的に自明な理を無視してきたと述べている（Crooch and Upton ［2001］，p. 6）。負債の測定に企業の信用状態を組み入れることによって，財政状態の悪化が企業はあたかも利益を得たように見せかけてしまう。反対に，企業の信用状態の改善は，帳簿上の負債額の上昇を生み出す。信用状態の改善の結果として，あたかも財政状態が悪化したように見えてしまう。この考え方は，企業の債権者に対する債務や義務の概念に関する長期的に支配されてきた観点と異なっているが，利用者の情報要求に応える比較可能性や客観性のある会計情報を提供するためには，信用状態を組み入れた測定システムが必要であると述べられている（Crooch and Upton ［2001］，p. 6）。

（1）古賀智敏教授が，アメリカにおける20世紀の会計理論の発展を明快に跡づけられ，これを踏まえて公正価値会計の展開ついて体系的に論じているので参照されたい（古賀［2000a］）。また，河﨑照行教授は，アメリカ・カナダ・IASCにおけるインターネットをベースとした情報技術の発展と企業のレポーティングへの影響について詳細に検討し，将来の企業報告のあり方を示している（河﨑［2000a］・［2000b］・［2000c］）。定期的な財務報告とは，四半期毎，半期毎，年度毎の一定期間毎に行われる報告を意味するのに対して，継続的報告とは事業活動に沿ってリアルタイムに行われる即時的報告を意図している。

（2）川村［2000］がすでに本概念書について紹介しており，その全体像についてつぶさに知ることができる。また，公開草案の段階の論攷として藤井他［1998］があるので参照されたい。

（3）FASBは，これらの仮定について次のような追加的説明を行っている（Foster and Upton ［2001b］，p. 2）。仮定1は，たとえば，もし取引の対象がバケット掘削機である場合，買い手は建設会社または中古機械業に属するものと仮定するものである。対象を理解しない買い手は市場を構成するものとは考えていないためである。仮定2は，不動産のような固定資産にとって特に重要になる。たとえば，ある企業が農業に利用されている土地を取得するときに，この地域の土地の買い手は宅地開発または商業開発の潜在力に関心を持っており，それに従って価格付けが行われているとする。この場合，公正価

値は，農業に継続的に使用するというよりも，その土地開発に関する仮定を組み込む必要がある。仮定 3 は，市場参加者間には情報の非対称性がまったくないことを意味する。もしその対象がバケット掘削機である場合，買い手はその機械にオイル漏れがないか，何千時間使用されたかについて学習することができるという仮定をおいている。仮定 4 は，もしその対象がバケット掘削機である場合，買い手は「市場平均的な」資産よりも，特定の型式，モデル，年齢および物理的条件に関心を持っていることを想定している。仮定 5 は，資産のグループまたは負債のグループの公正価値を検討するときに特に重要になる。もし企業が資産グループまたは負債グループを取り引きする際によりよい価格（またはよりコストの低い）を獲得することができるならば，そして，企業は市場に参加する能力があるならば，その取引は市場で行われるということを仮定している。

（4） *Understanding the Issues* は，FASBが2001年 5 月から発行しているもので，FASBの刊行物において取り扱われている重要な主題について，それを平易に解説することを目的とするものである。SFAC 7 号は，会計測定にキャッシュフロー情報と現在価値を利用するものであるが，資産および負債の測定に関する内容は極めて抽象的であり，かかる測定を適用する具体的なケースを検討することによって，その理解が促進されるものと考える。本章では，*Understanding the Issues* において例示されている設例を中心に公正価値による資産と負債の測定の基礎について検討している。

（5） 大日方 [2001] は，SFAC 7 号において企業自身の信用リスクを反映した追加借入利率を適用することが述べられている点について，企業の情報開示の責任と情報利用者である投資家の意思決定の自己責任とが区別されていないとして批判している（大日方 [2001]，64頁）。すなわち，企業の信用力という，本来なら資本市場で投資家によって判断されるべき事柄を，企業が自ら評価して開示することは，重大な矛盾をはらんでおり，効率的な市場を前提とする限りすでに市場で知られている企業価値や信用力の情報を企業会計に取り入れてみたところで，そのような会計情報に情報価値はないと述べている（大日方 [2001]，64頁）。

第9章　ヘッジ会計の基礎理論

第1節　ヘッジ会計の基礎概念

1　リスク管理の有効性の評価

　金融の自由化・国際化によって企業の経営環境が激変し，金融経済とリンクした種々のリスク要因が企業の業績に直結するようになり，かかるリスクのヘッジが経営上の重要な課題となってきた。たとえば，為替リスクや金利リスクなどのヘッジ手段としてデリバティブが利用されていることは周知のところであるが，外部報告上で問題となってきたことは，原価・実現アプローチに基づく期間損益計算の枠組ではヘッジ活動にかかる損益を決済時点まで待つ必要があり，その間の経営実態が把握できず，外部の利害関係者に結果的に損害を与えた事例が増えてきたことである。

　すなわち，企業の経営者は，経営効率を維持するために特定のリスクをヘッジすることを目的としたデリバティブ取引を行っているのであるが，このようなヘッジ活動がリスク削減に有効に作用しているかどうかを分析するためには，原価・実現アプローチでは不可能であり，公正価値測定[1]を導入し定期的にヘッジ活動の有効性を評定することが必要である。

　換言すれば，組織効率管理という企業の経営プロセスの効果を測定するためには，ヘッジ活動の公正価値による測定が不可欠であり，公正価値測定が媒介となってヘッジ対象およびヘッジ手段にかかる利得・損失を同一の会計期間に

対照表示させることによって，組織業績を包括的に把握することが可能になるものと考えられる。つまり，公正価値測定が媒介原理として機能することにより，リスクヘッジに関連する経営プロセスとしての組織効率管理とかかる経営プロセスの数的管理にかかわる組織業績管理が有機的に結合し，情報利用者の意思決定に役立つ目的適合的な情報の提供が促進される。

以上述べてきた事柄を図式化したものが，「図1」である[2]。この図は，ヘッジ会計の前提となる経営内部の管理プロセスに関わる概念をまとめたものであるが，この種の経営管理情報を外部報告において積極的に開示すべきことが，ジェンキンズ報告書（AICPA [1994]）において勧告されている（浦崎[1998], 72頁）。アメリカにおいては，まさに，このような観点に基づいてデリバティブの認識測定ならびに開示に関する基準の設定が進められ，内部管理情報，すなわちリスク管理の財務的結果を外部財務報告において提供することによって情報の質的・量的拡充化が図られてきたのではないかと考えられる。

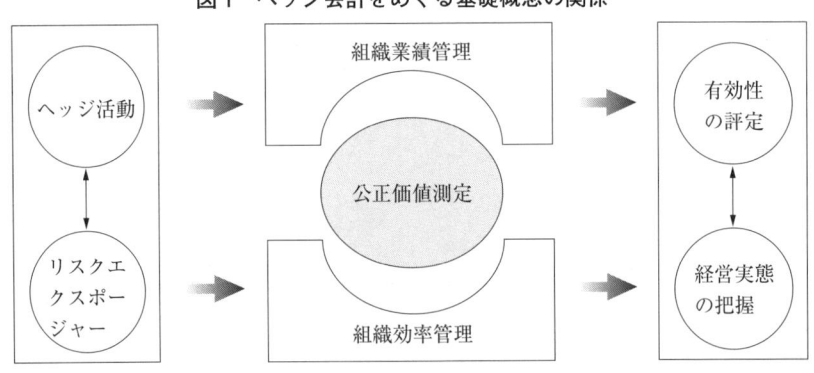

図1　ヘッジ会計をめぐる基礎概念の関係

2　ヘッジ戦略におけるデリバティブの利用

すでに述べたように，企業の経営者は，様々なリスクを削減する目的で種々のデリバティブを利用している。デリバティブとは，先渡，先物，オプション，スワップなどのように，基礎となる商品（原資産）の変数の値（市場価値

の指数等）によって相対的にその価値が定められるような金融商品をいう（古賀［1999a］，3・4頁）。

　先渡および先物は，将来のある時点において予め決められた価格で資産の売買を行う契約であるという点で共通するが，先渡は相対取引であり，先物は取引所において規格化された条件の下で行われる取引であるという点で相違する（三菱銀行商品開発部［1994］，1，25頁）。スワップとは，予め決めれた算式に従って，将来発生するキャッシュフローを2当事者間で交換する相対取引である（三菱銀行商品開発部［1994］，203頁）。例えば，固定金利と変動金利を交換する金利スワップがある。オプションには，コールオプションとプットオプションがあり，コールオプションの保有者は，将来のある特定の日にある特定の価格である資産を購入する権利を有する。これに対して，プットオプションの保有者は，将来のある特定の日にある特定の価格である資産を売却する権利を有する。状況によって満期日に権利を行使しないことができるという点が，先渡，先物，スワップと異なる点である（三菱銀行商品開発部［1994］，235・236頁）。

　リスク管理のプロセスは，特定のリスクに対してどのようなデリバティブが有効であるかの判断のプロセスである。企業の経営者は，これらのデリバティブを利用するに際して，自社のリスクを見極め，デリバティブをどのように利用するか検討しなければならない。デリバティブをヘッジ手段として活用するための一般的なステップとして，次の四つの段階が指摘されている（Feinstein［1997］，pp. 443-447；朝日監査法人［1998］，388-392頁）。

① リスクの特定
② ヘッジ代替案の選択
③ ヘッジ効果の識別
④ ヘッジ手段の画定

　まず，リスク管理の対象とするリスクが，価格リスク，為替リスク，金利リスク等のいずれのリスクであるかを特定する。どのリスクにどのデリバティブを割り当てるかの判断は，リスクの特性とヘッジ商品（デリバティブ）の特性に依存する。リスクの特性とデリバティブの特性には次のような関係があり，

この関係をふまえてヘッジ手段が確定される。

① 対称性のリスク（価格がある方向に動いたとき会社にとって損となり，逆の方向に動いたとき利益になるようなリスク：為替リスク，価格リスク）は，対称性のヘッジ商品（価格がある方向に動いたときに利益が生まれ，逆の方向に動いた場合に損失が出る商品：先渡，先物，スワップ）で最もよく相殺することが可能である。

② 非対称性のリスク（価格がある方向に動いたとき会社にとって損となるが，逆の方向に動いたときでも利益にならないようなリスク）は，非対称性のヘッジ商品（価格がある方向に動いたときには利益が生じるが，逆の方向に動いたときには何らのキャッシュフローも生じない商品：オプション）で最もよく相殺することが可能である。

あるリスクに対しては，複数のヘッジ手段が適用可能であるため，最終的には，ヘッジ商品の流動性，取引コスト，商品設計の自在性を勘案し，全体的なコストとベネフィットを比較考量することでヘッジ手段が画定される。

第2節 ヘッジ会計のフレームワーク

1 デリバティブの定義

本節では，公正価値会計の重要な一領域をなすヘッジ会計[3]のフレームワークについて，ヘッジ活動に関する世界で初めての会計処理基準であるFASBのSFAS133号『デリバティブおよびヘッジ活動に関する会計処理』（FASB [1998a]）を取りあげ，ヘッジ会計処理の類型について論及するものである。

デリバティブとは，次の三つの条件を備えた金融商品またはその他の契約を意味する（FASB [1998a], par. 6）。

① (1)一つまたは複数の基礎変数，かつ，(2)一つまたは複数の名目数量または支払条件のいずれかもしくはその両方を有すること。

これらの条件は，決済額を決定し，さらに決済が必要であるかどうかを決める。例えば，ストックオプションの場合，基礎変数は株式の市場価格

であり，名目数量は株式数である。決済額は，「(市場価格－行使価格)×株式数」によって計算される。
② 初期の純投資を全く必要としないこと。
　あるいは，市場ファクターの変動に対して，類似の反応が期待されるその他のタイプの契約に要求される初期純投資よりも少額の初期純投資であること。
③ 契約条件で差金決済が要求されているかもしくは認められること。
　契約に規定されない手段で容易に差金決済されること。もしくは，実質的に差金決済と変わらないポジションで受領者に資産の引き渡しを行うこ

表1　デリバティブと「基礎変数」および「名目数量」の関係

デリバティブ	基礎変数	名目数量
ストックオプション	市場価格（例えば，ABC社普通株式の価格）	株式数（例えば，1,000株）
	決済金額＝(市場価格－行使価格)×株式数	
通貨先渡	為替相場（例えば，DM/U.S.$交換レート）	通貨単位数（例えば，200,000 DM）
	差金決済は，契約期間の最後に行われる。決済額＝(契約上の先渡レート－決済日の現物レート)×通貨単位数	
商品先物	一単位あたりの商品価格である（例えば，1ブッシェルの小麦価格）	商品単位数（例えば，700ブッシェル）
	差金決済は，毎日行われ，決済額は将来価格の変動によって決定され，そして，満期時点を反映するために割引される。	
金利スワップ	金利指数（例えば，6％固定金利受け取り，LIBOR払い）	ドル額（例えば，U.S. $1,000,000）
	差金決済は，次の公式に基づく契約期間を通じて毎期行われる。決済額＝(現行金利指数－契約上明記された固定金利)×特定のドル額	

と。

「表1」は,ストックオプション,通貨先渡,商品先物,金利スワップの各取引における基礎変数と名目数量について説明したものである[4]。

2 ヘッジ会計の3形態

まず,ヘッジ会計とは,公正価値によって測定されるヘッジ対象(リスクエクスポージャー)とヘッジ手段(デリバティブ)にかかる利得・損失を同一の会計期間に認識することで,ヘッジ関係の有効性[5]を評定する会計手続きのことであると規定する[6]。ヘッジ対象とヘッジ手段の利得・損失を同一の会計期間に認識することは、「売上高と売上原価」あるいは「売上高と販売費・一般管理費」において観察された従来の対応概念では説明できない処理であり、その意味で特殊な会計処理である。

SFAS133号は2000年6月15日以降に開始する事業年度[7]からSEC登録会社に適用されることとされているが,この基準書の特徴は次の3点にある。

① すべてのデリバティブを契約上の権利または義務に基づいて資産または負債として認識し[8],公正価値で測定することを義務づけている(FASB [1998a], par. 17)。公正価値による報告を要求したのは,それが金融商品にとって最も目的適合性[9]がある測定属性であり,デリバティブにとっては唯一の目的適合的な測定属性となるからである(FASB [1998a], par. 3)。

② ヘッジ関係が意図されずかつ適格でないデリバティブ(例えば,投機目的の取引)の公正価値の変動は稼得利益に記録される(FASB [1998a], par. 18)。

③ 経営者が指定した適格なデリバティブの価値の変動について一定の条件の下で特別の会計処理が認められる(FASB [1998a], par. 18, 22, 31)。基準書では「公正価値ヘッジ」,「キャッシュフローヘッジ」,「外貨ヘッジ」の3種類に分けてヘッジ会計処理が解説されている。

公正価値ヘッジとは,認識されている資産または負債の公正価値の変動可能性のヘッジ,あるいは,特定のリスクが伴う未認識の確定約定[10]の公正価値

の変動可能性のヘッジを意味する（FASB [1998a], par. 20）。ヘッジリスクに起因するヘッジ対象の損失・利得，公正価値ヘッジ手段として指定された適格なデリバティブの利得・損失は，同一の会計期間において稼得利益に認識される。

資産の公正価値ヘッジの仕訳例

① （借）稼得利益（損失）　50　　（貸）ヘッジ対象（資産）　50
② （借）ヘッジ手段（資産）50　　（貸）稼得利益（利得）　　50

キャッシュフローヘッジとは，ヘッジ対象のキャッシュフローの変動可能性がヘッジ手段のキャッシュフローによって相殺される場合のヘッジ関係をさしている（FASB [1998a], par. 28）。例えば，予定取引[11]に対するキャッシュフローヘッジ手段として指定された適格なデリバティブの利得・損失の有効な部分は，その他の包括利益の構成要素として報告され，続いてヘッジされている予定取引が稼得利益に影響を及ぼす同一の期間に稼得利益に再分類される。それ以外のデリバティブの利得・損失は，すなわち有効でない部分は，稼得利益に認識される（FASB [1998a], par. 28-31）。

予定取引のキャッシュフローヘッジの仕訳例

① （借）ヘッジ手段（資産）30　　（貸）その他の包括利益　30
② （借）その他の包括利益　30　　（貸）稼得利益（利得）　30

また，SFAS133号では適格外貨ヘッジの範囲を拡張することによってヘッジ会計指針の一貫性が高められている。外貨ヘッジ手段として指定されかつ適格であるデリバティブもしくは非デリバティブ金融商品の利得・損失は，次のように処理される。
　① 外貨公正価値ヘッジ：外貨建確定約定のヘッジ手段としてのデリバティブおよび非デリバティブ金融商品の利得・損失，ならびに，ヘッジ対象と

しての確定約定の損失・利得は，同一の会計期間の稼得利益において認識される。売却可能証券のヘッジ手段としてのデリバティブの利得・損失，ならびに，ヘッジ対象としての売却可能証券の損失・利得は，同一の会計期間の稼得利益において認識される。

② 外貨キャッシュフローヘッジ：予定外貨建取引のヘッジ手段としてのデリバティブの利得・損失の有効な部分は，その他の包括利益の構成要素として報告され，ヘッジ対象としての予定取引が稼得利益に影響を及ぼす同一の期間の稼得利益に再分類される。ヘッジ手段のその他の利得・損失は，稼得利益において認識される。

③ 在外事業活動への純投資のヘッジ手段としてのデリバティブもしくは非デリバティブ金融商品の利得・損失は，ヘッジ手段としての有効性の程度に基づいて累積的換算修正の一部としてその他の包括利益に報告される。

基準書133号によると，以上みてきたように，企業がヘッジ対象とヘッジ手

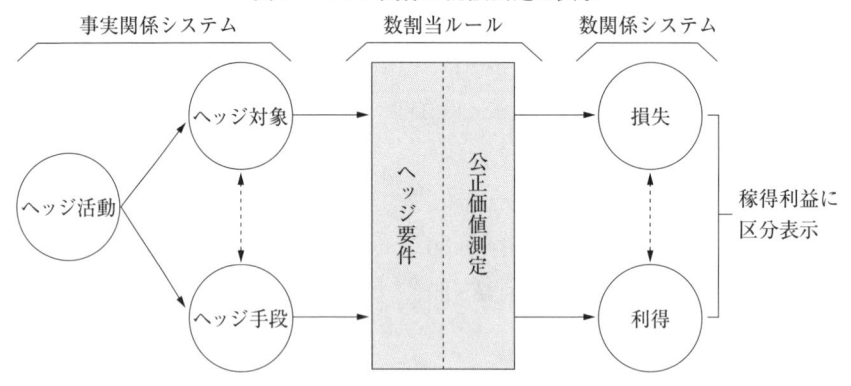

図2　ヘッジ関係の認識測定と表示

事実関係システム　　数割当ルール　　数関係システム

ヘッジ活動 → ヘッジ対象 → ヘッジ要件／公正価値測定 → 損失／利得　稼得利益に区分表示
　　　　　　 ヘッジ手段 →

段に関するヘッジ関係を文書で記録し，そのうち一定のヘッジ要件を満たすものについて定期的に公正価値測定を行い，ヘッジの有効性についての評定を実施する。ヘッジ対象およびヘッジ手段の利得・損失は，キャッシュフローヘッジにおける予定取引に対するヘッジ手段の有効部分の処理を除き，原則として，稼得利益に計上されることとなる。この関係を図式化したものが「図2」

表2 公正価値ヘッジとキャッシュフローヘッジのヘッジ要件

要件	公正価値ヘッジ	キャッシュフローヘッジ
適格な ヘッジ対象	認識済みの資産・負債および未認識の確定約定 1） 棚卸資産 2） 売却可能証券 3） 固定金利債務	予定取引および認識済みの資産・負債の変動キャッシュフロー
文書化を要する事項	ヘッジ関係およびそれに関連したリスク管理の目的と戦略 ① ヘッジ手段 ② ヘッジ対象 ③ ヘッジされるリスク ④ ヘッジされるリスクに起因するヘッジ対象の公正価値変動を決定する方法 ⑤ ヘッジ手段の有効性を評定する方法 ⑥ 確定約定の公正価値の認識された変動を稼得利益に計上する方法	ヘッジ関係およびそれに関連したリスク管理の目的と戦略 ① ヘッジ手段 ② ヘッジ対象，その予想通貨量または数量，取引予定日，関連する資産・負債の特質 ③ ヘッジされるリスク ④ ヘッジ手段の有効性を評定する方法 ⑤ その他の包括利益に累積された損益を稼得利益に再分類する方法
デリバティブの記録方法	公正価値でB/Sに計上	公正価値でB/Sに計上
デリバティブの公正価値の変動の記録方法	稼得利益において変動部分を記録	ヘッジ要件を満たす程度で，価値変動部分をその他の包括利益に記録
非有効部分にかかる公正価値変動の記録方法	① 過大ヘッジ－非有効部分は稼得利益に記録 ② 過小ヘッジ－非有効部分は稼得利益に記録	① 過大ヘッジ－非有効部分は稼得利益に記録 ② 過小ヘッジ－非有効部分は認識されない
ヘッジ対象の公正価値変動の記録方法	ヘッジ対象の簿価修正	当該処理は該当せず
ヘッジ終了時点の会計処理	ヘッジ手段の利得・損失は稼得利益に記録済み。ヘッジ対象はヘッジ終了時点まで簿価修正される。ヘッジ終了後はヘッジ対象は存続期間にわたって簿価修正が認識される。	その他の包括利益に記録されたヘッジ手段の利得・損失は，ヘッジ対象が稼得利益に影響を及ぼす期間にわたって稼得利益に再分類される

である。また，先に掲げた公正価値ヘッジとキャッシュフローヘッジのヘッジ要件を一覧できるようにまとめたものが「表2」である（FASB [1998b], slide14）。

第3節 ヘッジ会計の概念モデル

　ここで，前節において提示した「図1」および「図2」における基礎概念の関係図式を敷衍し，これらの基礎概念を企業の会計行為のプロセスに当てはめたものが「図3」である[12]。この図では，企業の経営者がリスク管理戦略に基づいて行うヘッジ活動が，識別され，計量化される一連のプロセスが示されている。また，ヘッジ会計にかかる諸概念「リスクエクスポージャー―ヘッジ活動―ヘッジ会計―公正価値測定」が，媒介機能を果たすことによって，リスク管理戦略としての組織効率管理とその数的結果としての組織業績管理が関連することを図示している。このヘッジ会計の概念モデルを詳説したい。

　まず，事実過程において，経営者は企業のリスクエクスポージャーを把握し，かかるリスクを削減することを目的としてリスク管理戦略を立てる。この戦略に基づいて具体的にデリバティブ契約が締結されヘッジ活動が行われる。ヘッジ活動が有効であった場合，結果としてリスクが削減されることになる。

　このような，事実関係を数関係に写像する場合，ヘッジ活動が測定の対象となる。まず，識別過程において，ヘッジ活動が公正価値ヘッジか，キャッシュフローヘッジか，外貨ヘッジであるかを識別する。ヘッジ活動の種類が特定化されたならば，特定化された種類のヘッジ活動にかかるヘッジ会計処理を適用し，その結果として有効性の程度が明らかとなる。

　ヘッジ活動の計量化過程においては，有効性を評定するという目的に照らして，目的適合的な属性が選択され，公正価値による測定が行われる。その結果が，包括利益に集約されて財務諸表に表示されることになる。

　以上が，ヘッジ会計の概念モデルにおける処理の流れであるが，太い矢印で貫かれているキータームは，それぞれ関連していることを示している。つま

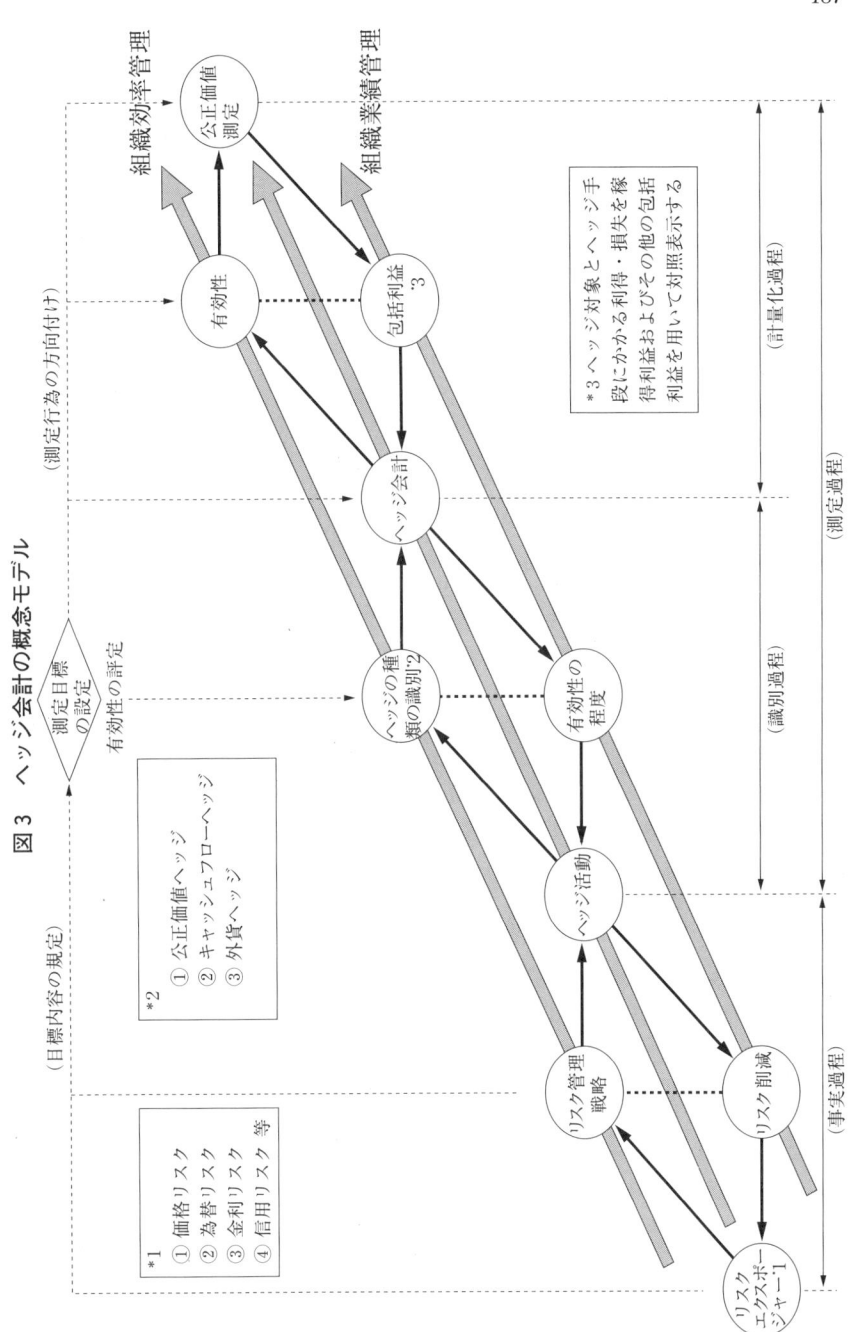

図3 ヘッジ会計の概念モデル

(測定行為の方向付け)

組織効率管理 ← 有効性
組織業績管理 ← 包括利益 *3

公正価値測定

ヘッジ会計

有効性の程度

ヘッジの種類の識別 *2

ヘッジ活動

リスク管理戦略 — リスク削減

リスクエクスポージャー *1

測定目標の設定 — 目標内容の規定
有効性の評定

*1
① 価格リスク
② 為替リスク
③ 金利リスク
④ 信用リスク 等

*2
① 公正価値ヘッジ
② キャッシュフローヘッジ
③ 外貨ヘッジ

*3 ヘッジ対象とヘッジ手段にかかる利得・損失を稼得利益およびその他の包括利益を用いて対照表示する

(計量化過程)
(測定過程)
(識別過程)
(事実過程)

り,「リスク管理戦略→ヘッジの種類の識別→有効性」は,企業のリスクエクスポージャーが前提となって,リスク管理戦略を立て,その有効性を把握することを意味するものであり,この一連の流れは組織の効率性の管理につながるものである。また,組織効率管理の計数管理的側面が組織業績管理である。それは,「リスク削減→有効性の程度→包括利益」という関係で示されている。つまり,企業のリスクエクスポージャーが前提となって,リスク削減を確認するためには,ヘッジ活動を測定しなければならず,ヘッジ活動の有効性の程度は,包括利益という利益概念によって最終的に把握されることになる。

　本章は,企業の経営者が種々のリスクを削減する目的でデリバティブを利用しているという事実関係を財務報告上明らかにするために,ヘッジ会計の導入が必要であるということを主張してきた。金融商品をめぐる企業活動の経済的実態を把握するためにも,公正価値に基づいた財務業績のレポーティングが必要とされているのである(浦崎［1999b］)。次章においては,ヘッジ活動の事例を用いて具体的な会計処理を提示したい。

(1) 公正価値とは資産(負債)が強制または清算によることなく,取引の意思を有する当事者間で売買(発生)されうる金額を意味する。取引が活発に行われている市場の相場は公正価値の最も良い証拠となり,もしそれが利用可能であるなら測定の基礎として利用されるべきである。もし相場が利用可能であるなら,公正価値は取引単位数とその市場価格の積で示される。もし相場が利用可能ではないなら,公正価値の見積もりはその時点で利用できる最善の情報に基づくものでなければならない。

　公正価値の見積もりは,類似の資産または負債の価格および利用可能な評価技法の結果を考慮したものでなければならない。評価技法の例として,想定されるリスクに見合った割引率を用いた見積期待将来キャッシュフローの現在価値,オプション価格モデル,マトリックスプライシング,オプション修正スプレッドモデル,ファンダメンタル分析などがある。資産および負債を測定するための評価技法は公正価値の目的に合うものでなければならない。それらの評価技法を利用する場合に市場参加者は公正価値を見積もるために金利,デフォルト,満期前償還,ボラティリティに関する仮定を含めた将来収益と将来費用を利用するという仮定をおかなければならない。

　見積もり将来キャッシュフローを割り引いて外貨先渡契約などの先渡契約の公正価値を測定する場合には,スポットレートよりもむしろ先渡レートの変動に基づいて将来キ

ャッシュフローを見積もらなければならない。見積もり将来キャッシュフロー（または それと等価のその他資産のアウトフロー）を割り引いて金融負債および負債である非金 融デリバティブの公正価値を測定する場合には，それらの負債が独立企業間取引におい て決済されるときの割引率を利用することが望ましい。(FASB [1998a], par. 540)
（2） 「図2」は，武田隆二教授の『制度会計論』（中央経済社）の「図2-12」を参照に作 図したものである。武田教授の図式では，会計の技術構造がベースとなり，会計目的が 媒介構造を形づくり，かかる会計目的が会計の実体構造に影響を及ぼすという関係が描 かれている。
（3） 古賀智敏教授は，ヘッジ会計の重要性にいち早く着目され，『デリバティブ会計』（森 山書店，初版1996年）においてアメリカにおけるヘッジ会計研究を体系的に整理されて おられ，アメリカにおけるヘッジ会計をめぐる議論のながれをつぶさに知ることができ る。
（4） FASB [1998b] のセクション3においてデリバティブのタイプ（種類）関する詳細な 解説がある。当該セクションの例示Aは，ある金融商品がデリバティブであるかどうか を判別するデシジョンツリーを提供しているので参照されたい。
（5） 有効性とは，ここでは，ヘッジ対象の公正価値の変動やキャッシュフローの変動をヘ ッジ手段がどの程度効果的に相殺しているかを意味する。企業は，ヘッジを開始する時 点で，ヘッジ関係の有効性を継続的に評定するための方法を明確に規定し，かつ，ヘッ ジの非有効部分についての測定方法を予め明らかにしておかなければならない（FASB [1998a], par. 62）。例えば，ヘッジ手段の利得および損失の評定について，時間価値を 評定の対象から次のように除外することを認めている（FASB [1998a], par. 62）。

① オプション契約によるヘッジの有効性をオプションの本源的価値の変動に基づい て評定する場合，当該契約の時間価値の変動はヘッジの有効性の評定の範囲から除 外される。
② オプション契約によるヘッジの有効性をオプションの最低価値（本源的価値＋割 引の効果）の変動に基づいて評定する場合，当該契約のボラティリティの変動はヘ ッジの有効性の評定の範囲から除外される。
③ 先渡契約または先物契約によるヘッジの有効性を現物価格の変動に起因する公正 価値の変動に基づいて評定する場合，現物価格と先渡価格または先物価格との差異 の変動に関連する当該契約の公正価値の変動はヘッジの有効性の評定の範囲から除 外される。

ヘッジの有効性の評定に当たって斟酌すべきその他の事項については，FASB [1998a] のパラグラフ62-71を参照されたい。
また，わが国の金融会計実務指針のパラグラフ156によれば，ヘッジの有効性の判定 は，次のように行われる。原則としてヘッジ開始時から有効性判定時点までの期間にお

いて，ヘッジ対象の相場変動又はキャッシュフロー変動の累計とヘッジ手段の相場変動又はキャッシュフロー変動の累計とを比較し，両者の変動額等を基礎にして判断すると述べられている。両者の変動額の比率がおおむね80％から125％の範囲内にあれば，ヘッジ対象とヘッジ手段との間に高い相関関係があると認められる。オプション取引については，ヘッジ方針に従い，オプション価格の変動額とヘッジ対象の時価変動額を比較するか又はオプションの基礎商品の時価変動額とヘッジ対象の時価変動額を比較して判定を行う。

　　たとえば，ヘッジ手段の損失額が80でヘッジ対象の利益額が100ならば，相殺は100分の80で80％と測定され，また，ヘッジ手段の利益額が100でヘッジ対象の損失額が80ならば，相殺は80分の100で125％と測定され，これらのヘッジ手段とヘッジ対象には高い相関関係がありヘッジは有効であるといえる。

(6)　ヘッジ会計に関する従来の定義では，ヘッジ対象とヘッジ手段にかかる利得または損失を同一の会計期間に認識して測定するという点が強調されており，有効性に関する説明を入れた定義はほとんどみられない。これを定義に含めたのは，SFAS133号においてヘッジ手段の有効性を評定するという点が重視されていることからである。ヘッジ会計の定義については，古賀［1999a］（125頁）および白鳥他訳［1997］（10, 11頁）を参照されたい。

(7)　SFAS133号が適用される事業年度は当初1999年6月15日以降に開始する事業年度であったが，以下の理由によりSFAS133号の適用を1年遅らせるためのSFAS137号が1999年6月に公表されている。企業の担当者および監査人からSFAS133号の規定を十分に理解し適用するために時間的猶予が必要であるという要請が多かったこと，さらに，各企業はコンピュータ2000年問題との関連で情報システムを修正しておりSFAS133号の規定にシステムを対応させる時間とコストに余裕がないことが重要な理由としてあげられていた（FASB［1999a］）。

(8)　本報告では，デリバティブが資産もしくは負債に該当するかどうかどうかという議論には言及していない。日本をはじめ，FASBやIASCなど諸外国においては，デリバティブが資産・負債の定義を満たすものとして基準設定が行われているからである。今後の問題として取りあげるべきことは，従来の簿記上の取引概念が拡大している点であり，簿記教育上「取引概念」をどのように説明するかという点である。デリバティブの資産性および負債性については，古賀教授が詳細に論じている（古賀［1999a］「第5章デリバティブとオンバランス会計」を参照されたい）。また，取引概念の拡大については，拙稿を参照されたい（浦崎［1993］）。

(9)　財務報告の目的は投資者および債権者の意思決定に役立つ有用な情報を提供するこであると措定する目的観（FASB［1978］, par. 34）に立つ場合，目的適合性という情報特性は経済事象の認識測定の最高の指導原理として機能する（武田［1976］, 6頁）ことか

ら，公正価値測定の論拠として重視すべき規準である。ここで意思決定に対する情報の有用性とは，投資者および債権者が企業への将来の純キャッシュインフロー（最終的には投資者・債権者へのキャッシュフロー）の金額，時期，および不確実性を評価することに対する役立ちを意味する（Willis［1998］, p. 20）。

金融商品の市場価格に関する情報が投資者・債権者のそのような意思決定態様に対して役立つというのは，金融商品の公正価値は当該商品が決算時点で取引の意思を有する当事者間で売買されうる金額を表現しているからであり，換言すれば金融商品に係る将来キャッシュフローの現在価値に関する市場の評価を反映しているからである。それによって将来キャッシュフローの金額や時期に関する事前の期待と決算時点のデータがどの程度乖離しているかを判断することができ，その乖離の幅をリスクに関する市場の評価とみて意思決定の改善が図られるからである（Willis［1998］, p. 20）。

金融資産および金融負債を公正価値で測定する論拠は，金融の自由化・国際化によって経営環境が変化したということ，かかる環境変化に対応するためにデリバティブを利用したリスク管理戦略が行われ，公正価値はこのような企業行動を把握し企業実態を明らかにすることができる目的適合的な測定属性であるということに求められている。

製造業を前提として精緻化されてきた原価・実現アプローチに基づく伝統的会計理論は，経済社会の変容とともに理論と実務の両面において金融資産負債の会計処理に対してその妥当性を失いつつあり，伝統的な原価・実現を基礎とする測定概念は金融リスク管理のために利用される金融商品の認識測定に関して適切でないという認識が一般化してきているのである（IASC［1997］, par. 4.9 – 4.11）。

(10) 確定約定とは，次の条件を満たす非関連当事者との契約である（FASB［1998a］, p. 244）。
① 価格，数量，時期が特定していること。
② 利害関係のない他者との取引であって，両方の当事者を拘束し，通常法的に強制されるものであること。
③ 契約不履行に対する大きなインセンティブがないために契約履行の可能性が高いこと。
例）利害関係のない他者との間で6ヶ月後（確定時期）に機械1台500ドル（確定価格）で5台の機械（確定数量）を購入する拘束契約。

(11) 予定取引とは，将来履行されることが期待される取引であるが，確定約定が全くないものをいう。取引または事象が発生していないので，また，取引が行われるときにはその時点の市場価格が利用されるので，予定取引は企業に対して将来のベネフィットに対する権利を現時点で何ら付与するものではないし，逆に将来の犠牲に対する義務を現時点で負担させるものでもない（FASB［1998a］, p. 245）。

(12) 「図3」は，武田隆二教授の『制度会計論』（中央経済社）の「図2－5 実験主義の観

点からみた会計行為」を参照に作図したものである。武田教授は,この図のなかで,会計行為を帰納法的に説明するために,「現実─仮説─観察─結果」というキー・タームで理論構築の方法論を解説している。

第10章　ヘッジ活動の会計処理

第1節　ヘッジ会計の論点

　本章は，ヘッジ活動の具体例を取り上げ，その会計処理を検討することを目的としている。ヘッジ関係にかかる設例は，コモディティ型のデリバティブと金利スワップについて，SFAS133号および当該基準書の解説マニュアル（FASB [1998b]）において例示されているものの中から代表的なものを選んでいる。

　コモディティ型のデリバティブを取りあげたのは，理解が容易であることと，綿花，小麦，コーヒーなどの輸入に当たり，商社が商品先物取引をヘッジ手段として早くから利用していたためである（飛鳥 [1997], 119頁）。金利スワップを取りあげた理由は，日本簿記学会・簿記実務研究部会 [1999] が実施した調査で為替予約とともに多く行われていた取引であり，かつ，アメリカと日本で処理の違いが明確であるということからである。それらの設例に係る論点を明確化する目的で処理の違いをまとめたものが「表1」である。

　「表1」において明らかなように，日本におけるヘッジ会計の原則処理は，繰延ヘッジである。これに対して，アメリカにおいては時価ヘッジを原則処理として，完全繰延処理を認めていない。日本において原則処理を繰延ヘッジ処理とした理由は，端的にいって，ヘッジ対象の時価評価が制度上認められていないか，あるいは，市場がないかまたは市場が活発でないためにヘッジ対象の

表1　ヘッジ会計と金利スワップの論点

	日本 金融商品に係る会計基準	アメリカ SFAS133号
ヘッジ会計	原則：繰延ヘッジ	時価ヘッジ ＊完全繰延処理を認めず
金利スワップの処理	一定の条件の下で金利スワップの時価評価をしないことができる。 　金銭の受払の純額等のみの処理	金利スワップの時価評価

客観的な時価が得られないためであると考えられる。

　ヘッジ対象の決済時点まで、ヘッジ手段の公正価値測定による損失または利得を資産または負債として次期へ繰り延べることについて、FASBは次の三つの理由を挙げて認めていない（FASB［1998a］, par. 346-348）。

① 　繰り延べられる利得・損失が資産または負債の定義を満たさないこと。
② 　すべての金融商品を公正価値で貸借対照表において報告するという方針に反すること。
③ 　ヘッジ対象の公正価値の増減が完全に相殺される状況にあってもヘッジ手段の評価損益が繰延べられてしまうこと。

以下、設例によってヘッジ会計処理について具体的に検討するものである。

第2節　コモディティの予定販売に係るキャッシュフローヘッジ

　ここでは、SFAS133号の中から先渡取引をヘッジ手段とするキャッシュフローヘッジの設例を取り上げ、ヘッジ会計の具体的な会計処理について検討する。この設例は、コモディティの予定販売に係る将来キャッシュフローの変動リスクを先渡取引によってヘッジしようとするものである（FASB［1998a］, par. 127-130）。

前章において述べたように，キャッシュフローヘッジとは，ヘッジ対象のキャッシュフローの変動可能性がヘッジ手段のキャッシュフローによって相殺される場合のヘッジ関係を意味する（FASB [1998a], par. 28）。例えば，予定取引[1]に対するキャッシュフローヘッジ手段として指定された適格なデリバティブの利得・損失の有効な部分は，その他の包括利益の構成要素として報告され，続いてヘッジされている予定取引が稼得利益に影響を及ぼす同一の期間に稼得利益に再分類される。それ以外のデリバティブの利得・損失は，すなわち有効でない部分は，稼得利益に認識される（FASB [1998a], par. 28-31）。

設例1　コモディティの予定販売に係るキャッシュフローヘッジ

　ABC社は，100,000ブッシェルのコモディティAを20X1年12月31日に販売する計画を立てている。この販売から見込まれるキャッシュフローの変動をヘッジするために，20X1年1月1日にデリバティブZ（予定取引から得られるキャッシュフローを確保する価格での先渡取引）を契約し，この契約を予定販売のキャッシュフローのヘッジ手段として指定した。デリバティブZのプレミアムの受払はなかった（すなわち，デリバティブの開始時点の公正価値は零である）。
　ヘッジ関係は，予定取引の条件を考慮して次のように設定されている。
　① デリバティブZの想定数量＝100,000ブッシェル
　　　予定販売の取引量　　　＝100,000ブッシェル
　② デリバティブZの基礎変数（先渡価格）は，ABC社が販売を予定するコモディティAと同品種かつ同品質の価格である。
　③ デリバティブZの決済は，20X1年12月31日に行われ，予定販売も同日に行われる。
　ヘッジの開始時点において，コモディティA・100,000ブッシェルの予定販売価格は$1,100,000である。期間1の期末に，コモディティA・100,000ブッシェルの予定販売価格は，$25,000減少した。この価格変動に応じて，デリバティブZの公正価値は，$25,000増加した。同日，コモディティA・100,000ブッシェルの販売とデリバティブZの決済が行われた。

「設例1」は，ABC社が販売を予定しているコモディティAの価格下落に起因するキャッシュフローの変動を先渡取引を利用してヘッジするという内容である。取引内容を図式化したものが，「図1」である。その図からわかるよう

に，ヘッジ対象はコモディティAの価格リスクであり，1年後の取引価格に相場の下落が見込まれるので，相場下落に起因して見込まれるキャッシュフローの減少分をコモディティの先渡取引というヘッジ手段の損益で補填しようとするものである。

図1　設例1におけるヘッジ活動の関係

ヘッジ対象
- コモディティAのキャッシュフロー
- 予定価格 $1,100,000
- 先渡価格 $1,100,000
- コモディティ先渡取引

ヘッジ手段

公正価値測定

- 価格下落 $25,000
- 販売価格 $1,075,000
- 差金決済
- 利得 $25,000

ヘッジの有効性
価格下落の相殺
予定キャッシュフローの確保

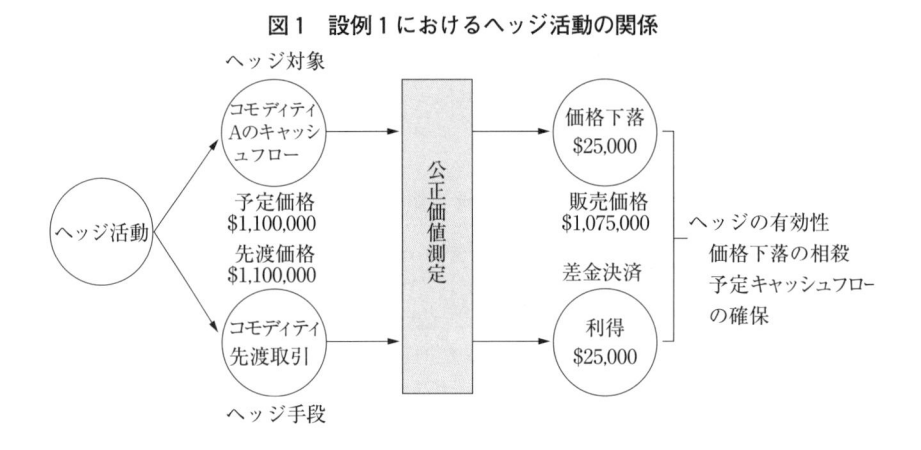

表2　先物取引を利用したキャッシュフローヘッジの処理の概要

取引＼勘定科目	借方（貸方）			
	現金	デリバティブ	その他の包括利益	稼得利益
①デリバティブの公正価値の変動の認識		25,000	(25,000)	
②売上高の認識	1,075,000			(1,075,000)
③デリバティブの決済の認識	25,000	(25,000)		
④デリバティブの公正価値変動の稼得利益への再分類			25,000	(25,000)
合計	1,100,000	0	0	(1,100,000)

取引の結果は，予定取引からの当初キャッシュフローは$1,100,000であったが，相場下落により当該棚卸資産の販売による実際の収入は，$1,075,000とな

った。予定キャッシュフローの減少分$25,000は，デリバティブの利得$25,000で完全にヘッジされたことにより，このヘッジ活動の有効性は完全なものであったことがわかる。「表2」は，以上述べてきた取引の処理の概要を示したものである。そこでは，稼得利益とその他の包括利益への正味の影響額が示されている。「表2」における処理の仕訳を以下に示している。

設例1の仕訳

①20X1年12月31日　（借）デリバティブ Z　25,000　（貸）その他の包括利益　25,000
　デリバティブZを公正価値で記録する

②20X1年12月31日　（借）現金　　　　1,075,000　（貸）売上高（稼得利益）1,075,000
　　　　　　　　　　　　売上原価　　1,000,000　　　　棚卸資産　　　　1,000,000
　棚卸資産の販売の記録

③20X1年12月31日　（借）現金　　　　　25,000　（貸）デリバティブ Z　25,000
　デリバティブZの決済の記録

④20X1年12月31日　（借）その他の　　　25,000　（貸）稼得利益　　　　25,000
　　　　　　　　　　　　包括利益
　その他の包括利益の利得を棚卸資産の販売に基づいて稼得利益に再分類する

第3節　スワップをヘッジ手段とするキャッシュフローヘッジ

　スワップ取引とは，一般に，債務の当事者間で実質的に債務の元本または利息の交換をする債務交換取引である。スワップ取引には，大きく金利スワップと通貨スワップの2つがある。ここでは，金利スワップが実務上最も多く行われていたことから，金利スワップを取りあげその簿記処理を検討したい。
　金利スワップとは，同一通貨（たとえば円貨）間での異種金利同士の交換であり，最も典型的には，社債の発行による長期固定金利債務者と銀行借入を行う長期変動金利債務者とが，元の債務とは独立して，それぞれの利払いに相当する金額を負担し合うことによって金利債務を実質的に変更する取引である

(古賀 [1991], 25頁)。これをライアビリティスワップという。また，社債や貸付金などの資産と組み合わせて，受取利息の実質的な変換を目的としたものをアセットスワップという。

この設例（FASB [1998a], par. 131-139）は，変動金利資産のキャッシュフローヘッジ，つまりアセットスワップの事例であり，変動金利受取のキャッシュフロー変動のヘッジ手段として利用される金利スワップの会計処理のメカニズムを示すことを目的としている。しかし，金利スワップの公正価値をどのように計算するかを例示することを意図するものではないため，金利スワップの公正価値は所与のものとして扱っている。

また，公正価値を決定するためにゼロクーポン法が利用されている。この設例では，期間，想定元本，金利スワップのリプライシング日は，変動金利資産の期間，リプライシング日，元本とマッチしている。スワップの条件は，「アットザマーケット」である。したがって，ヘッジ開始時点で価値はゼロであるので，非有効性は全くないと仮定することができる。

この設例においてもショートカット法が利用される。このショートカット法は，変動金利資産の金利受取（もしくは変動金利負債の金利支払）のキャッシュフローヘッジ手段として金利スワップに非有効性が全くないと仮定されるときにのみ適切である。ショートカット法のステップは，次の通りである。

① スワップの条件に基づいて支払われるべき変動金利と債券の条件に基づいて受け取るべき変動金利との間の差を決定する。
② その差異をスワップの条件に基づいて受け取るべき固定金利に加算する。
③ その結合利率と変動金利資産の元本を用いて金利利益（interest income）を計算しそして認識する。
④ 金利スワップの公正価値を決定する。
⑤ スワップの繰越価額をこの公正価値にあわせて修正する。そして，その金額を相殺することによってその他の包括利益の修正を行う。

設例 2　変動金利資産のキャッシュフローヘッジ

20X1年7月1日，XYZ株式会社は，3ヶ月US$LIBOR＋2.25％のレートで四半期毎に利払のある変動金利社債に$10,000,000を投資した。$10,000,000の元本は20X3年6月30日に償還される。

XYZ社は，同日，期間2年の「固定金利受取・変動金利支払」の金利スワップを契約し，社債の変動金利受取にかかるキャッシュフローヘッジ手段として指定した。ヘッジリスクは，市場金利の変動に起因するキャッシュフロー変動のリスクである。

金利スワップと社債の条件

	金利スワップ	社債
取引日	20X1年7月1日	20X1年7月1日
終了日	20X3年6月30日	20X3年6月30日
想定元本	$10,000,000	$10,000,000
固定金利	6.65％	－
変動金利	3ヶ月US$LIBOR	3ヶ月US$LIBOR＋2.25％
決済日・利払日	暦年の四半期末	暦年の四半期末
金利更改日	20X3年3月31日までの暦年の四半期末	20X3年3月31日までの暦年の四半期末

以上の契約の条件の他に，ヘッジ取引の開始日および各四半期末における3ヶ月US$LIBORは，「表3」のように推移するものとして仮定された。

表3　変動利付社債の受取利息とスワップ差額の推移

金利更改日	3ヶ月LIBORレート
20X1年7月1日	5.56％
20X1年9月30日	5.63％
20X1年12月31日	5.56％
20X2年3月31日	5.47％
20X2年6月30日	6.75％
20X2年9月30日	6.86％
20X2年12月31日	6.97％
20X3年3月31日	6.57％

以上の条件をもとに，9月30日の時点における四半期利息受取額，スワップ固定金利受取額，スワップ変動金利支払額，スワップ差額，固定化受取金利を計算すると次のようになる。

四半期利息受取額
　　= 10,000,000 × 0.0781 × 1/4 　　= 195,250（20X1年9月30日）

スワップ固定金利受取額
　　= 10,000,000 × 0.0665 × 1/4 　　= 166,250（20X1年9月30日）

スワップ変動金利支払額
　　= 10,000,000 × 0.0556 × 1/4 　　= 139,000（20X1年9月30日）

スワップ差額 = 固定金利受取額 − 変動金利支払額
　　= 166,250 − 139,000 　　= 27,250（20X1年9月30日）

固定化受取金利 = 四半期利息受取額 + スワップ差額
　　= 195,250 + 27,250 　　= 222,500（20X1年9月30日）

これらの計算例をもとに，四半期ごとの項目について計算した一覧表が「表4」である。「表4」の中から変動利付社債およびスワップの金利の推移を示したものが「グラフ1」である。それらの表とグラフから変動利付社債の金利の変動が，金利スワップによって，8.9%に固定され，毎四半期$222,500のキャ

表4　変動利付社債と金利スワップの関連項目の収支一覧

	20X1年				20X2年				20X3年	
変動利付社債	9月30日	12月31日	3月31日	6月30日	9月30日	12月31日	3月31日	6月30日	6月30日	
元本	10,000,000	10,000,000	10,000,000	10,000,000	10,000,000	10,000,000	10,000,000	10,000,000		
年金利	7.81	7.88	7.81	7.72	9.00	9.11	9.22	8.82		
四半期利息受取額	195,250	197,000	195,250	193,000	225,000	227,750	230,500	220,500	1,684,250	
スワップ	9月30日	12月31日	3月31日	6月30日	9月30日	12月31日	3月31日	6月30日		
想定元本	10,000,000	10,000,000	10,000,000	10,000,000	10,000,000	10,000,000	10,000,000	10,000,000		
固定金利	6.65	6.65	6.65	6.65	6.65	6.65	6.65	6.65		
固定金利受取額	166,250	166,250	166,250	166,250	166,250	166,250	166,250	166,250	1,330,000	
変動金利	5.56	5.63	5.56	5.47	6.75	6.86	6.97	6.57		
変動金利支払額	139,000	140,750	139,000	136,750	168,750	171,500	174,250	164,250	1,234,250	
スワップ差額	27,250	25,500	27,250	29,500	−2,500	−5,250	−8,000	2,000	95,750	
固定化受取金利	222,500	222,500	222,500	222,500	222,500	222,500	222,500	222,500	1,780,000	

グラフ1　変動利付社債およびスワップの金利の推移

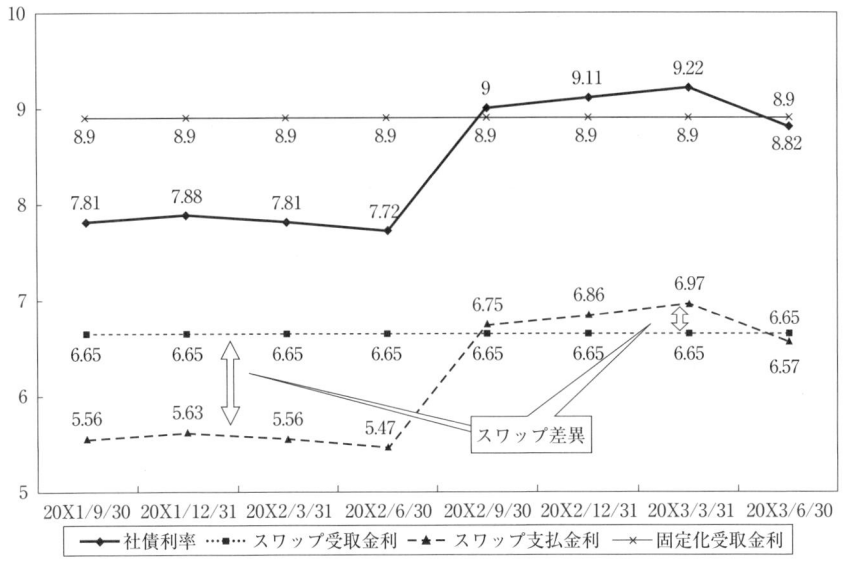

（グラフ：社債利率、スワップ受取金利、スワップ支払金利、固定化受取金利の推移）

社債利率：7.81, 7.88, 7.81, 7.72, 9, 9.11, 9.22, 8.9
スワップ受取金利：6.65, 6.65, 6.65, 6.65, 6.65, 6.65, 6.65, 6.65
スワップ支払金利：5.56, 5.63, 5.56, 5.47, 6.75, 6.86, 6.97, 6.57
固定化受取金利：8.9, 8.9, 8.9, 8.9, 8.9, 8.9, 8.9, 8.82

期間：20X1/9/30　20X1/12/31　20X2/3/31　20X2/6/30　20X2/9/30　20X2/12/31　20X3/3/31　20X3/6/30

注　固定化受取金利＝（社債利率－スワップ支払金利）＋スワップ受取金利
　　　　　　　　　＝（7.81－5.56）＋6.65＝2.25＋6.65＝8.9％

ッシュフローを確保したことが理解できる。

(1) 金利スワップの会計処理・「金融会計基準」における処理

日本では，従来，金利スワップ取引の会計処理については，オフバランス取引として取り扱われ，金利スワップ契約に基づき，その受払い額を発生主義によって計上するのが一般的であった（古賀 [1991]，25-26頁；中央監査法人 [1996], 109-112頁）。

「金融商品に係る会計基準注解」の（注14）によると，一定の条件の下で「金利スワップを時価評価せず，その金銭の受払の純額等を当該資産又は負債に係る利息に加減して処理することができる」とされている。

この規定は，従来の金利スワップ処理を認めるためのものであり，この規定に従うならば，スワップによる正味受取金利（スワップ差額）が受取利息勘定に記入される。

20X1年9月30日　（借）現　　金　195,250　（貸）受取利息　195,250
　　　　　　　　（借）現　　金　 27,250　（貸）受取利息　 27,250

(2) 金利スワップの会計処理・SFAS133号における処理

日本における金利スワップ処理との基本的な差異は，金利スワップを時価評価する点である。SFAS133号における当該設例の会計処理（FASB [1998a]，par.137）を以下に示している。

表5　SFAS133号における金利スワップの簿記処理

	スワップ 借方（貸方）	その他の包括利益 借方（貸方）	稼得利益 借方（貸方）	現金 借方（貸方）
20X1年7月1日	$0			
発生金利	0			
支払（受取）	(27,250)			$27,250
金利変動の影響	52,100	$(52,100)		
稼得利益への再分類		27,250	$(27,250)	
20X1年9月30日	24,850	(24,850)	$(27,250)	$27,250
発生金利	330	(330)		
支払（受取）	(25,500)			$25,500
金利変動の影響	74,120	(74,120)		
稼得利益への再分類		25,550	$(25,500)	
20X1年12月31日	73,800	(73,800)	$(25,500)	$25,500
発生金利	1,210	(1,210)		
支払（受取）	(27,250)			$27,250
金利変動の影響	38,150	(38,150)		
稼得利益への再分類		27,250	$(27,250)	
20X2年3月31日	85,910	(85,910)	$(27,250)	$27,250
発生金利	1,380	(1,380)		
支払（受取）	(29,500)			$29,500
金利変動の影響	(100,610)	100,610		
稼得利益への再分類		29,500	$(29,500)	
20X2年6月30日	(42,820)	42,820	$(29,500)	$29,500
発生金利	(870)	870		
支払（受取）	2,500			$(2,500)
金利変動の影響	8,030	(8,030)		
稼得利益への再分類		(2,500)	$2,500	
20X2年9月30日	(33,160)	33,160	$2,500	$(2,500)
発生金利	(670)	670		

支払（受取）	5,250			$(5,250)
金利変動の影響	6,730	(6,730)		
稼得利益への再分類		(5,250)	$5,250	
20X2年12月31日	(21,850)	21,850	$5,250	$(5,250)
発生金利	(440)	440		
支払（受取）	8,000			$(8,000)
金利変動の影響	16,250	(16,250)		
稼得利益への再分類		(8,000)	$8,000	
20X3年3月31日	1,960	(1,960)	$8,000	$(8,000)
発生金利	40	(40)		
支払（受取）	(2,000)			$2,000
稼得利益への再分類		2,000	$(2,000)	
20X3年6月30日	$0	$0	$(2,000)	$2,000

設例2の仕訳

```
20X1年7月1日
  （借）有価証券    10,000,000   （貸）現金      10,000,000
金利スワップの公正価値は$0であり，仕訳なし。
```

```
20X1年9月30日
  （借）現金         27,250    （貸）スワップ      27,250
  スワップ差額の受取
  （借）スワップ      52,100    （貸）その他の包括利益 52,100
  金利変動の影響
  （借）その他の包括利益 27,250  （貸）稼得利益      27,250
  稼得利益への再分類
```

```
20X1年10月1日
  （借）スワップ      24,850    （貸）その他の包括利益 24,850
  前期繰越
20X1年12月31日
  （借）スワップ         330    （貸）その他の包括利益    330
  発生金利
  （借）現金         25,500    （貸）スワップ      25,500
  スワップ差額の受取
  （借）スワップ      74,120    （貸）その他の包括利益 74,120
```

金利変動の影響
(借) その他の包括利益 25,500 (貸) 稼得利益 25,500
稼得利益への再分類

20X2年1月1日
(借) スワップ 73,800 (貸) その他の包括利益 73,800
前期繰越
20X2年3月31日
(借) スワップ 1,210 (貸) その他の包括利益 1,210
発生金利
(借) 現金 27,250 (貸) スワップ 27,250
スワップ差額の受取
(借) スワップ 38,150 (貸) その他の包括利益 38,150
金利変動の影響
(借) その他の包括利益 27,250 (貸) 稼得利益 27,250
稼得利益への再分類

20X2年4月1日
(借) スワップ 85,910 (貸) その他の包括利益 85,910
前期繰越
20X2年6月30日
(借) スワップ 1,380 (貸) その他の包括利益 1,380
発生金利
(借) 現金 29,500 (貸) スワップ 29,500
スワップ差額の受取
(借) その他の包括利益 100,610 (貸) スワップ 100,610
金利変動の影響
(借) その他の包括利益 29,500 (貸) 稼得利益 29,500
稼得利益への再分類

20X2年7月1日
(借) その他の包括利益 42,820 (貸) スワップ 42,820
前期繰越
20X2年9月30日
(借) その他の包括利益 870 (貸) スワップ 870

発生金利
(借) スワップ 2,500 (貸) 現金 2,500
スワップ差額の支払
(借) スワップ 8,030 (貸) その他の包括利益 8,030
金利変動の影響
(借) 稼得利益 2,500 (貸) その他の包括利益 2,500
稼得利益への再分類

20X2年10月1日
(借) その他の包括利益 33,160 (貸) スワップ 33,160
前期繰越
20X2年12月31日
(借) その他の包括利益 670 (貸) スワップ 670
発生金利
(借) スワップ 5,250 (貸) 現金 5,250
スワップ差額の支払
(借) スワップ 6,730 (貸) その他の包括利益 6,730
金利変動の影響
(借) 稼得利益 5,250 (貸) その他の包括利益 5,250
稼得利益への再分類

20X3年1月1日
(借) その他の包括利益 21,850 (貸) スワップ 21,850
前期繰越
20X3年3月31日
(借) その他の包括利益 440 (貸) スワップ 440
発生金利
(借) スワップ 8,000 (貸) 現金 8,000
スワップ差額の支払
(借) スワップ 16,250 (貸) その他の包括利益 16,250
金利変動の影響
(借) 稼得利益 8,000 (貸) その他の包括利益 8,000
稼得利益への再分類

20X3年4月1日				
（借）スワップ	1,960	（貸）その他の包括利益	1,960
前期繰越				
20X3年6月30日				
（借）スワップ	40	（貸）その他の包括利益	40
発生金利				
（借）スワップ	2,000	（貸）現金	2,000
スワップ差額の受取				
（借）その他の包括利益	2,000	（貸）稼得利益	2,000
稼得利益への再分類				

（1） 予定取引とは，将来履行されることが期待される取引であるが，確定約定が全くないものをいう。取引または事象が発生していないので，また，取引が行われるときにはその時点の市場価格が利用されるので，予定取引は企業に対して将来のベネフィットに対する権利を現時点で何ら付与するものではないし，逆に将来の犠牲に対する義務を現時点で負担させるものでもない（FASB［1998a］, p. 245）。

第11章　公正価値評価の課税所得計算への応用

第1節　公正価値評価と課税所得計算

　オーストラリアでは，1999年9月に税制改正法案のベースとなっているラルフ報告書[1]が公表されている。この度の制度改正では，一般消費税（GST: Goods and Services Tax）の導入によって，法人税率を2002年までに36%から30%まで順次切り下げることが明示され，国際的な法人課税のルールとの調整ないし調和化が謳われている。

　ラルフ報告書の中で注目すべき点は，課税所得計算の新たな方法としてキャッシュフロー・担税価値アプローチ（Cashflow/Tax Value Approach）[2]が導入されていることである。この方法は，1事業年度における収入と支出の差額に貸借対照表の資産・負債項目の担税価値（tax value）を加減して課税所得を計算しようとするものである。

　金融商品に対する公正価値（市場価値）による評価の適用は任意であるが（ただし，企業会計上の処理と同様の処理が求められており，課税所得計算において一度市場価値評価を選択した場合は継続性が要求される），上述のようにオーストラリアにおいても税法上課税所得概念の変化の方向性が示されていることが知られる。このような税制改正の流れは，日本における税制改正の方向と軌を一にするものと解される。武田隆二教授は，かかる所得概念を「給付能力可能性」という概念で規定している（武田［1998a］，序文4頁）。以下においては，

ラルフ報告書に提示されているキャッシュフロー・担税価値アプローチに焦点を当て，オーストラリアにおける企業課税の将来の方向を管見するものである。

オーストラリアの現行税制における課税所得は，査定可能所得（assessable income）から所得控除額（allowable deductions）を差し引いて求められる。査定可能所得は，経常所得（ordinary income）と法定所得（statutory income）から成る。また，所得控除として認められるものは，所得を生み出した費用（expense）と税法上特別に控除が認められる事項である（A New Tax System (Income Tax Assessment) Bill 1999, diagram 3. 1)。オーストラリアの課税所得の計算においては経常所得が中心概念となっているが，財政上の必要から経常所得概念によって捕捉されない所得形態に課税するために，その時々に様々な改正が行われてきた。パッチワーク的な税制改正の結果として課税所得計算が非常に複雑になり，確固とした計算のフレームワークが欠如した状態に陥っていることが批判の中心となってきた（A New Tax System (Income Tax Assessment) Bill 1999, par. 3. 7–3. 10)。

また，現在，金融商品の課税計算については，現行の所得税査定法（1936年・1997年）のルールが適用される。そこでは，発生と実現に基づいた混合的な課税計算が行われ，金融商品取引に対する市場価値による会計処理の結果を反映しようとするものではない（Orow and Subramaniam [1999], p. 237)。

なお，金融商品の課税問題に焦点を当てた報告書（*Taxation of Financial Arrangements*）がすでに1993年12月に公表され，その後幾つかの関連文書が公表された後で，1996年12月に同名の報告書が再度公表されている。この文書の目的は，取引の意図（トレーディング，ヘッジ，投資・資金調達）に基づいて金融商品に課税を行うということについて概略的な提案を行うことにあり（Orow and Subramaniam [1999], p. 238)，税制全体の枠組の中で金融商品の課税を論じるものではなかった。

金融商品の公正価値，すなわち市場価値による評価を含めた税制全体の改正を視野に入れたものが，ラルフ報告書である。この報告書は，オーストラリア連邦政府財務大臣から諮問されたラルフ（Ralf, J.）氏を代表とする諮問委員会

(The Review of Business Taxation)によって公表されたものである。ラルフ委員会は,この報告書を作成するまでに,次の三つのペーパーを公表している。

① *A Strong Foundation*(1998年11月)
② *An International Perspective*(1998年12月)
③ *A Platform for Consultation*(1999年2月)

表1 キャッシュフロー・担税価値アプローチの期待される効果

期待される効果	内容
簡素化	純所得概念が課税所得計算に関する一つの統一的原則を与える。法全体がこの原則に基づいて再構成される。現行法における多くの別段の定めは,この一般原則によってなくなることが期待される。
明確化	新しい課税所得計算の方法は,現行法と比べて構造的により健全であり,それ故より明確である。例えば,純所得の計算法の下では,別段の定めがない限りすべての事業費用が税額控除される。
永続化	新しい課税所得計算の方法を採る限り,将来の税制改正の可能性は低い。その理由は,課税所得が,多くの別段の定めによって計算されるのではなく,統一的な原則に基づいて算定されるからである。また,新しい課税所得計算の方法は,所得税法修正レジームによる将来の政策変更に対しても明瞭な構造を与える。
透明化	租税政策上の恩典や税額控除否認のルールは,新しい課税所得計算の方法における担税価値や所得税法修正ルールによってより透明性の高いものとなる。

①と③のディスカッション・ペーパーは,税制改正のたたき台として法人税制に関わる種々の問題点を洗い出したもので,③の文書において金融資産の利得・損失の認識の方法として「市場価値法」,「年度帰属修正(発生)法」,「実現法」という三つの方法が提案されている。また,②のディスカッション・ペーパーは,オーストラリアの法人税制と26に及ぶ諸外国の税制との国際比較分析を行ったものである。

これらの作業を経てまとめられたラルフ報告書は，上記のような課税所得計算の問題点を克服し，明確で，首尾一貫した計算のフレームワークを有する新しい所得計算のシステムを構築することを内容とするものである。当該報告書で提起されている課税計算の新しいアプローチによって「表1」に示すように，「簡素化」，「明確化」，「永続化」，「透明化」という四つの観点から現行税制の改善が期待されている（A New Tax System（Income Tax Assessment）Bill 1999, par. 3. 14）。

第2節　キャッシュフロー・担税価値アプローチによる課税所得計算

すでに述べたようにラルフ報告書において課税所得を算定するための新しい方法として，キャッシュフロー・担税価値アプローチが示されている。この方法は，1事業年度の収入・支出および資産・負債の担税価値の変動に着目するもので，市場価値による評価が認められる金融資産を除き，ほとんどの資産の利得はそれが処分されるまで課税所得には算入されない（A New Tax System （Income Tax Assessment） Bill 1999, par. 3. 1）。

「図1」は，キャッシュフロー・担税価値アプローチに基づく課税所得の計算を示したものである。純所得に所得税法修正額を加算したものが，課税所得となる。純所得は，収支差額に資産の担税価値の純変動額を加算し，それから負債の担税価値の純変動額を差し引くことによって求められる。換言すれば，純所得は次式によって求められる（A New Tax System （Income Tax Assessment） Bill 1999, par. 3. 26）。

　　純所得＝純収入＋資産の担税価値の純変動額＋負債の担税価値の純変動額
　　純収入＝収入－支出
　　資産の担税価値の純変動額＝期末資産の担税価値－期首資産の担税価値
　　負債の担税価値の純変動額＝期末負債の担税価値－期首負債の担税価値
　　上図に示すように，課税所得の計算は，資産および負債という会計概念と密

第11章　公正価値評価の課税所得計算への応用　211

図1　キャッシュフロー・担税価値アプローチに基づく課税所得の算定

課税所得	=	純所得	+	所得税法修正額
		純収入		増額修正 例）税額控除否認の一般ルールの下での修正
		資産の担税価値の純変動額		
		負債の担税価値の純変動額		減額修正 例）一部のキャピタルゲインのうちの課税可能部分の控除
		私的消費・家計消費の除外		

接にリンクした形式で行われるようになった。ラルフ報告書では，資産を「将来の経済的便益を具体化するあるもの」と定義し，負債を「将来の経済的便益を提供する義務」と定義している（The Review of Business Taxation [1999], p. 158; A New Tax System (Income Tax Assessment) Bill 1999, par. 3. 44-3. 47）。オーストラリアにおける課税所得の算定は，外形的には，FASBの概念ステートメントにいう「資産負債アプローチ」に基づく利益計算に相当するものと考えられる。

> ── 単純な取引例 ──
> 　掛けで仕入れた商品A（仕入価格70円）を100円で販売し，代金のうち80円は現金で受け取り，残額は掛けとした。なお，仕入れ代金の支払いは済んでいない。

① 現行法における課税所得の計算
　　査定可能所得（益金）100円　－　所得控除額（損金）70円　＝　30円
② キャッシュフロー・担税価値アプローチに基づく課税所得の計算
　　純収入80円　＋　売掛金20円　－　買掛金70円　　　　　＝　30円
②' 市中金利の上昇により売掛金・買掛金の時価が10％下落したと仮定
　　純収入80円　＋　売掛金18円　－　買掛金63円　　　　　＝　35円

商品の仕入・販売という取引例に基づく課税所得計算の結果（①と②）が示すように，所得計算（「30円」）に差異は生じないということがラルフ報告書の中で強調されている。しかし，後述のように一定の金融資産・金融負債については市場価値による担税価値の評価が認められており，②'のように売掛金と買掛金を時価評価したときには課税所得が「35円」となり，課税所得計算の結果が異なってくる。売掛金にしても，買掛金にしても，将来受け取ることができるキャッシュフローが確定しているので，少なくとも市中金利の変動で，売掛金の早期回収，あるいは，買掛金の早期返済が有利となれば，経営者はそのような行動をとることが考えられる。現実問題として，固定金利の社債を発行している場合，あるいは，固定金利の社債を保有してる場合，金利変動のリスクを回避するためにライアビリティスワップまたはアセットスワップが実際に行われていることを想起すれば，上記の設例の意義が理解されよう。

　ただし，金融資産・金融負債の市場価値による評価を行う場合には，新たに未実現利得に対する課税の問題が生じる。未実現利得に対する課税は実際に税額を支払うときに様々な問題が生じることが予想されるため（Orow and Subramaniam [1999], p. 238），ラルフ報告書は市場価値による担税価値の評価は強制でないと述べられているが，財政上の措置として将来どのようにも対応できるような方途が選ばれたのではないかと考えられる。

　資産あるいは負債の市場価値による評価をどの範囲まで拡張するかということについては述べられていないが，資産の担税価値については当面「表2」に示すような資産分類と評価ベースが適用されることとされている（A New Tax System (Income Tax Assessment) Bill 1999, Table 3. 6）。

表2 資産の担税価値

資産の種類	担税価値
① 価値の増加が実現に基づいてのみ課税される資産	資産のコスト
② 金銭を受領する一定の権利	受領すべき金額
③ 償却性資産	有効耐用年数または適切な償却スケジュールに基づく償却後価額
④ 売買目的有価証券	低価法 または 市場売却価値
⑤ 営業権	取得時のコスト
⑥ 期中の価値増加が発生システムを用いて課税される資産（一部の金融資産）	適切な発生メソドロジーを用いて計算される価値
⑦ 市場価値による評価を選択することができる資産（一部の金融資産）	資産の市場価値
⑧ 政策的理由または実際的な理由によって所得税システムによって認識されるべきではない資産 (a) 一定の権利（リース契約） (b) 所有することのできない無形のアドバンテージ（効果的な広告宣伝によって生じた市場評価）	ゼロ

第3節　課税所得計算の事例

　ここでは，ラルフ報告書の中で提示されていた課税所得の計算例を取りあげ，財務諸表と現行の課税所得計算ならびにキャッシュフロー・担税価値アプローチがどのように相互に関係するものであるかを明らかにしたい（The Review of Business Taxation [1999], p. 200)。ここでとりあげているいるのは次の計算書である。
　計算書1　損益計算書

計算書 1　損益計算書（$'000）

売上高*1		65,300
費用*2	58,100	
減価償却費	1,200	
営業権償却	230	
貸倒引当金繰入	1	
従業員給付		
・流動	150	
・非流動	10　140	
その他の債務・引当金		
・流動	200	
・非流動	10　210	
前払の減少	25	59,906
		5,394
有価証券評価益		1,000
税引き前利益		**6,394**

注記
*1　売上高

	売上収入	65,000
	売上債権	100
		200
		65,300

*2　費用

	現金原価	57,000
	買掛債務	500
		600
		58,100

計算書 2　課税所得—現行の計算基準
計算書 3　課税所得計算書—キャッシュフロー・担税価値アプローチ
計算書 4　キャッシュフロー計算書
計算書 5　貸借対照表の注記（貸借対照表や計算書 3 の背景情報）

計算書2　課税所得－現行の計算（$'000）

税引き前利益			6,394
加算　プラント帳簿減価償却費		1,180	
減算　プラント税減価償却		－1,495	－315
加算　建物帳簿減価償却費		20	
減算　建物税減価償却		－5	15
加算　営業権償却			230
			6,324
加算　貸倒引当金繰入		1	
従業員給付引当金		140	
その他の債務・引当金	帳簿加算	210	
	税控除	－50	301
			6,625
控除不可費用			
交際費		**53**	
寄付金		**10**	
法律費用		**75**	
その他		**10**	148
			6,773
減算　研究開発補助金		－175	－175
課税所得			6,598

注記：ボックスの中に示されている修正は計算書3「課税所得計算書－キャッシュフロー・担税価値アプローチ」における「税額修正」欄の修正と同じである。

計算書3　課税所得計算書―キャッシュフロー／担税価値アプローチ ($'000)

課税所得計算書		帳簿価額 1999	帳簿価額 1998	担税価値 1999	担税価値 1998	担税価値の純変動額	税額修正	課税所得計算
株主資金								
発行済資本金		21,500	20,000	21,500	20,000			
その他の準備金			2,500					
留保利益＋税引前利益	1	8,894				−1,500		−1,500
留保利益	1			4,850	5,775			
課税所得残高	1							
株主資金総額		30,394	22,500	26,350	25,775			
非流動負債								
従業員退職給付引当金−N/C	2	50	60	0	0			
その他の債務・引当金−N/C	2	50	40	0	0			
所得税引当金−N/C	2	1,191	1,191					
流動負債								
当座勘定借越（正味）	3	600	700					
グループ間借入		0	0					
買掛金		5,300	4,700	5,300	4,700	−600		−600
支払手形		100	110	100	110	10		10
グループ間支払手形		0	0					
リース債務		0	0					
グループ間売買勘定		3,500	3,000	3,500	3,000	−500		−500
従業員退職給付引当金	2	1,400	1,250	0	0			
その他の債務・引当金	5	1,700	1,500	250	200	−50		−50
その他の貸方項目		50	0	50		−50		−50
所得税引当金	2	0	1,400					
提案配当金	2	0	1,500					
負債及び持分合計		44,335	37,951	35,550	33,785			
営業権		4,170	4,200	4,800	4,600	200		200
固定資産								
土地・建物		2,100	2,000	2,015	1,900	115		115
プラント		7,750	7,500	5,535	5,600	−65		−65
建設仮勘定		500	260	500	260	240		240

リース資産
将来所得税ベネフィット

項目	注	流動資産	その他の借方項目-N/C	非流動資産
有価証券		11,000	10,000	1,000
売上債権		7,000	6,800	200
		−101	−100	
貸倒引当金	2	4,100	4,000	100
グループ間売買勘定		250	250	0
その他の借方項目	3	5,000		
当座預金	3	2,216	2,666	
普通預金		350	375	−25
前払	5			−925
総資産		44,335	37,951	33,785

項目	流動	非流動
収入	35,550	
	66,500	
	61,850	
支出		
控除不可配当金	4,650	4,650
支払法人税	1,500	1,500
	1,400	1,400
	6,625	
控除不可の費用		
交際費−NTD	4	53	53
定期購読−NTD	4	10	10
法律費用−NTD	4	75	75
その他	4	10	10
その他修正項目		
研究開発補助金	4	−175	−175
課税所得		6,598	
移転収益損失の減算		0	
課税所得		6,598	

注記
1　留保利益および準備金勘定への非現金加算額は、担税価値を持たない。
2　引当金残高は、担税価値を持たない。
3　（正及び負）の現金残高は担税価値を持たない。
4　「課税所得」欄におけるボックスは、現行の課税所得計算における修正計算と同じものである。
5　控除不可額に対して修正される。

計算書2は，損益計算書をベースとして課税所得を計算する現行の法規定に基づいた計算書である。計算書3「課税所得計算書」は，キャッシュフロー・担税価値アプローチに基づく課税所得計算書で，貸借対照表をベースとした計算の体系となっていることが理解できる。この計算書3は，法人の課税所得計算の主たる方法として利用されるだけではなく，他のアプローチによって計算された課税所得が今後改正される法律に準拠していることを検証するための調整計算書としても活用できる。

この計算書の中で，課税所得を計算するときにほとんどの法人によって現在利用されていない唯一の情報は，法人の収入と支出の総額である。しかし，この情報は，キャッシュフロー計算書を作成している企業であれば容易に利用することが可能である（計算書4を参照されたい）。連結キャッシュフロー計算書しか作成していないグループの一部をなすような法人については，連結精算表から各子会社の収入と支出に関する情報を得ることができる。したがって，キャッシュフロー・担税価値アプローチに基づく課税所得計算は，実際に行うことができるといえる。

損益計算書（計算書1）と課税所得（計算書2）との関連でその特徴を示すならば，税引き前利益を算出するまでに費用処理された貸倒引当金などの非現金チャージは，税務上控除されないために，計算書2において加算されている。企業会計上，稼得利益に対してチャージされているが，税務上控除できない費用項目は，計算書2において繰り戻して加算されている。これらの修正は，計算書3においては「所得税法修正」と記述されている。要求されている同一の処理を明確にするために，計算書2と計算書3において罫線で囲みをつけている。

前節の取引例の結果と同様に，計算書2と計算書3の課税所得計算の結果は同一の金額となっている。しかし，デリバティブについての公正価値評価が行われ，かかる評価に基づく評価差額が資産または負債として貸借対照表に計上されるようになると，資産または負債の担税価値の変動が生じ，計算書2と計算書3に差額が生じるようになる。

計算書 4　キャッシュフロー計算書（$'000）

売上収入			65,000
株式発行収入			1,500
			66,500
現金コスト		57,000	
資産購入	1,500		
建設仮勘定	240		
取得営業権	200	1,940	
貿易手形の再支払	10		
支払配当金	1,500		
支払税金	1,400	2,910	61,850
現金発生額			4,650
当座借越　期首残高		700	
期末残高		600	100
現金増加額			4,550
期首残高			2,666
			7,216
当座預金			5,000
普通預金			2,216

計算書 5　貸借対照表注記（$'000）

	財務勘定	担税価値
留保利益＋税引前利益		
期首残高	2,500	
税引前利益	6,394	
期末残高	8,894	
固定資産		
土地・建物		
期首残高	2,000	1,900
増加額	120	120
	2,120	2,020
減価償却	20	5
期末残高	2,100	2,015
プラント		
期首残高	7,500	5,600

増加額　・現金	1,380		
・債務額	50	1,430	1,430
		8,930	7,030
減価償却		1,180	1,495
期末残高		7,750	5,535
建設仮勘定			
期首残高		260	260
増加額		240	240
期末残高		500	500
営業権			
コスト		4,600	4,600
期首累積償却額		400	0
期首残高		4,200	4,600
期中取得額		200	200
償却額		230	0
期末残高		4,170	4,800
発行済資本金			
期首残高		20,000	20,000
増加額		1,500	1,500
期末残高		21,500	21,500

引当金変動額	従業員退職給付		その他債務・引当金	
	流動	非流動	流動	非流動
簿価				
期首残高	1,250	60	1,500	40
損益	150	-10	200	10
支払額	0	0	0	0
期末残高	**1,400**	**50**	**1,700**	**50**
担税価値				
期首残高	0	0	200	0
変動	0	0	50	0
支払額	0	0	0	0
期末残高	**0**	**0**	**250**	**0**

　本章は，オーストラリアの税制改正における課税所得計算の新しい方法としてのキャッシュフロー・担税価値アプローチの計算構造を明らかにし，金融資産および金融負債の税務上の取扱いについてその概要を提示した。オーストラリアの税制改正では金融資産・金融負債について市場価値による評価を強制とはしていないが，貸借対照表をベースとした課税所得計算の仕組みは，デリバティブ取引の増大などを踏まえて，金融セクターでの企業活動から生まれるパフォーマンスへの課税を狙いとしているものと忖度される。

武田隆二教授は，平成10年度の税制改正を「発生主義会計」から「現金主義会計」への移行と特徴づけられ，そこでは将来的なキャッシュフローの給付可能性を前提とした計算の体系があることを示唆されている（武田[1999a]，115頁）。オーストラリアの税制改正では，そのような課税所得計算の考え方が，キャッシュフロー・担税価値アプローチという所得計算の方途として明示され，貸借対照表を中心とした所得計算に重点が移行したものとなっている。

　金融商品の市場価値評価に基づく課税のあり方は，課税所得概念を質的にも変化させるものである。武田教授は，この点を「実在財産余剰概念と結びついた給付能力概念から，想定財産余剰概念と結びついた給付可能概念へ」（武田[1999a]，115頁）の転換という図式で課税所得概念の質的な変化を説明される。

　キャッシュフロー・担税価値アプローチに基づく課税所得計算は，計算の外形的特徴から判断する限り，日本における税制改正の本質を表現したキー・タームであるとみなすことができる。キャッシュフロー中心の課税方式は，従来の課税標準を所得に求める思考と全く異なるようにも見えるのであるが，実は所得の最も流動的な財産形態であるキャッシュについて，したがってキャッシュフローの変動をもって所得を定義する行き方は，所得計算の本源的な方法であるとみることができるであろう。

（1）　ラルフ報告書（The Review of Business Taxation 1999）は，オーストラリア連邦政府財務省ウェブサイト（www. rbt.treasury. gov. au）から入手することができる。現在，オーストラリアは会計制度と課税制度の改革の途上にある。いずれの制度改革も，世界規模での貿易の自由化や資本市場の自由化を背景として，オーストラリア企業の国際競争力を高めるための条件整備を行うとともに，外国企業に対する参入障壁を取り除くことによって，公正で自由な競争環境を作り出すという政府の政策課題に沿って行われているものである。

　　会計制度に係る改革とは，オーストラリア会計基準の国際会計基準との調和化ならびに会計基準設定機構の改編を意味する。会計基準の調和化の作業については，オーストラリア会計研究財団（AARF）・オーストラリア会計基準審議会（AASB）の主導によって実質的に終了している（詳細については，Parker (1999)，Parker and Porter (1999)，古賀 (1999a) を参照されたい）。また，1998年には会計基準設定機構の改編を含む会社法経済改革プログラム法案が議会に提出されている（詳細については，浦崎 (1998b)，

古賀・五十嵐（1999），Parker and Porter（1999）を参照されたい）。
（2） キャッシュフロー・担税価値アプローチに関する補足的な討議資料が，2000年2月に公表されており，そこでは当該アプローチが「担税価値法（tax value method）」という名称に言い換えられ，説明がなされている。

The Commonwealth Treasury and the Australian Taxation Office, The tax value method, Discussion Paper on issues raised in consultations during December 1999 and January 2000, February.

第4部　公正価値会計の報告モデル

第12章　企業環境の変化とリスク・レポーティング

第1節　環境変化と企業経営の革新

　金融の自由化・国際化によって企業環境が変化し，それに対応した経営が求められるようになってきた。ここでは，1980年代以降のアメリカ経済を概観し，経済環境の変化に企業がどのように対処しようとしたのかを明らかにしたい。

　1981年に発足したアメリカのレーガン政権は，1970年後半から悪化してきたアメリカ経済（高インフレ率・高失業率・ゼロ成長）を建て直すために，景気拡大策として財政支出の増大・減税という経済政策を実施した（伊藤［1996］, 45頁）。それは消費者の消費意欲を刺激し，海外からのアメリカへの輸出を大幅に増加させた。しかし，急激な輸入の増大は巨額の経常収支赤字を招き，財政拡張政策による大幅な財政赤字とともに「双子の赤字」と呼ばれ大きな経済問題となった（伊藤［1996］, 133, 134頁）。

　レーガン政権は，財政赤字を補うために高金利での大量の赤字国債の発行を余儀なくされた。高金利による資金運用を目的として世界中から大量の資金がアメリカに流入し，外国為替市場ではドル高をもたらした。ドル高がさらに輸入超過を拡大し，アメリカの経常収支赤字を増大させるという循環を招いた（伊藤［1996］, 133-135頁）。ドルを過大評価するという当時の経済状況下でアメリカの製造業は国際競争力を失っていったのである。

1985年9月にニューヨークで開かれた先進5ヵ国蔵相会議において各国が為替市場に協調介入しドル高を是正するという合意がなされた。いわゆるプラザ合意により，その後円高・マルク高がすすみ，当時240円だった円ドルレートは，1985年末には200円近くまで趨勢的に上昇し，1986年末には160円台の相場となった。アメリカ経済のインフレ懸念や円高・欧州通貨高による経済成長不安からドル安の修正を目的として1987年2月にG7によるルーブル合意が締結されるものの，このようなドル安傾向は実質的に1987年中続いた（伊藤［1996］，46，47頁）。

為替相場の急変や金利・物価の大幅な変動により金融取引のリスクや不確実性が増大し，為替リスク・金利リスクに対処するため1986年頃からスワップ・オプションなどのデリバティブ取引が急激に増加していくのである。金融取引による利益が本業の利益を超えるような企業が出現するに及んで，実物経済から金融経済への移行ということが指摘されるようになってきた[1]。

そのようなアメリカ経済の流れを踏まえて，産業界の動きに目を転じてみると，金融自由化を積極的に進めたアメリカでは，1980年代に入ってから中小金融機関の倒産が増加し，1984年には全米第八位のコンチネンタル・イリノイ銀行が経営破綻をきたした（伊藤［1996］，209頁）。また，1985年のプラザ合意以降の急激なドル高によりアメリカの製造業が弱体化していった。

そのような経済状況下で企業の経営者が競争優位を得るために行った経営管理手法が，不採算部門を切り捨てるというリストラであった。企業のビジネスユニットをM&Aを通じて統廃合することにより市場における競争優位をめざしたのであるが，リストラが業務の切り捨てや組織の再配置を行っただけで経営プロセスの見直しが十分でなかったことから良い結果をもたらさなかった（野中［1993］，323頁）。

リストラという合理化の手法に代わって1980年代後半に登場したのが，リエンジニアリングである。これは，日本企業の「業務・管理プロセス」と「製品開発システム」を参考にアメリカ流にアレンジして考案された競争優位戦略の手法である（野中［1993］，325頁）。ちなみに，「系列」という企業間関係をア

メリカ流にアレンジしたものが,「仮想企業体（バーチャルコーポレーション）」である（野中［1993］, 324頁）。限定された能力しか持たない企業同士が, 情報ネットワークを媒介にして, 必要とする高質の資源をもつ他の組織と一時的な関係を形成することによって急変する市場ニーズに迅速に対応しようとする試みである（野中［1993］, 324頁）。仮想企業体は, 各企業の最良の部分を合わせて最大の効果を発揮させるもので, 日本の系列よりもっと強力かつ柔軟な積極的な方法であるという見方もある。

リエンジニアリングは, 優れたリーダーの指揮の下に, 情報通信機器を効果的に利用して仕事のプロセスそのものを根本的に変えることによって業績の劇的な向上を図るものである（野中［1993］, 324頁）。具体的には, 生産・販売・開発といった職能制に分かれている組織を顧客の満足を高める観点から業務プロセス毎に編成し直すことである。日本の企業プラクティスと特に異なる点として指摘されているのが次の2点である（野中［1993］, 325頁）。

① リエンジニアリングは, 顧客をプロセスの中に位置づけ, どのようにしたら優れた顧客サービスを提供できるかという観点からプロセスの抜本的な立て直しを図ること。

② プロセスの改善にあたって情報技術を積極的に利用し, その効果を飛躍的に高めること。

要約するならば, それぞれの事業や業務を消費者満足という観点から情報通信機器や職能横断的チームなどの経営手法を用いて効率化を図るのがリエンジニアリングである。以上の点から明らかなように, リエンジニアリングとは端的に言えばビジネスプロセスの見直しを意味するものであるが, 情報技術を有効に活用する必要があるという点を考慮すると, 1985年以降に登場してきた戦略情報システムへの発展の流れ[2]と連動しているように思える。

事業部門毎, あるいは, 支社や子会社毎に構築されていた独立のデータベースをネットワークによって共有化し, 企業内部の各組織が共有データベースを常に更新して最新の情報を蓄積する。それは市場ニーズの変化を迅速にとらえてそれに対応する意思決定を行うことができるようにするシステムのイメージ

である。いわゆるスピードの経営である。事業部門や子会社が海外にあれば，多国籍企業の情報システムの問題と直結する[3]。企業の金融経済活動がグローバル化する中で，為替相場の変動や金利リスクをいかにヘッジするか，その他の環境要因をいかに素早く取り込んで意思決定に反映させることができるのか，それが戦略情報システムの課題の一つであるように思える。

　以上みてきたように，アメリカ経済が疲弊しそれを建て直そうという気運の中で，AICPAが1991年に組織したものがジェンキンズ委員会（AICPA財務報告特別委員会，詳細は第13章を参照されたい）である。ジェンキンズ委員会は，当時流行していたリエンジニアリングの手法を援用することで，換言すれば，外部の情報利用者としての株主や債権者を顧客とみなし，顧客の満足度を最大化するという観点から，まさに企業の財務報告プロセスの根本的な見直しを図ったのである。

　ジェンキンズ報告書では，財務諸表情報以外の非財務情報もそれと同列に重要なものとみるため，企業の外部報告を財務報告と呼ばずに企業報告（business reporting）で統一しており，現行の財務報告を見直すための三つの視点を掲げている（AICPA [1994], chap.1）。

① 未来化の視点―経営計画，その機会とリスク，および測定の不確実性を含めた将来指向的なパースペクティブをもった情報
② 非財務情報の重視の視点―いかにして重要な事業プロセスが遂行されるのかを説明する非財務的測度を含めたより長期的な価値を形成する諸要因に焦点を当てた情報
③ 内部管理情報の外部化の視点―事業管理目的でシニアマネジメントに報告された情報を外部に報告される情報と同列に扱うこと

第2節　リスク・シェアリング社会と企業経営の課題

1　リスク・シェアリング社会の特質

　金融システムの重要度が増した現代社会は，次のように特徴づけることがで

きる（武田［2000］, 22頁）。市場原理が有効に機能する経済社会は，市場のボラティリティが高まった社会であり，そこではリスクをいかに分担しながら生存すべきかの意思決定が絶えず求められる社会である。このような社会を「リスク・シェアリング社会」と呼び，そこで事業活動を行う企業は，「リスク・シェアリング・ユニットとしての企業」として意思決定を行い，常に何らかのリスクを負担しながら「最大の収益性」を追求する事業単位として機能する。

しかも，そのような「リスク・シェアリング社会」は，ネットワークで結ばれた「サイバースペース」であり，情報が瞬時に駆けめぐる世界である。情報技術に支えられたネット社会においては，企業はまさに「サイボーグ」として最大の収益性を追求する。サイボーグとしての企業の行動は，現代の金融経済社会においては，市場価格が激しく変動するボラティリティのリスクに常にさらされており，したがってそこではリスク管理が経営者の最大の課題であり，それによって企業の業績が大きく左右されることになる。

さらに，ネット社会においては，「アカウンタビリティに対する認識」に変化が生じ，「株主に対する受託責任」の思考が後退し，「グローバルな投資者一般に対する説明責任」という課題が全面に打ち出される。すなわち，受託責任の解除のための情報作成という意識は薄れ，ネットワークで結ばれたグローバルな資本市場の参加者に情報を提供するという観点が強調される（武田［2000］, 22頁）。

かかる視点から企業のリスク開示が要請される。すなわち，市場のボラティリティを前提として，その「ボラティリティ表現の手段」を「時価評価」に求め，「ボラティリティの結果」をリスクとして把握し，金融商品の「リスク負担の結果」を「評価損益」として開示することが企業会計に求められるのである。

企業環境の変化および企業行動に関する上記の描写は，実はファイナンス理論において定式化されている企業の意思決定や企業経営の目標に関わる基本的ファクターを会計の世界に忠実に置き換えた内容となっている（大前［1999］の第1章を参照されたい）。ただし，ファイナンス理論においては，最大の収益

性の追求という場合，株主にとっての収益の最大化であり，「株主の利益の最大化」として説明されている（大前［1999］，16-20頁）。企業経営の目標としての株主の利益の最大化は，近年「株主価値の最大化」または「株主価値創造」として議論されている内容と通じるものである（井出［1998］，10頁）。

そのように企業経営の目標を株主価値の最大化とする要因として，①民間資本の役割の増大，②市場のグローバリゼーション，③情報革命という三つの要因が指摘されている（井出［1998］，10頁）。その中で①の要因の持つ意味が大きく，日本においても企業の資金調達におけるメインバンクの役割の比重が相対的に低下し，直接金融の度合いが高まるなかで，民間資本の役割が増大するとともに，日本企業の経営のあり方が株主価値を重視する方向で議論され始めている。

2 株主重視と公正価値会計情報の開示

日本企業は，伝統的に株式の持ち合いによって安定株主を作ることによって企業外部からの不要なプレッシャーを受けずに会社経営を行ってきた。つまり，株式の持ち合いを進めることによって企業の経営者は，実質的に「オーナー・マネジャー」化し，会社の経営資源のコントロールと運用をめぐる所有者と経営者との間のコンフリクトを会社側に有利な形で解消することができたと指摘されている（伊藤［1993］，180頁）。その結果として，企業の経営者は，短期的な業績よりもむしろ企業の長期的な存続発展を考慮した日本的な経営スタイルが生まれてきたと考えられる[4]。

このような日本型経営システムは，企業業績が好調で持続的な成長を続け，相手企業との事業取引関係が有効に維持されるということが前提にある。したがって，景気後退により業績が低迷し，さらに協調的な事業取引関係が崩れた場合には，様々な問題が生じる可能性がある。その一つが企業のガバナンスの問題である。「オーナー・マネジャー」型の日本的経営システムにおいては，十分なチェック機能が働かない。近年の金融機関や事業会社の不祥事・倒産がそれを物語っている。従来は，そのチェック機能をメインバンクが代替してい

た。

　メインバンクは，貸付先の詳細な情報を継続的に収集し，経営内容や経営者の行動を絶えず監視する。もし融資先企業が経営危機に陥った場合には，メインバンクが中心となって資金繰りを支援し，企業の再建に協力することが実際に行われてきたし，それが一般に期待されていた。メインバンクがこのような行動をとるのは，救済に要するコストを上回るベネフィットが得られるからで，例えば，メインバンクとしての名声を維持して預金・貸出残高でみた営業基盤を拡大することが期待できたからである（深尾・森田［1997］，49頁）。

　実は，上記のような，安定株主による高い株式所有比率と多額の銀行借入はIR活動と負の相関関係にあることが実証され（好川［1998］，第6章），この事実関係は，系列や株式持ち合いを特徴としてきた日本的経営においてIR活動が北米企業と比較して相対的に活発でなかった理由とみなされる。

　しかしながら，バブル経済崩壊後は，銀行自体が巨額の不良債権を抱えるとともに，メインバンクとしての審査機能が低下したことも起因して，メインバンクによるガバナンスに期待することができなくなってきた。また，1980年代に進められた金融の自由化・国際化によって我が国の金融システムは市場重視型のシステムへと移行した。具体的には，資金調達の手段が多様化（株式，転換社債，ワラント債，コマーシャルペーパー等）し，大企業を中心に銀行借り入れに依存する間接金融から直接金融へと資金調達の手段がシフトしていった（小川・北坂［1998］，1頁）。これらの理由から，企業の経済的実態を把握した上で投資家が投資意思決定を行うことができるようにするために，公正価値会計やIR活動の重要性がより一層高まってきたのである。

　金融の自由化・国際化，企業活動のグローバル化，メインバンクの影響力の低下と資金調達方法の変化といった要因が，株主に中心的役割を求めるようなコーポレート・ガバナンスへと変化を引き起こしている。さらに，情報技術の発展がそのような方向でのガバナンスのあり方を現実のものとしているように思える。

　これまで，FASBをはじめとして，諸外国における会計概念フレームワーク

における情報利用者は，経営者に対して自己の意思決定に役立つような情報の提供を要求する権限のない弱い立場にある投資者や債権者が想定されていた（FASB［1978］, par. 28）。このような思考は，まさに経営者支配の会社経営が前提となっているものであり，資本市場の参加者間で情報格差が現実に存在しているため，弱い立場の情報利用者の利害を保護するために一般目的外部財務報告という手段を通じて情報を提供し，市場での公正な投資機会のベースを作ることで希少資源の最適な配分が究極的に達成されることを目標としたものであった。

このような企業観および財務報告が，インターネットをベースとしたネットワーク社会では，上述の諸要因によってこれまでとは違った企業モデルとレポーティングが必要になってくるものと考えられる。ネットワークが作り出すサイバースペースにおいては，株主はネットワークによって相互に結ばれ，仮想的に一つのまとまりとして企業と対峙する存在になる。例えば，電子投票制度により議決権の行使が簡単に行えるようになるため，経営の失敗に対する株主からのサンクションとして取締役の選任・解任のプレッシャーが強くなるものと考える。

換言すれば，ネットワークによって仮想的に一つのまとまりとなっている株主は，これまで以上に会社経営に対して責任の意識が求められるようになってくる。投資に対する自己責任原則というのは，株価下落による損失に対して自ら責任を負うというネガティブな側面を強調すべきではなく，むしろ，株券に表彰される自益権や共益権はサイバースペースにおいては質的に重要性を増してくるものであり，かかる権利の行使に対する株主個人の責任が重みを増してくるということを意味するのではないだろうか。それゆえに，投資判断に際しては，企業のリスクを評価し経済的実態を把握するような公正価値会計情報の開示が求められるのである。

第3節　リスク管理とリスク・レポーティングの必要性

　機関投資家を含め市場の投資家は，様々な情報を基にリスクを評価して分散投資を行っており，資本市場が十分に機能していれば自己のリスク許容度に応じて株式を売買し，保有する資産のリスクを調整することができる（大前 [1999]，17頁）。投資家のこのような意思決定を十全ならしめるものが，すでに述べた企業のリスク開示である。

　リスク開示の考え方は，アメリカにおいて1980年代および1990年代前半の金融経済不況を背景とした企業倒産などを背景としてその必要性が早くから論じられており，AICPAが1994年に公表したジェンキンズ報告書においてリスク開示の必要性が明確に表明されている（AICPA [1994]，pp. 29,52,76,77)。海外の文献では，リスク開示は，ヘッジ会計をベースとしたリスク・アカウンティング（Department of the Treasury [1997], p. 60；野村総合研究所 [2000]，460頁)，あるいは，リスクをさらに幅広く捉えて報告を行うリスク・レポーティング（Loftus and Miller [2000], p. 149) という呼称が与えられている。それらに共通する目的は，企業のリスク・エクスポージャーとリスク管理の顛末を明らかにして，企業経営の透明性を高めようとすることにある。

　ロフタスとミラーは，リスク・レポーティングの範囲と内容について基本的に次の二つの議論があることを指摘している（Loftus and Miller [2000], p. 153-155)。

① リスク開示の対象をシステマティク・リスクに限定するのか，トータル・リスクか。

② リスクの内容をグロスで表示するか，ネットで表示するか。

　ファイナンス理論では，リスクをシステマティク・リスクと非システマティク・リスクの2種類に区別する。システマティク・リスクとは，市場リスクとも呼ばれ，市場に共通する要因に依存するリスク部分を意味するもので，証券固有のリスクではなく市場全体の変動リスクである。例えば，経済全体の低迷

や政府の政策の変更により，株価が下がるリスクをシステマティク・リスクという。これに対して，非システマティック・リスクとは，分散可能リスクと呼ばれるもので，効率的な投資ポートフォリオを保有することで解消することが可能なリスクを意味する。

それ故に，ファイナンスの領域では市場リスクの評価が問題とされるが，ほとんどの会計測定はそれらのトータルリスクに関連している。会計基準の設定に関わる機関は，一般目的外部財務報告を利用する幅広い範囲の利用者に対して責任を有している。とりわけ，財貨・サービスの提供者の視点に立つとき，かれらは企業に対する債権の非システマティック・リスクを分散することができないので，リスク・レポーティングの範囲を市場リスクに制限すべきではなく，トータルリスクを開示することが必要であると指摘されている（Loftus and Miller [2000], p. 154）。

グロスリスクとは，企業がリスク管理を行わないときに直面するリスクの総体をいう。ネットリスクとは，リスク管理を行った後に残余するリスクを意味する。企業は事業のあらゆる分野において発生するリスクを解消するために様々な手段を有している。保険はリスクをカバーする手段として有効な対策の一つであり，そのためネットのリスクを主として開示すべきであるという主張がある。しかし，企業のリスク管理戦略は，その手段が保険に限定されるものではなく，しかも保険によってすべてのリスクがコスト効果的に移転されるものでもない。また，同一のリスクに対して企業によって異なるリスク管理戦略が採用されることがある。したがって，グロスリスクを開示の内容として，このリスクがいかに管理されたかを明らかにすることによって，企業のリスク許容度やリスクの実態を企業間で比較することが可能になると結論づけている（Loftus and Miller [2000], pp. 154-155）。

「表1」は，リスク・レポーティングに関するロフタスとミラーの議論を要約したものである（Loftus and Miller [2000], pp. 155-184）。彼らが取りあげたリスク・レポーティングの領域は，「事業内容」，「集中（concentrations）」，「財務諸表における見積もり」，「保険」，「財務リスク（treasury risk）」の五つ

表1 リスク・レポーティングの構成要素

	リスク原因・リスク発生領域	リスクの内容
①事業内容	a. 提供される製品およびサービスに関する情報, 市場と事業の立地 b. セグメント報告	市場機会とリスク, 技術開発, 市場占有率, 税制など 外部顧客・他のセグメントとの取引高, 資産, 負債額など
②集中	a. 資産 b. 仕入先 c. 原材料, サービスまたは権利の源泉の利用可能性 d. 得意先 e. 製品およびサービスの収益 f. 市場または地域別の事業 g. 資金提供者, そのタイプを含む資金調達の源泉, および, 金融商品の種類	陳腐化, 利用を制限する規制の変更 在庫の損失, 短期的な操業停止 価格高騰, 在庫の損失, 長期的操業停止 信用リスク, 取引の減少, 在庫の陳腐化 競争激化, 取引の減少 規制の強化, 業界または地域的な経済の低迷 資金の引き出し, コスト増, 通貨リスク
③財務諸表における見積もり	a. 物量 b. 品質または将来事象によって影響を受ける価値 c. 見積もりの基礎的仮定	原油の埋蔵量 受取勘定の回収可能性, 棚卸資産の技術的陳腐化 為替相場, 金利, 年金基金の将来キャッシュフロー
④保険	a. 財産の直接的損失 b. 財産の間接的損失 c. 財産の損失による利益の減失 d. 人災または第三者の財産に対する損害から生じる負債損失 e. 重要な担当者の資格喪失から生じる企業自体の人的損失 f. 事故などの理由で従業員またはその家族に支払われる補償	左に掲げる項目は保険契約によってそのリスクはほとんどカバーされるが, 将来キャッシュフローに重要な影響を及ぼし, 合理的な発生確率を有する未保険のリスクについての情報の開示が求められる。
⑤財務リスク	a. 市場リスク (またはオープンポジションリスク) b. クロスボーダーリスク (カントリーリスク) c. リスク管理方針	金利, 外国為替相場, 商品価格, 証券価格の変動 外国政府の債務不履行のリスク 市場リスク・クロスボーダーリスクに対する有効性

注) ロフタスとミラーは, リスクを意思決定に伴う不確実性によって構成される損失の可能性という意味で使用している (Loftus and Miller [2000], p. 149)。

から構成されている。繰り返すまでもなく，リスク開示の必要性が主張されるのは，企業の流動性や支払能力などリスク評価に基づいた財政状態に関する情報を提供することによって，企業倒産などの偶発的事象から投資者や債権者を保護するという規制の考え方に基づくものであり，その意味では決して新しい発想ではない。しかし，リスク開示が主張される近年の経営環境は，従来の議論の前提とは全く異なっている。金融システムの発達とともに巨額のデリバティブ取引が行われるようになり，企業業績に影響を及ぼす財務リスクの比重は事業リスクと比較にならないほど大きなものとなり，このようなコンテクストの下でリスク・レポーティングが論じられているのである。さらに，現在価値測定が，リスク・レポーティングを実行ならしめる重要な測定枠組を提供するものと解されるのである。

（1） 久保田［1996］は，戦後のアメリカ市場経済の発展に企業会計のルールがどのように対応してきたかを文献サーベイと経済データを用いて実証的に解明している。ASOBATがどのような経済的背景の下で生まれたのかを明確に説明され，また，プラザ合意以降のアメリカ経済の変化を明快に解説している。

（2） 高木・小坂［1990］は，コンピュータベースの情報システムの発展を「適用分野の広がり」という観点で次のように分類し，戦略情報システムの考え方は1980年代中頃からでてきたと説明している。

　　初期DP（Data Processing）時代・拡大DP時代：1960年代
　　MIS（Management Information System）時代：1970年代―1980年代初め
　　EUC（End User Computing）時代：1980年代初め―1980年代中頃
　　戦略情報システム（SIS：Strategic Information System）時代：1980年代中頃以降
　　また，情報システムの発展をシステム開発の実務経験に基づいて平易に解説したものに，市毛［1992］があるので参照されたい。なお，情報技術を応用したリエンジニアリングに関する解説については，野村総合研究所訳［1994］と松島［1994］が有用である。

（3） 浅野［1997］は，CALS（Continuous Acquisition and Life-cycle Support）と呼ばれる情報ネットワークを構築することで企業のグローバル経営戦略を優位に推し進めることができると説いている。CALSとは，「調達を初めとする企業活動，あるいは製品のライフサイクル全般」を「コンピュータを使って支援」する「戦略情報システム」を意味する（浅野［1997］，140頁）。通産省は，「生産・調達・運用支援統合情報システム」と

訳している。このシステムは，開発時間・総合的時間の短縮，海外調達の合理化，管理職の生産性向上，競争力強化により競争優位を狙うものである。

（4） モンクスとミノウは，マイケル・ポーターの所説を引用し，アメリカにおける資本市場制度の中で最も問題とされる点は，投資家による株式の短期的保有であり，機関投資家は短期的な利益に目を奪われ企業の長期的な収益力を維持するために企業と協調する意思や能力がないことが批判されている。このような批判を受けて，次のような株式の所有構造が安定的な会社経営のために必要であることが指摘されている。つまり，企業が長期的な利益を確保するためには，企業と共通の目標を持つ少数の株主によって，長期的，あるいは半恒久的に株式を保有してもらうことである。こうした長期株主は，企業所有を長期間にわたって維持し，企業情報に精通することに尽力することになる。この点は，まさに，株式持ち合いによる日本型経営の特徴を表現した内容となっている。ただし，このような所有構造においては，長期的所有者は，外部の一般的株主としての役割が求められるのではなく，インサイダーとしての立場が与えられ，すべての情報へのアクセスが保証されることが必要であると指摘されている。(Monks and Minow [1995], pp. 163, 164；ビジネスブレイン太田昭和 [1999]，145，46頁）

第13章 情報開示の拡充の方向

第1節 ジェンキンズ報告書の背景と意義

　AICPAは，1994年に『企業報告の改善―顧客重視の視点―(*Improving Business Reproting - a customer focus*)』(AICPA [1994]) を公表した[1]。これは，FASBのチェアマンであるエドモンド・ジェンキンズ (Edmund L. Jenkins) がこの報告書を作成するための委員長を務めたことからジェンキンズ報告書とも呼ばれている。本報告書は，21世紀を迎えるにあたり将来の企業報告は如何にあるべきかのビジョンを提示したものであり，アメリカが金融経済不況から立ち直りつつある時期に，リエンジニアリングの手法を用いて企業の外部報告のプロセスを根本から見直した画期的な報告書である[2]。

　そこでは，企業の外部報告書の利用者である株主や債権者を企業情報の顧客とみなし，利用者の情報要求が現状の財務報告によってどの程度満たされているかを実証的に分析し，さらに，情報要求の特定化を含めた意思決定態様の調査分析を行うことで，企業が提供すべき情報内容を規定しようとする方法を採っている。ジェンキンズ報告書は，利用者の情報要求を反映した将来の企業報告のあり方として包括的企業報告モデル (comprehensive model of business reporting) という外部報告のプロトタイプを提示している。

　本章は，ジェンキンズ報告書が公表されるに至った背景を振り返り，包括的企業報告モデルの概要を紹介して，その展開の可能性を検討することを主たる

課題とするものである。なお、ジェンキンズ委員会の研究は、時間と資源の制約があったために、外部報告の研究を営利企業のそれに限定し、非営利企業および政府組織を除外している。また、外部報告書の主たる利用者として投資者、債権者、および彼らの助言者を想定し、これらの情報利用者を中心とした分析が行われている。

AICPA財務報告特別委員会(ジェンキンズ委員会)は、1991年にAICPA理事会の決定により組織された。この委員会に与えられた使命は、(1)経営者が外部の利用者に対して利用可能にしなければならない情報の種類と範囲、および、(2)監査人がその情報を構成する諸要素について報告しなければならない範囲の2点に関して勧告することであった(Jenkins [1994a], p. 77)。また、この委員会は、AICPAが当時取り組むべき次のような課題に対処するためのプロジェクトの一環として結成されたものでもある(AICPA [1994], p. 1)。

① 企業報告の有用性を高めること。
② 不正行為の防止と摘発の改善策を提示すること。
③ 独立監査人の独立性と客観性を保証すること。
④ 職業会計士に対する不当な訴訟を抑止すること。
⑤ 監査業務に当たる会計士の教育訓練システムを強化すること。

ジェンキンズ委員会は、上記のように1991年に結成されたのであるが、AICPAはそれ以前から企業の外部報告システムを見直す必要性を認識していた。直接的には、1980年代後半に金融経済不況のあおりで生じた企業倒産や経営者不正などの問題を契機として企業が公表する財務情報に対する社会的不信が高まったことにある。監査業務に携わる職業会計士に対して学界、議会、規制当局から厳しい批判が浴びせられた(AICPA [1994], p. 193)。AICPAは、それに対して将来指向的情報や価値ベースの情報に関するプロジェクトを発足させるなどの対策をとったが、網羅的体系的な提言には至らなかった。

その後、AICPA理事会の副理事長であったトーマス・ライマーマン(Thomas W. Rimerman)氏は、*Journal of Accountancy*の1990年4月号において「失われつつある財務諸表の有意性」(Rimerman [1990])と題する論文を公表

した。この論文は，プラザ合意以降の為替相場や金利・物価の大幅な変動，為替リスクや金利リスクに対処するための複雑なデリバティブ取引の増大，技術革新による製品開発競争の激化など企業の経済環境・経営環境の激変により (Rimerman [1990], p. 79)，GAAPによって作成される財務諸表は利用者の意思決定にとって充分な情報を提供できていないという認識に立って，財務報告の目的適合性を研究するための学識経験者からなるブルーリボン委員会を組織する必要性を訴えたものである (Rimerman [1990], p. 83)。

ライマーマン氏の提言を受けて同年の秋にウォートンスクールで開催された財務報告および基準設定に関するシンポジウムでは「現在の方向で事が進んでいくならば，あたらしい時代の情報が必要とされているにもかかわらず，伝統的な財務報告は時代の要請からかけ離れ，その目的適合性はますます失われていくであろう」(AICPA [1994], p. 193) と企業報告のあり方に変化を求める提言がなされた。

さらに，そのシンポジウムでは，「現行の会計モデルを捨て去るべきではないが，財務諸表の利用者にとってこれまで以上に目的適合性の高い情報を提供するためにリエンジニアされなければならない」(AICPA [1994], p. 193)，また，リエンジニアリングを行う上で「利用者の情報要求を満足させるために利用者がどのようなレベルの情報を必要としているのかについてのリサーチが必要である (AICPA [1994], p. 193)」と結論づけた。

以上のような財務報告制度の見直しの機運が高まることによって1991年にジェンキンズ委員会が組織され，その後3年間の研究活動を経て1994年に報告書が公表された。その前年の1993年にはアメリカの再生とチェンジを標榜したクリントン政権が誕生し，アメリカ経済の発展に対する期待が高まるなかで，AICPAが満を持して公表した報告書である。ジェンキンズ報告書に掲げられている企業の外部報告のモデルは，21世紀へ向けた企業報告のあり方を示すものとしてその意義を高く評価することができるのである。

第2節 包括的企業報告モデルの展開

　ジェンキンズ報告書は，すでに述べたように，企業情報の価値を改善するとともに企業情報に対する社会的信頼を高めることを目的として公表された報告書である。委員会はその目的のためにリエンジニアリングの手法を用いて顧客満足（custormer satisfaction）を強調することにより財務報告プロセスの抜本的な見直しを行ったのであるが，委員会の作業は役割理論を援用することにより，よりよく説明することができる（武田 [1991], 17-18頁）。すなわち，ジェンキンズ委員会は，経営者に対する情報利用者の役割期待を明確にし，彼らの情報要求に基づき経営者の役割を規定した。この役割規定に従って包括的企業報告モデルという役割記述モデルを提示している。さらに，役割開示にあたっては監査人の関与に関する新たな提言を行うことで，役割開示の問題が扱われているのである。

　ジェンキンズ委員会は，まず企業外部の情報利用者の情報要求に関する詳細な分析を行い，伝統的な会計モデルによって作成される財務諸表が利用者の情報要求を満足させているかの調査を行った。この分析が，企業の経営者の役割を規定し，開示すべき情報内容を形作ることになる。利用者の情報要求に関する研究は，補足資料として公表されているが，A4版にして1600頁を超える膨大なものである。その調査結果の要点が次のように説明されている（Rosenfield [1994], p. 21）。

① 価値情報

　利用者は，時価情報を望んでいるけれども，現行の歴史的原価会計モデルを公正価値会計モデルに取り替えることに対しては反対であるということが明らかになった。利用者が要求しているのは，特定の資産・負債および産業に関する公正価値会計情報である。

② 非集計情報

　投資者および債権者は，セグメント報告を非常に重視しているが，現行

制度において開示されるセグメント情報は企業の将来の利益やキャッシュフローを予測するための適切な情報とはなっていないと考えている。利用者は，四半期ベースでのセグメント情報を要求している。

③ コアの利益

利用者は，企業が報告する利益を分解し，毎期安定して生じるような利益，あるいは，毎期反復して生じるような利益に関する情報を必要としている。そのような情報は，企業の維持可能な利益の予測の基礎となる。このような情報は，損益計算書においてコアの利益として表示することが可能であると考えられる。

④ 見積もり，仮定，およびオフバランスシートリスク

利用者は，重要な資産および負債の金額を決定するときに用いた見積値や仮定に関する情報を開示することを要望している。さらに，金融商品やオフバランスシート金融取引（off-balance-sheet financial arrangements）のリスクに関するより詳細な定性的・定量的情報が求められている。

⑤ 非財務的企業情報

利用者は，企業の事象と活動の関係ならびに事象と活動が財務諸表にいかに報告されているのかについて理解することを望んでいる。非財務的企業情報は，利用者が企業の事業活動を評価するときに事象と活動の関係に関する理解を助ける重要な機能を有するものである。

⑥ 将来指向的情報（forward-looking information）

投資者および債権者は，かれらの予測の基礎として将来指向的情報を要求している。しかし，調査結果によれば，投資者・債権者は企業の経営者が予測情報を提供することは期待していないということが明らかとなった。むしろ，彼らは，事業活動に関連するより短期の，そして一定の計量可能な機会やリスクに関する情報を望んでいるのである。

⑦ 信頼性（credibility）

報告の信頼性は極めて難しい問題である。投資者，債権者，および彼らの助言者は，多くの企業の報告書は経営者が業績をできる限りよく見せよ

うとし,業績不振が明らかとなるような情報は避けたいというごく自然な経営者の性向を反映したものであると考えている。

⑧ 監査の役割

利用者は,監査済みの情報に価値を認めている。その理由は,監査人が報告金額および関連する開示事項の信頼性(reliability)について独立の保証を行っているからである。利用者は,監査報告書の中で追加的な定性的意見表明がなされることを期待している。

ジェンキンズ委員会は,利用者の情報要求分析に基づいて企業報告を構成する5タイプの情報を示し,それぞれのカテゴリーで提供されるべき10の情報要素を規定している。「表1」がジェンキンズ委員会による包括的企業報告モデ

表1 ジェンキンズ報告書の包括的企業報告モデル

Ⅰ 財務データおよび非財務データ
① 財務諸表および関連する開示事項
② 経営者が経営管理に利用するハイレベルの事業データおよび業績測定データ

Ⅱ 経営者による財務データおよび非財務データの分析
③ 財務データ,事業データ,および業績関連データの変化に関する理由づけ,およびキートレンドの同一性と過去の影響に関する説明

Ⅲ 将来指向的情報
④ キートレンドから生じる機会およびリスクとその他の機会およびリスク
⑤ 決定的な成功要因を含めた経営者の計画
⑥ 以前に開示された機会,リスク,および経営者の計画と実際の業績との比較

Ⅳ 経営者および株主に関する情報
⑦ 取締役,経営者,報酬,大株主,および関連当事者との取引および関係

Ⅴ 会社の背景説明
⑧ 事業の目的および戦略
⑨ 事業および財産の範囲と説明
⑩ 産業構造の会社への影響

ルである (AICPA [1994], p. 52)。

上掲の包括的企業報告モデルの記載内容は，SECに提出が義務づけられている公開会社の書類と比較して，(1)事業セグメント情報，(2)財務諸表，(3)ハイレベルの事業データおよび業績測定情報，(4)経営者の分析，(5)将来指向的情報，(6)背景情報のそれぞれにおいて改善がなされたと述べられている (AICPA [1994], p. 5)。ここでは，その中から財務諸表における改善点について管見しておきたい。

第3節　コア概念に基づく財務諸表の体系

1　コア概念による損益計算書・貸借対照表・キャッシュフロー計算書の様式

ジェンキンズ報告書は，コア概念を導入しコア概念に基づいた記載様式を提唱している。財務諸表上でコアの活動の影響と非コアの活動の影響を区別して表示する目的は，利用者が会社のビジネストレンドをこれまで以上に効果的かつ効率的に識別するための最善の情報を提供することにある (AICPA [1994], p. 81)。

会社のコアの活動とは，通常の (usual) または反復的な (recurring) 活動，取引，および事象を意味する。通常とは，活動が特定の会社にとって正常な (ordinal) そして典型的な (typical) ものであることを意味する。反復が意味することは，活動，取引，および事象は一定の期間毎に再び生じると期待されるということである。コアの活動は，通常のまたは反復する活動と反復する営業外の利得および損失を含む。逆に，非コアの活動，取引，および事象は，異常な (unusual，特定の会社にとっては典型的でない) または非反復的な (nonrecurring，予測可能な将来において再び生じることが期待されないか，または一定の期間毎に生じることが期待されない) ものを意味する (AICPA [1994], p. 81)。

「表2」，「表3」，「表4」は，アメリカにおける現行実務の損益計算書・貸借対照表・キャッシュフロー計算書とコア概念に基づいたそれらの計算書を比

表2 現行実務の損益計算書とコア概念に基づく損益計算書の比較

現行実務の損益計算書	コア概念に基づく損益計算書
売上高 売上原価 　**売上総利益** 販売費一般管理費 その他営業コストおよび費用 　**営業利益** 支払利息 営業外利得 営業外損失 　**継続的事業からの税引前利益** 法人税費用 　**臨時項目および会計原則変更前の継続的** 　**事業利益** 廃止事業セグメントの損益 　**臨時項目および会計原則変更の累積的影** 　**響額前の利益** 臨時項目 会計原則変更の影響額 **純利益** 株式データ： 　継続的事業利益 　臨時項目および会計原則変更前利益 　純利益 　加重平均一株当たり利益	売上高 売上原価 　**売上総利益** 販売マーケティング費 研究開発費 一般管理費 その他営業コストおよび費用 反復的営業外利得および損失 　**税引前コア稼得利益** コア利益に係る法人税 　**コア稼得利益** 非コア項目および財務コスト 　財務コスト（利息損益，債務の償還による利得・損失） 　異常取引事象損益または非反復取引事象損益 廃止事業損益 会計原則変更の影響額 　**税引前非コア利益および財務コスト** 非コア項目・財務コストに係る法人税 　**非コア利益および財務コスト** **純利益** 株式データ： 　コア稼得利益 　非コア利益および財務コスト 　純利益 　加重平均一株当たり利益

表3 現行実務の貸借対照表とコア概念に基づく貸借対照表の比較

現行実務の貸借対照表	コア概念に基づく貸借対照表
流動資産 　現金 　受取勘定（純額） 　棚卸資産（純額） 　繰延税金資産 　その他流動資産 　**流動資産合計**	流動資産 　現金 　受取勘定（純額） 　棚卸資産（純額） 　繰延税金資産 　その他のコアの流動資産 　非コアの流動資産（公正価値で測定） 　**流動資産合計**
有形固定資産 その他長期資産 　**資産合計**	有形固定資産 その他長期資産 長期の非コア資産（公正価値で測定） 　**資産合計**
流動負債 　支払勘定および未払費用 　未払法人税 　支払期限が1年以内の負債 　**流動負債合計**	流動負債 　支払勘定および未払費用 　未払法人税 　支払期限が1年以内の負債 　非コアの流動負債（公正価値で測定） 　**流動負債合計**
長期借入金 繰延税金負債 その他の負債 　**負債合計**	長期借入金 繰延税金負債 その他の負債 非コアの負債（公正価値で測定） 　**負債合計**
株主持分（構成要素別分類） 　**負債・株主持分合計**	株主持分（構成要素別分類） 　**負債・株主持分合計**

較したものである（AICPA［1994］, pp. 82-86）。

　コア利益は，将来利益の予測値を意味するものではなく，過去の異常項目または非反復項目の影響を除いた歴史的利益を意味する。「表 2」に示すように利息損益は税引前利益の構成要素から財務コストの内訳項目となっている。同様に，債務償還損益は臨時項目から財務コストの内訳項目となっており，利息損益と別々に表示する。異常な取引・事象または非反復的取引・事象は，非コア利益の構成要素として別々に表示する。臨時項目（extraordinary items）は概念があまりにも狭いので，異常または非反復というカテゴリーに置き換える。また，損益計算書の最下部において株式データを記載しなければならない。少なくともコア利益，非コア損益および財務コスト，および純利益（net income）に関連させたデータを記載する（AICPA［1994］, pp. 82-84）。

　「表 3」に示すように，資産および負債は，貸借対照表上コアの資産および負債と非コアの資産および負債とに区別して表示される。コアの資産および負債は，通常の活動・取引・事象または反復的活動・取引・事象から生じる。非コアの資産および負債は，異常な活動・取引・事象または反復的活動・取引・事象から生じるものをいう。非コア資産とは，例えば，予測可能な将来において再発することが期待されないような異常なほどに巨額の製品販売取引にかかる売掛債権が考えられる。他には，不動産投資をほとんど行わない会社が投資目的で保有する不動産がそれに該当する。非コア負債とは，非コア資産に密接に関連する負債で，例えば非コア不動産に対して設定された譲渡抵当債務（mortgage liability）がある。他には，廃止事業にかかる偶発債務がそれに該当する（AICPA［1994］, pp. 85, 86）。

　コアの資産・負債と非コアの資産・負債を区別して表示することにより，次のような点で利用者への利便性の改善が期待されると述べられている。

① 異常なもしくは非反復的な取引事象の潜在的な影響を除くことによって，会社の継続事業による財政状態のキー・トレンドを識別することができること。

② 会社の価値を評価するとき，または，会社の機会とリスクを評価すると

きに，コアの資産・負債と非コアの資産・負債を区別して検討することができること。

「表4」は，現行実務のキャッシュフロー計算書とコア概念に基づくキャッシュフロー計算書を比較したものである。キャッシュフロー計算書の営業活動によるキャッシュフローの記載区分は，(1)コアの営業活動と(2)非コアの活動および財務コストの2区分になっていることが特徴である。コアの営業活動による正味現金に非コアの活動および財務コストによるキャッシュフローを加算したものが，営業活動によって提供された正味現金に等しくなっている。概念的には，キャッシュフロー計算書の投資活動と財務活動の記載区分は，コアのキャッシュフローと非コアのキャッシュフローを区別して表示することは可能で

表4　現行実務のキャッシュフロー計算書とコア概念に基づくキャッシュフロー計算書の比較

現行実務のキャッシュフロー計算書	コア概念に基づくキャッシュフロー計算書
営業キャッシュフロー 純利益 営業活動によって提供された正味現金へ 　調整するための修正 　減価償却および減耗償却 　　（その他の修正項目）	営業キャッシュフロー **コアの営業活動** 　コア稼得利益 　コアの活動によって提供された正味現金 　　へ調整するための修正 　　減価償却および減耗償却 　　　（その他の修正項目） 　　　コアの活動による正味現金 **非コアの活動および財務コスト** 　非コア利益および財務コスト 　非コアの活動および財務コストによっ 　　て提供された正味現金へ調整するた 　　めの修正 　　非コアの活動および財務コストによ 　　　る正味現金
営業活動によって提供された正味現金 　（投資活動・財務活動によるキャッシュ 　フローの記載区分に変更はない）	**営業活動によって提供された正味現金** 　（投資活動・財務活動によるキャッシュ 　フローの記載区分に変更はない）

あるが，コストとベネフィットならびに情報の理解可能性を考慮すると，それらの区分表示は表示の不要な複雑化を招くものとして記載様式の変更はなされていない (AICPA [1994], p. 84)。

2 コアの資産および負債の公正価値による測定

包括的企業報告モデルは，非コアの企業活動から生じる資産および負債を除いたコアの資産および負債の測定に対して現行の混合属性ルールを適用する。非コアの資産および負債は公正価値で測定する。非コア資産および負債の未実現の増価評価額および減価評価額は，株主持分に直接加減する (AICPA [1994], p. 86)。

ジェンキンズ報告書は，金融商品やデリバティブの認識・測定については当時AICPAの他の委員会やFASBにおいて検討されていたこともあり，その認識・測定の問題をいかに扱うべきかについて明確な提言を行っていない。ただし，金融商品やオフバランスシート金融取引のリスクに関する定性的情報と定量的情報をこれまで以上に開示すべきことを指摘するとともに，非コア資産および負債の公正価値の決定にあたって用いた歴史的原価，計算方法や仮定の開示の必要性が指摘されている (AICPA [1994], chap. 6)。

また，ジェンキンズ委員会は，価値ベース会計モデルの全面的な導入に対しても利用者がそれを望んでいないとして消極的である。委員会は，資産・負債の歴史的原価ベースの測定値が時価情報と同程度の目的適合性を有するものではなく，現行実務の混合属性会計モデルを価値ベース会計モデルに変更すべきであるという意見があることを充分に認識している。しかし，市場取引を経て決定された歴史的原価に基づく会計モデルは，企業活動を理解し，その趨勢を識別し，利益やキャッシュフローを予測することで企業を評価することに対して有用性の高い安定した一貫性のあるベンチマークを提供する。しかも，市場取引に基づく金額の信頼性は，時価情報と比較して歴然とした差がある (AICPA [1994], p. 87)。

さらに，利用者が企業を評価するときに個別の資産・負債の価値を加減する

ことで企業評価や信用リスク評定を行っているのではない。むしろ，利用者は会社の価値の根幹をなす継続事業を，それがもたらすであろう将来の利益またはキャッシュフローを予測することで評価しているのである。利用者の予測行為に個別の資産・負債の価値情報を提供しても，利用者がそれに依存したりそれによって大いに助けられるということはなく，むしろ損益計算書や株主持分に関する情報に受容できないほどのボラティリティやノイズが生じるだけであると利用者は考えている（AICPA［1994］, p. 87）。ジェンキンズ委員会は，そのような点から価値ベース会計モデルの全面的な導入を勧告しなかった。

しかし，利用者は一部の特定の資産・負債（金融資産，活発な二次市場から市場価格が利用できるような資産，営業外資産を含めた非コアの資産，継続事業外で売却・償還・処分を予定する資産・負債）や金融業界に対しては公正価値情報を有用な情報とみているということから（AICPA［1994］, p. 87），「表 2」，「表 3」，「表 4」に示すようなモデルを提示したのである。

（1） ジェンキンズ報告書を取りあげた研究に大塚［1995］，古賀［1995］，井尻・伊藤［1997］，平松［1998］，古賀［1999a］，河﨑［2001］がある。いずれの研究においても実務への将来的な影響を評価している点で共通している。

　大塚成男教授は，ジェンキンズ報告書が情報開示において経営者の視点を重視していると指摘され，コア概念に基づく財務諸表の記載区分の可能性を検討されている。

　古賀智敏教授は，ジェンキンズ報告書以外にも幾つかの報告書を取りあげ，利用者指向的な視点から財務報告の改善を提言していること，そのために企業の財務状況や取引実態の反映を図るべき点を強調していることが共通する特徴であると指摘されている。

　井尻雄士教授はジェンキンズ報告書を顧客化という視点を提示したという点で評価され，報告書は，非財務的情報，将来指向的情報，長期的視点に立った企業情報等の開示を重視するという点が対談の中で指摘されている。

　また，伊藤邦雄教授は，ジェンキンズ報告書が学界よりもむしろ会計プロフェッションに幅広い影響を及ぼしていると評価されている。

　平松一夫教授は，ジェンキンズ報告書において提示されたBusiness Reporting Modelを事業報告モデルと訳され，その内容の簡潔な紹介を行っている。

　河﨑照行教授は，未来化の視点，内部管理情報外部化の視点，非財務情報重視の視点の三つの方向で会計ディスクロージャーが拡大化する可能性のあることを指摘されている。

(2) 企業の財務報告のあり方を包括的かつ体系的に見直しているという点で,CICAの先行研究(CICA[1991])が存在する。この研究の内容については,河﨑[1995]を参照されたい。

第14章 財務業績報告の類型と包括利益の表示

第1節 包括利益の意義と表示

　本章は，時価評価差額を財務諸表上いかに表示すべきかという問題を検討することを主たる課題とするものである。FASBは，伝統的な原価・実現アプローチに基づく利益を稼得利益と呼び，これに未実現評価損益を加算したものを包括利益（comprehensive income）と呼んでいる。FASBのSFAC 6号「財務諸表の諸要素」（FASB [1985]）によると，「包括利益とは出資者以外の源泉から生じた取引およびその他の事象ならびに環境要因によってもたらされた1期間の営利企業の持分の変動である（FASB [1985], par. 70)」と定義されている。

　具体的には，稼得利益（earnings）に「累積的会計修正」と「出資者以外の取引から生じる持分変動」を加減したものが，包括利益となる（FASB [1984], par. 44)。累積的会計修正には，会計原則の変更にともなう損益への影響額があり，出資者以外の取引から生じる持分の変動としては非流動資産として分類される市場性ある持分証券への投資の市場価値の変動や外貨換算調整勘定が含まれる（FASB [1984], par. 42)。包括利益は，複雑化・多角化する経営環境のなかで財務報告の透明性や理解可能性を高めることに役立つことが期待されている。

　このような包括利益概念に関する会計基準の設定はアメリカだけではなく，

以下に示すようにイギリス，ニュージーランド，IASCによっても設定されている。

① イギリス・FRS 3 号「財務業績の報告」(ASB [1992年])
② ニュージーランド・FRS 2 号「財務報告書の表示」(FRSB [1994])
③ アメリカ・SFAS130号「包括利益の報告」(FASB [1997])
④ IASC・IAS 1 号「財務諸表の表示」(IASC [1997])

　これらの基準書では類似の利益概念を扱っているにもかかわらず，それを表示する財務諸表の様式や内容においてかなりの相違が存在している。そのため財務業績の国際的な比較可能性が損なわれており，この点を解決するためにG 4 + 1（イギリス，アメリカ，カナダ，オーストラリア，ニュージーランド，IASC）はこれらの基準書の比較検討を行い，財務業績報告について，将来のあるべき方向を模索した特別報告書『財務業績の報告：最近の展開と将来の方向』(Johnson and Lennard [1998年]，以下『報告書』と表記する）を公表した。

　G 4 + 1 の報告書では包括利益を計算表示するための計算書として拡張損益計算書の形式を踏襲する財務業績計算書が提案され，その記載様式については情報利用者の意思決定への役立ちという観点から情報の予測価値と企業活動の機能に基づいた記載区分（「操業活動」・「財務活動およびその他の資金調達活動」・「その他の利得および損失」）が行われている。「操業活動」の記載区分の情報は企業の基幹事業の趨勢の分析にとって有効であり，「財務活動」に関する独立した記載区分は金融商品やデリバティブの公正価値測定を想定したものである。また，固定資産の再評価による未実現利得損失などは「その他の利得および損失」の記載区分に掲記される。

　そこで，以下においては，当該報告書に依拠しつつ金融資産の評価益を含めたいわゆる包括利益をどのように表示すべきかについて具体的に検討するものである[1]。

第2節　財務業績報告の現状と問題点

　すでに述べたように『報告書』ではいわゆる包括利益の計算と表示を扱っている前節に掲げた基準書の検討を通じて財務業績をいかに表示すべきかについて勧告を行っている。
　これらの基準書では「包括利益」,「総認識利得損失（total recognized gains and losses）」,「包括主義利益（all inclusive income）」,「クリーンサープラス利益（clean surplus income）」等の利益概念が使用されていることから,『報告書』ではそれらを総称する概念として財務業績という用語が用いられている。すなわち,財務業績（financial performance）は,所有者との間の取引から生じる変動を除いて認識（記録）された持分変動の総額を意味する用語として使用される（Johnson and Lennard［1998］, par. 1. 13）。つまり,財務業績は,ある会計期間に認識されたすべての収益,費用,利得および損失の総額を示す用語と規定されている（Johnson and Lennard［1998］, par. 1. 10）。また,財務業績には他の利益概念と同様にある会計期間の経済事象ではない会計方針の変更による影響額や誤謬による損益修正項目が含まれる（Johnson and Lennard［1998］, par. 1. 13）。かかる財務業績の一定の項目（時価評価差額等）を報告する方法として基本的に「表1」の三つのアプローチがみられる。

表1　財務業績計算の三つのアプローチ

	ASB	FRSB	FASB	IASC
①「持分変動計算書」アプローチ	－	○	○	○
②「第2の損益計算書」アプローチ	○	－	○	○
③「拡張損益計算書」アプローチ	－	－	○	－

　イギリスのASBは上記②の「第2の損益計算書」アプローチを採り,具体的には総認識利得損失計算書（statement of total recognised gains and losses）で時価評価差額などの一定の項目の計算表示が義務づけられる。ニュージーラ

ンドのFRSBは上記①の「持分変動計算書」アプローチ(2)を採用する (Johnson and Lennard [1998], par. 2. 14)。アメリカのFASBは上記の三つのアプローチを選択的に認めており，第2の損益計算書は包括利益計算書 (statement of comprehensive income) と呼ばれる。ただし，FASBは三つのアプローチの選択的適用を認めているものの，損益計算書の様式をもつ計算書において包括利益を表示することが持分変動計算書でそれを報告するよりも概念的に優れていると指摘している (FASB [1997], par. 67)。IASCは上記③の「拡張損益計算書」アプローチを認めていない。

次に問題となるのが，未実現の時価評価差額を損益として計上した後の期間における再分類修正 (reclassification ajustments) である。これはSFAS130号における固有の処理である。この基準書によれば，包括利益は「純利益 (net income)」と「その他の包括利益 (other comprehensive income)」に区分される (FASB [1997], par. 15)。純利益の計算区分には，継続事業損益，廃止事業損益，臨時損益項目，会計原則の変更による累積的影響などの分類が含まれる (FASB [1997], par. 16)。その他の包括利益の計算区分には，外貨換算調整勘定，最小年金債務修正，負債持分証券への一定の投資に関する未実現の利得損失が記載される (FASB [1997], par. 17)。

再分類修正とは，当初その他の包括利益に報告された未実現利得が後の期間に実現したときにそれが純利益に加算され二重計上されることを回避するための処理を意味する (FASB [1997], par. 18)。例えば，期間1の期末に売却可能証券に100ドルの価値の増加が認められ，この利得100ドルはその他の包括利益に報告される。この証券を期間2の期首に売却した場合，100ドルの売却益が実現する（この100ドルが純利益に加算され結果的に包括利益に環流してくることをリサイクリングと呼ぶ）。再分類修正は100ドルが加算された期間2の純利益の金額から当該金額を控除する処理をさす。イギリスやニュージーランドの基準書では，リサイクリングを認めていないので，再分類修正を行う必要がない (Johnson and Lennard [1998], par. 2. 23)。IASCは基準によって異なる対応をとっている。外貨換算調整勘定についてはリサイクリングを認め，固定資産の

再評価についてはそれを否認している。また，長期投資の再評価益のリサイクリングは会社の方針によって選択できることとされている（Johnson and Lennard［1998］, par. 2. 24）。上記の議論に関連してアメリカとイギリスの基準書の規定の比較を行ったものが「表2」（Johnson and Lennard［1998］, p. 56）である。

G4＋1の『報告書』では財務業績の報告の将来の方向を考えるために上記の論点に関連させて次のような問題設定を行っている（Johnson and Lennard［1998］, par. 3. 3）。

① すべての財務業績を財務業績計算書において報告すべきか。
② すべての財務業績を単一の計算書において報告すべきか。
③ 財務業績の構成要素を報告すべきか。その場合，構成要素の内容とその記載順序はいかにすべきか。

すでに述べたように，財務業績を報告するための計算書として「持分変動計算書」，「第2の損益計算書」，「拡張損益計算書」という三つの方法がある。G4＋1の作業部会の一部の委員から財務業績の報告の方法は問題ではないという意見も出たが，財務業績に関して性質の異なる項目が混在する場合，財務諸表の理解可能性や表現の忠実性が損なわれることから財務業績の報告の方法は検討すべき課題であるとされた（Johnson and Lennard［1998］, par. 3. 5, 3. 6）。

そこで，上記の三つの計算書のうち，持分変動計算書は，所有者との取引と財務業績項目という性格の異なる情報が一つの計算書の中で表示されるために利用者に誤解を生む可能性があるため，作業部会は長期的な視点から持分変動計算書は財務業績の報告のための書類としては適切でないという判断を下した（Johnson and Lennard［1998］, par. 3. 7-3. 10）。上記①の問題については，財務業績に関連しない項目を含まない計算書において財務業績に関わるすべての項目を網羅的に報告しなければならないとされた。

次に，上記②の財務業績を第2の損益計算書（総認識利得損失計算書，包括利益計算書）において報告すべきか，あるいは，拡張損益計算書においてそれを表示すべきかという問題について検討する。損益計算書と総認識利得損失計算

表2 FASBとASBの財務業績計算の比較

	FASB 「稼得利益」 (損益計算書)	FASB 「その他の包括利益」 (拡張損益計算書，包括利益計算書，持分変動計算書)	合計
ASB 「営業活動」 (損益計算書)	A 主として歴史的原価による収益・費用＋固定資産と長期債務の利得損失を除く(主として実現した)利得損失	B 一定の収益および費用項目の(現在価値による)再評価修正＋すでに認識された利得損失を除去するためのリサイクリング修正	(A＋B) ASB「当期損益」
ASB 「資本活動」 (総認識利得損失計算書)	C 固定資産および長期債務の実現した利得損失	D 新たに認識された(未実現の)利得損失＋すでに認識された利得損失を除去するためのリサイクリング修正	(C＋D) ASB「その他の当期認識利得損失」
合計	(A＋C) FASB「稼得利益」＝ ASB「歴史的原価利益」	(B＋D) FASB「その他の包括利益」	[(A＋B)＋(C＋D)] ASB「総認識利得損失」＝[(A＋C)＋(B＋D)] FASB「包括利益」

書または包括利益計算書の二つの報告書で企業の財務業績を報告する場合，実現利益と未実現利益が区分表示され，財務業績に関してより詳細な情報が提供できるという点で評価される。第2の損益計算書は財務業績に関連するあらゆる情報を包括的に要約して提供するため，信頼性の要件である完全性を満たし，さらに理解可能性を高めることが期待される (Johnson and Lennard [1998], par. 3.12-3.16)。

『報告書』ではそのように二つの報告書による財務業績の報告を評価しながらも，この方式によった場合，いずれか一方の報告書の情報を過度に尊重した

り，あるいは，二つの報告書の差異を不当に重視するおそれがあるために，長期的な目標としてすべての財務業績を拡張損益計算書などの単一の財務業績計算書において報告すべきであると結論づけている（Johnson and Lennard [1998], par. 3. 18–3. 19）。

最後に上記③の財務業績計算書の様式については，情報利用者の意思決定を考慮して報告される財務業績の構成要素を画定することが述べられている。財務アナリストやその他の利用者が財務業績に主として関心を持つのは特定の企業の将来キャッシュフローの金額，時期，不確実性に関する期待形成の手段としてそれを利用しているからである。企業の過去の財務業績に関する情報はそのような期待形成の重要なエレメントであり，それによって企業の将来の財務業績や将来キャッシュフローの予測が行われる。このような予測に基づいた投資行動が持分証券の価格形成に反映される（Johnson and Lennard [1998], par. 3. 20）。

数多くの異質の項目を含む全体的に要約された測定値によって伝達される情報と比較すると，財務業績の構成要素を明示することによって伝達される情報は上記の意思決定に対して有用性の度合いを高める可能性をもっている。同質のクラスの構成要素を示すことにより，事業の継続性あるいは反復性，安定性，リスクそして信頼性に関してよりよい判断を行うことが可能であり，結果としてその情報はより高い予測価値やフィードバック価値を有しているのである（Johnson and Lennard [1998], par. 3. 22）。

G4+1の作業部会は，以上のことから財務業績の構成要素は報告されるべきであり[3]，その際に実質的に類似の特性を有する財務諸表項目を結合し，異なる特性を有する項目は区分することが有用であると結論づけている。また，財務分析にとって特に重要性がある場合には財務業績に関連する要素を独立して表示することも有用であると述べている。（Johnson and Lennard [1998], par. 3. 22）。

第3節　財務業績計算書の4類型

　G4+1の『報告書』ではこれまでの議論に基づいて財務業績計算書として伝統的な損益計算書の様式を踏襲し，それに有価証券の時価評価差額や固定資産の再評価額などを記載する拡張損益計算書（expanded income statement）を提案している。提案された財務業績報告の4類型をまとめたものが「表3」（Johonson and Lennard [1998], p.32) である。

　「表3」に示されている四つのアプローチは，業績測定観,「稼得・実現・対応利益（earned-realised-matched income)」の報告の有無，報告様式，計算区分の数という四つの点で特徴づけられている。業績測定観における一元観（single perspective of performance）とは単一の認識規準に基づいて財務業績の一面的な写像を伝達する考え方で，これに対して二元観（dual perspective of performance）とは異なる認識規準に基づいて財務業績の複数の写像を伝達する思考を指す（Johnson and Lennard [1998], footnote23)。

　「表3」から知られるように，アプローチAとBは二元観に立ち，アプローチCとDは一元観をとっている。前者は伝統的測度としての「稼得・実現・対応利益」を計算表示するのに対して，後者は伝統的利益を表示しない。報告様式

表3　財務業績報告の4類型

アプローチ	類型的特質			
	業績測定観	「稼得・実現・対応利益」の報告	報告様式	計算区分の数
A	二元観	有	多欄式	2区分
B	二元観	有	調整式	2区分
C	一元観	無	伝統的様式	2区分
D	一元観	無	伝統的様式	3区分

をみると，アプローチAが多欄式の2区分計算を行い，アプローチBは調整式の2区分計算である。これに対してアプローチCとDは損益計算書の伝統的様式を用いるという点で共通するが，アプローチCが2区分計算を行い，アプローチDが3区分計算であるという点で異なる。G4+1の作業部会は最終的にアプローチDを選好し長期的にはこの計算様式に統一されることを勧告している。その議論を以下に見てみよう。

　それらの四つのアプローチに基づく財務業績計算書の雛型を「表4」から「表7」にまとめている。アプローチA（二元観多欄式）は，一つの損益計算書の中に歴史的原価に基づく計算欄と時価評価を考慮した計算欄を設けた二欄式で表示するアプローチで，大手会計事務所KPMGが提案した方法である。アプローチB（二元観調整式）は，伝統的損益計算書の中で評価損益を加減してリサイクリング修正を行うもので，FASBがとる方法である。アプローチC（一元観二区分様式）は，流動資産・負債からの損益とそれ以外のものとに2区分する計算方式であり，ASBの採用する方法である。アプローチD（一元観3区分様式）は，営業活動，財務活動，その他の活動という三つの活動の損益をそれぞれ計算表示する方法である。

　それらのアプローチの基本的な違いは，伝統的な業績測度である「稼得・実現・対応利益」の計算表示の有無である。かかる利益指標の提供を主張する論者は，財務アナリストやその他の利用者が分析のベンチマークとしてそれらの利益数値を利用しており，公正価値情報が利用できるときでさえ証券価格は実現利得損失を反映するという実証結果を強調する (Johnson and Lennard [1998], par. 5. 9)。とりわけ，事業活動の成果の趨勢を分析する上で伝統的な業績測度は非常に有効に機能する。

　伝統的な「稼得・実現・対応利益」を報告する場合に，多欄式と調整式の2種の様式がある。多欄式は伝統的な損益計算書の様式を変更することなく，時価評価修正を行うことができるという点で優れている。しかし，多欄式は2期比較形式の計算書を作成するときには不向きであり，貸借対照表も多欄式に変更し様式の統一を図る必要があるという批判がある (Johnson and Lennard

表4 二元的業績測定観に基づく財務業績計算書の雛型（アプローチA）

£000

	歴史的原価損益計算書		評価修正	1993合計	
売上高					
継続事業	550			550	
買収部門	50	600		50	600
廃止事業		175			175
		775			775
売上原価		(620)			(620)
売上総利益		155			155
営業費		(99)	(5)		(104)
営業利益					
継続事業	55			50	
買収部門	6	61		6	56
廃止事業	(14)		(1)	(15)	
引当金取り崩し（1992）	9	(5)	1	10	(5)
		56			51
継続事業部門の固定資産売却損益		18	(9)		9
固定資産再評価損益			4		4
運用投資損益			(3)		(3)
廃止事業の除却損	(17)			(17)	
引当金取り崩し（1992）	20	3		20	3
利息控除前の経常活動利益		77			64
支払利息		(18)			(18)
税引き前経常活動利益		59			46
経常活動利益に対する税金		(14)			(14)
税引き後経常活動利益		45			32
少数株主持分		(2)			(2)
外貨換算調整差額			(2)		(2)
当期利益		43			28
支払および提案配当金		(8)			
内部留保利益		35			

表5 二元的業績測定観に基づく財務業績計算書の雛型（アプローチB）

		£000	
収益［売上高］：			
継続事業		550	
買収部門		50	
廃止事業		<u>175</u>	775
売上原価			(620)
その他費用			<u>(99)</u>
収益余剰額：			
継続事業		55	
買収部門		6	
廃止事業	(14)		
引当金取り崩し	<u>9</u>	<u>(5)</u>	56
継続事業部門の固定資産売却損益		18	
廃止事業の除却損	(17)		
引当金取り崩し	<u>20</u>	<u>3</u>	21
支払利息			(18)
税金			(14)
少数株主持分			<u>(2)</u>
稼得－実現－対応利益			43
固定資産再評価損益		4	
長期投資再評価損益		(3)	
外貨換算調整差額		<u>(2)</u>	
		(1)	
リサイクリング修正		<u>(14)</u>	<u>(15)</u>
合計［資本取引を除く持分増減額］			<u>28</u>

表6　一元的業績測定観に基づく財務業績計算書の雛型（アプローチC）

			£000
収益［売上高］：			
継続事業		550	
買収部門		50	
廃止事業		<u>175</u>	775
売上原価			(620)
その他費用			(104)
収益余剰額：			
継続事業		50	
買収部門		6	
廃止事業	(15)		
引当金取り崩し	10	(5)	51
支払利息			(18)
税金			(11)
小計利益			22
廃止事業の除却損	(17)		
引当金取り崩し	20	3	
継続事業部門の固定資産売却損益		9	
固定資産再評価損益		4	
長期投資再評価損益		(3)	
外貨換算調整差額		(2)	
税金		(3)	8
少数株主持分			(2)
合計［資本取引を除く持分増減額］			<u>28</u>

表7　一元的業績測定観に基づく財務業績計算書の雛型（アプローチD）

		£000	
操業（営業）活動：			
収益［売上高］：			
継続事業		550	
買収部門		50	
廃止事業		175	775
売上原価			(620)
その他費用			(104)
収益余剰額			
継続事業		50	
買収部門		6	
廃止事業	(15)		
引当金取り崩し	10	(5)	51
財務活動・その他の資金調達活動：			
支払利息			(18)
その他の利得および損失			
廃止事業の除却損	(17)		
引当金取り崩し	20	3	
継続事業部門の固定資産売却損益		9	
長期投資再評価損益		(3)	
固定資産再評価損益		4	
外貨換算調整損益		(2)	11
税金			(14)
少数株主持分			(2)
合計［資本取引を除く持分増減額］			28

［1998］, par. 5.14）。多欄式に対してアプローチBの調整式の報告様式の場合には，リサイクリングが認められるためリサイクルされた項目の2重計上を避けるための「リサイクリング修正」または「再分類修正」が必要とされる。

　アプローチCとDは「稼得・実現・対応利益」を計算表示しない一元観の報告様式を採る。一元観を主張する論者は，伝統的業績利益を表示する二元観が論理的にみると一元観に基づく報告へ移行する途中の段階にすぎないと考えて

いる。財務諸表の利用者は一元観に基づく報告様式に精通しておりしかも容易に理解可能であるという利点がある。多欄式や調整式の報告様式は伝統的損益計算書の様式をあまりにも過激に変更しているため，過度に複雑になり利用者にとって理解しがたい内容になっていると批判される。また，リサイクリングが認められる調整式の報告様式の場合には，会計について合理的な知識を有する財務諸表の利用者であっても，同じ利得が異なる会計期間で異なる記載区分に表示されるということについてそれを容易に理解することは困難で，場合によっては意思決定が誤導される可能性があると指摘する（Johnson and Lennard [1998], par. 5. 20）。したがって，アプローチCとDの提唱者は，財務業績のすべての項目はそれらが関連する期間の財務業績計算書において1度だけ報告されるべきであると考えている（Johnson and Lennard [1998], par. 5. 21）。

　一元観の報告様式は，2区分（アプローチC）と3区分（アプローチD）の計算様式に分かれる。アプローチCの財務業績計算書の雛型は，小計利益（income subtotal）と合計利益の2区分になっている。小計利益は，ストックとしての流動資産および流動負債が会計期間中にフローとして展開された結果を集約したものである。いわゆる操業活動および財務活動の成果を示したものである。小計利益の以下の計算区分で保有活動による利得損失が計算される。

　アプローチDの提唱者は，財務業績の構成要素を情報の予測価値と企業活動の機能に基づいて分類すべきことを提案している（Johnson and Lennard [1998], par. 5. 31）。アプローチDの財務業績計算書の雛型に示されるように，その構成要素は「操業活動」，「財務活動およびその他の資金調達活動」，「その他の利得および損失」の三つになっている。操業活動は企業の基幹となる価値創造活動であり，ここから企業の将来のトレンドを分析することができる。

　財務活動を独立させたのは，企業の資金調達活動は企業の中枢を担う関係部門が行うもので，権限を委譲された経営管理者が行う操業活動と性格を異にするからである（Johnson and Lennard [1998], par. 5. 38）。この記載区分を設けたもう一つの理由は，企業の資産負債に占める金融商品の割合が非金融資産負債と比較して極端に増大したためである。金融商品は，非金融資産負債と根本

第14章　財務業績報告の類型と包括利益の表示　267

的に異なり，外部環境要因によってかなりの影響を受ける可能性が高い。すべての金融商品を公正価値で認識測定することが義務づけられるようになると，この記載区分に関連する項目はこれまでとは根本的に異なる基準で測定されることになる。その基準は，コストベースによる営業活動の測定とも異なり，その他の利得損失の評価基準とも相違する（Johnson and Lennard［1998］, par. 5. 39）。

　また，保有利得および損失は相対的な予測価値に基づいて財務業績のその他の項目とは区別して報告される。例えば，市場価値の変動によって生じる利得および損失は資本市場によって厳密に評価されたものではなく，また市場価値の将来の変動の方向は「ランダムウォーク」を示すものと考えられるからである。したがって，それらの利得および損失は「永続的」または「恒常的」と考えられるその他の財務業績の項目と比較して「一時的」な項目として記載される（Johnson and Lennard［1998］, par. 5. 32）。

　G4＋1の『報告書』では，上記の議論を踏まえて四つのアプローチのうちいずれを選択すべきかについては作業部会の委員の概念的な選好度によってごく簡単な結論を示している。選好度が最も低かったものがアプローチAで，アプローチBとCについては意見が分かれ，大多数の委員が選好した方法がアプローチDであった（Johnson and Lennard［1998］, par. 5. 45）。ただし，議論の流れから読む限りでは，デリバティブを含む金融商品の割合が増大していること，そして将来的にはすべての金融資産と金融負債の公正価値による認識測定を義務づける可能性のあることから，アプローチDが選択されたということはあえて指摘するまでもないであろう。

（1）　岩崎［1998b］がすでにG4＋1の報告書の概要を簡潔に紹介している。川村［1988］はSFAS130号『包括利益の報告』の検討に基づいて商法の規定を考慮しつつ包括利益報告のわが国への適用を論じている。古賀［1998］は包括利益会計の理論が企業の維持すべき資本概念と利益計算という企業会計の最も根幹的な問題を取り扱うだけでなく広く報告の在り方をも問うものであるという観点で包括利益を巡る諸問題を体系的に検討している。

(2) G4＋1の報告書では持分変動計算書を「statement of changes in equity」と表記しているが，持分変動計算書アプローチをとるニュージーランドの基準書FRS-2では「statement of movements in equity」と表記されている。
(3) G4＋1の『報告書』ではさらに財務アナリストやその他の利用者にとって有用となる報告すべき財務業績の特定の構成要素は何かということを検討するために，次の四つの機関の報告書を検討している（Johnson and Lennard [1998], chap. 4)。

 ① American Accounting Association's Financial Accounting Standards Committee, "An Issues Papaer on Comprehensive Income," *Accounting Horizons* (June 1997).
 ② AICPA Special Committee Report, *Improving Business Reporting-A Customer Focus*, the American Institute of CPAs, 1994.
 ③ AIMR's Financial Accounting Policy Committee, *Financial Reporting in the 1990s and Beyond,* the US Association for Investment Management and Research (AIMR), 1993.
 ④ IIMR, Statement of Investment Practice No. 1, *The Definition of IIMR Headline Earnings,* the UK Institute of Investment Management and Research (IIMR), 1993.

これらの報告書の中で共通している提言は，次の3点である（Johnson and Lennard [1998] par. 4.23)。

 a. より高い予測価値を有する項目は予測価値の低い項目と区別して報告されなければならないこと。
 b. すべてではないか大部分の利得および損失は区分して報告されなければならないこと。未実現の利得および損失は実現利得損失と区別して報告されなければならないこと。
 c. 企業にとって基幹となる事業活動（operating and trading activities）は企業にとって副次的な周辺の活動と区別して報告することが有用であること。

特に，上記c.の点についてAAAの報告書では「操業活動」「金融活動」「その他の活動」に区分表示すること，AICPAの報告書では「コアの活動」と「非コアの活動」に区分表示すること，AIMRの報告書では「操業活動」と「保有活動」に区分表示すること，IIMRの報告書では「トレーディング項目」と「資本項目」区分表示することがそれぞれ勧告されていた（Johnson and Lennard [1998] par. 4.29)。

第5部　金融リスク管理と公正価値会計の実態

第15章　金融リスク管理の実態分析

第1節　調査目的と調査対象

1　調 査 目 的

　金融の自由化・国際化ならびに企業活動のグローバル化とともに，金融リスク管理の手段としてデリバティブが広く一般的に利用されているが，個別企業の金融リスク管理の実態については，会計基準等が未整備の状態にあったため，学術的には未だ十分に解明されていない領域であった。本章は，そのような点を踏まえ，日本企業の金融リスク管理の現状を浮き彫りにすることを主たる目的として，2001年1月にデリバティブの利用とリスク管理に関する総合的な実態調査を実施した[1]。本章は，調査結果の集計データを用いてわが国におけるデリバティブの利用およびリスク管理の現状と問題点を浮き彫りにしようとするものである。

2　調査対象会社

　本調査では，東京証券取引所第1部・第2部に上場する事業会社および金融・証券・保険等の会社を含めた全産業を調査対象としている。調査対象会社の選定にあたっては，日経財務データCD-ROM版（2000年9月更新版）に収録されている東京証券取引所第1部上場33業種1,294社と第2部上場の33業種550社の合計1,844社の中からその他金融29社を除く1,815社を事業会社の調査対象

会社としてまず確定した。次に,『日経会社情報』2001年新春号に掲載されている銀行107社,証券54社,保険41社,および上記のその他金融29社の合計231社を金融機関の調査対象会社として確定した。したがって,調査対象会社の総数は,2,046社となった。以上の内容をまとめたものが,「表1」である。

表1 調査対象会社の内訳

事業会社		金融機関	
東証1部33業種	1,294社（その他金融24社含む）	銀行	107社
東証2部33業種	550社（その他金融 5社含む）	証券	54社
合計	1,844社	保険	41社
		その他金融	29社*
調査対象会社	1,815社（その他金融除く）	調査対象会社	231社

*その他金融の29社は日経財務データの収録会社から抽出し,集計上は金融機関として表示している。

3 調査事項の概要

本調査は,日本企業のデリバティブの利用とリスク管理の実態を明らかにすることに主眼があり,この調査目的を考慮して調査事項を次の7点からなるものとして構成した。

〔1〕デリバティブの利用とリスク管理
〔2〕外国為替相場リスク
〔3〕金利リスク
〔4〕コモディティ価格リスク
〔5〕その他の金融リスク
〔6〕デリバティブのリスク管理
〔7〕オプション取引を行わない理由

また,本調査では基本的に次の4点を質問している。

① リスクエクスポージャーがあるかどうか。
② リスク管理の評価指標として何を用いているか。
③ リスクのヘッジ手段としてどのようなデリバティブを利用している

か。
④ 対象リスクエクスポージャーの何割をヘッジ対象としたか。

以上の調査方針に従って構成された質問内容が「表2」に列挙されている。

表2 調査事項の一覧

〔1〕 デリバティブの利用とリスク管理
　① 文書化された金融リスク管理計画または管理方針の有無
　② デリバティブの利用の有無
　③ デリバティブ利用の目的
　④ デリバティブ取引を行うときの具体的理由

〔2〕 外国為替相場リスク
　① 為替リスクの有無
　② 為替リスクのヘッジの有無
　③ 為替リスク管理の評価指標
　④ ヘッジ目的で利用するデリバティブの種類
　⑤ 為替リスクのヘッジ割合

〔3〕 金利リスク
　① 金利リスクの有無
　② 金利リスクのヘッジの有無
　③ 金利リスク管理の評価指標
　④ ヘッジ目的で利用するデリバティブの種類
　⑤ 金利リスクのヘッジ割合

〔4〕 コモディティ価格リスク
　① 価格リスクの有無
　② 価格リスクのヘッジの有無
　③ 価格リスク管理の評価指標
　④ ヘッジ目的で利用するデリバティブの種類
　⑤ 価格リスクのヘッジ割合

〔5〕 その他の金融リスク
　① その他の金融リスクの有無
　② その他の金融リスクの具体的回答
　③ その他の金融リスク管理の評価指標
　④ ヘッジ目的で利用するデリバティブの種類
　⑤ 価格リスクのヘッジ割合

〔6〕 デリバティブのリスク管理
　　① デリバティブのリスク管理の方法

〔7〕 オプション取引を行わないことについての理由

4　回収率と回答会社のプロフィール

　上記の調査事項を記載したアンケート用紙を平成13年1月17日に調査対象会社2,048社に郵送した。回収結果は，「表3」に示すように461社から回答があり，そのうちすべての質問事項に無回答であった3社を除いた458社を有効回答会社として扱い，有効回答率は22.4%となった。また，回答会社の産業分類が「表4」にまとめられている。

表3　回収結果

調査対象会社	事業会社	金融機関	合計
	1,815社	231社	2,046社
回答会社数	406社	55社	461社
無効回答数	3社	0社	3社
有効回答数	403社	55社	458社
有効回答率	22.2%	23.8%	22.4%

表4　回答会社の産業分類

1. 水　　産	1 (9)	14. 機　　　械	24 (159)	27. 海　　運	5 (18)
2. 鉱　　業	0 (10)	15. 電気機器	48 (200)	28. 空　　運	1 (5)
3. 建　　設	33 (153)	16. 造　　船	3 (5)	29. 倉庫・運輸関連	4 (24)
4. 食　　品	28 (106)	17. 自　動　車	11 (61)	30. 通　　信	1 (12)
5. 繊　　維	11 (56)	18. その他輸送用機器	12 (17)	31. 電　　力	3 (10)
6. パルプ・紙	4 (22)	19. 精密機器	15 (36)	32. ガ　　ス	3 (9)
7. 化　　学	40 (138)	20. その他製造	22 (60)	33. サービス	22 (160)
8. 医薬品	9 (41)	21. 商　　社	16 (459)	34. 銀　　行	28 (108)
9. 石　　油	5 (11)	22. 小　売　業	26 (109)	35. 証　　券	4 (38)

10.	ゴ　　　　ム	4	(21)	23.	その他金融	8	(31)	36.	保　　　険	15 (40)
11.	窯　　　　業	10	(37)	24.	不　動　産	3	(38)	37.	そ　の　他	11
12.	鉄　　　　鋼	8	(48)	25.	鉄道・バス	1	(25)		無　回　答	5
13.	非 鉄 金 属	12	(88)	26.	陸　　　運	2	(17)			

注：括弧内の数値は、当該業種の調査対象会社数を示しており、括弧の左直近の数値が回答社数を示している。

37「その他」には、複数の業種に回答した会社、分類に該当しないとして事業内容を説明した会社等を含めている。なお、以下の集計表における金融機関の合計社数55社は、その他金融8社、銀行28社、証券4社、保険15社の合計したものである。これらの会社以外の会社は、事業会社403社として集計されている。

表5　売上高による分類

0	～	2000	64
20000	～	40000	71
40000	～	60000	56
60000	～	100000	61
100000	～	120000	20
120000	～	150000	24
150000	～	200000	26
200000	～	300000	28
300000	～	500000	32
500000	～	600000	9
600000	～	800000	10
800000	～	900000	5
		900000以上	31

単位：百万円

表6　資本金による分類

0	～	3000	76
3000	～	6000	88
6000	～	9000	47
9000	～	12000	36
12000	～	15000	29
15000	～	30000	73
30000	～	60000	39
60000	～	90000	22
90000	～	120000	9
120000	～	150000	8
150000	～	300000	5
300000	～	800000	5
800000	～	1400000	2

単位：百万円

表7　回答者の職位

担当課員	120
課　　長	195
部　　長	93
担当役員	17
そ の 他	29

第2節　リスク管理とデリバティブの利用

　リスク管理とは，組織がリスクエクスポージャーを管理，モニター，コントロールするために設定する一連のポリシーおよび手続きをさす。リスク[2]をモニターしコントロールする責任を負う社内の独立した部門を「リスク管理部門」と呼ぶ（藤井訳［1999］，36頁）。

　たとえば，銀行業は証券ディーリングや資産運用業務の拡大に伴い，コンプライアンスや規制上のリスクにより大きくさらされるようになり，他方，証券会社においては中長期の店頭デリバティブのトレーディング業務の拡大から，信用リスクがより重要な要素となってきた。さらに，銀行，証券ともトレーディング業務が拡大したことから，マーケットリスク管理がより重要となっている[3]。マーケットリスクの測定手法としては，ストレステスト，バリュー・アット・リスク値（VaRまたはVAR），シナリオ分析という三つの手法が主要なものとして適用されている。ストレステストは，異なるリスク要因の動きに伴っていくら損失を被る可能性があるかに関する情報を提供するもので，VaR値は，一定の金額を失う確率を与えてくれる[4]。これに対して，シナリオ分析は，一連の重大な事象が発生したときの会社全体に対する影響に関する分析方法で，統計的手法をベースとしながらも経営者の判断と市場での経験が鍵となる分析手法である。

　付言するならば，シナリオ分析もストレステストも起こりにくい状況の結果として生じる損失を数量化する予測手法であるが，ストレステストが市場変数の一定の動きがポートフォリオに与える短期的なインパクトを評価するように作られているのに対して，シナリオ分析は，より複雑かつ連鎖的な事象が企業に与えるより広範な影響を評価する方法である。

　ここでリスク管理プロセスの具体的な手順について考えてみたい。企業の包括的なリスク管理プロセスとして，次のような一般的なステップが指摘されている（藤井訳［1999］，46-51頁）。

① リスク認識
② リスク測定
③ リスク方針と手続き
④ リスク分析とモニタリング
⑤ リスク報告
⑥ リスク検証とリスク監査

リスク管理プロセスは，会計行為と同様に測定のプロセスであることから，会計行為における会計手続の選択にかかる概念図（第3章「図2」）にリスク管理プロセスを当てはめて，当該リスク管理プロセスの図式化を試みたものが「図1」である。

この図では，企業のリスク管理部門が環境要因を考慮してリスク管理方針を策定し,この方針に従って選択可能な複数のリスク管理手続きの中から目的に照らして最適な手続きを選択する。たとえば，企業のマーケットリスク・エクスポージャーに対しては，そのリスクの性質を吟味しヘッジ手段としてどのデリバティブが最適なものとなるかを判断しなければならない。

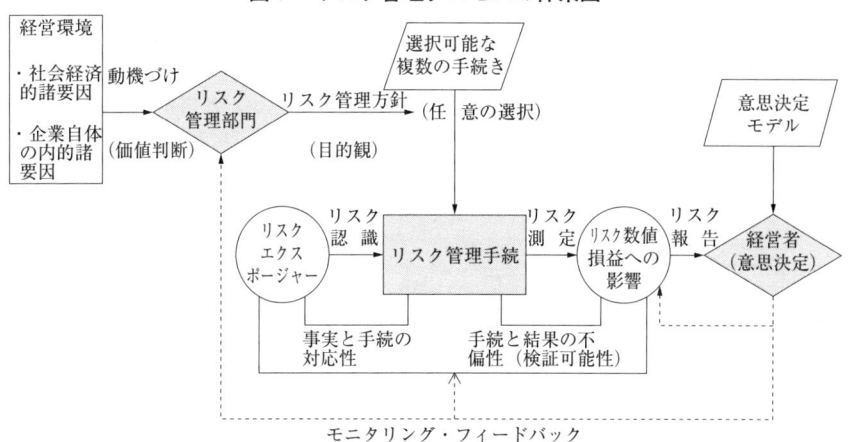

図1 リスク管理プロセスの体系図

以上のリスク管理に関する基礎的事項を踏まえ，調査結果の主要項目について一覧できる形式でまとめたものが「表8」である。この表では，文書化されたリスク管理方針の有無，リスクの種類，ヘッジの有無，ヘッジ手段の4点について事業会社と金融機関に分けて，当該質問の回答会社に対する比率を示している。なお，当該調査の詳細な集計データについては，浦崎［2001d］を参照されたい。

① 文書化されたリスク管理方針の有無

　日本におけるヘッジ会計適用の前提が，文書化されたリスク管理方針があるかどうかということである。この点からすれば，事業会社のおよそ6割の会社が，金融証券については9割5分の会社が，文書化されたリスク管理方針をもっており，ヘッジ会計を適用できる状況にある。ただ，この調査では，2001年3月決算前でもありヘッジ会計を適用しているかどうかについては，質問しなかった。ヘッジ会計の適用の有無は，第17章の調査結果の中で分析を行っている。

② リスクの有無

　金融リスクについては，為替リスク，金利リスク，商品価格リスクがあるかどうかについて質問した。為替リスクと金利リスクについては，事業会社の6割強の会社が当該リスクがあると回答し，金融機関は為替リスクについては8割強の会社が，また金利リスクについては9割6分の会社がこれらのリスクにさらされていると回答している。価格リスクについては，商品価格リスクについて質問したため，事業会社で3割近くの会社があると回答し，金融機関は当該リスクが皆無であった。株価リスクや債券価格リスク等について質問を設定した場合，金融機関の価格リスクはかなり高いものになることが予想される。

③ デリバティブの利用実態

　事業会社のおよそ7割の会社が，金融証券に至っては9割6分の会社が，デリバティブを利用していることがわかった。文書化されたリスク管理方針を有している会社とほぼ比率が同等であったことから，明文化され

た会社の方針にしたがって取引が実施されていることがわかる。また，デリバティブ監査の視点からは，デリバティブ取引の経過が確実にドキュメンテーションされていることが必要であり，ヘッジの有効性を評価するうえでもデリバティブに関する文書記録の重要性が認められる。

④ デリバティブの利用目的

　　ヘッジ目的で取引を行う会社は，事業会社および金融証券のいずれにおいても95%を超えているが，投機目的でデリバティブ取引を行っている会

表8　日本企業のデリバティブの利用とリスク管理の実態の概要

			事業会社		金融機関	
文書化されたリスク管理方針の有無			有り	無し	有り	無し
			62.3%	36.5%	94.5%	5.5%
リスクの種類		為替リスク	63.5%	35.5%	83.6%	14.5%
		金利リスク	60.5%	37.7%	96.4%	1.8%
		価格リスク	18.4%	77.2%	7.3%	89.1%
ヘッジの有無		為替リスク	82.4%	17.6%	97.8%	2.2%
		金利リスク	70.9%	29.1%	88.7%	11.3%
		価格リスク	28.4%	68.9%	0.0%	100.0%
ヘッジ手段	為替リスク	オプション	35.1%		48.8%	
		先渡	26.5%		51.1%	
		先物	59.7%		46.7%	
		スワップ	22.7%		48.8%	
	金利リスク	オプション	20.2%		51.1%	
		先渡	1.7%		4.3%	
		先物	2.9%		48.9%	
		スワップ	90.2%		87.2%	
	価格リスク	オプション	19.0%		0.0%	
		先渡	28.6%		0.0%	
		先物	47.6%		0.0%	
		スワップ	19.0%		0.0%	

社は事業会社ではほとんど無いのに対して金融証券では30%を超えている。

第3節　デリバティブ利用の目的・理由の分析

ここでは，企業がヘッジ手段としてなぜデリバティブを利用するかという点について検討するものである。デリバティブを利用するときの目的ないし検討事項として重要性の高いものから順に列挙したものが「表9」である。

表9　デリバティブを利用するときの目的・検討事項の重要度による順位

事業会社	金融機関
1）会計利益のボラティリティの縮小	1）会計利益のボラティリティの縮小
2）キャッシュフローのボラティリティの縮小	2）会計基準による開示規定
3）会計基準による開示規定	2）デリバティブの利用に関する法律上の制約
4）必要な会計処理の複雑性	4）必要な会計処理の複雑性
5）経営者が直面するリスクの削減	5）キャッシュフローのボラティリティの縮小
6）金融リスク管理の代替的手段の有無	5）金融リスク管理の代替的手段の有無
7）デリバティブの利用に関する法律上の制約	5）デリバティブの価格付や評価の困難性

事業会社と金融機関のいずれにおいても「会計利益のボラティリティ」を縮小することが，デリバティブを利用するときにまず第1に検討すべき事項であり目的でもある。事業会社では，さらに，「キャッシュフローのボラティリティ」を縮小することが第2番目に検討すべき事項であるという評価であったが，金融機関では第5位となりそれほど重視されていなかった。

デリバティブを利用するときの検討事項を全産業について順位づけると，次のようになる。

1）　会計利益のボラティリティの縮小

2）　キャッシュフローのボラティリティの縮小

3）　会計基準による開示規定

4）　必要な会計処理の複雑性

5）　経営者が直面するリスクの削減

　1）と2）のボラティリティの縮小は，デリバティブを利用する積極的理由であるが，3）と4）の会計規制はヘッジ戦略にとってはネガティブな要因となるものである。リスク管理の方法としてのデリバティブは，オフバランスとなるところに，当該取引のうまみがあったが，会計規制による公正価値評価によってデリバティブの取引実態を表に出す必要が出てきた。

　事業会社のデリバティブの利用率は約7割であるが，いわゆる会計規制がなければデリバティブの利用割合はもっと増加する可能性がある。その意味で，会計規制が強まれば，デリバティブの利用が少なくなるという関係が予想される。

　その関係があるとするとリスク管理のためにデリバティブを利用しようと考えている経営者であっても会計規制のためにデリバティブの利用を思いとどまり，結果的に損益に重大な影響が発生し，株主価値を低下させてしまう可能性がある。したがって，現在の会計規制が妥当なのかどうかという問題がある。

　ただし，現実に，情報の非対称性を前提として，経営者はデリバティブの利用を隠す会計方法を選好し，したがって，ヘッジレベルの大きな会社は低い開示レベルを選好することが実証されているため（古賀［2001c］，7頁），投資者保護の観点から会計規制は必要であり，情報を入手する権限のない一般投資者の利害を考慮すれば，公正価値測定によるリスク管理の実態の開示は合理的なものと考えられる。日本の金融会計基準による情報の効果は今後の研究の課題である。

(1) **企業規模とデリバティブの利用**

　古賀［2001c］は，1997年に実施した調査において企業規模（年間売上高）とリスクエクスポージャーの間には有意な正の相関関係があることを見いだしている（古賀［2001c］，6頁）。また，古賀［2001c］は，1997年に実施した調

査において企業規模(年間売上高)とデリバティブの利用との間にも有意な相関関係があることを見いだしている(古賀[2001c]，6頁)。「表10」は，売上高を回答した会社のうちデリバティブを利用している会社314社とデリバティブを利用していない会社122社について，売上高に関するデータを示している。この表から知られるように，デリバティブを利用する会社の平均売上高(480,084百万円)は，デリバティブを利用しない会社の平均売上高(103,027百万円)の4.6倍である。このように，収益による企業規模が大きいほど，何らかの理由でデリバティブを利用する傾向にあることが読みとれる。

表10 デリバティブの利用会社・非利用会社と売上高(2000年)

	回答会社数	1社当たり 平均売上高 (百万円)	売上高の 標準偏差 (百万円)	最小 売上高 (百万円)	最大 売上高 (百万円)
デリバティブ 利用会社	314	480,084	2,253,843	3,678	36,454,600
デリバティブ 非利用会社	122	103,027	139,266	800	812,354

(2) 企業規模とデリバティブの種類

古賀[2001c]は，1997年に実施した調査において企業規模(年間売上高)とヘッジ目的で利用するデリバティブの種類(オプション型とフォワード型)との間には，一定の傾向があることを見いだしている(古賀[2001c]，6頁)。すなわち，売上高の大きい会社は，フォワード型契約とオプション型契約を併用して，ヘッジ活動を行う傾向にある。これに対して，売上高の小さい会社は，フォワード型契約のみを利用する傾向にある。

企業規模が大きくなればなるほど，事業活動に伴って種々のリスクにさらされる割合は高くなり，独立した部門としてリスク管理部門を持つようになる。つまり，独立したリスク管理部門がある企業ほどデリバティブに関する専門知識を有するスタッフがいるため，複数のデリバティブを組み合わせたヘッジ手

第15章 金融リスク管理の実態分析　*283*

段を講ずることが可能となる。この点は，本調査においても，スワップ取引を含めて種々のポートフォリオが実際に組まれていることがわかっている[5]。たとえば，為替リスクと金利リスクの管理に利用されるデリバティブ取引の組み合わせについて，10社以上あるものを示すと次のようになる。

為替リスク管理（浦崎［2001d］，405，406頁）
　① オプション取引・先物取引　24社
　② オプション取引・先渡取引　15社
　③ オプション取引・先渡取引・スワップ取引　15社

金利リスク管理（浦崎［2001］，410頁）
　① オプション取引・スワップ取引　25社
　② オプション取引・先物取引・スワップ取引　15社

（1）　本調査は，日本会計研究学会・特別委員会「各国におけるデリバティブの会計・監査および課税制度に関する総合研究」（委員長・神戸大学古賀智敏教授）によって実施されたアンケート調査の結果を許可を得て本書の研究に引用したものである。本調査は，オーストラリア国立大学の研究スタッフとの国際共同研究の一環としても実施されており，同一の調査がアメリカ，オーストラリア，ドイツにおいても実施されている。調査事項は，古賀智敏教授とオーストラリア国立大学の研究スタッフによって作成された調査票の質問事項を参考に，筆者を含め特別委員会の委員が作成し，調査対象会社の選定と調査票の発送作業を筆者が担当した。また，データの集計に当たっては，神戸大学大学院経営学研究科博士課程後期課程島永和幸氏，同課程大城康子氏，および同課程胡丹氏の真摯な協力を得ることができた。記して感謝申しあげる次第である。

（2）　企業が管理すべきリスクとしてマーケットリスク，信用リスク，決済リスク，流動性リスク，オペレーショナルリスク，法的リスク，名声リスクなどがある（Goldman et al.［1998］, p. 32）。マーケットリスクとは，「市場のパラメータの変化に対する金融商品ないしポートフォリオの価値の感応度」と定義される。ここで，金融商品は，現物，先物，オプションという三つに大別され（Goldman et al.［1998］, p. 50），マーケットリスクは，金利，為替，エクイティ，コモディティの四つに分類することができる（Goldman et al.［1998］, p. 53）。企業のリスク状況を形成する市場パラメーターの多くを理解できていると仮定した場合に，それらのパラメーターに対するリスクをいかにすれば効果的に評価することができるのか。それが，マーケットリスクの測定方法の問題である（藤井訳［1999］，59頁）。

（3） ストレステストは，異なるリスク要因の動きに伴っていくら損失を被る可能性があるかに関する情報を提供する。一方，VaR値は，一定の金額を失う確率を与えてくれる。しかし，これらの方法を用いたとしても，企業が直面する最も大きなリスクを見落とす可能性がある。シナリオ分析は，ある一定のシナリオに基づく一連の出来事に対する市場の動きの直感的な動きのみならず，間接的な動きもカバーする。シナリオ分析は，一連の重大な事象が発生したときの会社全体に対する影響に関する分析方法で，統計的手法が支配する世界から判断力と市場での経験が支配する世界へと踏み込んだ方法である（藤井訳［1999］，80・81頁）。

（4） VaRは，文字通りリスクにさらされている価値を意味し，将来の市場金利が通常想定される範囲内で悪い方向へ変化した場合にどの程度の損失額が発生するかを示すもので，市場リスクにさらされている最大損失可能額をいう。例えば，あるポートフォリオのVaRが標準偏差の2倍すなわち2シグマで1億円との産出結果となったとすると，ポートフォリオが一定の保有期間後金利変動等により生じる損失は95.5％の確率で1億円以下に収まることを意味している。換言すれば，VaRは，特定の確率で発生しうる価格変化が，ポジションにもたらす最大損失額を算出する方法である。さらに，VaRの長所は，次の2点にある（藤井訳［1999］，103-109頁）。

① 多種多様な損益特性を持った商品から構成されるポジションがもつ金利リスク，為替リスク，株価リスク等のリスクについて，共通の尺度で測定し合計することで全体としてどれだけのリスク量（予想最大損失額）を持つかを，可能な限りの客観性で把握することができること。

② VaRの算出結果が金額表示であることから，ポジションのリスク量を自己の体力（例えば，自己資本等）と比較考量することが容易であること。

（5） デリバティブの組み合わせの詳細については，浦崎［2001d］を参照されたい。

付録　調査票のサンプル

デリバティブとリスク管理に関する実態調査

デリバティブの利用とリスク管理

1　貴社は，文書化された財務リスク管理計画または管理方針がありますか。
　　　a. はい
　　　b. いいえ

2　貴社は，デリバティブを利用していますか。
　　　a. はい
　　　b. いいえ［質問4に移ってください］

3　貴社がデリバティブを利用する理由をお教え下さい。
　　　a. ヘッジング（金利や金利コストの削減を目的とする取引を含む）
　　　b. 投機・裁定

4　ヘッジ目的のデリバティブ取引を利用するとした場合，以下に例示した項目が貴社にとってどの程度重要であるかをお教え下さい。
項目の重要度：1．最も重要度が高い…5．重要度が最も低い［または考慮しない］
各項目の該当する数字に「○」印をつけてください

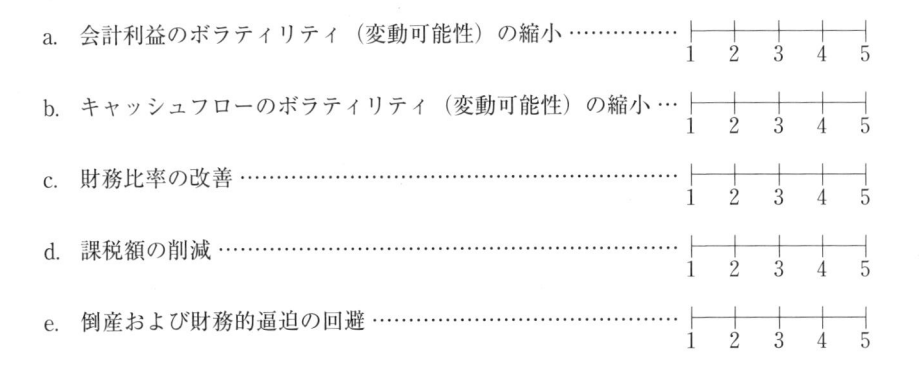

a. 会計利益のボラティリティ（変動可能性）の縮小 ……………　1　2　3　4　5

b. キャッシュフローのボラティリティ（変動可能性）の縮小 …　1　2　3　4　5

c. 財務比率の改善 ……………………………………………………　1　2　3　4　5

d. 課税額の削減 ………………………………………………………　1　2　3　4　5

e. 倒産および財務的逼迫の回避 ……………………………………　1　2　3　4　5

f. 借入資金調達の削減 …………………………………… ├─┼─┼─┼─┤
　　　　　　　　　　　　　　　　　　　　　　　　　　　1　2　3　4　5

g. 借入資金調達の増大 …………………………………… ├─┼─┼─┼─┤
　　　　　　　　　　　　　　　　　　　　　　　　　　　1　2　3　4　5

h. 資本コストの削減 ……………………………………… ├─┼─┼─┼─┤
　　　　　　　　　　　　　　　　　　　　　　　　　　　1　2　3　4　5

i. 経営者/従業員の報酬の改善 …………………………… ├─┼─┼─┼─┤
　　　　　　　　　　　　　　　　　　　　　　　　　　　1　2　3　4　5

j. 企業価値の改善 ………………………………………… ├─┼─┼─┼─┤
　　　　　　　　　　　　　　　　　　　　　　　　　　　1　2　3　4　5

k. 予算編成目的 …………………………………………… ├─┼─┼─┼─┤
　　　　　　　　　　　　　　　　　　　　　　　　　　　1　2　3　4　5

l. 政治的リスク/プレッシャーの削減 …………………… ├─┼─┼─┼─┤
　　　　　　　　　　　　　　　　　　　　　　　　　　　1　2　3　4　5

m. 財務リスク管理の代替的手段の有無 ………………… ├─┼─┼─┼─┤
　　　　　　　　　　　　　　　　　　　　　　　　　　　1　2　3　4　5

n. デリバティブの価格付けや評価の困難性 …………… ├─┼─┼─┼─┤
　　　　　　　　　　　　　　　　　　　　　　　　　　　1　2　3　4　5

o. 会計基準による開示規定 ……………………………… ├─┼─┼─┼─┤
　　　　　　　　　　　　　　　　　　　　　　　　　　　1　2　3　4　5

p. デリバティブの利用に関する法律上の制約 ………… ├─┼─┼─┼─┤
　　　　　　　　　　　　　　　　　　　　　　　　　　　1　2　3　4　5

q. 必要な会計処理の複雑性 ……………………………… ├─┼─┼─┼─┤
　　　　　　　　　　　　　　　　　　　　　　　　　　　1　2　3　4　5

r. デリバティブ利用に関する投資家，規制当局，一般公衆の認知度
　　………………………………………………………… ├─┼─┼─┼─┤
　　　　　　　　　　　　　　　　　　　　　　　　　　　1　2　3　4　5

s. 経営者が直面するリスクの削減 ……………………… ├─┼─┼─┼─┤
　　　　　　　　　　　　　　　　　　　　　　　　　　　1　2　3　4　5

t. その他の検討事項（具体的にご記入下さい）

外国為替相場リスク

5　貴社は，外貨変動のエクスポージャーがありますか。

　　　　a. はい　　［質問6へ移ってください］
　　　　b. いいえ　［質問10へ移ってください］

6　貴社は，外国為替相場リスクをヘッジしていますか。
　　　　a. はい
　　　　b. いいえ

7　貴社は，外貨リスク管理の評価のために次のいずれの指標を利用していますか。
　　　　a. どのような指標も利用していない。
　　　　b. 期首の時点で利用可能な先渡レート
　　　　c. 期首の時点で利用可能な現物レート
　　　　d. 許容範囲による基準値の設定（例えば，ヘッジ対象の x ％）
　　　　e. その他の指標（具体的にご記入下さい）＿＿＿＿＿＿＿＿＿＿

※**貴社がヘッジ目的で外貨デリバティブを利用していないときは，質問10へ移ってください。**

8　貴社は，外国為替相場リスクの管理のために，次のいずれのデリバティブ契約を利用していますか。(該当するものすべてに〇印をつけて下さい)
　　　　a. オプション取引　　b. 先渡取引　　c. 先物取引　　d. スワップ取引
　　　　e. その他（具体名）＿＿＿＿＿＿＿

9　過去1年間，貴社は外国為替相場エクスポージャーを平均してどの程度の割合でヘッジしましたか。
　　　　a. 0％　　　b. 1-25％　　　c. 26-50％　　　d. 51-75％　　　e. 76-99％
　　　　f. 100％

金利リスク

10　貴社は，金利リスク変動のエクスポージャーがありますか。
　　　　a. はい　　［質問11に移ってください］
　　　　b. いいえ　［質問15に移ってください］

11　貴社は，金利リスクをヘッジしていますか。
　　　　a. はい

　　　　b. いいえ

12　金利リスク管理の評価のために，貴社が利用する指標を最もよく表しているものはどれですか。(該当するものすべてに○印をつけて下さい)
　　　　a. 金利リスクエクスポージャーについて指標は利用していない
　　　　b. 金利リスクエクスポージャーに対する収益のボラティリティ(変動可能性)
　　　　c. 金利リスクエクスポージャーに対するキャッシュフローのボラティリティ(変動可能性)
　　　　d. 金利リスクエクスポージャーの流動性に対する影響
　　　　e. その他の指標(具体的にご記入下さい)＿＿＿＿＿＿＿＿

　※**貴社がヘッジ目的で金利デリバティブを利用していない場合，質問15へ移ってください。**

13　貴社は金利リスクの管理のために，次のいずれのデリバティブ契約を利用していますか。
　　(該当するものすべてに○印をつけて下さい)
　　　　a. オプション取引　　b. 先渡取引　　c. 先物取引　　d. スワップ取引
　　　　e. その他　(具体名)　＿＿＿＿＿＿＿

14　過去1年間，貴社は金利エクスポージャーを平均してどの程度の割合でヘッジしましたか。(該当するもの1つに○印をつけて下さい)
　　　　a. 0%　　b. 1-25%　　c. 26-50%　　d. 51-75%　　e. 76-99%
　　　　f. 100%

コモディティ価格リスク

15　貴社は，コモディティ価格変動のエクスポージャーがありますか。
　　　　a. はい　　[質問16に移ってください]
　　　　b. いいえ　[質問20に移ってください]

16　貴社は，コモディティ価格リスクをヘッジしていますか。
　　　　a. はい
　　　　b. いいえ

17　コモディティ価格エクスポージャー管理の評価のために，貴社が利用する指標を最もよく表しているものはどれですか。(該当するものすべてに○印をつけて下さい)
　　　a. コモディティ価格エクスポージャーについて指標は利用していない
　　　b. コモディティ価格エクスポージャーに対する収益のボラティリティ（変動可能性）
　　　c. コモディティ価格エクスポージャーに対するキャッシュフローのボラティリティ（変動可能性）
　　　d. コモディティ価格の流動性に対する影響
　　　e. その他の指標（具体的にご記入下さい）＿＿＿＿＿＿＿＿＿＿

※貴社がヘッジ目的でコモディティ・デリバティブを利用していない場合，質問20へ移ってください。

18　貴社はコモディティ価格リスクの管理のために，次のいずれのデリバティブ契約を利用していますか。(該当するものすべてに○印をつけて下さい)
　　　a. オプション取引　　b. 先渡取引　　c. 先物取引　　d. スワップ取引
　　　e. その他（具体名）＿＿＿＿＿＿＿

19　過去1年間，貴社は，コモディティ価格エクスポージャーを平均してどの程度の割合でヘッジしましたか。(該当するもの1つに○印をつけて下さい)
　　　a. 0%　　b. 1-25%　　c. 26-50%　　d. 51-75%　　e. 76-99%
　　　f. 100%

その他の財務リスク

20　貴社はこれまでの質問で扱われていないその他の重要な財務リスクが存在していますか。
　　　a. はい　　［質問21へ移ってください］
　　　b. いいえ　［質問26へ移ってください］

21　これまでの質問で扱われていない財務リスクのうち2つの主要なものをお示し下さい。
　　　(1) ＿＿＿＿＿＿＿＿＿＿＿＿＿＿＿＿＿＿
　　　(2) ＿＿＿＿＿＿＿＿＿＿＿＿＿＿＿＿＿＿

22 上記の質問21(1)に示したリスク管理の評価のために，貴社が利用する指標を最もよく表しているものはどれですか。(該当するものすべてに○印をつけて下さい)
    a. 質問21(1)のエクスポージャーについて指標は利用していない
    b. 質問21(1)のエクスポージャーに対する収益のボラティリティ（変動可能性）
    c. 質問21(1)のエクスポージャーに対するキャッシュフローのボラティリティ（変動可能性）
    d. 質問21(1)のエクスポージャーの流動性に対する影響
    e. その他の指標（具体的にご記入下さい）＿＿＿＿＿＿＿＿＿

※質問21(1)のリスクをヘッジするためにデリバティブを利用していない場合，質問25へ移ってください。

23 貴社は質問21(1)で回答したリスクを管理するために，次のいずれのデリバティブ契約を利用していますか。(該当するものすべてに○印をつけて下さい)
    a. オプション取引　　b. 先渡取引　　c. 先物取引　　d. スワップ取引
    e. その他（具体名）＿＿＿＿＿＿＿

24 過去1年間，貴社は，質問21(1)のリスクエクスポージャーを平均してどの程度の割合でヘッジしましたか。(該当するもの1つに○印をつけて下さい)
    a. 0%　　b. 1-25%　　c. 26-50%　　d. 51-75%　　e. 76-99%
    f. 100%

デリバティブのリスク管理

25 貴社はデリバティブのリスク管理にどの方法を適用していますか。(該当するものすべてに○印をつけて下さい)
    a. デリバティブ契約の名目額（額面額）の規則的なチェック
    b. デリバティブ契約の市場価値の規則的なチェック
    c. 未実現の利得・損失を評価するために「ベーシスポイント価値」(BPV)を利用
    d. 未実現の利得・損失を評価するためにボラティリティの「感応度分析」を利用
    e. 内部リスク測度として「ヴァリュー・アット・リスク（Value-at-Risk）」

を利用
   f. ポジションリミットの完全厳守
   g. その他（具体的にご記入下さい）_____

オプション契約

26　貴社が財務リスクのヘッジのためにオプション契約を利用していない場合，その理由を簡単にお示し下さい。

貴社のプロフィール

(1) ご回答いただいた方の役職について，該当する番号に「○」印をつけてください。
　　　1　担当課員　　　2　課　長　　　3　部　長　　　4　担当役員
　　　5　代表取締役　　6　その他（具体的な役職をお書きください）_____

(2) 貴社の業種について，該当する番号に「○」印をつけてください。
　　1．水　産　　　　　2．鉱　業　　　　　3．建　設
　　4．食　品　　　　　5．繊　維　　　　　6．パルプ・紙
　　7．化　学　　　　　8．医薬品　　　　　9．石　油
　　10．ゴ　ム　　　　　11．窯　業　　　　　12．鉄　鋼
　　13．非鉄金属　　　　14．機　械　　　　　15．電気機器
　　16．造　船　　　　　17．自動車　　　　　18．その他輸送用機器
　　19．精密機器　　　　20．その他製造　　　21．商　社
　　22．小売業　　　　　23．その他金融　　　24．不動産
　　25．鉄道・バス　　　26．陸　運　　　　　27．海　運
　　28．空　運　　　　　29．倉庫・運輸関連　30．通　信
　　31．電　力　　　　　32．ガ　ス　　　　　33．サービス
　　34．銀　行　　　　　35．証　券　　　　　36．保　険
　　37．その他 _____

(3) 直近の会計年度における貴社の連結売上高と資本金を記入してください。
　　　2000年____月決算　　　連結売上高_____百万円
　　　　　　　　　　　　　　資本金　　_____百万円

第16章　先物取引の利用実態と会計処理

第1節　先物取引の制度と会計処理

1　先物取引の概要

先物取引とは,「ある商品」を「将来の一定の期日」に「一定の価格で」で取引することを現時点で契約するものであり,将来受渡契約の一種である。現在,わが国において行われている先物取引には,「債券先物取引」,「株式先物取引」,「株価指数先物取引」,「金利先物取引」,「通貨先物取引」がある。以下においては,わが国で最初に市場が開設された債券先物取引についてその取引の概要を明らかにしたい[1]。

(1)　導入の経緯

東京証券取引所の債券先物市場は,公社債残高の累増と金利の自由化の進展に伴い,債券の価格変動への対応の必要性が高まってきたこと,海外の主要金融・資本市場において先物取引が重要な一分野として定着していることなどから,わが国でも債券先物市場を創設し海外市場と同様に債券の価格ヘッジ手段を備えるべきであるとの機運が高まったことを背景として,戦後初の金融先物市場として開設され,1985年（昭和60年）10月19日から長期国債先物取引が開始された。その後,1988年（昭和63年）7月8日には超長期国債先物取引が,1989年（平成元年）12月1日にはT-Bond先物取引が,さらに1996年（平成8年）2月16日には中期国債先物取引が開始された。

(2) 債券先物取引の特徴

債券先物取引とは，既述のように，将来の一定の期日に，今の時点で取り決めた価格で特定の債券を取引する契約のことである。債券先物取引は，その利用目的に従って，「ヘッジ取引」（金利変動リスクを回避するための取引），「裁定取引」（現物と先物との価格関係等に生じた一時的な乖離を利用して利ざやを得ようとする取引），「投機取引」（現物と先物との予想相場に基づき利益を得ようとする取引）に大別される（古賀［1991］，9頁）。

債券先物取引の特徴は，売買単位（額面1億円）や受渡期日などの取引条件が定型化され，一定の証拠金を差し入れるだけで売買取引ができ，かつ，反対売買（差金決済）によって期日以前に決済することができることで，取引所取引として行われる。

東京証券取引所で行われている債券先物取引では，実際に発行されている債券そのものを対象として先物取引が行われているのではなく，取引の円滑化を図るために証券取引所がクーポンレート（利率），償還期限などを標準化して設定した「標準物」を取引の対象として先物取引が行われている。

東京証券取引所で行われている債券先物取引には，中期国債標準物（償還期限5年，クーポンレート3％）を対象とした「中期国債先物取引」，長期国債標準物（償還期限10年，クーポンレート6％）を対象とした「長期国債先物取引」，および超長期国債標準物（償還期限20年，クーポンレート6％）を対象とした「超長期国債先物取引」，ならびに米国財務省証券（T-Bond）標準物（償還期限20年，クーポンレート8％）を対象とした「T-Bond先物取引」がある。

債券先物取引の決済方法には，取引最終日までに転売・買戻しと呼ばれる反対売買によって決済する方法と，受渡決済期日に受渡決済をする方法がある。

① 反対売買による決済の場合は，差金の授受によって決済が行われる。
② 受渡決済の場合は，売買代金および現物の債券の授受によって決済が行われる。

ただし，標準物は実在する債券ではないため，実際には受渡適格銘柄と呼ばれる債券が受渡しに利用される。受渡代金の計算に当たっては，一定の算式に

より求められた交換比率（コンバージョン・ファクター）を受渡決済値段に乗じて，取引対象である標準物と受渡銘柄との価値を調整する。

2　会計処理の方法と問題点

周知のように，企業会計上，先物取引に係る相場の変動を損益として認識する基準として値洗基準と決済基準がある。値洗基準は，先物相場の変動に基づく値洗差額を，値洗のつど損益として認識する基準である。決済基準は，先物相場の変動に基づく値洗差額を，取引の決済時に損益として認識する基準である[2]。

金融会計基準が導入されるまでは，わが国の会計実務においては，収益の認識は一般に実現主義が採用されているため，先物取引に係る相場の変動を損益として認識する基準として決済基準が採用されていた。先物相場の変動は差金決済時に認識するが，具体的には，反対売買（日）基準，差金授受（日）基準等が適用される（日本公認会計士協会［1985］）。「先物・オプション取引等の会計基準に関する意見書等について」（以下，「意見書」と表記する）の「第二部　先物取引に係る会計処理に関する中間報告」の中から先物取引の簿記処理例を以下に掲げている。

> 設例：事業会社A社は，証券会社に委託して国債先物額面100百万円を単価90円で買建て，委託証拠金として3百万円を証券会社に差し入れた。当該先物の価格は，決算時に95円に上昇した。その後，相場の変動がなく95円で反対売買による差金決済を行った。

上記設例において，反対売買による差金決済を行わず，現物受取（現受）決済をした。最終清算値段は97円，現受対象物の交換比率は1.13である場合の事業会社における簿記処理を「表2」にまとめている。現受決済を行った場合，先物取引に係る損益の認識については，先物市場は差金決済を前提とする市場とみて先物取引損益を認識する方法と先物取引および現物取引を1取引とみて引き取った国債の取得原価に先物取引損益を含めて損益を認識しない方法の二つの処理法がある。

表1 差金決済による場合の先物取引の簿記処理

(単位：百万円)

	決済基準による簿記処理	値洗基準による簿記処理
契約時	借）先物取引差入証拠金　3 　　貸）現金　3	借）先物取引差入証拠金　3 　　貸）現金　3
先物相場の変動時 （または決済時）	値洗差金の処理をしない	借）先物取引差金　5 　　貸）先物利益　5
反対売買による 決済時	借）現金　8 　　貸）先物取引差入証拠金　3 　　　　先物利益　　　　　　5	借）現金　8 　　貸）先物取引差入証拠金　3 　　　　先物取引差金　　　　5

表2 現受決済による場合の先物取引の簿記処理

(単位：百万円)

	決済基準による簿記処理	値洗基準による簿記処理
決算時後の 値洗時	値洗差金の処理をしない	借）先物取引差金　2 　　貸）先物利益　2
現受決済時	先物損益を認識する方法 借）現金　10 　　貸）先物取引差入証拠金　3 　　　　先物利益　　　　　　7 借）有価証券　110＊ 　　貸）現金　110 ------ 先物損益を認識しない方法 借）有価証券　103 　　貸）先物取引差入証拠金　3 　　　　現金　　　　　　　100	借）現金　10 　　貸）先物取引差入証拠金　3 　　　　先物利益　　　　　　7 借）有価証券　110＊ 　　貸）現金　110 ＊110＝97×1.13

　金融会計基準導入前においては，「表1」に示すような決済基準が採用されているが，決算時に先物相場の変動に基づく損益を認識しないということに関連して次のような問題点が指摘されていた。

① 決済時点まで損益が認識されないため先物取引に係る経営実態を的確に把握するための適切かつ十分な財務情報が提供されない。

② 利益の発生している先物取引のみを決済し期末において損失の発生している先物取引は未決済のまま残し損失を認識しないという恣意的な経理を行う余地を排除することができない。
③ ヘッジ目的で先物取引を行っていても，未決済の先物取引に係る損益が期末に認識されないために，期末時点で認識されたヘッジ対象物の損益がカバーされているかどうかの経済的実態が財務諸表上反映されない。

以上の問題点を克服するために値洗基準の適用の必要性が論じられているが，値洗基準の適用に際しては，ヘッジ会計の導入が必要であり，さらに値洗基準による先物取引損益を配当可能利益や課税所得に算入することの可否など，未解決の問題があるので，値洗基準を直ちに適用できないという状況にあることが「意見書」の中で指摘されていた。

次節において示すように，1998年6月に日本簿記学会・簿記実務研究部会が実施したアンケート調査結果によると，回答会社が行ったデリバティブ取引はそのほとんどがヘッジ目的で行われていた。つまり経営者は為替リスクや金利リスクなどをヘッジするためにデリバティブ取引を行っているという事実関係が確認されたのであるが，当時の企業会計はそのようなヘッジ目的の企業活動を把握し公表する仕組みなっていなかった。以下においては，まず上記アンケート調査の中から先物取引の会計処理に関する調査結果を紹介し，当該取引に関する経営者の意識を明らかにするものである。

第2節　先物取引の会計処理に関する経営者の意識

1　調査目的と回答会社の概要

筆者が所属した日本簿記学会・簿記実務研究部会（1997・1998年）が実施したアンケート調査の目的は，複雑化・多様化したデリバティブ取引の簿記処理に焦点をあてその実務実態を浮き彫りにすることにあった[3]。

調査対象会社は日本内部監査協会に所属する会員会社（特殊法人・組合・協会を除く）913社のうち初年度（1997年）のアンケートでデリバティブ取引を行

っていると回答した177社で，質問内容は「先渡取引」，「先物取引」，「スワップ取引」，「オプション取引」の具体的な簿記会計処理に関して構成されていた。1998年6月の調査時点で協会の所属からはずれた3社を除く174社に対して最終的にアンケート用紙が送付された。

72社から回答があり，有効回答は71社で有効回収率は40.8%であった。回答会社は24業種（建設5社，食品2社，繊維2社，化学2社，薬品4社，石油2社，ゴム1社，鉄鋼4社，非鉄金属2社，機械5社，電気9社，造船1社，自動車2社，その他製造2社，印刷・事務機器1社，商社7社，百貨店・スーパー1社，金融機関2社，損保3社，不動産2社，陸運3社，電力1社，ガス1社，生保4社，無回答3社）に分布していた。また，回答会社の会社規模は，「表3」に示すように直近の会計年度の資本金でみると5億円以上の商法上の大会社に相当している。

表3 資本金による会社規模	
1） 10億円未満	1
2） 10億円以上 40億円未満	11
3） 40億円以上150億円未満	19
4） 150億円以上400億円未満	16
5） 400億円以上	14
6） 無回答	10

表4 売上高による会社規模	
1） 500億円未満	8
2） 500億円以上2000億円未満	24
3） 2000億円以上4000億円未満	12
4） 4000億円以上1兆円未満	5
5） 1兆円以上	13
6） 無回答	9

2 デリバティブ取引の利用実態

調査時点（1998年6月）でデリバティブ取引を行っていた会社は，71社中64社（90.1%）で，7社は取引を行っていなかった。さらに64社に対して「先渡取引」,「先物取引」,「スワップ取引」,「オプション取引」のそれぞれついてどのような取引を行っているかを利用目的別に質問した。

デリバティブ取引の総件数は266件で，その内訳は「ヘッジ目的」取引195件（73.3%），「投機目的」取引32件（12.0%），「資本調達コスト削減目的」取引39件（14.7%）であった。「表5」は利用頻度順に5位までの取引を目的別にまと

表5　利用目的別のデリバティブ取引の実態

①ヘッジ目的（195件）		
1）為替予約	56	(28.7%)
2）金利スワップ	44	(22.6%)
3）通貨スワップ	21	(10.8%)
4）通貨・通貨先物オプション	16	(8.2%)
5）キャップフロアー	13	(6.7%)
その他の取引の合計	45	(23.1%)
②投機目的（32件）		
1）為替予約	5	(15.6%)
2）株価指数先物	4	(12.5%)
2）通貨・通貨先物オプション	4	(12.5%)
2）株価指数オプション	4	(12.5%)
3）債券先物	3	(9.4%)
3）債券・債券先物オプション	3	(9.4%)
3）金利スワップ	3	(9.4%)
その他の取引の合計	6	(18.8%)
③資本調達コスト削減目的（39件）		
1）金利スワップ	17	(43.6%)
2）デットアサンプション	5	(12.8%)
3）金利・金利先物オプション	4	(10.3%)
4）為替予約	3	(7.7%)
4）複合取引	3	(7.7%)
その他の取引の合計	7	(17.9%)

めたものである。デリバティブ取引はその7割以上がヘッジ目的であり，ヘッジ目的取引の内訳をみると為替リスクや金利リスクをヘッジするために「為替予約」や「金利スワップ」の占める割外が相対的に大きくなっているということが理解できる。また，「金利スワップ」は資本調達コストの削減を目的としても多く利用されていることが明らかとなった。

　ここで，本章の課題である先物取引の実態についてみてみたい。先物取引を行っていると回答した会社は9社で，その業種別の内訳は医薬品1社，商社2社，生保3社，損保2社，業種無回答1社であった。「表6」は先物取引を利

表6 利用目的別の先物取引の実態

	医薬品	商社	生保	損保	業種不明	合計
①債券先物						
1）ヘッジ目的	1	1	3	2	0	7
2）投機目的	0	1	1	0	1	3
3）資本調達コスト削減目的	0	0	0	0	0	0
②株価指数先物						
1）ヘッジ目的	0	2	3	1	0	6
2）投機目的	0	2	1	0	1	4
3）資本調達コスト削減目的	0	0	0	0	0	0
③金利先物						
1）ヘッジ目的	1	1	1	0	1	4
2）投機目的	0	1	0	0	1	2
3）資本調達コスト削減目的	0	1	0	0	0	1

用目的別にまとめたものである。先物取引の総件数は27件で，デリバティブ取引の総件数（266件）に占める割合は10.2%であった。取引の種類は，債券先物10件，株価指数先物10件，金利先物7件で，通貨先物取引を行っていると回答した会社はなかった。それらの取引についてヘッジ目的の取引は17件（63.0%）で，投機目的が9件（33.3%）で，資本調達コスト削減目的が1件（3.7%）となっていた。先物取引の利用目的もデリバティブ取引全体の傾向と同様にヘッジ目的で行われているということが明らかとなった。

3　先物取引の会計処理の実態

　すでに述べたように，企業会計上，先物取引に係る相場の変動を損益として認識する基準として値洗基準と決済基準がある。値洗基準は，先物相場の変動に基づく値洗差額を値洗のつど損益として認識する基準である。決済基準は，先物相場の変動に基づく値洗差額を取引の決済時に損益として認識する基準である。そこで，先物取引に係る損益の認識基準としてどのような基準を採用しているかを内部管理目的と外部報告目的について質問した。その結果を以下に

示している。
- ① 内部管理目的の処理
    1) 簿外で値洗処理　　4社
    2) 帳簿上値洗処理　　2社
    3) 決済基準　　　　　6社
- ② 外部報告目的の処理
    1) 値洗基準　　　　　3社
    2) 決済基準　　　　　9社

内部管理目的と外部報告目的で異なる損益処理基準が採用されているかどうかを調べたのは，上記の調査結果でも明らかなようにデリバティブ取引のほとんどはヘッジ目的行われている。したがって，経営者はヘッジ手段がヘッジ対象に対して有効であったかどうかを絶えず確認しているはずであり，そのためには値洗基準の適用が必要になる。金融会計基準導入前における調査結果は，この点を実証しており，経営者の意向と一般に認められた会計処理基準に食い違いがあるということが確認された。

第3節　日本におけるヘッジ会計の方向

1　日本におけるヘッジ会計処理

大蔵省企業会計審議会は1999年1月22日に「金融会計意見書」を公表した。この中で今後の我が国におけるヘッジ会計のあり方が示されている。

「金融会計基準」の「第五ヘッジ会計」によれば，ヘッジ会計とは，ヘッジ取引のうち一定の要件を満たすものについて，ヘッジ対象に係る損益とヘッジ手段に係る損益を同一の会計期間に認識し，ヘッジの効果を会計に反映させるための特殊な会計処理であると規定されている。

ヘッジ会計が適用されるヘッジ対象は，相場変動等による損失の可能性がある資産または負債で，当該資産または負債に係る相場変動等が評価に反映されていないもの，および，相場変動等が評価に反映されているが評価差額が損益

として処理されないもの，もしくは，当該資産または負債に係るキャッシュフローが固定されその変動が回避されるものである。なお，ヘッジ対象には予定取引により発生が見込まれる資産または負債を含む。

　前節において問題としたヘッジ手段に係る評価損益の処理であるが，同会計基準によれば原則としてヘッジ手段に係る時価評価差額はヘッジ対象に係る損益が認識されるまで資産または負債として繰り延べる方法（この方法を公開草案では「繰延ヘッジ」と呼んでいる）によることと規定された。ただし，ヘッジ対象である資産または負債に係る相場変動等を損益に反映させることにより，その損益とヘッジ手段に係る損益とを同一の会計期間において認識することもできるとしている（これを公開草案では「時価ヘッジ」と呼んでいる）。また，実施時期は1999年（平成11年）4月1日以後に開始する事業年度とされた。

　したがって，例えば先物取引についてはヘッジ対象が時価評価できない場合は決算時に値洗基準で認識した評価損益を資産または負債として繰り延べることになるため，ヘッジの有効性に関する判定ができなくなる。むしろ，ヘッジ活動を包括的に把握しその経済実態を明らかにするには，ヘッジ対象を時価評価することによる「時価ヘッジ」を原則とすべきではないかと考えられる。

2　米国におけるヘッジ会計の動向

　1998年6月に公表されたSFAS133号『デリバティブおよびヘッジ活動に関する会計処理』の特徴は次の三点にある[4]。

① すべてのデリバティブは貸借対照表において公正価値で報告される（FASB［1998a］, par. 17）。

② ヘッジ関係が意図されずかつ適格でないデリバティブの公正価値の変動は稼得利益に記録される（FASB［1998a］, par. 18）。

③ 指示された適格なデリバティブの価値の変動について一定の条件の下で特別の会計処理が認められる（FASB［1998a］, par. 18, 22, 31）。基準書では「公正価値ヘッジ」，「キャッシュフローヘッジ」，「外貨ヘッジ」の3種類に分けてヘッジ会計処理が解説されている。

公正価値ヘッジとは,認識されている資産または負債の公正価値の変動可能性のヘッジ,あるいは,特定のリスクが伴う未認識の確定契約の公正価値の変動可能性のヘッジを意味する (FASB [1998a], par. 20)。この場合に,ヘッジ対象は価格リスクにさらされていること,ヘッジ対象とヘッジ手段のそれぞれの公正価値の変動は相殺されなければならないこと,ヘッジ対象とヘッジ手段の公正価値の変動は稼得利益に記録されること,ヘッジ対象の基礎は公正価値の変動によって修正されることが公正価値ヘッジの特徴ないし要件となっている (FASB [1998a], par. 20-22)。

キャッシュフローヘッジとは,ヘッジ対象のキャッシュフローの変動可能性がヘッジ手段のキャッシュフローによって相殺される場合のヘッジ関係をさしている (FASB [1998a], par. 28)。この場合に,ヘッジ対象は変動の可能性のあるキャッシュフローを伴う予定取引または貸借対照表項目であること,ヘッジが有効となった場合の利得または損失はその他の包括利益において報告されること,稼得利益の認識はヘッジ取引に対応すること,ヘッジが有効でなかった場合の利得または損失は稼得利益において報告されることがキャッシュフローヘッジの特徴である (FASB [1998a], par. 28-31)。

また,SFAS133号では適格外貨ヘッジの範囲を拡張することによってヘッジ会計指針の一貫性が高められている。外貨ヘッジの特徴は,在外事業活動におけるキャッシュフロー,公正価値,純投資のヘッジが含まれること,SFAS52号の考え方の大部分が踏襲されていること,非デリバティブ商品の限定的な利用が認められていること,ヘッジ会計が特に予定取引およびタンデム通貨ヘッジ (tandem currency hedge) に拡張されていることである。

SFAS133号の中で解説されている多数の具体的な取引事例を紙幅の関係で検討することはできないが,上記の説明にあるようにヘッジ対象に対するヘッジ手段の有効性を同一会計期間において認識測定することにより経営実態に関するより透明性の高い情報を提供するというアプローチがとられている。

以上,本章は,アンケート調査結果に基づいて先物取引の会計処理に関する経営者の意識を浮き彫りにし,調査時点における日本の会計処理基準は経営者

の意向を財務諸表に反映する基準となっていなかったため,投資家は会社のヘッジ活動に関する事実関係を知り得る状況にないことがあらためて確認された。この状況を改善するために大蔵省企業会計審議会が公表した「金融会計基準」におけるヘッジ会計の原則処理は「繰延ヘッジ」としているため,企業のリスク管理の有効性を判断するための十分な情報を投資家は依然として得ることができないのではないかと考えられる。

しかも,「繰延ヘッジ」処理は,繰り延べられる利得または損失が資産または負債の定義を満たさないこと,すべての金融商品を公正価値で貸借対照表において報告するという目的にそぐわないこと,さらに,ヘッジ対象の公正価値の増減が完全に相殺される状況にあってもヘッジ手段の評価損益の繰延を認めてしまうという点で極めて問題であるとして,FASBがその採用を見送った会計処理である(FASB [1998a], par. 346)。したがって,我が国においてもヘッジ対象を時価評価することによる「時価ヘッジ」を原則処理とすることの方が,「金融会計意見書」の「Ⅱ本意見書の位置づけ」の中で示されている「我が国証券市場への内外からの投資参加の促進」や「投資者の適切な投資判断を可能にする」といった目的に資するものと判断される。その「位置づけ」の中で謳われている「21世紀へ向けての活力と秩序ある証券市場の確立に貢献する」ためには,ヘッジ活動の事実関係を忠実に映し出すヘッジ会計処理の具体的手続きの開発が急務であると考えられる。

(1) 先物取引の仕組みに関する解説は多くの文献においてなされているが,ここでは先物取引に関する最新の情報を提供するという目的から東京証券取引所のホームページ上で公表されている先物取引の解説を引用している。債券先物取引の導入の経緯や特徴はそのほとんどを東京証券取引所の説明に基づいている。
(2) 債券先物取引の会計処理の問題点は,企業会計審議会「オプション取引等の会計基準に関する意見書等について」(平成2年)に基づいてまとめたものである。
(3) 日本簿記学会・簿記実務研究部会が実施したアンケート調査結果は,古賀・浦崎[1998]で公表されているので参照されたい。
(4) SFAS133号の特徴やその内容が,FASB [1998b]および古賀・河﨑他訳[2000]において詳細に解説されているので参照されたい。

第17章 金融商品会計の実務動向

第1節 調査目的

　本章は，2001年7月に実施した時価会計・企業統治に関するアンケート調査結果の分析を通じて，金融商品会計の実態を浮き彫りにすることを主たる課題とするものである[1]。周知のように，2001年3月31日に終了した会計年度について，年度決算として初めて金融会計基準が適用された。金融会計基準は，証券・金融市場のグローバル化や企業の経営環境の変化等に対応して，企業会計の透明性を一層高めることを目的として導入された会計基準である。

　本調査は，当該会計基準が実務にどのような影響を与えたかを解明することを主たる目的としたもので，とりわけ次の3点を具体的研究課題として調査項目を設定した。

① 金融会計基準を適用することで，金融商品の時価評価やその結果の開示がどのように行われたかの実態を浮き彫りにすること。

② 時価会計が企業経営に影響を及ぼすと一般にいわれているが，具体的にどのような変化があったかを明らかにすること。

③ 近年の経営環境の変化が企業のガバナンスのあり方にどのような変化をもたらしているかを明らかにすること。

　これらの研究課題に従って調査票を次のように構成した。

【1】有価証券の評価に関する質問

【2】ヘッジ会計に関する質問
【3】企業経営に対する時価会計の影響に関する質問
【4】企業統治に関する質問

以下，調査結果の分析を通じて2001年3月決算会社の特徴を明らかにしていきたい。

第2節 調査対象会社と調査票回収率

本調査は，日経QUICK情報（株）が2000年9月時点で提供した日経財務データCD-ROM版に収録されている東京証券取引所（1,294社）および大阪証券取引所（550社）に上場する企業を母集団として，一定の条件[2]に従って無作為に抽出した企業を対象として調査を実施した。サンプル数は，東京証券取引所が319社，大阪証券取引所が185社，合計504社であった。調査票は，7月3日に調査対象会社のIR担当責任者あてに発送された。回答期限の7月28日までに80社から回答があり，そのうち1社の調査票は半分が脱落して返送されてこなかったため，有効回答数は79社となった。

有効回答会社の業種を分類したものが，「表2」である。回答会社の業種は，産業分類33業種のうち22業種に及んでおり，その割合は66.7パーセントである。また，売上高と資本金による規模別分類が，「表3」と「表4」である。

なお，回答者の所属部署をまとめたものが，「表5」である。アンケート内容は企業会計および法務に関連する専門的内容を含んでおり，回答者の所属部署を見ると質問に回答しうる適切な部署に所属する人が回答したことがわかる。そのため，回答内容は相当の信頼性があるものと判断できる。

表1 調査票回収率

調査対象会社数	504社
回答会社数	80社
有効回答数	79社
有効回収率	15.7%

表2　回答会社の業種分類

1.	建　　設	10	12.	その他輸送用機器	3
2.	食　　品	3	13.	精　密　機　器	2
3.	繊　　維	4	14.	そ の 他 製 造	4
4.	化　　学	7	15.	商　　　　　社	12
5.	医 薬 品	2	16.	小　　売　　業	9
6.	ゴ　　ム	1	17.	そ の 他 金 融	2
7.	窯　　業	1	18.	不　　動　　産	3
8.	非 鉄 金 属	2	19.	鉄　道　・　バ　ス	1
9.	機　　械	5	20.	陸　　　　　運	1
10.	電気機器	3	21.	倉庫・運輸関連	1
11.	自 動 車	1	22.	サ　ー　ビ　ス	1

表3　売上高による分類

10000未満		7
10000 ～ 25000		17
25000 ～ 50000		20
50000 ～ 75000		8
75000 ～ 100000		0
100000 ～ 200000		13
200000 ～ 300000		3
300000 ～ 400000		2
400000 ～ 500000		3
500000 ～ 600000		1
600000 ～ 700000		1
700000 ～ 800000		1
800000 ～ 900000		1
4500000以上		1

単位：百万円

表4　資本金による分類

1000未満		9
1000 ～ 2000		12
2000 ～ 3000		9
3000 ～ 4000		7
4000 ～ 5000		9
5000 ～ 6000		4
6000 ～ 7000		2
7000 ～ 8000		2
8000 ～ 9000		2
9000 ～ 10000		1
10000 ～ 20000		3
20000 ～ 30000		10
30000 ～ 40000		3
40000 ～ 50000		1
50000 ～ 60000		0
60000 ～ 70000		2
70000 ～ 100000		0
100000以上		2

単位：百万円

表5　回答者の所属部署

1	経理・財務部	27
2	担当部署	16
3	経営企画・管理部	8
4	総務部	8
5	IR室	4
6	社長室	3
7	その他	3

第3節　売買目的有価証券の時価評価の実態

「金融会計基準」によれば，売買目的有価証券とその他有価証券が，期末時点で時価による評価が強制される。今回の調査では，これらの有価証券について，保有の有無，評価損益の有無，評価損益の表示方法について質問した。

表6　売買目的有価証券の保有の有無

1	有　り	4	(5.1%)
2	無　し	72	(91.1%)
3	無回答	3	

表7　売買目的有価証券の市場価格による評価損益

1	評価益	
2	評価損	3
3	評価損益無し	
4	無回答	1

表8　売買目的有価証券の評価差額の表示

1	有価証券運用益または運用損という科目名で独立項目として表示	1
2	有価証券売却益または評価損に有価証券運用益を含めて表示	2

　まず，売買目的有価証券に関する調査結果をまとめたものが「表6」から「表8」である。売買目的有価証券とは，時価の変動により利益を得ることを目的として保有する有価証券のことをいい，会社定款において有価証券の売買

が業務の一つとして明示され，この取引について別勘定で会計処理されているケースを意味する（武田［2001a］，336頁）。「表6」から知られるように，売買目的で有価証券を保有するケースは，きわめて少なくその割合は5パーセントを下回っている。当該有価証券を保有していると回答した4社の属する業種は，食品，機械，商社であった。

いずれの会社とも評価損を計上しており（「表7」参照），損益計算書上，それを有価証券運用損という独立項目として表示した会社は1社，有価証券評価損に含めて表示した会社は2社であった。「金融会計基準」の導入によって有価証券のいわゆる含み益を財務諸表に計上することが，保有目的によって強制されるところとなったが，これは企業経営者の意図を反映した会計処理を行うことで，企業の財務活動の成果を把握することに目的がある（武田［2001a］，344-348頁）。この場合，原価と時価の評価差額は，期末時点で即時に決済したとすれば得られるであろう金額を意味する。

今回の調査では，証券市場の低迷等により評価益を計上した会社はなかったが，評価益がでた場合は，当該金額を有価証券の実際の売却による有価証券売却益に含めず，有価証券運用益という独立項目で表示した方が情報利用者に対する情報価値は高いように思われる。独立科目として表示するかどうかは，金額の表示単位や量的・質的な重要性の判断が関連すると考えられるが，本調査で独立科目として表示した会社の割合は，33.3パーセントであった。

第4節　その他有価証券の時価評価の実態

その他の有価証券に関する調査結果をまとめたものが，「表9」と「表10」である。その他有価証券とは，子会社株式や関連会社株式といった明確な関係に基づく株式以外の有価証券であって，売買目的や満期保有目的といった保有目的が明確に認められない有価証券のグループを意味する（武田［2001a］，340頁）。いわゆる，日本的経営による相互持合株式がここに分類されているといわれている。

表9 その他有価証券の保有の有無

1	有 り	70 (88.6%)
2	無 し	0
3	無回答	9

表10 その他有価証券の評価差額の表示法

		評価益	評価損	評価損益無し	無回答	合計
1	注記のみの開示	10	2	1	3	13 (18.6%)
2	全部資本直入法	34	14			48 (68.6%)
3	部分資本直入法	1	5			6 (8.6%)
4	無回答					3
	合計	45 (64.3%)	21 (30.0%)	1	3	70

　その他有価証券は，回答会社のおよそ9割の会社が保有していると回答した。また，当該有価証券については，売買目的有価証券と同様に時価評価が強制される。「金融会計基準」によると2001年4月1日から開始される事業年度に適用されることとされていたが，「表10」に示すように66社がすでに2001年3月決算期において強制適用前に時価評価を行っていたことが判明した。回答会社79社に占める割合は，83.5%であった。

表11 その他有価証券の時価評価の実態*

①	東証1部・2部3月末決算会社	1,559社
	その他有価証券の時価評価を行っている会社	1,056社
	時価評価の実施比率	67.7%
②	大証1部・2部3月末決算会社	327社
	その他有価証券の時価評価を行っている会社	177社
	時価評価の実施比率	54.1%

＊2001年3月決算会社・日経財務データによる。

　その他有価証券の時価評価に関する調査結果は，アンケート調査の趣旨を理

解して積極的に回答した会社であるため，8割を超える会社が時価評価を行ったということを必ずしも一般化できるものではない。そこで，日経QUICK情報が提供する日経財務データCD-ROM版の個別企業データを利用して，会社がその他有価証券の時価評価を行っているかどうかを調べたものが「表11」である。東京証券取引所と大阪証券取引所に上場する全会社を対象とした場合，その他有価証券の時価評価の実施比率は，前者が67.7パーセントであり，後者は54.1パーセントであった。両者の平均は，60.9パーセントであった。調査結果の比率との差異は，23.4パーセントであった。

また，その他有価証券の評価差額をどのように取り扱ったかをまとめたものが「表10」である。原価と時価の評価差額は，原則として全部資本直入法を適用するが，継続適用を条件として部分資本直入法を適用することもできる。全部資本直入法とは，評価差額を当期の損益として処理することなく，税効果を調整の上，資本の部において他の剰余金と区分して有価証券評価差額として表示する方法である。部分資本直入法とは，時価が取得原価を上回る銘柄にかかる評価差益は資本の部に計上し，時価が取得原価を下回る銘柄にかかる評価差損は当期損失として処理する方法である。

全部資本直入法の採用割合は69パーセントであり，部分資本直入法の採用割合は9パーセントであった。部分資本直入法を採用した場合における損益計算書への損失計上方法については，その他有価証券の評価差額が毎期末の時価と取得原価との比較により算定されることとの整合性から，洗い替え方式によることとされている。したがって，翌期首へは洗い替え前の金額（取得原価）が繰越金額となるのであるから，期中で売却した場合には取得原価と売却価額との差額が売買損益として当期の損益に含まれることになる（武田［2001b］，166頁）。

第5節 ヘッジ会計の実態

金融の自由化・国際化による環境の変化が企業経営に衝撃を与えたのは，金

融上の種々のリスクが経営者の営業上の努力を全く無効なものにする可能性がでてきたことである。すなわち，それまでは生産コストや人件費などの削減，さらに新たな市場開拓といった経営者の努力が，営業利益や経常利益に相関的に反映された経営環境であった。しかし，金融の自由化・国際化によって金融リスクが増大し，そのリスクに対処しない場合，経営努力によって増大した利益も簡単に減少してしまう環境が発生してしまったのである。したがって，経営者の新たな経営課題としてリスク管理ということが経営課題として浮上してきたのである。

周知のように，リスク管理の手段としてデリバティブが多用されている経営環境で問題となっていたことは，「金融会計基準」ができるまでリスク管理が有効であったかどうかを外部の情報利用者はそれを知ることができず，公正な投資判断を下すことができなかったということである。そこで，今回の調査ではヘッジ会計の適用初年度ということもあり，次のような点を中心に調査した。

① 文書化されたリスク管理方針の有無
② リスクの種類とそのリスクの重要度
③ ヘッジ取引の内容とその有効性

「表12」は，文書化されたリスク管理方針を会社が有しているかどうかについて質問した結果をまとめたものである。本調査では，約40パーセントの会社が文書化されたリスク管理方針をもっていた。この点が重要なのは，文書化されたリスク管理方針に従ってリスク管理が行われていることが，ヘッジ会計の適用の前提となっているからであり，またデリバティブの監査という観点からもリスク管理方針の文書化が監査の鍵となる[3]。

表12 文書化されたリスク管理方針の有無

1	有 り	31	(39.2%)
2	無 し	43	(54.4%)
3	無回答	5	

表13　リスクの種類と重要度

		リスクの有無*1	リスクの相対的重要度*2
1	為替リスク	40	1.8
2	金利リスク	50	2.4
3	債券価格リスク	22	3.2
4	株価リスク	42	1.5
5	商品価格リスク	17	2.8

*1 当該リスク・エクスポージャーがあると回答した会社数を示している。
*2 会社内に存在する各リスクの量的大きさについての相対的比較に基づいて，その順位を記入してもらった。表中の数値はその加重平均を出している。たとえば，為替リスクについては，次のように計算される。
第1順位 16社，第2順位 17社，第3順位 6社，第5順位 1社
為替リスクの相対的重要度 ＝ （1×16＋2×17＋3×6＋5×1）÷40＝1.8

　「表13」に示されているようにリスクの種類については，金利リスクが50社（63.3％）で最も多く，次に株価リスク42社（53.2％）で，為替リスク40社（50.6％）と続いていた。また，当該リスクの他のリスクとの比較による順位付けに従った当該数値の加重平均によると，最も重要度が高かったのは株価リスクであった（計算方法については，「表13」の脚注＊2を参照されたい）。これは，現在，証券市場が低迷していることを企業担当者は最も重視すべきリスクととらえていることがわかる。同様に，為替リスクも重要度が1点台で高い水準になっている。金利リスクがそれに続いている。

　次に，これらのリスクに対して経営者がどのようなヘッジ手段を利用しているかを見ていきたい。株価リスクは，53パーセントの会社が当該リスクを認識しており，かつ，重要度が最も高かったが，そのヘッジ手段は「購入上限を設定する」と回答した会社が1社のみであった。また，債券価格リスクと商品価格リスクのヘッジ手段は，前者が「債券先物」で，後者が「金属先渡」という取引が1社ずつであった。そのため，以下においては為替リスクと金利リスクについて取りあげたい。

　「表14」と「表15」は，為替リスクと金利リスクについてどのようなヘッジ手段がとられたのかをまとめたものである。為替リスクについては為替予約が

314　第5部　金融リスク管理と公正価値会計の実態

表14　為替リスクのヘッジ取引

		文書化されたリスク管理方針			合計
		有り	無し	無回答	
1	為替予約	21	7	1	29
2	為替予約・通貨スワップ	2			2
		23	7	1	31

※デリバティブを利用したヘッジ取引を行わない会社9社（40-31）

表15　金利リスクのヘッジ取引

		文書化されたリスク管理方針			合計
		有り	無し	無回答	
1	金利スワップ	17	6		23
2	金利スワップ・キャップ取引	1			1
3	キャップローン		1		1
		8	7	1	25

※デリバティブを利用したヘッジ取引を行わない会社22社（50-28）

最も多く，金利リスクについては金利スワップが最も多かった。また，これらの取引の有効性をまとめたものが，「表16」と「表17」である。ヘッジ会計の適用の要件の一つとして「ヘッジ対象とヘッジ手段の損益が高い程度で相殺される」ということがある。この場合「高い程度」とは，ヘッジ対象の相場変動（またはキャッシュフロー変動）とヘッジ手段の相場変動（またはキャッシュフロー変動）の比率が80パーセントから125パーセントの範囲であることが金融会計実務指針において規定されている。したがって，ヘッジの有効性が「80％未満」と「125％超」のケースの会社がヘッジ会計処理を適用する場合，この処理が妥当なものであるかどうかが問題となる。

「表18」は，ヘッジ会計を適用したかどうかについてまとめたものである。為替リスクについては，当該リスクの削減を目的としてデリバティブを利用した会社31社のうち67.7パーセントの会社がヘッジ会計を適用している。また，金利リスクについては，当該リスクの削減を目的としてデリバティブを利用し

表16 為替リスクのヘッジ取引の有効性

		80%未満	80%～100%未満	100%	100%超～125%	125%超	合計
1	為替予約	3	6	10	5	1	26
2	為替予約・通貨スワップ	1		1			2
		4	6	11	5	1	28

表17 金利リスクのヘッジ取引の有効性

		80%未満	80%～100%未満	100%	100%超～125%	125%超	合計
1	金利スワップ	5	7	5	2	1	20
2	金利スワップ・キャップ取引		1				1
3	キャップローン	1					1
		6	8	5	2	1	22

表18 ヘッジ会計の適用

		適用	不適用
1	為替リスク	21 (3)	7
2	金利リスク	20 (5)	2

※括弧内の数値は，文書化されたリスク管理方針がないにもかかわらずヘッジ会計を適用している会社数を示している。

表19 ヘッジ会計の方法

		繰延ヘッジ	時価ヘッジ	特例処理
1	為替リスク	17	4	2
2	金利リスク	14	4	

た会社25社のうち80パーセントの会社がヘッジ会計を適用している。

　ヘッジ会計を適用することにより企業のリスク管理の状況が財務諸表上明らかとなるが，日本において問題となるのはヘッジ会計の原則処理法が，繰延ヘッジであるという点である。「表19」は，日本におけるヘッジ会計の方法をまとめたものである。SFAS133号やIAS39号における原則処理は，時価ヘッジであり，企業経営の透明性や国際的な比較可能性を高めるためにもこの点は改善されるべき点であろう[4]。

第6節　企業経営に対する時価会計の影響

　ここでは，いわゆる時価会計が企業経営にどのような影響を及ぼしたのかを分析することを目的としている。調査の対象としたのは，企業の持合株式の保有状況である。株式の相互持合は，日本的経営慣行の一つとして特徴づけられるものであり，株式の約70パーセントが取引関係を持つ他企業（銀行・保険会社，仕入先・得意先企業）によって保有され，その余の約25パーセントを個人株主・機関株主が保有していると指摘されている[5]。

　株式の相互持合は，戦後の株式買い占めや外国資本の参入といった特異な時代環境を背景として企業防衛の有効な手段として生まれてきたのであるが，株式持合を継続的に維持する経済的論拠あるいはその効果として，次の3点が挙げられている[6]。

① 　取引費用の削減とリスクシェアリング
② 　株式持合の財務的効果
③ 　オーナー・マネジャー型経営システムの構築

　ここで，上記③の観点を敷衍するならば，日本企業はこれまで株式持合を通じて安定株主を作り，企業外部からの不要なプレッシャーを受けずに会社経営を行うことができた点が最も重要な点である。つまり，株式の持合を進めることによって企業の経営者は，実質的に「オーナー・マネジャー」化し，会社の経営資源のコントロールと運用をめぐる所有者と経営者との間のコンフリクト

を会社側に有利な形で解消することができた（伊藤［1993］，180）。その結果として，企業の経営者は，短期的な業績よりもむしろ企業の長期的な存続発展を考慮した日本的な経営スタイルが生まれてきたと考えられるのである[7]。

このような日本型経営システムは，企業業績が好調で持続的な成長を続け，相手企業との事業取引関係が有効に維持されるということが前提にある。したがって，景気後退により業績が低迷し，さらに協調的な事業取引関係が崩れた場合には，様々な問題が生じる可能性がある。その一つが企業のガバナンスの問題である。「オーナー・マネジャー」型の日本的経営システムにおいては，十分なチェック機能が働かない。近年の金融機関や事業会社の不祥事・倒産がそれを物語っている。従来は，そのチェック機能をメインバンクが代替していた。

メインバンクは，貸付先の詳細な情報を継続的に収集し，経営内容や経営者の行動を絶えず監視する。もし融資先企業が経営危機に陥った場合には，メインバンクが中心となって資金繰りを支援し，企業の再建に協力することが実際に行われてきたし，それが一般に期待されていた。メインバンクがこのような行動をとるのは，救済に要するコストを上回るベネフィットが得られるからで，例えば，メインバンクとしての名声を維持して預金・貸出残高でみた営業基盤を拡大することが期待できたからである（深尾・森田［1997］，49頁）。

しかしながら，バブル経済崩壊後は，銀行自体が巨額の不良債権を抱えるとともに，メインバンクとしての審査機能が低下したことも起因して，メインバンクによるガバナンスに期待することができなくなってきた。また，1980年代に進められた金融の自由化・国際化によって我が国の金融システムは市場重視型のシステムへと移行した。具体的には，資金調達の手段が多様化（株式，転換社債，ワラント債，コマーシャルペーパー等）し，大企業を中心に銀行借入に依存する間接金融から直接金融へと資金調達の手段がシフトしていった（小川・北坂［1998］，1頁）。このように，金融の自由化・国際化，企業活動のグローバル化，メインバンクの影響力の低下と資金調達方法の変化といった要因が，株主に中心的役割を求めるようなコーポレート・ガバナンスへと変化を引

き起こしている。

既述のような企業環境要因の変化を踏まえ，時価会計がどのような影響を及ぼしたのかを分析するために，持合株式の銘柄数，発行済株式の持合先による保有割合，株式持合の変化の程度，株式持合減少の理由について質問した。

「表20」は，2001年3月末時点で回答会社が保有していた持合株式の銘柄数を示している。階級の中央値による持合株式の銘柄数の平均値は，19銘柄である。「表21」は，発行済み株式が持合先によってどの程度保有されているかを示している。階級の中央値による当該保有割合の平均値は，17.4パーセントである。また，持合株式を貸借対照表において表示する際の科目が「表22」にまとめられている。

表20　持合株式の銘柄数

1	0		8	(10.1%)
2	1	～	10	26 (32.9%)
3	11	～	20	16 (20.3%)
4	21	～	30	11 (13.9%)
5	31	～	40	4 (5.1%)
6	41	～	50	2 (2.5%)
7	51	～	60	1 (1.3%)
8	61	～	70	1 (1.3%)
9	71	～	80	1 (1.3%)
10	130	～	140	1 (1.3%)

表21　発行済株式の持合先による保有割合

1			0%	8 (10.1%)
2	1	～	10%	22 (27.8%)
3	11	～	20%	18 (22.8%)
4	21	～	30%	10 (12.6%)
5	31	～	40%	6 (7.6%)
6	41	～	50%	3 (3.8%)
7			70%	1 (1.3%)

表22　持合株式の表示科目

1	有価証券（流動資産）	1
2	その他有価証券（固定資産）	57
3	投資有価証券（固定資産）	5

表23　株式の相互持合の理由の重要度

1	営業取引関係を維持するため	2.4
2	敵対的買収から自社を守るため	2.8
3	市場における評価（株価等）を一定水準に維持するため	2.9
4	経営戦略上必要な情報を入手するため	3.1
5	含み益経営を行うため	3.8

「表23」は，株式の相互持合を行う理由について質問した結果をまとめたもので，それぞれの理由について重要度を尋ねた。1は重要度が最も高く，5は重要度が最も低く，3はどちらともいえないというものである。表中ではそれぞれの理由の平均値を示している。この結果から確認できることは，営業取引関係を維持するために株式の相互持合を行うという点が最も重視されており，次に敵対的買収から自社を守るためという理由がそれに続いている。新聞紙上やビジネス雑誌の関連記事では株式の持合の理由として含み益経営がクローズアップされているが，この調査では重要度は低かった。

表24　株式持合の比率の趨勢（増加の割合）

1	1%	1
2	2%	1
3	3%	3
4	5%	1
5	7%	1
6	9%	1
7	15%	1
8	20%	1
9	852%	1
	合計	11（13.9%）

※2001年3月31日時点と1999年3月31日時点の比較

表25　株式持合の比率の趨勢（減少の割合）

1	1%	3
2	2%	2
3	3%	1
4	4%	1
5	5%	3
6	8%	1
7	10%	2
8	13%	2
9	14%	1
10	23%	1
	合計	17（21.5%）

※2001年3月31日時点と1999年3月31日時点の比較

表26　株式持合の減少の理由

1	持合株式の時価評価によって含み損が表面化してしまうため	10
2	バブル崩壊後株式市場が低迷し含み益を期待できないから	7
3	機関投資家から株式の持合を非効率な資金運用と批判されているため	7
4	業績不振のカバーを目的として売却したため	5
5	持合株式の時価評価によって含み益が表面化してしまうため	2

※その他の理由として,「金融機関の合併・破綻」（1社),「金融機関からの申し出」（2社),「ストックオプション採用時に放出してもらった」（1社）があった。

　持合株式の時価評価が企業の保有状況に変化を及ぼしたかどうかを調査したものが,「表24」から「表25」である。「金融会計基準」が公表された1999年3月決算期と2001年3月決算期の保有状況を比較して,増減の程度を示している。持合株式が増加した会社は11社であるのに対して,それが減少した会社は17社であった。株式の相互持合が減少した理由についてまとめたものが「表26」である。表中の数値は,それぞれの理由に同意する会社数を意味している。最も多い理由は,持合株の含み損が表面化し,それが企業業績を悪化させることが予想されるために持合を解消したというケースである。また,含み益を期待できないという理由と持合株への投資を機関投資家から批判されているという理由が同程度であった。また,持合を解消した時期は,1999年と2000年が同程度であり,2000年に持合株式を放出した会社が最も多かった。

表27　株式の持合の解消の開始時期

1	1990年前	2
2	1994年	1
3	1995年	1
4	1996年	1
5	1997年	1
6	1998年	2
7	1999年	10
8	2000年	11

表28　持合株式の放出が最も多かった期間

1	1990年	1
2	1996年	1
3	1997年	1
4	1999年	6
5	2000年	17
6	2001年	2

表29　金庫株制度の利用の意向

1	はい	25 (31.6%)
2	いいえ	39 (49.4%)
3	どちらともいえない	1

　2001年10月1日から施行された改正商法では，金庫株制度が認められることとなった。この制度を利用するかどうかについて調査したものが「表29」である。回答会社のおよそ3割の会社がこの制度を利用しようと考えていることがわかった。つまり，持合を解消するときに自社株を買い支えることで証券市場での価格水準を何らかの程度で維持することが可能となる。今後，この制度が有効に活用されているかについて分析する必要がある。

第7節　企業統治に関する経営管理者の意識動向

　前節においてすでに述べたように，日本におけるコーポレート・ガバナンスのあり方がメインバンクを中心とした構造から株主に中心的役割を期待するような構造に変化しつつある。本調査は，この点を踏まえて会社の経営管理者がコーポレート・ガバナンスについてどのような意識動向にあるかを明らかにすることを目的としている。

　すでに指摘したように，日本の会社は株式の持合を通じて安定株主を作ることによって，企業外部からの不要なプレッシャーを受けずに会社経営を行うことができた。つまり，株式の持合を進めることによって企業の経営者は，実質的に「オーナー・マネジャー」化し，会社の経営資源のコントロールと運用をめぐる所有者と経営者との間のコンフリクトを会社側に有利な形で解消することができたといわれている。このような環境下で，日本企業の経営者が最も腐心したものが，従業員との関係であるといわれる[8]。

　そこで，会社の経営管理者がどの利害関係者を重視しているかを調査したものが「表30」である。この調査では，機関投資家，個人投資家，従業員，市場

(潜在的投資家），社債権者のそれぞれについて最も重要なものから順位付けを行ってもらった。表中の数値はその平均値である。この調査では，機関投資家が最も重視され，個人株主がそれに続いていた。経営学でコーポレート・ガバナンスにおける重要なファクターとして一般的に説明される従業員は3位であった。この調査結果からも明らかなように，株主との利害関係が最も重視されている。

表30　ステークホルダーの重要度

1	機関投資家	1.9
2	個人株主	2.1
3	従業員	3.0
4	市場（潜在的投資者）	3.5
5	社債権者	4.1

※その他の重視するステークホルダーとして，顧客（2社），取引先（1社），親会社（1社），グループ企業（1社）がみられた。

つぎに，上記の調査結果を前提に企業が事業活動に必要な資金の源泉をどこに求めているかを調査したものが「表31」である。つまり，株主との利害関係を重視するということは，資金の調達方法として株式の発行による直接金融を行うということに結びつくものと考えられる。この点について調査したものが，「表31」の資金の主たる調達方法である。調査結果を見ると，事業活動に必要な資金調達の方法としては，メインバンク等の銀行借入に依存する会社が65パーセントを超えている。したがって，企業が利害関係を重視するステークホルダーと資金調達の方法には，この調査では，必ずしも関連性は見られない

表31　資金の主たる調達方法

1	株式・社債等の発行による直接的な資金調達	13	(16.5%)
2	メインバンク等の銀行からの借入	52	(65.8%)
3	1と2の併用	2	(2.5%)
4	自己資金（内部留保資金）	5	(6.3%)

表32　会社経営のチェックシステムの有効性

1	取締役会	59
2	監査役	43
3	会計監査人（監査法人・公認会計士）	72
4	メインバンク	14
5	機関投資家	13
6	証券市場	24
7	規制当局	11

図1　会社経営のチェックシステムの有効性

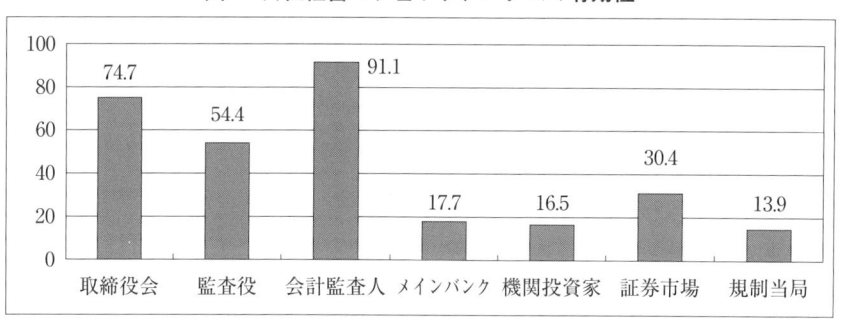

取締役会	監査役	会計監査人	メインバンク	機関投資家	証券市場	規制当局
74.7	54.4	91.1	17.7	16.5	30.4	13.9

ことになる。

「表32」は，表中の機構が会社経営のチェックシステムとして回答会社にとって有効に機能しているかを質問したものである。有効に機能しているとして最も多くの回答があった機構は，会計監査人であった。この結果は，会社の倒産や経営者不正に関連して問われることとなった公認会計士に対する社会的期待ギャップの大きさを考慮すると，意外な結果であった。また，従来，メインバンクが会社のチェックシステムとして機能しているといわれてきたが，それを有効と回答した会社は約18パーセントであった。この結果は，資金の調達先としてメインバンクに依存するという回答が多かった「表31」の結果と併せて考慮すると，資金調達先としてメインバンクに期待するところは大きいが，これまでのようにメインバンクがコーポレート・ガバナンスの中心的役割を担うことはなくなってきたものと解される。このことは，メインバンクの審査機能

が低下してきているという指摘にも表れているように思われる⁽⁹⁾。

さて，上述のように株主が中心的役割を担うコーポレート・ガバナンスを展開する場合，日本の株式会社における取締役制度の改革が必要となる。商法上，取締役は株主から会社経営を委任されているが，取締役自ら会社経営を行っているため，取締役会が会社のチェックシステムとして有効に機能していないところがある。また，取締役の業務執行にかかる監督と指導の権限を付与された監査役についても，会社内での独立性の問題から十分に機能しているとはいえない。そこで，取締役会が十分に機能しない理由としてどこに問題があるかを質問した結果が，「表33」である。

日本の株式会社組織の中で取締役会が十分に機能しない理由として半数以上の同意が得られたものとして，「業務執行を監督すべき者が同時に業務執行を行っていること」と「代表取締役の実質的な支配下におかれていること」がある。したがって，会社経営についての取締役会のチェック機能，すなわち，監督機能を十全なものとするためには，少なくとも，会社経営の業務執行は取締

表33　取締役会が十分に機能しない理由

1	業務執行を監督すべき者が同時に業務執行を行っていること	48 (60.8%)
2	取締役の人数が増えすぎて機動性を欠くこと	11 (13.9%)
3	従業員兼務取締役が大半となったこと	16 (20.3%)
4	代表取締役の実質的な支配下におかれていること	42 (53.2%)

役会から独立した機関（経営者）がそれを行う必要がある。

以上のような議論を踏まえ，本調査では，「商法等の一部を改正する法律案要綱中間試案（以下「中間試案」と略記する）」⁽¹⁰⁾の中で提案されている三つの改善案について質問を行った。まず，「表34」は，取締役会制度の改善にかかる提案内容の調査結果が示されている。表中の数値は，本章末に付録として掲載している調査票のQ27に示す5点評価法の平均値を表している。したがって，いずれの提案とも従来の取締役会を改善する有効な方法として期待されていることがわかる。

表34 取締役会制度の改善案の有効性の程度

1	取締役会の監督機能を強化するためには,執行と監督の分離を図る必要があること	2.3
2	業務執行の効率性を高めるためには,執行役への権限委譲を図る必要があること	2.3
3	取締役会の独立性を高めるためには,社外取締役を中心に構成される各種委員会を設置することが相当であること	2.5

「表34」の3に示される各種委員会制度について,それが制度化されたときに利用するかどうかについての意向を調査したものが,「表35」である。「中間試案」では,監査委員会,指名委員会,報酬委員会という三つの委員会が提示されている。これらの委員会は,取締役会の決議により各委員会を組織する取締役が定められ,各委員会を組織する取締役は3人以上で,執行と監督の分離を図る観点から,そのうち過半数は社外取締役でなければなならないとされている。

表35 委員会・執行役制度の利用の意向

		監査委員会	指名委員会	報酬委員会	執行役制度
1	すでに導入している	2	1	1	13
2	積極的に利用したい	4	4	4	2
3	利用の予定はない	51	60	58	43
4	検討中	21	14	14	20

監査委員会は,現行の監査役の機能を代替するものである。指名委員会は,取締役の選任に関する議案の内容を決定することを権限とする。報酬委員会は,取締役・執行役が受ける報酬の方針・金額・内容を決定することを権限とする。執行役制度は,取締役会が執行役の選任・解任の権限を有し,執行役に会社の業務執行を委託することにより,取締役会の監督機能を強化するものである。

「表35」の調査結果をみると，これらの各種委員会制度が周知されていないこともあり，利用する予定はないという回答がほとんどであった。しかし，執行役制度は，アメリカの会社制度を模範とするもので，すでに13社（18.8パー

表36　取締役全体に占める社外取締役の割合

1		0%	57
2	5 〜	10%	8
3	11 〜	15%	3
4	16 〜	20%	3
5	21 〜	25%	2
6	26 〜	30%	1
7	31 〜	35%	2
8	45 〜	50%	2

表37　監査役全体に占める社外監査役の割合

1	0%	3
2	25%	4
3	33%	10
4	40%	1
5	50%	25
6	60%	1
7	67%	13
8	75%	14
9	100%	8

表38　社外取締役と社外監査役の増員の予定

		増員の予定	増員の予定無し
1	社外取締役	7	67
2	社外監査役	2	71

セント）の会社がこれを導入していることがわかった。

「表36」から「表38」は，社外取締役と社外監査役の選任状況について調査した結果を示したものである。執行役制度を導入し，取締役会の監督権限の強化を図ろうとしても，その目的が十分に達成され，業務の執行と監督の分離がうまくいくかどうかは完全に保証されるものではない。そのため，独立公正な立場で会社をチェックする社外取締役の役割は今後ますます重要度を増していくであろう。

最後に調査した事項がインターネットなど高度情報技術が会社経営にどのような影響を及ぼす可能性があるかということである。企業が国際化していくと海外株主の数も増加し，日本国内で開催される株主総会への参加は，それを希

望したとしても種々の理由から簡単にできない場合がある。また，日本国内に在住する株主であっても，複数の株主総会が同日に開催された場合，いずれか一つの会社を選択せざるを得ない。株主総会をインターネットを通じて公開し，議決権の行使を電子メールなどにより行うことで，これらの問題を解決することができる。とくに，電磁的媒体による議決権の行使について，それが会社経営にどのような影響を及ぼすかについて調査した結果をまとめたものが「表39」である。8割強の会社が，議決権を行使する株主が増加するとみており，インターネットなどの高度情報技術を利用した制度改革の効果は大きいものがあると期待できる。なお，インターネットを利用した議決権行使によって生起すると考えられる所有と支配の問題を別稿において検討しているので参照されたい（浦崎［2001a］）。

表39　電磁的媒体による議決権行使の会社経営に対する影響

1	議決権を行使する株主が増加する	57
2	株主総会における議案の採決が読めなくなる	18
3	会社側に有利な形で株主総会を運営することができなくなる	5
4	議決権を行使する株主が増加することを見越して株式の持合を増加させる	4
5	株主価値を最大化するような会社経営に移行する	26
6	とくに変化はない	12

第8節　調査結果の要約

本章は，東証および大証に上場する2001年3月決算会社504社を対象として2001年7月に実施した「時価会計・企業統治に関する調査」の結果を集計し分析したものである。本調査によって，売買目的有価証券およびその他有価証券の時価評価ならびにヘッジ会計の実態を浮き彫りにするとともに，時価会計が企業経営にどのような影響を及ぼしているかを明らかにした。また，金融の自由化・国際化という環境変化の下でコーポレート・ガバナンスに対する経営管理者の意識動向を調査し，商法改正案の中で提案されている委員会制度および

執行役制度の有効性について論じた。調査によって判明した特徴点を要約するならば次のようになる。

① 売買目的有価証券を保有する事業会社は，わずかではあるが存在したこと。証券市場の低迷により，含み益を計上した会社はなかった。評価損益は，損益計算書の表示上はそれが区別しにくいことに問題がある。

② 調査回答会社の8割強の会社が，すでにその他有価証券について時価評価を行っており，そのうちおよそ7割の会社が全部資本直入法によって評価差額を処理していたこと。東証と大証のすべての会社を対象に調査した結果では，約6割の会社がその他有価証券の時価評価を行ったことがわかった。

③ リスク管理の視点から企業経営者は，金利リスク，株価リスク，為替リスクを特に重視していることが明らかとなったが，株価リスクについてはほとんどヘッジ手段がとられていないことがわかったこと。また，ヘッジ会計を適用する場合に，日本では繰延ヘッジ処理が原則であるが，時価ヘッジを行った会社が存在した。

④ 株式の相互持合を行う最も重要な理由は，営業取引関係を維持するということであった。「金融会計基準」による時価会計の強制により株式の相互持合が解消するという指摘が新聞紙上でみられる。「金融会計基準」が公表された1999年3月時点と2001年3月時点の持合株式の保有状況を比較すると，保有割合が減少した会社が増加した会社よりも多かった。その理由は含み損が表面化するためという理由が最も多かった。持合株式の放出が最も多かったのは2000年であった。

⑤ 株主中心のコーポレート・ガバナンスが世界的な趨勢となっている中で日本の会社経営者がステークホルダーに対してどのような意識状況にあるかを調査したところ，機関投資家，個人株主を重視するという回答が従業員を重視するという回答を大きく上回った。年功序列，終身雇用という日本的経営慣行が見直されている現状を物語るもので，コーポレート・ガバナンスの変化の可能性を示す証拠の一つであるといえる。

⑥　資金調達の方法として直接金融と間接金融のいずれを重視するかについて調査したところ，メインバンク等からの間接金融に依存するという回答が多かった。これは，株主を重視するという回答と必ずしも連動する回答とはならなかった。

⑦　日本における会社組織の問題点として取締役が業務の執行と監督を同時に行っている点と取締役会が代表取締役の実質的な支配下におかれているという点についての認識が高かった。したがって，この点を改善しようとする商法改正の「中間試案」で提案されている各種委員会制度や執行役制度は，日本のコーポレート・ガバナンスを改善する方策として有効に機能するものと期待される。

（1）　本調査は，平成13年度科学研究費補助金基盤研究C⑵課題番号12630160「ヘッジ会計の国際比較及びその適用実態に関する実証研究」による研究の成果の一部である。
（2）　一定の条件とは，推定の信頼率95％，要求精度5％を意味し，これを基に計算されるサンプル数を無作為に抽出したものである。なお，この条件は，トライツの所説（Trites［1999a］，p.7）に基づいている。
（3）　デリバティブの監査については，AICPAによる監査ガイド（AICPA［2001］）が公刊されているものでは最も詳細である。
（4）　デリバティブの測定に関する具体的な議論については，SFAS133号を参照されたい。当該基準書の内容については，第9章を参照されたい。また，当該基準書の解説マニュアルの邦訳については古賀・河﨑他訳［2000］を参照されたい。
（5）　株式の所有構造に関する議論については，神戸大学・朝日監査法人IASプロジェクト［2001］（4頁），深尾・森田［1997］，岡部［1994］を参照されたい。
（6）　ここでは，伊藤邦雄教授の所説に基づいて株式持合の論理について展開している。詳細は，伊藤［1993］を参照されたい。
（7）　このような日本的経営の所有構造の効果がえられるような所有構造がアメリカ企業にも必要である点が次のように述べられている。モンクスとミノウは，マイケル・ポーターの所説を引用し，アメリカにおける資本市場制度の中で最も問題とされる点は，投資家による株式の短期的保有であり，機関投資家は短期的な利益に目を奪われ企業の長期的な収益力を維持するために企業と協調する意思や能力がないことが批判されている。このような批判を受けて，企業が長期的な利益を確保するためには，企業と共通の目標を持つ少数の株主によって，長期的または半恒久的な株式の所有構造が必要であると論じている（Monks and Minow［1995］，pp.163, 164）。

(8) 年功序列や終身雇用といった人事制度はそれが具体化したものと説明される。従業員との関係を重視する考え方を「従業員主権」と表現することもある。企業組織における人的資源の重要性については，伊藤・加護野［1993］を参照されたい。

(9) コーポレート・ガバナンスにおけるメインバンクの役割および近年のメインバンク制の変容に関する議論については，山中［1997］，山中［2000］を参照されたい。

(10) 当該試案は，2001年4月18日に法制審議会会社法部門が公表したもので，①企業統治の実効性の確保等，②高度情報化社会への対応，③資金調達手段の改善，④企業活動の国際化への対応等の観点から商法の改正を行うことが提案されている。具体的な内容については，法務省民事局参事官室［2001］を参照されたい。

付録　調査票のサンプル

時価会計・企業統治に関する実態調査

1　有価証券の評価に関する質問

Q1　平成13年3月31日時点において流動資産に分類される「売買目的有価証券」を保有していましたか。該当する番号に「○」印をつけてください。
（「売買目的有価証券」とは，会社定款において有価証券の売買が業務の一つとして明示され，この取引について別勘定で会計処理されているケースを意味します。）
1　はい
2　いいえ（**Q4**に移ってください。）

Q2　「売買目的有価証券」の市場価格による評価によって最終的に次のいずれの評価差額が生じましたか。該当する番号に「○」印をつけてください。
1　評価益
2　評価損
3　評価損益なし

Q3　「売買目的有価証券」の市場価格による評価差額は，損益計算書でどのように表示されましたか。該当する番号に「○」印をつけてください。
1　有価証券運用益または運用損という科目名で独立項目として表示した。
2　有価証券売却益または評価損に有価証券運用損益を含めて表示した。
3　その他：具体的にご記入下さい

Q4　平成13年3月31日時点において固定資産に分類される「その他有価証券」を保有していましたか。該当する番号に「○」印をつけてください。
（「その他有価証券」とは，売買目的有価証券，満期保有有価証券，子会社株式・関連会社株式に分類できない有価証券をいいます。）
1　はい
2　いいえ（**Q7**に移ってください。）

Q5 「その他有価証券」の市場価格による評価によって最終的に次のいずれの評価差額が生じましたか。該当する番号に「○」印をつけてください。
1 評価益
2 評価損
3 評価損益なし

Q6 「その他有価証券」の市場価格による評価差額は，財務諸表上どのように表示しましたか。該当する番号に「○」印をつけてください。
1 注記のみの開示
2 全部資本直入法（評価差額を当期の損益として処理することなく，税効果を調整の上，資本の部において他の剰余金と区分して有価証券評価差額として表示する方法）
3 部分資本直入法（時価が取得原価を上回る銘柄にかかる評価差益は資本の部に計上し，時価が取得原価を下回る銘柄にかかる評価差損は当期損失として処理する方法）

2 ヘッジ会計に関する質問

Q7 文書化されたリスク管理方針がありますか。該当する番号に「○」印をつけてください。
1 はい
2 いいえ

Q8 リスク管理の対象となるリスクとして次のリスクが考えられます。直近の会計年度についてリスク量の大きかった順に括弧内に番号を記入してください。リスクが存在しない場合，当該リスクについては記入しないでください。また，1～5以外のリスクがある場合，具体的なリスクの種類をご記入下さい。

	リスク		記入例	記入例
1	為替リスク	( )	(1)	(1)
2	金利リスク	( )	(4)	(3)
3	債券価格リスク	( )	(3)	(4)
4	株価リスク	( )	(2)	(2)
5	商品価格リスク	( )	(5)	( )
6	＿＿＿＿＿＿	( )		

第17章　金融商品会計の実務動向　333

Q9　Q8に掲げたそれぞれのリスクについてどのようなヘッジ取引をおこないましたか。具体的な取引の種類をご記入下さい。

　　　　　　　　　　　　　　　　　　　　　　　　　　　記入例
　1　為替リスク　　＿＿＿＿＿＿＿＿＿＿＿＿＿＿＿　　為替予約
　2　金利リスク　　＿＿＿＿＿＿＿＿＿＿＿＿＿＿＿
　3　債券価格リスク　＿＿＿＿＿＿＿＿＿＿＿＿＿＿＿
　4　株価リスク　　＿＿＿＿＿＿＿＿＿＿＿＿＿＿＿
　5　商品価格リスク　＿＿＿＿＿＿＿＿＿＿＿＿＿＿＿
　6　Q8の6のリスク　＿＿＿＿＿＿＿＿＿＿＿＿＿＿＿

Q10　Q9で回答したヘッジ取引の有効性はどの程度でしたか。ヘッジ対象の相場変動に対するヘッジ手段の相場変動の割合について，「80％未満」，「80％～100％未満」，「100％」，「100％超～125％」，「125％超」のいずれか該当するものを「○」で囲んでください。

有効性の程度

1	為替リスク	80％未満	80％～100％未満	100％	100％超～125％	125％超
2	金利リスク	80％未満	80％～100％未満	100％	100％超～125％	125％超
3	債券価格リスク	80％未満	80％～100％未満	100％	100％超～125％	125％超
4	株価リスク	80％未満	80％～100％未満	100％	100％超～125％	125％超
5	商品価格リスク	80％未満	80％～100％未満	100％	100％超～125％	125％超
6	Q8の6のリスク	80％未満	80％～100％未満	100％	100％超～125％	125％超

Q11　Q9で回答したヘッジ取引についてヘッジ会計を適用しましたか。それぞれのリスクとヘッジ取引についてヘッジ会計を適用したときは「適用」を「○」で囲み，適用しなかったときは「不適用」を「○」で囲んでください。

ヘッジ会計の適用の有無

1	為替リスク	適用	不適用
2	金利リスク	適用	不適用
3	債券価格リスク	適用	不適用
4	株価リスク	適用	不適用
5	商品価格リスク	適用	不適用
6	Q8の6のリスク	適用	不適用

Q12　ヘッジ会計の方法としてどのような方法を採用しましたか。それぞれのリスクとヘッジ取引について採用したヘッジ会計の方法を「○」で囲んでください。

		ヘッジ会計の種類	
1	為替リスク	繰延ヘッジ	時価ヘッジ
2	金利リスク	繰延ヘッジ	時価ヘッジ
3	債券価格リスク	繰延ヘッジ	時価ヘッジ
4	株価リスク	繰延ヘッジ	時価ヘッジ
5	商品価格リスク	繰延ヘッジ	時価ヘッジ
6	Q8の6のリスク	繰延ヘッジ	時価ヘッジ

Q13 繰延ヘッジ処理を行った場合，貸借対照表における表示科目名をご記入下さい。

_____

3 企業経営に対する時価会計の影響に関する質問

Q14 平成13年3月31日時点で何銘柄の持合株式を保有していましたか。おおよその銘柄数をご記入下さい。
　　約（　　　　　）銘柄

Q15 平成13年3月31日時点で発行済株式総数のうち何割程度が相互持合で他社に保有されていますか。
　　約（　　　　　）％

Q16 持合株式は貸借対照表のどの項目に含まれていますか。該当する番号に「○」印をつけてください。
　1　有価証券（流動資産）
　2　その他有価証券（固定資産）
　3　関連会社株式（固定資産）
　4　その他：表示科目名をご記入下さい＿＿＿＿＿＿＿＿＿＿

Q17 株式の相互持合を行う理由として次のようなことが一般に指摘されています。貴社にとってそれぞれの事項が株式持合の理由としてどの程度重要ですか。該当するところに「○」印をおつけ下さい。

1　市場における評価（株価等）を一定水準に維持するため
非常に重用　　　重用　　どちらともいえない　重用でない　全く重用でない
└─────┴─────┴─────┴─────┴─────┘
　　1　　　　　2　　　　　3　　　　　4　　　　　5

2　営業取引関係を維持するため
非常に重用　　　重用　　どちらともいえない　重用でない　全く重用でない
└─────┴─────┴─────┴─────┴─────┘
　　1　　　　　2　　　　　3　　　　　4　　　　　5

3　敵対的買収から自社を守るため
非常に重用　　　重用　　どちらともいえない　重用でない　全く重用でない
└─────┴─────┴─────┴─────┴─────┘
　　1　　　　　2　　　　　3　　　　　4　　　　　5

4　経営戦略上必要な情報を入手するため
非常に重用　　　重用　　どちらともいえない　重用でない　全く重用でない
└─────┴─────┴─────┴─────┴─────┘
　　1　　　　　2　　　　　3　　　　　4　　　　　5

5　含み益経営を行うため
非常に重用　　　重用　　どちらともいえない　重用でない　全く重用でない
└─────┴─────┴─────┴─────┴─────┘
　　1　　　　　2　　　　　3　　　　　4　　　　　5

6　その他：具体的にご記入下さい _____

Q18　平成13年3月31日時点で株式持合の比率は，平成11年3月末日時点と比較してどのように推移していますか。増加または減少した程度をご記入下さい。
1　約（　　　）％増加した
2　約（　　　）％減少した
3　その他：_____

Q19　株式の相互持合が減少している場合，その理由として該当するものすべてに「○」印をつけてください。
1　バブル崩壊後株式市場が低迷し含み益を期待できないから
2　持合株式の時価評価によって含み損が表面化してしまうため
3　持合株式の時価評価によって含み益が表面化してしまうため
4　機関投資家から株式の持合を非効率な資金運用と批判されているため
5　業績不振のカバーを目的として売却したため

6 その他：具体的にご記入下さい。
_____

Q20 持合株式の放出が始まったのはどの期間ですか。該当する年に「○」印をつけてください。

1990年前　1990年　1991年　1992年　1993年　1994年　1995年　1996年　1997年
1998年　　1999年　2000年　2001年

Q21 持合株式の放出が最も多かったのはどの期間ですか。該当する年に「○」印をつけてください。

1990年前　1990年　1991年　1992年　1993年　1994年　1995年　1996年　1997年
1998年　　1999年　2000年　2001年

Q22 平成13年10月1日に施行される改正商法で認められることになった金庫株制度を積極的に利用しようと思いますか。該当する番号に「○」印をつけてください。
　1　はい
　2　いいえ

4　企業統治に関する質問

Q23 次のステークホルダー（利害関係者）の利害をどの程度重視していますか。最も重視しているステークホルダーから順番に番号を記入してください。その他の重視しているステークホルダーがいる場合、6に具体的名称をご記入下さい。

			記入例
1	機関投資家	(　)	(1)
2	個人株主	(　)	(5)
3	社債権者	(　)	(3)
4	市場（潜在的投資者）	(　)	(4)
5	従業員	(　)	(2)
6	_____	(　)	

Q24 資金の主たる調達方法として次のいずれに重点を置いていますか。
　1　株式・社債等の発行による直接的な資金調達
　2　メインバンク等の銀行からの借入

第17章　金融商品会計の実務動向　337

　　3　その他：具体的にご記入下さい _____

Q25　現行の会社法制度のもとで会社経営をチェックするシステムとして貴社にとって有効に機能していると考えられる要素のすべてに「○」印をつけてください。
　　1　取締役会
　　2　監査役
　　3　会計監査人（監査法人・公認会計士）
　　4　メインバンク
　　5　機関投資家
　　5　証券市場
　　6　規制当局

Q26　現状の取締役会制度が十分に機能しないことの理由として次のような問題点が指摘されています。同意できる理由の番号すべてに「○」印をつけてください。
　　1　業務執行を監督すべき者が同時に業務執行を行っていること
　　2　取締役の人数が増えすぎて機動性を欠くこと
　　3　従業員兼務取締役が大半となったこと
　　4　代表取締役の実質的な支配下におかれていること

Q27　現状の取締役会制度の問題を解決するために，下記のような方法が商法改正案の中で提案されています。それぞれの方法の有効性の程度について，どのように考えますか。該当するところに「○」印をおつけ下さい。
　　1　取締役会の監督機能を強化するためには，執行と監督の分離を図る必要があること
　　　非常に重用　　重用　　どちらともいえない　　重用でない　　全く重用でない
　　　　｜　　　　　｜　　　　　｜　　　　　　　　　｜　　　　　　　｜
　　　　1　　　　　2　　　　　3　　　　　　　　　　4　　　　　　　5
　　2　業務執行の効率性を高めるためには，執行役への権限委譲を図る必要があること
　　　非常に重用　　重用　　どちらともいえない　　重用でない　　全く重用でない
　　　　｜　　　　　｜　　　　　｜　　　　　　　　　｜　　　　　　　｜
　　　　1　　　　　2　　　　　3　　　　　　　　　　4　　　　　　　5
　　3　取締役会の独立性を高めるためには，社外取締役を中心に構成される各種委

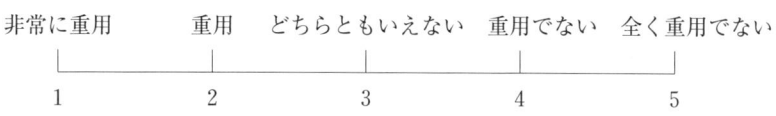

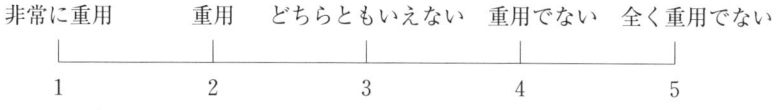

員会を設置することが相当であること

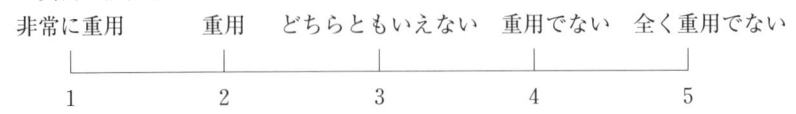

```
非常に重用    重用   どちらともいえない  重用でない  全く重用でない
  |————————|————————|————————|————————|
  1        2        3        4        5
```

Q28 商法改正案の中で各種委員会制度（3名以上の取締役で構成され，その過半数は社外取締役であることを要す）と執行役制度の導入が検討されています。以下のそれぞれの制度について積極的に利用しようと考えていますか。

1 監査委員会（執行役の職務の執行を監査することを権限とする）
 1 すでに導入している
 2 積極的に利用したい
 3 利用の予定はない
 4 検討中

2 指名委員会（取締役の選任に関する議案の内容を決定することを権限とする）
 1 すでに導入している
 2 積極的に利用したい
 3 利用の予定はない
 4 検討中

3 報酬委員会（取締役・執行役の報酬の方針，額，内容を決定することを権限とする）
 1 すでに導入している
 2 積極的に利用したい
 3 利用の予定はない
 4 検討中

4 執行役制度（執行役は取締役会が委託した会社の業務執行を決定する）
 1 すでに導入している
 2 積極的に利用したい
 3 利用の予定はない
 4 検討中

Q29 直近の定時株主総会で確定した取締役と監査役を加えた，現時点の総数についてお教え下さい。

 定時株主総会の開催月　平成13年＿＿＿月
 取締役の総数＿＿＿＿名　うち　社外取締役＿＿＿＿名
 監査役の総数＿＿＿＿名　うち　社外監査役＿＿＿＿名

Q30　今後，社外取締役と社外監査役について人数を増やす予定ですか。該当する番号に「○」印をつけてください。

社外取締役
1　増加の予定
2　増加の予定はない

社外監査役
1　増加の予定
2　増加の予定はない

Q31　電子メールなどインターネットを使った議決権の行使が商法上認められた場合，会社経営にどのような影響を及ぼすと思いますか。該当すると思われるもののすべてに「○」印をつけてください。
1　議決権を行使する株主が増加する。
2　株主総会における議案の採決が読めなくなる。
3　会社側に有利な形で株主総会を運営することができなくなる。
4　議決権を行使する株主が増加することを見越して，株式の持合を増加させる。
5　株主価値を最大化するような会社経営に移行する。
6　とくに変化はない。
7　その他：＿＿＿＿＿＿＿＿＿＿＿＿＿＿＿＿＿＿＿＿

5　貴社のプロフィール

(1)　ご回答いただいた方の役職についてご記入ください。
　　回答者の役職をお書きください＿＿＿＿＿＿＿＿＿＿＿＿＿＿＿＿＿

(2)　貴社の業種について，該当する番号に「○」印をつけてください。

1　水　　産	2　鉱　　業	3　建　　設
4　食　　品	5　繊　　維	6　パルプ・紙
7　化　　学	8　医薬品	9　石　　油
10　ゴ　　ム	11　窯　　業	12　鉄　　鋼
13　非鉄金属	14　機　　械	15　電気機器
16　造　　船	17　自動車	18　その他輸送用機器
19　精密機器	20　その他製造	21　商　　社
22　小売業	23　その他金融	24　不　動　産
25　鉄道・バス	26　陸　　運	27　海　　運
28　空　　運	29　倉庫・運輸関連	30　通　　信
31　電　　力	32　ガ　　ス	33　サービス
34　その他＿＿＿＿＿＿		

(3) 直近の会計年度における貴社の売上高と資本金を記入してください。

　　2001年＿＿月決算　　　連結売上高＿＿＿＿＿＿＿百万円
　　　　　　　　　　　　単独売上高＿＿＿＿＿＿＿百万円
　　　　　　　　　　　　資本金　　＿＿＿＿＿＿＿百万円

終章　公正価値会計の展望と課題

第1節　研究の総括と展望

　本研究は，会計的認識領域の拡大を測定・伝達面に関連させて体系的かつ総合的に展開した基礎理論研究であり，現代の企業会計に公正価値会計という視座を提示したものである。また，公正価値会計が現行の取得原価主義会計に即時的に取って代わることを意図するものではなく，取得原価主義会計の理論的限界を考慮し，それを補完するシステムとしての公正価値会計の体系化を試みたものである。しかしながら，公正価値評価の対象は，金融商品の一部から全体へと伸展し，さらに有形資産の評価に及ぶとともに，ブランドやビジネスモデルといった無形資産にまで拡大しつつあるといえる。したがって，公正価値会計の役割に対する社会的な期待は多大なものがあり，それゆえに公正価値会計は将来的に限りない展開の可能性をもっているものと思う。

　公正価値会計の生成が促されたのは，端的に言って，伝統的な取得原価主義会計が金融の自由化・国際化を背景として増大したデリバティブの認識測定に理論的妥当性をもたなかったということにある。それゆえに，公正価値会計は，企業のリスク管理の顛末を明らかにし，その結果としての財務業績を評価することに役立つ情報の提供を目的とするものである。公正価値会計は，金融財を中心とした経済事象を対象に，資産負債アプローチに基づく公正価値を基礎とする測定手続きを適用し，リスク管理や財務業績に関する包括的な写像結

果を情報利用者に伝達するシステムである。

　上記の研究動機によって展開した研究の要旨を各部について今一度提示しておきたい。

(1)　第1部「公正価値会計の生成基盤」

　第1部は，公正価値会計に関する研究のフレームワークを提示し，公正価値会計がなぜ必要であるのかの論拠を提示した。その時々の環境条件に依存して会計理論を省察することが求められるのは，会計情報の有用性の内包が社会的期待によって規定されるからである。つまり，情報利用者の企業会計に対する期待は，環境の変化によって変わるということである。本研究では，金融の自由化・国際化によって為替，金利，価格などの金融リスクエクスポージャーが増大し，それらのリスクが将来の企業業績に潜在的に影響を及ぼす経営環境が出現したという認識に立っている。同時に，企業経営者はそのような金融リスクの管理が新たな経営課題として求められており，株主・債権者などの投資者はそのようなリスク管理の顛末に関する情報を投資意思決定を行うときの判断材料として必要としているのである。

　そこで，金融リスクが企業経営への潜在的影響を有するという点を例証し，公正価値会計の論拠を補強するために，公正価値会計の生成を促した経済的背景について言及し，日本企業の財務諸表データを利用して金融資産および金融負債の構成比率に関する分析を通じて，公正価値測定の意義を明らかにしている。金融主導型の経済環境の中で，今や，日本の上場企業の総資産に占める金融資産の保有割合は，平均で5割を超え，この比率が6割を超える業種は全業種のほぼ3分の1に達している。また，製造業であっても金融資産比率が80％を超える企業が存在する。しかも，6割強の企業が何らかのデリバティブを利用してリスクヘッジを行っているという実態が明らかになっている。将来的には，金融資産や金融負債のすべてについて期末における公正価値評価を通じて企業の包括的な業績を明らかにすることが課題となるものと考えている。

　本研究は，企業会計のフレームワークにおける基礎理論研究ではあるが，当然将来的な制度化を念頭においたものである。そのため，公正価値会計が制度

として成立するための諸条件について検討を行い，現在の経営環境を前提とする限り，公正価値会計情報が情報の作成者（企業）と利用者（投資者）との間のコミュニケーションを促進するものであることを指摘している。そこでは，会計的コミュニケーション・プロセスを役割期待の相補性に基づく関係として理解している。役割期待の相補性に基づく理論体系として公正価値会計を説明するならば，公正価値会計は，利害関係者が企業のリスク・エクスポージャーの把握やリスク管理の有効性の評価を行うことに役立てるために（役割期待），金融商品としての金融資産および金融負債を対象としてこれを公正価値で測定し，資産負債アプローチに基づく利益計算を行うことで，企業の財務的業績を包括的に明らかにし（役割規定），その結果を企業報告書にとりまとめ（役割記述），これを利害関係者に伝達する（役割開示）システムであると特徴づけることができる。

(2) 第2部「公正価値会計における認識の基底」

第2部は，伝統的な期間損益計算における原価・実現アプローチによって把握することのできなかったデリバティブ取引を認識測定するために，まず，財務諸表の基礎概念，とりわけ，財務諸表の構成要素の定義とその認識規準について検討した。公正価値会計の生成を促した一つの理由は，伝統的期間損益計算がデリバティブ取引を決済時点まで認識できないということであったことから，未履行契約によって生じる権利・義務を認識するための論理を提示する。この検討を通じて伝統的な取引概念が拡大し，会計の認識対象が拡張することを明らかにしている。すなわち，「将来入り来る財貨に対して，将来出て行く貨幣」，および，「将来出て行く財貨に対して，将来入り来る貨幣」を記帳の対象とすることによって，会計上認識すべき会計事実（取引）の範囲の拡大がもたらされる。具体的に言えば，契約を「原因」として，「結果」として生じる「権利・義務」を資産・負債として認識するメカニズムを解明したものである。さらに，オプション取引等のデリバティブ取引によって生じる債権または債務を認識するためには，「発生の可能性が高い（probable）」という認識規準を字義通りに適用すべきではないことを明らかにした。「発生の可能性」規準の操

作性を検討するに当たり，①最頻確率アプローチ，②累積確率アプローチ，③加重確率アプローチの三つのアプローチを提示した。デリバティブの認識にあたっては，将来の経済的便益の発生の可能性が高い項目のみを資産として計上するという判断規準をデリバティブの損益認識にあたって画一的に適用することはリスクの実態を反映できないころから，上記③の方法によるべきことを主張した。

(3) 第3部「公正価値会計の測定フレームワーク」

第3部では，公正価値会計における利益計算について論じるために，まず，取得原価主義会計の特徴を描き出すとともに，デリバティブ等の未履行契約に対するその限界を示した。同時に，公正価値会計における企業観を提示し，かかる企業観に基づいた資本維持の思考を明らかにし，その結果としての利益観，つまり包括利益の意義について論じたものである。すなわち，金融資産および金融負債の認識・測定にあたっては，資産負債アプローチに基づく公正価値測定が企業のリスクポジションなど経済的実態を明らかにする唯一の方法である。そこでは，情報技術の発展によって株主が擬制的に内部化するような企業観がその背景にあることも提示した。さらに，金融資産および金融負債の測定属性としての公正価値の妥当性ないし目的適合性について設例を用いて検討したところである。とくに，負債の測定にあたっては信用状態を考慮した測定が行われるべきであることを示した。

これらの公正価値測定に関する理論的前提を提示した後で，公正価値会計の適用形態の一つであるヘッジ会計の基礎理論について検討し，ヘッジ活動の有効性を評価するという目的にとって公正価値測定が最善の手段となることを概念的に説明している。金融資産と金融負債の保有比率が高いという現実の経営環境の下では，企業経営者は種々の金融リスクエクスポージャーに対処するリスク管理（組織の効率性の管理）が重要な経営課題となっている。これを財務的側面からみたとき，組織業績管理として表現することができ，これら二つの管理の側面を仲立ちするものが公正価値測定である。すなわち，リスクエクスポージャーとリスク管理活動を数量化するものが公正価値であり，それによっ

てヘッジ活動の有効性の評定が可能となるのである。これを踏まえて，先物とスワップをヘッジ手段とするキャッシュフローヘッジのケースについてその具体的な会計処理を検討した。さらに，公正価値評価を課税計算に応用したキャッシュフロー・担税価値アプローチの考え方について紹介した。課税所得の計算に対しても資産負債アプローチに基づいた所得計算が可能であることを述べている。

(4) 第4部「公正価値会計の報告モデル」

第4部は，公正価値による測定結果をどのように開示すべきかについて理論的に検討したものである。そこで，まず，なぜ公正価値会計情報を企業外部の利害関係者に公表しなければならないのかについて株主重視とリスク開示の視点から再度考察している。公正価値会計は，ディスクロージャーの拡充化の一つの方向である。そこで，開示モデルとしてジェンキンズ報告書において提示された包括的企業報告モデルを援用し，①未来化の視点，②非財務情報の重視の視点，③内部管理情報の外部化の視点という三つの情報開示の拡充化の方向を提示した。同時に，ジェンキンズ報告書において勧告されている企業活動のコア概念に基づいた財務諸表の様式について検討した。

さらに，公正価値による測定の結果としての包括利益を含めた財務業績報告について，その最善の方法を選択するために財務業績報告の類型的分析を行った。そこでは，伝統的な業績測度である「稼得・実現・対応利益」の計算表示の有無という点，ならびに，報告書の様式で多欄式・調整式または伝統的様式のいずれをとるかで四つのアプローチを提示して検討した。前者は，伝統的な稼得・実現・対応利益を区分表示するかどうかで一元的な利益観をとるか二元的な利益観のいずれの立場に立つかという議論であり，後者は伝統的な稼得・実現・対応利益を区分表示する二元観をとる場合に，報告書の様式を多欄式にするのか，調整式にするのかという議論であった。公正価値測定に基づく包括的な業績を表示するためには，理論的には一元的な利益観をとることが妥当であると考えられるが，本章の後で指摘するように評価損益を含んだ包括利益はボラティリティが高いために，企業業績のトレンドを読みとることができない

という点がアメリカで現在問題となっている。

(5) 第5部「金融リスク管理と公正価値会計の実態」

第5部は，わが国上場企業を対象として実施したアンケート調査結果に基づいて金融リスク管理の実態ならびに公正価値会計の現状を浮き彫りにしたものである。まず，リスク管理についてであるが，近年のデリバティブ取引の失敗を原因とする巨額損失のいくつかの事例を教訓として，金融機関は9割強の会社が，そして，一般事業会社でも6割強の会社が，文書化されたリスク管理方針を持っていることが明らかになった。これは，ヘッジ会計を適用するための前提条件となるものである。また，為替リスクと金利リスクについては，一般事業会社の76パーセントが，そして，金融機関に至っては93パーセントの会社が，何らかのデリバティブ取引を実施しリスクヘッジを行っていることがわかった（第15章「表8」）。このような実態から判断する限り，公正価値会計，とりわけヘッジ会計を実務に適用することが一般的に可能であると考えられる。つまり，公正価値会計は，金融機関を対象とした一部の産業のみに適用される限定的な会計領域ではないということである。

また，日本における金融商品会計の実態を明らかにしその動向を探るために，2001年3月決算会社を対象として同年7月に調査を実施した。研究の総括の締めくくりとしてこの調査結果について何点かその特徴を要約しておきたい。それを踏まえて，次節において，今後の研究の展望と課題を披瀝したい。

5-1) 有価証券の時価評価の実態

まず，時価評価の対象となる有価証券の保有の実態であるが，売買目的有価証券は回答会社の0.5パーセントしか保有していなかったが，その他有価証券を保有する会社の割合は88.6パーセントに及んでいた（第17章「表6」・「表9」）。その他有価証券の時価評価は2002年3月期から強制適用であるが，回答会社の83.5パーセントがすでに時価評価を実施していた。そのうち68.6パーセントの会社が評価損益について全部資本直入法を採用していた（第17章「表10」）。

5-2) ヘッジ会計の適用実態

ヘッジ会計の適用については，為替リスクの減殺を目的としてデリバティブを利用した会社のうち67.7パーセントの会社がヘッジ会計を適用している。また，金利リスクの減殺を目的としてデリバティブを利用した会社のうち80パーセントの会社がヘッジ会計を適用している（第17章「表18」）。ヘッジ会計を適用することにより企業のリスク管理の状況が財務諸表上明らかとなるが，日本において問題となるのはヘッジ会計の原則処理法が，繰延ヘッジであるという点である。わが国ではヘッジ対象の時価評価が限定されるという制度的制約があるが，SFAS133号やIAS39号における原則処理は時価ヘッジであり，企業経営の透明性や国際的な比較可能性をさらに高めるためにもこの点が実務上の課題となるであろう。

5-3) 時価評価の実務への影響

次に，いわゆる時価会計，すなわち特定の資産の時価評価が企業行動にどのような影響を及ぼしたのかについて分析を行った。とくに株式の相互持ち合いにどのような影響があったのかを探った。持合株式は，そのほとんどが固定資産の部の「その他有価証券」に計上されており（第17章「表22」），株式持合の理由として最も重視された要因は「営業取引関係の維持」ということであった（第17章「表23」）。また，「含み益経営を行う」という要因は重要度が最も低かった。新聞紙上で株式の相互持ち合いが一様に減少するような印象を与える報道がなされているが，1999年3月期と2001年3月期を比較すると，確かに回答会社のうちおよそ22パーセントの会社が株式の相互持ち合いを解消している（第17章「表25」）。しかし，逆に持合を強化した会社が約14パーセントも存在した（第17章「表24」）。したがって，現実には経営戦略とも関わる点であるが，デフレ環境下で取引先との関係を強化するという企業が少なからず存在しており，持合を解消した会社の中には金融機関からの持合解消の申し出に応じて株式を放出したと回答した会社が存在した。多くの場合がこのケースに該当するのではないかとみられる。また，持合解消の理由として最も多かったのは，含み損が表面化してしまうという点である（第17章「表26」）。いずれにせよ，公

正価値による資産評価の実務が株式持合という企業行動に影響を与えていることが浮き彫りとなった。

5-4) 公正価値会計とコーポレート・ガバナンス

最後に，公正価値会計とコーポレート・ガバナンスとの関係である。金融の自由化・国際化により企業が間接金融から直接金融に資金調達の方法をシフトさせるにつれて，株主価値を最大化する株主重視の経営の必要性が問われるようになってきた。現在，このような観点から，商法における会社機構の改革が進められており，企業統治の実効性を確保することができるように監査委員会，指名委員会，報酬委員会の委員会制度および執行役制度の創設がなされる予定である[1]。

このような会社制度の改革は，現状の取締役制度が，企業活動の国際化，高度情報化，企業の資金調達手段の多様化等に対して充分な対応ができないという認識に基づくものである。とりわけ，アンケートによっても取締役会の問題として，「業務執行を監督すべき者が同時に業務執行を行っていること」，「取締役会が代表取締役の支配下におかれていること」の二点については回答会社の半数以上がこれを取締役会が充分に機能しない理由としてあげていた（第17章「表33」）。したがって，現状において，取締役は株主から会社経営を委任されているが，取締役自ら会社経営を行っているため，取締役会が会社のチェックシステムとして有効に機能していないことがわかる。

これに対して回答会社のうち91パーセントの会社が，会計監査人（監査法人・公認会計士）は会社経営のチェックシステムとして有効に機能していると回答している（第17章「図1」）。会社の倒産や経営者不正に関連して問われることとなった公認会計士に対する社会的期待ギャップの問題は，会社内部の関係者に対するアンケートによれば，それは一部企業の失敗事例の報道によるイメージであり，大多数の企業内部者は会計監査人による監査が充分によく機能していると判断していることがわかった。

株主が取締役を選任し，取締役が執行役を選任し会社経営を委任する。このような会社機構が，うまく機能し，制度として定着するためには，会計学の視

点からいえば会社経営をモニターするシステムとしての公正価値会計が制度として受け入れられるかどうかにかかっているといえる。企業が証券市場から資金を直接調達する前提となるのは，資金提供者に対して企業の実態を明らかにし，彼らの意思決定に資するような情報を開示することである。現実問題として，株主は会社経営に直接タッチできるわけではないので，何らかのかたちで会社経営をチェックする方法が必要となる。その手段として，公正価値会計の役割を認めることができるのであり，企業のリスク状況を公正価値を用いて評価することでその経済的実態を明らかにすることができる。公正価値会計は，企業をモニタリングするための方法としての意義を有しているのである。さらに，公正価値会計情報の信頼性を検証する役割を担うものが会計士であり，実態調査からも知られるように，株主重視の経営という観点からその役割の重要性が今後ますます高まっていくものと考えられる。

第2節　公正価値会計の課題

第7章において述べたように，取得原価主義が我が国における制度会計の基盤となっている。伝統的な企業会計の理論では，株主と経営者の委任・受任の関係に基づいて，経営者が受託責任をどのように履行したかを財務的側面から明らかにすることにアカウンタビリティの中心的課題があり，会計的にそれを支えるものが取得原価主義であった。すなわち，株主は出資額を限度とした有限責任であることから，株主に対する経営者の受託責任は，貨幣資本に限定され，貨幣資本を維持することによってその責任が果たされる。貨幣資本が維持されたかどうかを判断する基準が取得原価であった。

これに対して，公正価値会計の生成を促したものが金融の自由化・国際化を背景として発展してきたファイナンス型市場経済であり，ネットワーク技術を中心とした情報技術の発展が金融市場の拡大を支えてきた。すなわち，ファイナンス型市場経済は，情報技術に支えられたネットワークを媒介として成立する市場経済であると例えることができる。ファイナンス型市場経済を背景とし

て生成した公正価値会計は，利害関係者の意思決定に有用な情報の提供を目的として，説明責任の範囲を貨幣資本の管理運用プロセスを取り巻く環境へと拡大し，環境条件の変化を取り込んだ情報を提供するというという行き方を取る。

取得原価主義会計の資本維持概念が貨幣資本維持であり，公正価値会計の資本維持概念は現在市場収益率資本維持である。前者の利益は貨幣資本利益と呼ばれ，後者は包括利益といわれる。包括利益には，伝統的な実現主義に基づく実現利益と評価損益としてのいわゆる未実現利益が含まれる。包括利益の特質について，計算の確実性，客観性，検証可能性等の欠如を問題として様々な批判があることは周知のところである[2]。

IASC [1997b] は，金融商品の公正価値測定による損益を利益とみることについて，次の①から③の問題点を指摘している（IASC [1997b], p. 131）。④の報告利益のボラティリティは，最近アメリカにおいて包括利益が企業の継続的な事業活動から生じる利益との区別が困難であるということから特に問題とされている点である。

① 測定の信頼性
② 利益稼得プロセスにおける実現（伝統的な実現利益との整合性）
③ 利益の分配可能性
④ 報告利益のボラティリティ

(1) 測定の信頼性

IASC概念フレームワークによれば，利得および損失の信頼性は，会計数値それ自体の評定に関わるものではなく，資産および負債の認識と測定の結果である（IASC [1989], par. 92）。たとえば，資産の増加もしくは負債の減少に関連して発生した将来の経済的便益の増加について，信頼できる測定が可能であるならば，それは損益計算書に利益として計上される。すなわち，会計目的に照らして，測定対象のどの属性を数的に表現しようとしているかの判断が重要であり，その手続が一般に認められた会計処理の原則・手続の中から選択され

ている限り，その測定値はその属性を偏りなく忠実に表現しているとみなすのである。信頼性は，このように会計目的に依存した相対的概念である。

したがって，IASC討議資料が指摘するように，信頼性と確実性を混同しないことが重要である。もし貸借対照表の数値が完全な確実性の程度で決定されなければならないならば，発生主義会計は成立しないであろう。発生主義会計は，資産の回収可能性に関するかなりの見積もりと減損処理を行っており，また，建物や設備の減価償却についてもその耐用年数や残存価額はかなりの見積もりに依存している。したがって，公正価値による見積もりの信頼性が問題であると議論する場合に，その信頼性は貸借対照表の他の項目の測定に際して見積もりが許容されている部分について相対的に判断されなければならないと述べられている (IASC [1997b], p. 101)。

また，金融商品の測定については，一般的にいえることであるが，非常に多くの金融商品について充分に発達した金融市場が存在しており，大部分の金融商品の公正価値は合理的な信頼度で決定可能であると考えられる。多くの金融商品は，活発な流動性の高い市場で取引されている。もしくは，活発に取り引きされている類似の商品を参考に容易に評価することが可能である。取引が活発に行われていない金融商品についても，確立された評価法がある。公正価値の評価方法や実務の信頼性は，実際に取り引きされている金融商品の市場価格に対してテストされており，必要な修正を行うことによって活発な取引がなされていない金融商品にも拡張されている (IASC [1997b], p. 101)。その意味で，大多数の重要な金融商品について，財務諸表の見積もりに関する通常の重要性の許容範囲の中で，信頼できる公正価値の決定が可能である (IASC [1997b], p. 106) と指摘されている[3]。

(2) 評価損益と伝統的な実現利益との整合性

企業会計において一般に認められていることは，利益はそれが稼得された程度でのみ認識されなければならないということである (IASC [1989], par. 93)。財貨および用役の生産と販売から得られる利益の認識は，次のような条

件を前提として行われる（IASC［1997b］, p. 132）。

① 企業は収益を稼得するために必要な行為をすでに履行していること。（財貨の生産と販売，または，用役の提供）
② 企業は，多くの場合，現金または将来のある時点で現金を受け取る契約上の権利の受領と引き換えに財貨または用役の所有権を移転していること。
③ 収益（proceeds）は，信頼できる測定が可能であること。
④ 利益を稼得するための発生コストまたは発生すべきコストは，信頼できる測定が可能であること。

これらの条件は，財貨の販売や用役の提供による収益に関連するものであり，公正価値で測定する金融商品の利得および損失に適用することを意図しているものではない。そこで，金融商品の公正価値評価による損益にそれらの規準をあてはめて未実現損益であるとみなす議論について，IASC討議資料は次のように述べている。

財貨の生産活動から利益を稼得するためには，企業は生産プロセスに資源を投入し製品を産出しこれを販売していなければならない。金融商品の利益を稼得するために必要な同等のプロセスは存在しない。また，ほとんどの財貨およびサービスについて，その利益稼得プロセスは，販売がなされるまで完了したとは考えられない。財貨またはサービスの販売を通じた実現は，利益の発生を証拠づける決定的な事象であると考えられている。この決定的な事象は，現金を受領する契約上の権利として生じるもので，販売の時点でその公正価値で測定される。金融商品の実現にとって財貨の収益の実現と同等の決定的な事象は存在しないのである。それは，すでに契約上の権利または義務であり，契約上の権利または義務の最終的な実現は利益の創出または価値を増加させる事象ではない（IASC［1997b］, p. 132）。

IASC討議資料では，このように，金融商品は，商品の仕入販売や製品の生産販売という取引の内部原理と異なるものであり，異なる事実関係に従来の伝統的な計算原則を当てはめること自体が，妥当性を欠くことであると指摘する

のである。

(3) 利益の分配可能性

第7章において，金融商品の公正価値測定による利益は，資本維持の観点から分配可能であると述べた。しかし，わが国のように分配可能利益をより保守的な条件の下で定義しなければならないという会計思考や実務がある。その条件は，企業の支払能力を維持するという点と事業リスクおよび財務リスクをより慎重に評価するという点である。たしかに，利益のどの部分を所有者に分配することができるのかを慎重に判断する場合に，事業リスク，流動性と支払能力，将来キャッシュフローの期待などは，取締役の分配の意思決定にとって関連性を有している（IASC [1997b], p. 133）。したがって，問題は，これらの要素が利益測定に際して考慮されるべきかどうかということである。

IASC討議資料は，企業利益の分配・配当政策を，企業の支払能力，流動性，将来のリスク等を考慮した利益測定から区別しなければならないと述べている（IASC [1997b], p. 133）。たとえば，取締役が慎重に考えた結果，所有者に配当可能であると判断する金額まで利益を減少させるために，将来の損失の可能性を考慮して引当経理を行ったり，あるいは，現金が受領されるまで利益の認識を遅延させることは，企業環境の経済実態を反映した企業利益を測定するというという観点からは本末転倒の会計処理となる（IASC [1997b], p. 133）。

IASC討議資料では配当可能利益を強調するあまり，過度の保守的経理が行われ，利益測定がかえって曖昧なものなるという危惧が示されている。そこで，形式的な表示様式による解決策であるが，所有者に対して分配可能な利益を慎重に算定することを立法化している国々では，金融商品の公正価値測定による利益は配当不能な留保利益として扱うことが提案されている（IASC [1997b], p. 133）。いうまでもなく，わが国商法はこのような立場をとっている。

(4) 報告利益のボラティリティ

　公正価値会計における利益計算のアプローチは，資産負債アプローチである。すなわち，期首純資産と期末純資産の差額を利益として規定するものである。FASBは，かかる利益を包括利益とよび，包括利益は稼得利益とその他の包括利益からなるものと規定している。デリバティブ等金融商品の公正価値測定による評価損益は，その他の包括利益に計上されることになるが，財務諸表の表示上このような区分表示がなく，期首と期末の資本の期間差額を単に包括利益という名称のみで表示した場合，どのような問題が生じるであろうか。

　公正価値会計は，ファイナンス型市場経済の中で営まれる金融経済取引を対象とする会計である。取得原価主義会計は貨幣価値が一定であるという前提をおいた利益計算を行うものであるが，反対に公正価値会計は市場のボラティリティの高さを前提として利益計算を行う。すなわち，為替相場，金利，証券価格等の変化を考慮した会計測定を行う。その結果，包括利益は，期間ごとに大きく変化することが予想される。むしろ，それは市場の変化を忠実に表現したものであり，企業のリスクポジションを的確に反映した利益測度であるといえる。かかる利益が情報利用者の意思決定に資するものと期待され，このような観点で基準の策定も進められてきたのである。

　しかし，最近，アメリカでは期間ごとに大きくぶれる包括利益の有用性について疑念が生じてきたという指摘がなされている。バーンズとヘンリーによれば，多くの機関投資家，ウォールストリートの証券アナリスト，そして会計士でさえ，GAAP利益は目的適合性を失ったと感じていると指摘している (Byrnes and Henry [2001], p. 51)。すなわち，情報利用者の多くは企業の継続的な事業活動から生じる利益のトレンドを知りたがっているのが実情であるというのである。実際多くのアメリカの企業が，事業利益 (operating income)，コア利益 (core earnings), 見積利益 (pro forma earnings), 利息・税金・減価償却費・減耗償却費控除前利益 (EBITDA: earnings before interest, taxes, depreciation, and amortization) といった利益数値[4]を投資家の要求に応えて任意に公表するケースが増大してきているというのである (Byrnes and Henry

[2001], p. 51)。

　これらの利益数値に共通していることは，企業の業態を考慮して特定の費用を利益計算から除き，本業から利益が生じているということを投資家に知らせたいという企業の思惑があるということである。たとえば，事業の展開に莫大な設備投資が必要なケーブルテレビ会社は，利息費用や減価償却費等を除いた上記のEBITDA利益を公表しているという (Byrnes and Henry [2001], p. 50)。また，1990年代に勃興したドットコム企業は，知名度を高めるために膨大なマーケティング費用をかけたり，資金の借り入れにかかる利息費用が大きくなる。そのためこれらの費用を除いた見積利益を公表しているという (Byrnes and Henry [2001], p. 50)。

　以上のように，ボトムラインに表示される最終的な利益数値の有用性が問題とされていることが明らかとなった。そこでは，有価証券やデリバティブの公正価値評価による評価損益が含まれること自体を問題としているのではなく，アメリカにおいては企業の継続的な事業活動から得られる利益のトレンドを読みとることができるような数値がないということが問題とされている。現在，前掲の種々の利益数値は，標準的なルールに従って計算されているわけではなく，無秩序な状況にある。したがって，バーンズとヘンリーは早急な基準作りの必要性を指摘している(5)。

(5) **将来の研究課題**

　本研究は，概念的にいえば，会計情報の有用性を規定する目的適合性の質を改善することを目的とした研究であるといえる。すなわち，公正価値会計情報は，企業のリスク状況を把握するという点について取得原価主義会計情報と比較してより高度の予測価値やフィードバック価値を有している。また，意思決定に対する影響力がなくなる前に情報利用者に情報を提供することが情報技術の発展によって可能となりつつある。すなわち，継続的報告という考え方によって公正価値会計情報の適時性が確保されるのである。繰り返すまでもなく，本研究は，ファイナンス型市場経済を前提に，取得原価主義会計の限界をふま

えて公正価値会計情報が意思決定に対する目的適合性の質的特性の程度を高めるものであるということについて理論的に展開した研究であるといえる。

しかしながら，会計情報の有用性を規定するもう一つの質的特性は，信頼性である。一般に認められた会計処理の原則・手続きを適用している限りそこから得られる情報には，伝達しようとしている事柄を忠実に偏りなく表現していると見なしうる。これを独立の第三者が検証することにより，情報の信頼性が保証されるのである。本研究では，デリバティブの監査を含め情報の検証問題を扱っていない[6]。将来の課題の一つがデリバティブの監査である。

また，すでに指摘したように，公正価値会計が適用される領域は，金融商品としての金融資産および金融負債の全体へと伸展し，さらに固定資産へと及ぶとともに，さらにブランド等無形資産へと広がりを見せている。これらの領域に適用されうる，理論的にも首尾一貫した公正価値会計の体系を構築することが筆者の将来の研究課題である。

（1） 具体的な内容については，法務省民事局参事官室「商法等の一部を改正する法律案要綱中間試案の解説」『商事法務』第1593号（2001年4月25日）を参照されたい。当該試案は，2001年4月18日に法制審議会会社法部門が公表したもので，①企業統治の実効性の確保等，②高度情報化社会への対応，③資金調達手段の改善，④企業活動の国際化への対応等の観点から商法の改正を行うことが提案されている。
（2） 田中弘教授は，取得原価主義会計を擁護する立場から，時価会計の問題点を様々な視点から批判されている。詳細は，田中［1998］および田中［1999］を参照されたい。
（3） 日本公認会計士協会は，JWGドラフト基準「金融商品及び類似項目」について，すべての金融商品を公正価値で評価する技法が十分に確立されておらず，また，世界各国の資本市場がそれに確実に対応できるほど成熟していないことを一つの理由に反対している（日本公認会計士協会［2001］，73頁）。しかし，公正価値による測定の信頼性については，IASC討議資料（IASC［1997b］）は，当該測定を推進する立場であり，発生主義会計における見積りに基づく会計処理を考慮すると，その重要性の許容範囲で公正価値測定が可能であるという判断である。
（4） 事業利益とは，継続的な事業活動に関係がないと考えられる一定のコストを除いた修正純利益である。コア利益は，事業利益と同様に，経営者の意図によっていくつかの項目を加減したもので，企業のコアの活動から生じる利益を表現しようとするものである。見積利益は，1990年代に勃興してきたドットコム企業が盛んに利用した利益数値

で，マーケティング費用や利息費用を除いたものである。利息・税金・減価償却費・減耗償却費控除前利益は，固定資産型企業がよく利用している利益数値である。これらの利益数値は，たとえば事業を展開していくうえで必要な設備投資から生じる巨額の減価償却費等を除くことで業績が堅調に推移していることを見せかけようとするものである。また，これらの利益数値は，GAAPに準拠した利益数値ではなく，かつ，監査を受けていないという点で共通している。詳細は，Byrnes and Henry [2001] (p. 50) を参照されたい。

(5) この点について，スタンダード＆プアーズ社は事業利益の計算の試案（Blitzer et al. [2001]) を公表しているので参照されたい。

(6) なお，AICPAのデリバティブ監査ガイド（AICPA [2001]) について，部分的に紹介しているので参照されたい（浦崎 [2001b])。また，池田公司教授は，同監査ガイドの内容を詳細に検討し体系的に整理している（池田 [2001])。

参　考　文　献

1. 本研究を進めるにあたって本文に引用した文献，および，研究の過程で収集し参照した文献を掲げている。
2. まず，「欧文文献」をアルファベット順で示し，次に，「邦文文献」を五十音順で掲げている。
3. 欧文文献の記載は原則として次のように行っている。
   雑誌論文
   　　著者［発行年］"論題"，雑誌名（イタリック体），巻号，掲載頁。
   著書
   　　著者［発行年］書名（イタリック体），出版地：出版社。
   会計基準・各種ステートメント等
   　　基準設定機関［発行年］基準書等番号 基準名等（イタリック）。
   (1) 欧文文献の著者名は，姓（surname）以外の名（given name, middle name）は，頭文字以外を省略して表記している。ファースト・オーサーは，アルファベット順による整理の都合上，姓名を逆に示している。たとえば，Naohiro Urasakiは，Urasaki, N. となる。
   (2) 国際会計基準審議会（IASB）の出版物および会計基準については，引用した文献の公表年度の組織名（IASC）を使用している。
   (3) 翻訳により日本語版が出版されているものについては，原著の後に日本語版を明示している。なお，原著を所持していない翻訳書は邦文文献のなかに掲げている。
4. 邦文文献の記載は原則として次のように行っている。
   雑誌論文
   　　著者［発行年］「論題」『雑誌名』巻号（発行年月），掲載頁。
   著書
   　　著者［発行年］『書名』出版社。
   分担執筆・共著等
   　　著書［発行年］「章タイトル」（編著者［発行年］『書名』章所収）。
5. ウェブサイトからダウンロードした資料は，そのURLを明示しているが，ウェブサイトはデータやデザインが随時更新されるため，そのURLが将来も存在することを保証するものではない。

欧 文 文 献

AAA [1966] *A Statement of Basic Accounting Theory*, Sarasota, Florida: AAA. (飯野利夫訳 [1969] アメリカ会計学会『基礎的会計理論』国元書房)

AAA [1977] *Statement on Accounting Theory and Theory Acceptance*, Sarasota, Florida: AAA. (染谷恭次郎訳 [1980] アメリカ会計学会『会計理論及び理論承認』国元書房。)

AAA Financial Accounting Standards Committee [2000] "Response to the FASB Preliminary Views: Reporting Financial Instruments and Certain Related Assets and Liabilities at Fair Value", *Accounting Horizons*, Vol. 14 No. 4, pp. 501-508.

AARF [1998] *Measurement in Financial Accounting*, Accounting Theory Monograph 10, Caulfield, Victoria: AARF.

AARF [1990] SAC1 *Definition of the Reporting Entity*, prepared by the Public Sector Accountig Standards Board of the AARF and the Accounting Standards Review Board, issued by AARF on behalf of the ASCPA and the ICAA and by the Accounting Standards Review Board, Caulfield, Victoria: AARF.

―――― [1990] SAC2 *Objective of General Purpose Financial Reporting*, prepared by the Public Sector Accounting Standards Board of the AARF and the Accounting Standards Review Board, issued by AARF on behalf of the ASCPA and the ICAA and by the Accounting Standards Review Board, Caulfield, Victoria: AARF.

―――― [1990] SAC3 *Qualitative Characteristics of Financial Reporting*, prepared by the Public Sector Accounting Standards Board of the AARF and the Accounting Standards Review Board, issued by AARF on behalf of the ASCPA and the ICAA and by the Accounting Standards Review Board, Caulfield, Victoria: AARF.

―――― [1995] SAC4 *Definition and Recognition of the Elements of Financial Statements*, prepared by the Public Sector Accounting Standards Board of the AARF and the Australian Accounting Standards Board, issued by AARF on behalf of the ASCPA and the ICAA and by the Australian Accounting Standards Board, Caulfield, Victoria: AARF.

Adams, J. B. and C. J. Montesi [1995] *Major Issues Related to Hedge Accounting*, Special Report, Norwalk, Connecticut: FASB.

AICPA [1973] *Objectives of Financial Statements*, New York: AICPA.（川口順一訳 [1976] アメリカ公認会計士協会『財務諸表の目的』同文舘。）
―――― [1994] *Improving Business Reporting - a customer focus*, Special Committee on Financial Reporting, New York: AICPA.（八田進二・橋本尚共訳 [2002] アメリカ公認会計士協会・ジェンキンズ報告書『事業報告革命』白桃書房。）
―――― [2001] *Auditing Derivative Instruments, Hedging Activities, and Investments in Securities*, New York: AICPA.
Allen, K. [1991] "In Pursuit of Professional Dominance: Australian Accounting 1953-1985", *Accounting Auditing & Accountability Journal*, Vol. 4 No. 1, pp. 51-67.
ASB [1993] FRS3 *Reporting Financial Performance*.
ASB [1999] *Reporting Financial Performance: Proposals for Change*, Discussion Paper.
Amer, T., A. D. Bailey, Jr., and P. De [1987] "A Review of the Computer Information Systems Research Related to Accounting and Auditing", *The Journal of Information Systems*, Vol. 2 No. 1, pp. 3-28.
Arthur Andersen [1984] *Objectives of Financial Statements for Business Enterprises*, New York: Arthur Andersen.
―――― [2000] *The Ralph Reforms Essentials for Business*, Sydney: Australian Tax Pracitce.
Ashbaugh, H., K. M. Johnstone, and T. D. Warfield [1999] "Corporate Reporting on the Internet", *Accounting Horizons*, Vol. 13 No. 3, pp. 241-257.
Barth, M. E. and W. R. Landsman [1995] "Fundamental Issues Related to Using Fair Value Accounting for Financial Reporting", *Accouting Horizons*, Vol. 9 No. 4, pp. 97-107.
Barton, A. D. [1982] *Objectives and Basic Concepts of Accounting*, Accounting Research Monograph No. 2, Caulfield, Victoria: AARF.
Beaver, W. H. [1981] *Financial Reporting: An Accounting Revolution*, London: Prentice-Hall.（伊藤邦雄訳 [1986] ビーバー, W. H.『財務報告革命』白桃書房。）
Bierman, Jr., H., L. T. Johnson, and D. S. Peterson [1991] *Hedge Accounting: An Exploratory Study of the Underlying Issues*, Research Report, Norwalk, Connecticut: FASB.（白鳥庄之助・大塚宗春・富山正次・石垣重男・篠原光伸・山田辰己・小宮山賢訳 [1997]『ヘッジ会計〔増補版〕』中央経済社。）
Blitzer, D. M., R. E. Friedman, and H. J. Silverblatt [2001] *Standard & Poor's Position on Operating Earnings*, Standard & Poor's, November 16, 2001.（http://www.standardandpoors.com/Forum/MarketAnalysis/Articles/111601_

OperatingEarnings.html)

Bloom, R. and M. A. Naciri [1989] "Accounting Standard Setting and Culture: A Comparative Analysis of the United States, Canada, England, West Germany, Australia, New Zealand, Sweden, Japan, and Switzerland", *The International Journal of Accounting*, Vol. 24, pp. 70–97.

Bodie, Z. and R. C. Merton [1998] Finance, preliminary edition, Upper Saddle River, New Jersey: Prentice Hall. (大前恵一朗訳［1999］ツヴィ・ボディ＆ロバート・C・マートン『現代ファイナンス論【意思決定のための理論と実践】』ピアソン・エデュケーション。)

Bowsher, C. A. et al. [1994] "Focus On: Recommendations Of The Special Committee On Financial Reporting", *Journal of Accountancy*, Vol. 178 No. 4, pp. 41–46.

Bradbury, M. E. [2000] "Issues In The Drive To Measure Liabilities At Fair Value", *Australian Accounting Review*, Vol. 10 No. 2. pp. 19–25.

Brailsford, T. J., and A. L. Ramsay [1993] "Issues in the Australian Defferential Reporting Debate", *Journal of International Accounting Auditing & Taxation*, Vol. 2 No. 1, pp. 43–58.

Burrows, G. [1996] *The Foundation - A History of the Australian Accounitng Research Foundation 1966–91*, Caulfield, Victoria: AARF.

Byrnes, N., and D. Henry [2001] "Confused About Earnings?", *Business Week*, November 26, pp. 50–54.

Carsberg, Sir B. and C. Noke [1989] *The Reporting of Profits and the Concept of Realization*, Research Paper, London: ICAEW.

CCH [1999] *1999 Australian Corporations & Secutities Legislation*, 10th Edition, Sydney, New South Wales: CCH Australia Ltd.

Cearns, K. [1999] *Reporting Financial Peformance: A Proposed Approach*, G4+1 Special Report, FAF.

Chalmers, K. G. and J. M. Godfrey [2000] "Practice Versus Prescription in the Disclosure and Recognition of Derivatives", *Australian Accounting Review*, Vol. 10 No. 2, pp. 40–50.

Chambers, R. J. [1993] "Positive Accounting Theory and the PA Cult", *ABACUS*, Vol. 29 No. 1, pp. 1–26.

CICA [1980] *Corporate Reporting: Its Future Evolution*, Research Study, Toronto: CICA.

―――― [1988] *CICA Handbook*: Section 1000 "Financial Statement Concepts",

Accounting Recommendations, CICA.

―――― [1989a] *CICA Handbook*: Section 4250 "Future-Oriented Financial Information", Accounting Recommendations, CICA.

―――― [1989b] Examination of a Financial Forecast or Projection Included in a Prospectus or Other Public Offering Document, CICA.

―――― [1991] *Information To Be Included In The Annual Report To Shareholders*, Research Study, Toronto: CICA.

―――― [1993] Compilation of a Financial Forecast or Projection, CICA.

―――― [1999] *Continuous Auditing*, Research Report, Toronto: CICA.

CICA Task Force [1995] Task force reviews Jenkins committee recommendation, *CA Magazine*, Vol. 128 No. 8, pp. 10, 11.

Cooke, T. E. [1991] "An Assessment of Voluntary Disclosure in the Annual Reports of Japanese Corporations", The International Journal of Accounting, Vol. 26, pp. 174-189.

Cooke, T. E. and R. S. O. Wallace [1990] "Financial Disclosure Regulation and Its Environment: A Review and Further Analysis", *Journal of Accounting and Public Policy*, Vol. 9 No. 2, pp. 79-110.

Coopers & Lybrand [1997] *KOALA Holdings Group Financial Reports* 1997, Coopers & Lybrand's Business Assurance Publications.

Crooch, G. M. and W. S. Upton [2001] "Credit Standing and Liability Measurement", *Understanding the Issues*, Vol. 4 Series 1, FASB, pp. 1-6.

Curran, B. [1996] *A Comparative Study of Australian & International Accounting Standards-challenges for Harmonization*, Sydney, New South Wales: Coopers & Lybrand.

Davies, M., R. Paterson, and A. Wilson [1992] *UK GAAP Generally Accepted Accounting Practice in the United Kingdom*, London: Ernst & Young.

Department of the Treasury [1997] *Accounting Standards: Building international opportunities for Australian business*, Corporate Law Economic Reform Program, Proposals for Reform: Paper No. 1, Commonwealth of Australia.

Deppe, L. A. [1994] "Desaggregated Information: Time To Order", *Journal of Accountancy*, Vol. 178 No. 6, pp. 65-70.

Eccles, R. G., R. H. Herz, E. M. Keegan, and D. M. H. Phillips [2001] *The ValueReporting™ Revolution: Moving Beyond the Earnings Game*, New York: John Wiley & Sons, INC.

Fargher, N. [2001] "Management Perspective of Fair-Value Accounting for All

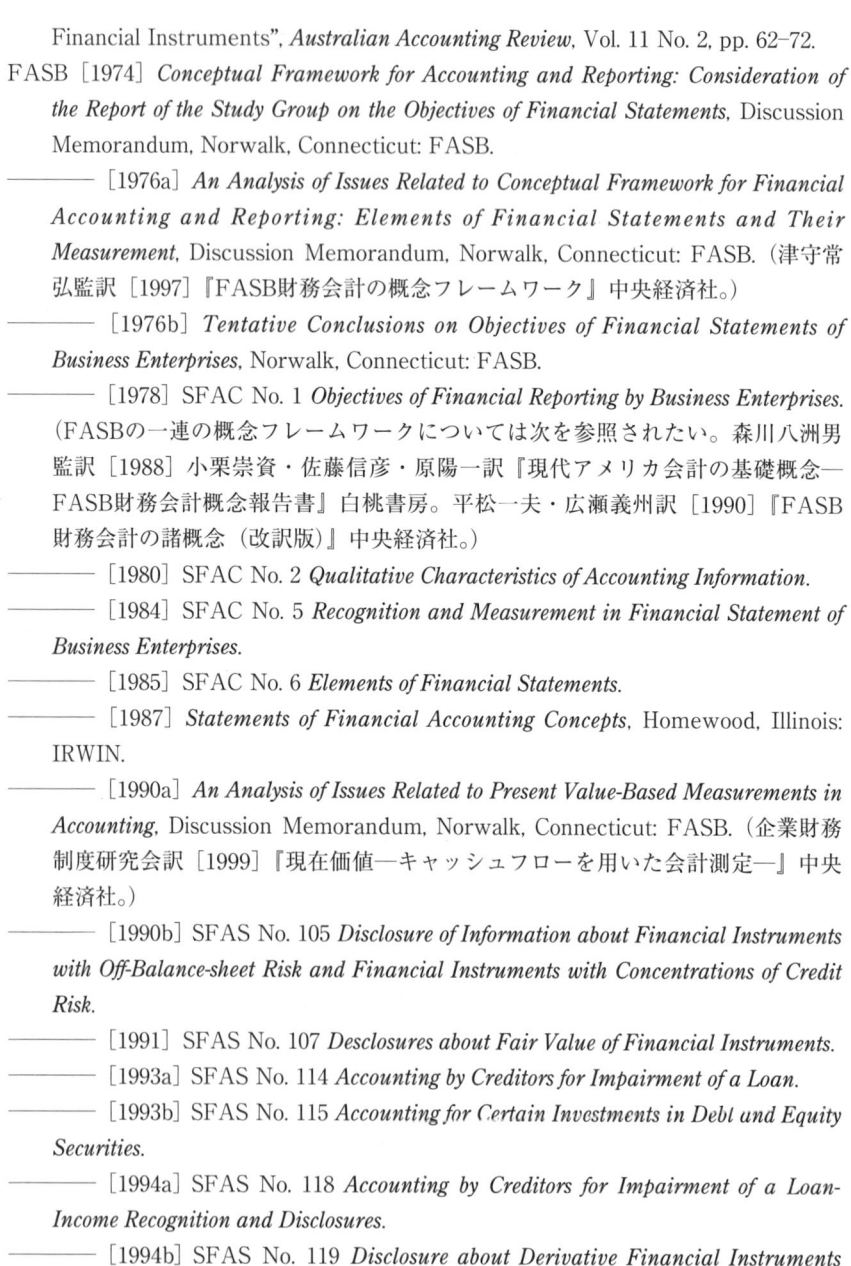

Financial Instruments", *Australian Accounting Review*, Vol. 11 No. 2, pp. 62-72.

FASB [1974] *Conceptual Framework for Accounting and Reporting: Consideration of the Report of the Study Group on the Objectives of Financial Statements*, Discussion Memorandum, Norwalk, Connecticut: FASB.

―――― [1976a] *An Analysis of Issues Related to Conceptual Framework for Financial Accounting and Reporting: Elements of Financial Statements and Their Measurement*, Discussion Memorandum, Norwalk, Connecticut: FASB. (津守常弘監訳 [1997]『FASB財務会計の概念フレームワーク』中央経済社。)

―――― [1976b] *Tentative Conclusions on Objectives of Financial Statements of Business Enterprises*, Norwalk, Connecticut: FASB.

―――― [1978] SFAC No. 1 *Objectives of Financial Reporting by Business Enterprises*. (FASBの一連の概念フレームワークについては次を参照されたい。森川八洲男監訳 [1988] 小栗崇資・佐藤信彦・原陽一訳『現代アメリカ会計の基礎概念―FASB財務会計概念報告書』白桃書房。平松一夫・広瀬義州訳 [1990]『FASB財務会計の諸概念（改訳版）』中央経済社。)

―――― [1980] SFAC No. 2 *Qualitative Characteristics of Accounting Information*.

―――― [1984] SFAC No. 5 *Recognition and Measurement in Financial Statement of Business Enterprises*.

―――― [1985] SFAC No. 6 *Elements of Financial Statements*.

―――― [1987] *Statements of Financial Accounting Concepts*, Homewood, Illinois: IRWIN.

―――― [1990a] *An Analysis of Issues Related to Present Value-Based Measurements in Accounting*, Discussion Memorandum, Norwalk, Connecticut: FASB. (企業財務制度研究会訳 [1999]『現在価値―キャッシュフローを用いた会計測定―』中央経済社。)

―――― [1990b] SFAS No. 105 *Disclosure of Information about Financial Instruments with Off-Balance-sheet Risk and Financial Instruments with Concentrations of Credit Risk*.

―――― [1991] SFAS No. 107 *Desclosures about Fair Value of Financial Instruments*.

―――― [1993a] SFAS No. 114 *Accounting by Creditors for Impairment of a Loan*.

―――― [1993b] SFAS No. 115 *Accounting for Certain Investments in Debt and Equity Securities*.

―――― [1994a] SFAS No. 118 *Accounting by Creditors for Impairment of a Loan-Income Recognition and Disclosures*.

―――― [1994b] SFAS No. 119 *Disclosure about Derivative Financial Instruments*

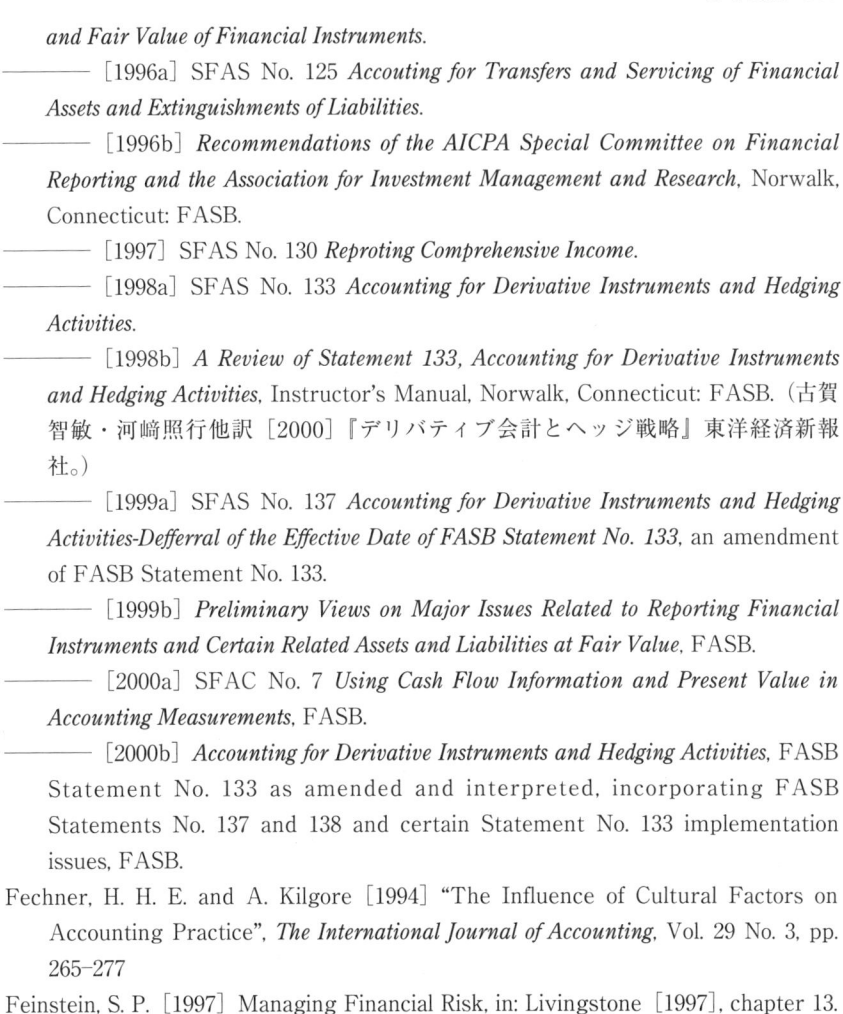

and Fair Value of Financial Instruments.
────── [1996a] SFAS No. 125 Accouting for Transfers and Servicing of Financial Assets and Extinguishments of Liabilities.
────── [1996b] Recommendations of the AICPA Special Committee on Financial Reporting and the Association for Investment Management and Research, Norwalk, Connecticut: FASB.
────── [1997] SFAS No. 130 Reproting Comprehensive Income.
────── [1998a] SFAS No. 133 Accounting for Derivative Instruments and Hedging Activities.
────── [1998b] A Review of Statement 133, Accounting for Derivative Instruments and Hedging Activities, Instructor's Manual, Norwalk, Connecticut: FASB. (古賀智敏・河﨑照行他訳［2000］『デリバティブ会計とヘッジ戦略』東洋経済新報社。)
────── [1999a] SFAS No. 137 Accounting for Derivative Instruments and Hedging Activities-Defferral of the Effective Date of FASB Statement No. 133, an amendment of FASB Statement No. 133.
────── [1999b] Preliminary Views on Major Issues Related to Reporting Financial Instruments and Certain Related Assets and Liabilities at Fair Value, FASB.
────── [2000a] SFAC No. 7 Using Cash Flow Information and Present Value in Accounting Measurements, FASB.
────── [2000b] Accounting for Derivative Instruments and Hedging Activities, FASB Statement No. 133 as amended and interpreted, incorporating FASB Statements No. 137 and 138 and certain Statement No. 133 implementation issues, FASB.
Fechner, H. H. E. and A. Kilgore [1994] "The Influence of Cultural Factors on Accounting Practice", The International Journal of Accounting, Vol. 29 No. 3, pp. 265-277
Feinstein, S. P. [1997] Managing Financial Risk, in: Livingstone [1997], chapter 13.
Foster, J. M. and W. S. Upton [2001a] "The Case for Initially Measuring Liabilities at Fair Value", Understanding the Issues, Vol. 2 Series1, FASB, pp. 1-4.
────── [2001b] "Measuring Fair Value", Understanding the Issues, Vol. 3 Series1, FASB, pp. 1-6.
FRSB [1994] Financial Reporting Standard No. 2 Presentation of Financial Reports, New Zealand Society of Accountants.
Gaa, J. C. [1998] Methodological Foundations Of Standardsetting For Corporate

Financial Reporting, Studies in Accounting Research #28, Sarasota, Florida: AAA. (深津比佐夫監訳 [1990] ジェイムズ・C・ガー『財務報告基準設定論』中央経済社。)

Gill, G. S., and G. W. Cosserat [1996] *Modern Auditing in Australia*, 4th ed., Brisbane, Queensland: John Wiley & Sons.

Godfrey, J., A. Hodgson, S. Holmes and V. Kam [1994] *Accounting Theory*, 2nd ed., Brisbane, Queensland: John Wiley & Sons.

Goldman, Sachs & Co., and SBC Warburg Dillon Read [1998] *The Practice of Risk Management—Implementing processes for managing firmwide market risk—*, London: Euromoney Publications PLC. (藤井健司訳 [1999] ゴールドマン・サックス&ウォーバーグ・ディロン・リード『総解説・金融リスクマネジメント―統合リスク管理体制の構築―』日本経済新聞社。)

Gray, S. J. [1989] "International Accounting Research: The Global Challenge", *The International Journal of Accounting*, Vol. 24, pp. 291-307.

Griffin, P. A. [1987] *Usefulness to Investors and Creditors of Information Provided by Financial Reporting*, 2nd edition, Research Report, Norwalk, Connecticut: FASB.

Grove, H. D. and J. D. Bazley [1993] "Disclosure Strategies for Harmonization of International Accounting Standards", *The International Journal of Accounting*, Vol. 28, pp. 116-128.

Hampton, G. [1999] "The Role of Present Value-Based Measurement in General Purpose Financial Reporting", *Australian Accounting Review*, Vol. 9 No. 1, pp. 22-32.

Harrison, G. L. and J. L. McKinnon [1986] "Culture and Accounting Change: A New Perspective on Corporate Reporting Regulation and Accounting Policy Formulation", *Accounting, Organizations and Society*, Vol. 11 No. 3, pp. 233-252.

Horton, J. and R. Macve [2000] "'Fair Value' For Financial Instruments: How Erasing Theory Is Leading To Unworkable Global Accounting Standards For Performance Reporting", *Australian Accounting Review*, Vol. 10 No. 2, pp. 26-39.

Hudack, L. R. and L. L. Orsini [1992] "A Note of Caution to Users of Japanese Financial Reports: A Demonstration of an Enlarged Exogenist Approach", *The International Journal of Accounting*, Vol. 27, pp. 15-26.

IASC [1989] Framework for the Preparation and Presentation of Financial Statements, in: *International Accounting Standards 1998*, London.

――――― [1997a] IAS1 *Presentation of Financial Statements*. (日本公認会計士協会訳 [2001]『国際会計基準書2001』同文舘。)

［1997b］*Accounting for Financial Assets and Financial Liabilities*, Discussion Paper, London: IASC.

　　　　　　［1998］*Financial Instruments: Recognition and Measurement*, Exposure Draft E62, Wimbledon.

　　　　　　［2000］IAS 39 *Financial Instruments: Recognition and Measurement*.（日本公認会計士協会訳［2001］『国際会計基準書2001』同文舘。）

ICAEW［1975］*Corporate Report*, ICAEW.

Ijiri, Y.［1980］*Recognition of Contractual Rights and Obligations-An Exploratory Study of Conceptual Issues*, Research Report, Norwalk, Connecticut: FASB.

　　　　　　［1983］"The Accountability-Based Conceptual Framework of Accounting", *Journal of Accounting and Public Policy*, Vol. 2 No. 2, pp. 75-81.

Jenkins, E. L.［1994a］An Information Highway In Need Of Capital Improvements, *Journal of Accountancy*, Vol. 177 No. 5, pp. 77-82.

　　　　　　［1994b］Letter From The Chairman Of The American Institute Of CPAs Special Committee On Financial Reporting, *Journal of Accountancy*, Vol. 178 No. 4, pp. 39-40.

Jobson［1993］*Jobson's Year Book of Australian Companies 1993/1994*, Sydney, New South Wales: Riddell Information Services Pty Ltd.

Johnson, L. T.［1994］*Future Events: A Conceptual Study of Their Significance for Recognition and Measurement*, G4+1 Special Report, Norwalk, Connecticut: FASB.

Johonson, L. T. and A. Lennard［1998］*Reporting Financial Performance: Current Developments and Future Directions*, G4+1 Sepcial Report, Norwalk, Connecticut: FASB.

Johnson, L. T. and K. R. Petrone［1995］*The FASB Cases on Recognition and Measurement*, 2nd edition, Norwalk, Connecticut: FASB.

Johnson, L. T. and R. K. Storey［1982］*Recognition in Financial Statements: Underlying Concepts and Practical Conventions*, Research Report, Norwalk, Connecticut: FASB.

JWG［2000］*Recommendations on Accounting for Financial Instruments and Similar Items*, Norwalk, Connecticut: FASB.（日本公認会計士協会訳［2001］『金融商品及び類似項目』金融商品ジョイント・ワーキング・グループ。）

Kellenberger, R.［1980］*Die bedürfnis orientierte externe Berichterstatung*, Dissertation der Rechts- und staatswissenschaftlichen Fakultät der Universität Zürich.

Leo, K., C. Lambert, and J. Sweeting［1996］*Financial Accounting Issues*, Brisbane,

Queensland: John Wiley & Sons.

Livingstone, J. L. [1997] *The Portable MBA in Finance and Accounting*, 2nd edition, New York: John, Wiley & Sons. (朝日監査法人訳 [1998] J. L. リビングストン編著『MBA講座財務・会計』日本経済新聞社。)

Loftus, J. A., and M. C. Miller [2000] *Reporting on Solvency and Cash Condition*, Accounting Theory Monograph, Caulfield, Victoria: AARF.

Luscombe, N. [1995] "Jenkins on the Jenkins Report", *CA Magazine*, Vol. 128 No. 3, pp. 15-18.

Macve, R. [1981] *A Conceptual Framework for Financial Accounting and Reporting*, London: ICAEW.

Mathews, M. R., and M. H. B. Perera [1993] *Accounting Theory and Development*, South Melbourne, Victoria: Thomas Nelson Australia.

McKinnon, J. L. and G. L. Harrison [1985] "Cultural Influence on Corporate and Governmental Involvement in Accounting Policy Determination in Japan", *Journal of Accounting and Public Policy*, Vol. 4 No. 3, pp. 201-223.

McKinnon, J. [1993] "Corporate Disclosure Regulation in Australia", *Journal of International Accounting Auditing & Taxation*, Vol. 2 No. 1, pp. 1-21.

Miller, M. C. and J. A. Loftus [2000] "Measurement Entering The 21st Century: A Clear Or Blocked Road Ahead?", *Australian Accounting Review*, Vol. 10 No. 2, pp. 4-18.

Monks, R. A. G., and N. Minow [1995] *Corporate Governance*, Oxford: Blackwell Publishers Ltd. (ビジネスブレイン太田昭和訳 [1999] ロバートA. G. モンクス&ネル・ミノウ著『コーポレート・ガバナンス』生産性出版。)

Mozes, H. [1992] A Framework For Normative Accounting Research, *Journal of Accounting Literature*, Vol. 11, pp. 93-120.

Nagel, K. D., and G. L. Gray [1999] *Electronic Commerce Assurance Services*, San Diego, California: Harcourt.

NCSC [1984] *'A True and Fair View' and the Reporting Obligations of Directors and Auditors*, NCSC.

Orow, N., and R. Subramaniam [1999] "Taxation of Financial Assets", *Derivatives & Financial Instruments*, Vol. 1 No. 5, pp. 237-249.

Parker, C., ed. [1999] *Accounting Handbook 1999*, Volume 1 of the Accounting and Auditing Handbook 1999, ASCPA/ICAA, Sydney, New South Wales: Prentice Hall.

Parker, C., and B. Porter [1999] *The CPA Summary of Australian GAAP*, Melbourne,

Victoria: ASCPA.
Parker, C., and B. Porter [2000] *The CPA Summary of Australian GAAP*. Melbourne, Victoria: ASCPA.
Parker, R. H. [1994] "Debating True and Fair in Australia: An Exercise In Deharmonization?" *Journal of International Accounting Auditing & Taxation*, Vol. 3 No. 1, pp. 41-69.
Parker, R. H., C. G. Peirson, and A. L. Ramsay [1987] "Australian Accounting Standards and the Law", *Company and Securities Law Journal*, Vol. 5, pp. 231-246.
Peirson, G., and A. L. Ramsay [1983] "A Review of the Regulation of Financial Reporting in Australia", *Company and Securities Law Journal*, Vol. 5, pp. 286-300.
Peirson, G., and A. L. Ramsay [1984] "Regulation of the Accounting Profession in Australia", *Company and Securities Law Journal*, Vol. 2, pp. 26-37.
Perera, M. H. B. [1989] "Towards a Framework to Analyze the Impact of Culture on Accounting", *The International Journal of Accounting*, Vol. 24, pp. 42-56.
Price Waterhouse ed., A. Black, P. Wright, J. E. Backman, and J. Davies [1998] *In Search of Shareholder Value*, London: PITMAN. (井出正介監訳 [1998] 鶴田知佳子・村田久美子訳・プライスウオーターハウス編『株主価値追求の経営―キャッシュフローによる企業改革―』東洋経済新報社。)
PricewaterhouseCoopers [1999] *Manual of Accounting*, the definitive guide to UK Accounting Law and Practice - 2000, London: Gee Publishing Ltd.
Rimerman, T. W. [1990] "The Changing Significance Of Financial Statements", *Journal of Accountancy*, Vol. 169 No. 4, pp. 79-83.
Rivera, J. M. [1989] "The Internationalization of Accounting Standards: Past Problems and Current Prospects", *The International Journal of Accounting*, Vol. 24, pp. 320-341.
Rosenfield, P. H. [1994] "Progress Report: AICPA Issues Report On Information Needs of Investors and Creditors", *Journal of Accountancy*, Vol. 177 No. 1, p. 21.
Roussey, R. S. [1992] "Developing International Accounting and Auditing Standards for World Markets", *Journal of International Accounting Auditing & Taxation*, Vol. 1 No. 1, pp. 1-11.
Sadhu, M. A. and I. A. Langfield-Smith [1993] *A Qualitative Standard For General Purpose Financial Reports: A Review*, Legislative Policy Discussion Paper No. 2, Caulfield, Victoria: AARF.
Sorter, G. H. [1969] "An"Events" Approach to Basic Accounting Theory", *The

Accounting Review, Vol. 44 No. 1, pp. 12-19.

Schwartz, R. J., and C. W. Smith, Jr [1997] *Derivatives Handbook: Risk Management and Control*, New York: John Wiley & Sons.

Storey, R. K. and S. Storey [1998] *The Framework of Financial Accounting Concepts and Standards*, Special Report, Norwalk, Connecticut: FASB.

The Review of Business Taxation [1999] *A Tax System Redesigned*. （通称ラルフ報告書。この資料は，オーストラリア連邦政府財務省ウェブサイト http://www.rbt.treasury.gov.au（2002年2月26日時点）から入手可能である。関連する法案等の資料として以下のものがある。なお，アーサーアンダーセンがラルフ報告書（Arthur Andersen [2000]）を出版している。）

A Tax System Redesigned Draft Legislation

A Tax System Redesigned Explanatory Notes

A New Tax System (Income Tax Assessment) Bill 1999

Trites, G. D. [1999a], *The Impact of Technology on Financial and Business Reporting*, Research Study, Toronto: CICA.

Trites, G. D. [1999b], Democtratizing disclosure, *CA Magazine*, Vol. 132 No. 8, pp. 47-48.

Trott, E. W. and W. S. Upton [2001] "Expected Cash Flows", *Understanding the Issues*, Vol. 1 Series 1, FASB, pp. 1-6.

Upton, Jr., W. S. [1996] *The FASB Project on Preset Value Based Measurements*, an Analysis of Deliberations and Techniques, Special Report, Norwalk, Connecticut: FASB.

———— [2001] Business and Financial Reporting, Challenges from the New Economy, Sepcial Report, Norwalk, Connecticut: FASB.

Urasaki, N. [1996] Prospective Financial Information: A Survey of Australian Corporate Management, Department of Accounting and Finance, Research Paper 96-05, The University of Melbourne.

Vickrey, D. W. [1985] "Normative Information Qualities: A Contrast Between Information-Economics and FASB Perspectives", *ABACUS*, Vol. No. 2, pp. 115-129.

Walker, R. G. [1987] "Australia's ASRB. A Case Study of Political Activity and Regulatory 'Capture'", *Accounting and Business Research*, Vol. 17 No. 67, pp. 269-286.

Wallace, R. S. O. and H. Gernon [1991] "Frameworks for International Comparative Financial Accounting", *Journal of Accounting Literature*, Vol. 10, pp. 209-264.

Willis, D [1999] "Financial Assets and Liabilities - Fair Value or Historical Cost?" *The Standard*, Issue No. 1, AARF, pp. 20–27.

Wolk, H. I. and P. H. Heaston [1992] "Toward The Harmonization of Accounting Standards: An Analytical Framework", *The International Journal of Accounting*, Vol. 27, pp. 95–111.

邦　文　文　献

青木脩［1982］『時価主義会計』中央経済社。

秋葉賢一・古市峰子・近暁「企業会計情報の有用性と財務諸表の役割―金融資産の時価情報とキャッシュフロー情報を中心に―」日本銀行金融研究所 Discussion Paper No. 98-J-31。

浅野徹［1996］『検証グローバリゼーションと企業経営戦略』同文舘。

浅羽二郎［1994］『財務報告論の基調』森山書店。

阿部正樹・小島秀雄［1995］『デリバティブマネジメント〔財務戦略とリスク管理〕』中央経済社。

新井清光［1985］『企業会計原則論』森山書店。

新井清光・白鳥庄之助編著［1990］『先物・オプション取引等会計基準詳解』中央経済社。

安藤英義［1985］『商法会計制度論』国元書房。

─── ［1996］『会計フレームワークと会計基準』中央経済社。

飛鳥茂孝［1997］「総合商社の繊維原料（主に綿花）取引についての一考察」『商経学叢』第44巻第1号（1997年7月），21-44頁。

池田公司［1989］「会計情報システムに関する基礎的考察」『富大経済論集』第34巻第2号（1989年2月），1-22頁。

─── ［2001］「アメリカにおけるデリバティブ監査（2）」（日本会計研究学会・特別委員会［2001a］第18章所収）。

池田信夫［2001］「デジタル革命が求める組織改革」『一橋ビジネスレビュー』第49巻第3号（2001年冬），76-87頁。

石川純治［2000a］『時価会計の基本問題―金融・証券経済の会計―』中央経済社。

─── ［2000b］「金融商品に適用される資本維持概念について―その意義と問題点―」『産業経理』第57巻第4号（1998年1月），20-28頁。

井尻雄士［1976］『会計測定の理論』東洋経済新報社。

─── ［1999］「アメリカのファイナンシャル・レポーティング―新聞記事からみた最近の諸問題とその動向」『企業会計』第51巻第10号（1999年9月），4-14頁。

井尻雄士・伊藤邦雄［1997］「対談21世紀の会計を展望する」『企業会計』第49巻第13号（1997年12月），48-73頁。

井尻雄士・斎藤静樹［1999］「ファイナンシャル・レポーティングの動向と展望—原価論と時価論の対話—」『企業会計』第51巻第10号（1999年9月），62-81頁。

伊丹敬之［2001］「企業という生き物」『一橋ビジネスレビュー』第49巻第3号（2001年冬），6-17頁。

伊丹敬之・加護野忠男・伊藤元重編［1993a］『日本の企業システム—第1巻企業とは何か』有斐閣。

伊丹敬之・加護野忠男・伊藤元重編［1993b］『日本の企業システム—第3巻人的資源』有斐閣。

市毛　明［1992］『企業成長と情報システム戦略』中央経済社。

伊藤邦雄［1993］「株式持ち合い—その螺旋的ロジック・シフト」（伊丹・加護野・伊藤編［1993a］第6章所収）。

―――――［1996a］『会計制度のダイナミズム』岩波書店。

―――――［1996b］「会計制度のアーキテクチャー革新」『企業会計』第48巻第9号（1996年9月），18-24頁。

伊藤邦雄・加賀谷哲之［2001］「企業価値と無形資産経営」『一橋ビジネスレビュー』第49巻第3号（2001年冬），44-62頁。

伊藤元重・加護野忠男［1993］「日本企業と人的資源」（伊丹・加護野・伊藤編［1993b］序章所収）。

伊藤元重［1996］『ゼミナール国際経済入門』日本経済新聞社。

井上良二［2002］「ニューエコノミーと時価会計—無形資産の意味」『企業会計』第54巻第2号（2002年2月），4-11頁。

伊豫田隆俊［2000］『フランス監査制度論』同文舘。

岩崎　勇［1996］「会計の概念的枠組みの展開—イギリスの『財務報告原則書』を中心として—」『會計』第150巻第4号（1996年10月），50-65頁。

―――――［1997］「概念的枠組みの計算構造—英国の原則書案を中心として—」『會計』第152巻第5号（1997年11月），25-40頁。

―――――［1998a］「財務業績の報告—IAS第1号（改訂版）を中心として」『産業経理』第58巻第1号（1998年4月），45-53頁。

―――――［1998b］「財務業績の報告—G4+1の特別報告書を中心として—」『JICPAジャーナル』第10巻第6号（1998年6月），66-70頁。

―――――［1998c］「財務業績の報告の将来展望—FASBとASBの概念的基礎を中心として—」『税経通信』第53巻第7号（1998年6月），231-240頁。

―――――［1998d］「財務業績と包括利益計算書」『會計』第154巻第3号（1998年9

月），51-66頁。

上野清貴［1993］『会計利益測定の構造』同文舘。

─────［1995］『会計利益概念論』同文舘。

内村治・田中直人・荻原周三・畑本俊彦・青木孝徳・松田誠司・本間正明・森信茂樹［2000］「フォーラム・オーストラリアの経済と税制改革」『国際税制研究』第4号（2000年4月），5-35頁。

宇野淳・川北英隆・大村敬一「株式持ち合いの変化と市場流動性」日本銀行金融研究所 Discussion Paper No. 98-J-14。

浦崎直浩［1985］「会計情報基準の体系に関する研究─R. ケレンベルガーの所説を中心として─」『六甲台論集』第32巻第2号，202-217頁。

─────［1987］「会計的測定の方法的基礎に関する考察─Hans-Herbert Schulzeの所説を中心として─」『六甲台論集』第33巻第4号，137-150頁。

─────［1989a］「会計情報規準の特質─CICAの報告書を中心として─」『會計』第135巻第6号（1989年6月号），103-118頁。

─────［1989b］「財務諸表の基礎概念─カナダ勅許会計士協会の『ハンドブック』・セクション1000を中心として─」『商経学叢』第36巻第1号（1989年9月），53-69頁。

─────［1989c］「財務報告の形成の基礎に関する考察」『世界経済研究年報』第10号（1989年10月），89-128頁。

─────［1990］「会計情報の特性と真実かつ公正なる概観」『商経学叢』第37巻第1・2・3号（1990年11月），683-690頁。

─────［1991］「会計情報の特性に基づく正規の簿記の原則の検討」『會計』第139巻第4号（1991年4月），27-44頁。

─────［1993a］「取引概念の拡大とその会計的認識─未履行契約の認識をめぐって─」『會計』第143巻第4号（1993年4月），44-57頁。

─────［1993b］「将来指向的財務情報の概念的フレームワーク」『商経学叢』第40巻第1号（1993年7月），79-85頁。

─────［1993c］「予測財務情報の開示に関する経営管理者の意識─カナダにおけるアンケート調査結果の分析を中心として─」『商経学叢』第40巻第2号（1993年12月），115-128頁。

─────［1994a］「予測財務情報の特性に関する検討」『商経学叢』第40巻第3号（1994年3月），93-102頁。

─────［1994b］「予測財務情報の信頼性と保証の類型─オーストラリア監査実務ステートメント第36号「予測財務情報の監査」を中心として─」『商経学叢』第41巻第1号（1994年7月），89-103頁。

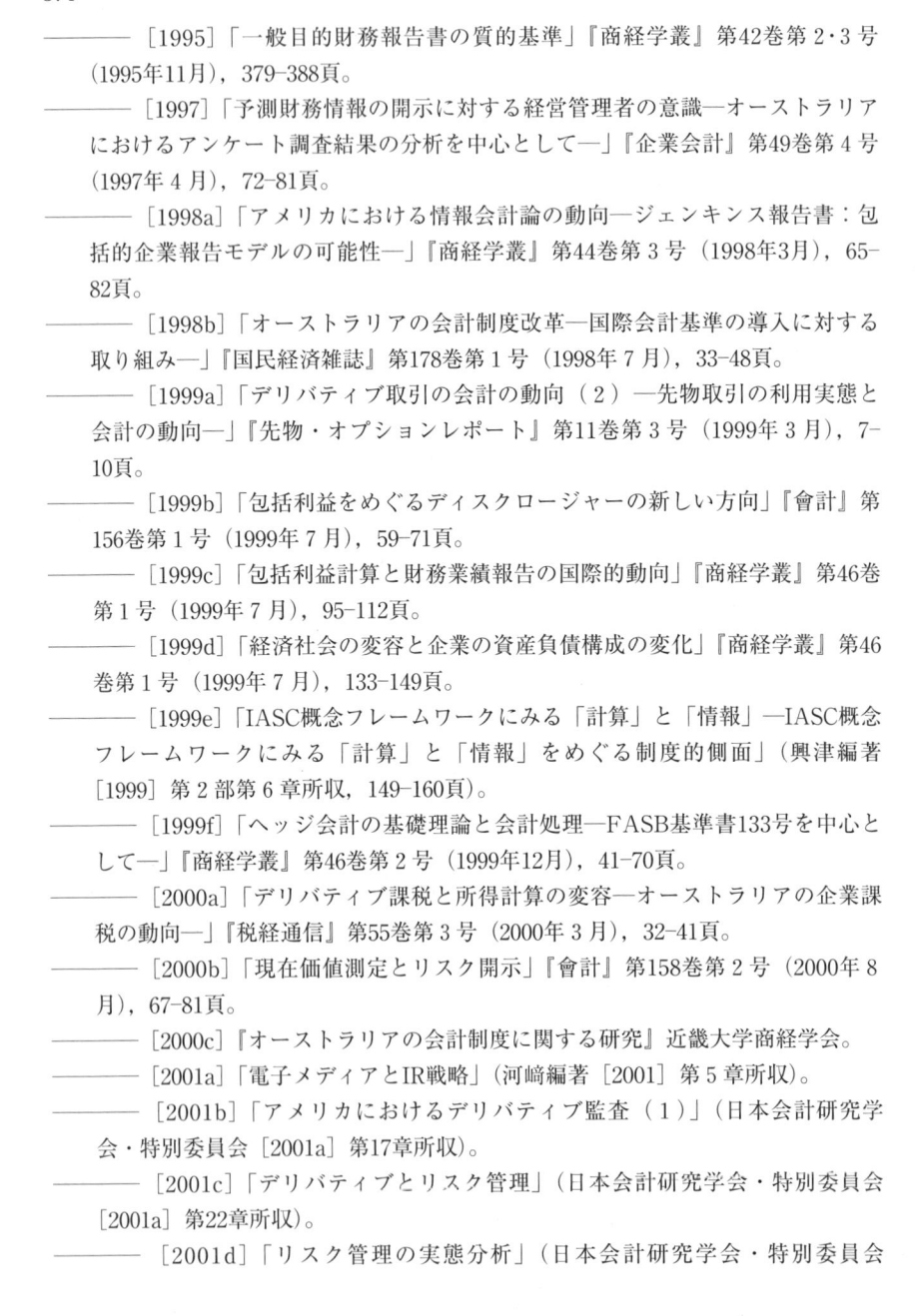

―――― [1995]「一般目的財務報告書の質的基準」『商経学叢』第42巻第2・3号（1995年11月），379-388頁。

―――― [1997]「予測財務情報の開示に対する経営管理者の意識―オーストラリアにおけるアンケート調査結果の分析を中心として―」『企業会計』第49巻第4号（1997年4月），72-81頁。

―――― [1998a]「アメリカにおける情報会計論の動向―ジェンキンス報告書：包括的企業報告モデルの可能性―」『商経学叢』第44巻第3号（1998年3月），65-82頁。

―――― [1998b]「オーストラリアの会計制度改革―国際会計基準の導入に対する取り組み―」『国民経済雑誌』第178巻第1号（1998年7月），33-48頁。

―――― [1999a]「デリバティブ取引の会計の動向（2）―先物取引の利用実態と会計の動向―」『先物・オプションレポート』第11巻第3号（1999年3月），7-10頁。

―――― [1999b]「包括利益をめぐるディスクロージャーの新しい方向」『會計』第156巻第1号（1999年7月），59-71頁。

―――― [1999c]「包括利益計算と財務業績報告の国際的動向」『商経学叢』第46巻第1号（1999年7月），95-112頁。

―――― [1999d]「経済社会の変容と企業の資産負債構成の変化」『商経学叢』第46巻第1号（1999年7月），133-149頁。

―――― [1999e]「IASC概念フレームワークにみる「計算」と「情報」―IASC概念フレームワークにみる「計算」と「情報」をめぐる制度的側面」（興津編著[1999]第2部第6章所収，149-160頁）。

―――― [1999f]「ヘッジ会計の基礎理論と会計処理―FASB基準書133号を中心として―」『商経学叢』第46巻第2号（1999年12月），41-70頁。

―――― [2000a]「デリバティブ課税と所得計算の変容―オーストラリアの企業課税の動向―」『税経通信』第55巻第3号（2000年3月），32-41頁。

―――― [2000b]「現在価値測定とリスク開示」『會計』第158巻第2号（2000年8月），67-81頁。

―――― [2000c]『オーストラリアの会計制度に関する研究』近畿大学商経学会。

―――― [2001a]「電子メディアとIR戦略」（河﨑編著[2001]第5章所収）。

―――― [2001b]「アメリカにおけるデリバティブ監査（1）」（日本会計研究学会・特別委員会[2001a]第17章所収）。

―――― [2001c]「デリバティブとリスク管理」（日本会計研究学会・特別委員会[2001a]第22章所収）。

―――― [2001d]「リスク管理の実態分析」（日本会計研究学会・特別委員会

［2001a］第23章所収）。
──────［2001e］「時価会計・企業統治に関する実態分析」『商経学叢』第48巻第2号（2001年12月），235-255頁。
大城康子［2002］「公正価値の本質と公正価値会計」『六甲台論集』第48巻第4号（2002年3月），19-39頁。
太田正博・J. ロック訳［1992］M. C. ミラー＆M. A. イスラム『資産の定義と認識』中央経済社。
大塚成男［1995］「外貨換算会計と業績の質」『企業会計』第47巻第7号（1995年7月），46-54頁。
──────［2001］「米国における包括利益計算書の事例」『企業会計』第53巻第7号（2001年7月），31-38頁。
大塚宗春編著［1999］『逐条解説 金融商品会計基準』中央経済社。
──────［2000］「金融商品会計基準の設定について」『JICPAジャーナル』第12巻第4号（2000年4月），12-15頁。
大塚宗春・辻山栄子・郡司和朗・英公一［1999］「『金融商品会計基準意見書』をめぐって」『税経通信』第54巻第5号（1999年4月），54-78頁。
大矢知浩・興津裕康・道明義弘［1983］『事業報告書の国際比較』白桃書房。
岡部孝好［1994］『会計報告の理論──日本の会計の探求──』森山書店。
小川一夫・北坂真一［1998］『資産市場と景気変動』日本経済新聞社。
小川万里絵・久保田隆［1994］「金融商品の時価評価導入の可能性について──銀行会計への時価評価導入における実務上の問題点」『金融研究』第13巻第4号（1994年12月），1-43頁。
興津裕康［1986］「情報利用者指向的会計論と現在原価情報の検討」『商経学叢』第33巻第2号（1986年12月），91-108頁。
──────［1987］「財務会計論の展開──情報利用者指向的財務諸表をめぐる諸問題──」『商学論究』第34巻第4号（1987年3月），59-75頁。
──────［1989］『現代財務会計』森山書店。
──────［1995］「会計研究の方向としての会計フレームワーク」『會計』第148巻第1号（1995年7月），1-13頁。
──────［1997］『現代制度会計』森山書店。
──────編著［1999］『財務会計システムの研究』税務経理協会。
──────［2000a］『新会計基準による財務会計の理論』税務経理協会。
──────［2000b］「原価主義会計の論理と会計情報の信頼性」『會計』第157巻第2号（2000年2月），1-13頁。
大日方隆［2001］「資産・負債の評価とキャッシュフローの配分──対応と配分の概

念─」（日本会計研究学会・特別委員会［2001b］Ⅶ所収）．
加古宜士［1981］『物価変動会計論』中央経済社．
─────［2001］「新会計基準と利益概念」『會計』第159巻第3号（2001年3月），1-13頁．
笠井昭次［2000a］『会計の論理』税務経理協会．
─────［2000b］「原価・時価・増価の統合の論理」『會計』第157巻第1号（2000年1月），37-50頁．
勝山進［1998］「『日本型システム』の再生と会計」『企業会計』第50巻第3号（1998年3月），106-107頁．
可児　滋［1996］『デリバティブズ─その活用とリスク管理─』ときわ総合サービス．
河﨑照行［1988］「会計的認識の操作プロセスと認識基準」『産業経理』第48第1号（1988年4月），88-96頁．
─────［1995］「株主宛年次報告書の分析的フレームワーク─カナダ勅許会計士協会（CICA）の調査研究を中心として」（甲南大学経営学会編［1995］第2章所収）．
─────［1997］『情報会計システム論』中央経済社．
─────［1999］「デリバティブ取引の会計の動向（3）─オプション取引の会計処理に関する実態分析─」『先物・オプションレポート』（大阪証券取引所）第11巻第4号（1999年4月），2-7頁．
─────［2000a］「エレクトロニック・ディスクロージャーの理論的基盤と実態分析」『インベストメント』第53巻第1号（2000年2月），4-17頁．
─────［2000b］「ビジネスレポーティングと情報技術」『甲南経営研究』第40巻第3・4号（2000年3月），111-125頁．
─────［2000c］「会計ディスクロージャーの拡大と情報テクノロジーのインパクト」『會計』第157巻第5号（2000年5月），1-13頁．
─────編著［2001］『eディスクロージャー─電子情報開示の理論と実践─』（『企業会計』6月別冊，通巻第27号）中央経済社．
川田　昭［1999］「金融商品の公正価値評価に関する検討」『近畿大学商学論究』第4巻第2号（1999年11月），1-13頁．
川端保至［2001］『19世紀ドイツ株式会社会計の研究』多賀出版．
川村義則［1998］「包括利益の概念とその報告をめぐる問題─米国の現状とわが国への適用について─」『會計』第154巻第2号（1998年8月），28-40頁．
─────［2000］「FASB概念書第7号『会計測定におけるキャッシュフロー情報と現在価値の利用』の概要」『COFRIジャーナル』第38号（2000年3月），29-40頁．

企業会計審議会［1990］「オプション取引等の会計基準に関する意見書等について」。
―――［1997］「金融商品に係る会計処理基準に関する論点整理」『企業会計』第49巻第8号（1997年8月），135-143頁。
菊谷正人［2001］「英国における総認識利得損失計算書」『企業会計』第53巻第7号（2001年7月），39-48頁。
北村敬子・今福愛志［2000］『財務報告のためのキャッシュフロー割引計算』中央経済社。
北山弘樹［2002］「ジェンキンズ・リポートの展開―ビジネスリポーティングの包括モデル―」『税経通信』第57巻第3号（2002年2月），129-137頁。
木戸田力［2001］『会計測定論の再構築（改訂版）』同文舘。
木本圭一［1997］「収益費用アプローチから資産負債アプローチへの転換」『企業会計』第49巻第1号（1997年1月），118-123頁。
久保田秀樹［1993a］「産業主義時代の利益概念としての収益・費用型利益概念」『彦根論叢』第282号（1993年5月），133-146頁。
―――［1993b］「対応・凝着アプローチと脱産業化経済」『彦根論叢』第283・284号（1993年11月），245-260頁。
―――［1996］『市場経済の展開と発生主義会計の変容』滋賀大学経済学部研究叢書第26号。
―――［1998］「『対応・凝着アプローチ』の変則性としてのデリバティブ会計問題」『會計』第153巻第1号（1998年1月），51-62頁。
―――［2002］「市場経済の高度化とファイナンス型会計」『會計』第160巻第2号（2002年2月），97-108頁。
黒澤清編［1973］『会計と社会』中央経済社。
黒田全紀編著［1987］『解説西ドイツ新会計制度―規制と実務―』同文舘。
郡司　健［1984］『企業情報会計』中央経済社。
甲南大学経営学会編［1995］『企業社会と会計情報』千倉書房。
神戸大学会計学研究会編［1980］『シュマーレンバッハ研究 復刻版』中央経済社。
神戸大学・朝日監査法人IASプロジェクト［2001］『国際会計基準と日本の会計実務』同文舘。
古賀智敏［1990］『情報監査論』同文舘。
―――［1991］「新金融商品の会計問題（1）」（経済経営資料集第5号）龍谷大学経済経営学会。
―――［1995a］「財務報告の展望と課題」『税経セミナー』第40巻第2号（1995年2月），4-11頁。
―――［1995b］「デリバティブ―意思決定有用性の視点から」『企業会計』第47巻

第 7 号（1995年 9 月），35-44頁。

─── ［1996］「金融イノベーションと会計基準の国際的調和化」『税経セミナー』第41巻第 2 号（1996年 2 月），4-10頁。

─── ［1997a］「ヘッジ会計の新展開」『税経通信』第52巻第 2 号（1997年 2 月），25-34頁。

─── ［1997b］「金融資産・負債と公正価値会計―IASディスカッションペーパーの意義と問題点―」『税経通信』第52巻第 8 号（1997年 6 月），17-24頁。

─── ［1998a］「財務会計の概念的基礎―資産負債アプローチと収益費用アプローチ」『税経セミナー』第43巻第 4 号（1998年 3 月），11-19頁。

─── ［1998b］「包括利益会計の基礎」『税経セミナー』第43巻第 6 号（1998年 4 月），10-18頁。

─── ［1998c］「資産概念の基礎理論」『税経セミナー』第43巻第 8 号（1998年 5 月），13-22頁。

─── ［1998d］「資産評価の基礎理論」『税経セミナー』第43巻第10号（1998年 6 月），13-22頁。

─── ［1998e］「現在価値会計の基礎理論」『税経セミナー』第43巻第11号（1998年 7 月），9-17頁。

─── ［1998f］「金融商品と時価評価の理論」『税経セミナー』第43巻第13号（1998年 8 月），13-21頁。

─── ［1998g］「国際会計基準の概念的フレームワークの展開―IASC金融商品プロジェクトへの適用を中心として―」『産業経理』第58巻第 1 号（1998年 4 月），23-34頁。

─── ［1999a］『デリバティブ会計（第 2 版）』森山書店。

─── ［1999b］「デリバティブ取引の会計の動向（1）―アメリカFASBの展開を中心として―」『先物・オプションレポート』第11巻第 2 号（1999年 2 月），6-9頁。

─── ［1999c］「金融商品会計の一視点―金融商品と公正価値会計―」『税経通信』第54巻第 7 号（1999年 5 月），36-43頁。

─── ［1999d］「時価会計基準の国際比較」『企業会計』第51巻第11号（1999年11月），18-25頁。

─── ［2000a］「金融商品と公正価値会計」『會計』第157巻第 1 号（2000年 1 月），18-36頁。

─── ［2000b］『価値創造の会計学』税務経理協会。

─── ［2000c］「金融リスク環境と新監査モデル―継続的監査アプローチの適用可能性と課題―」『現代監査』第10号（2000年 3 月），63-76頁。

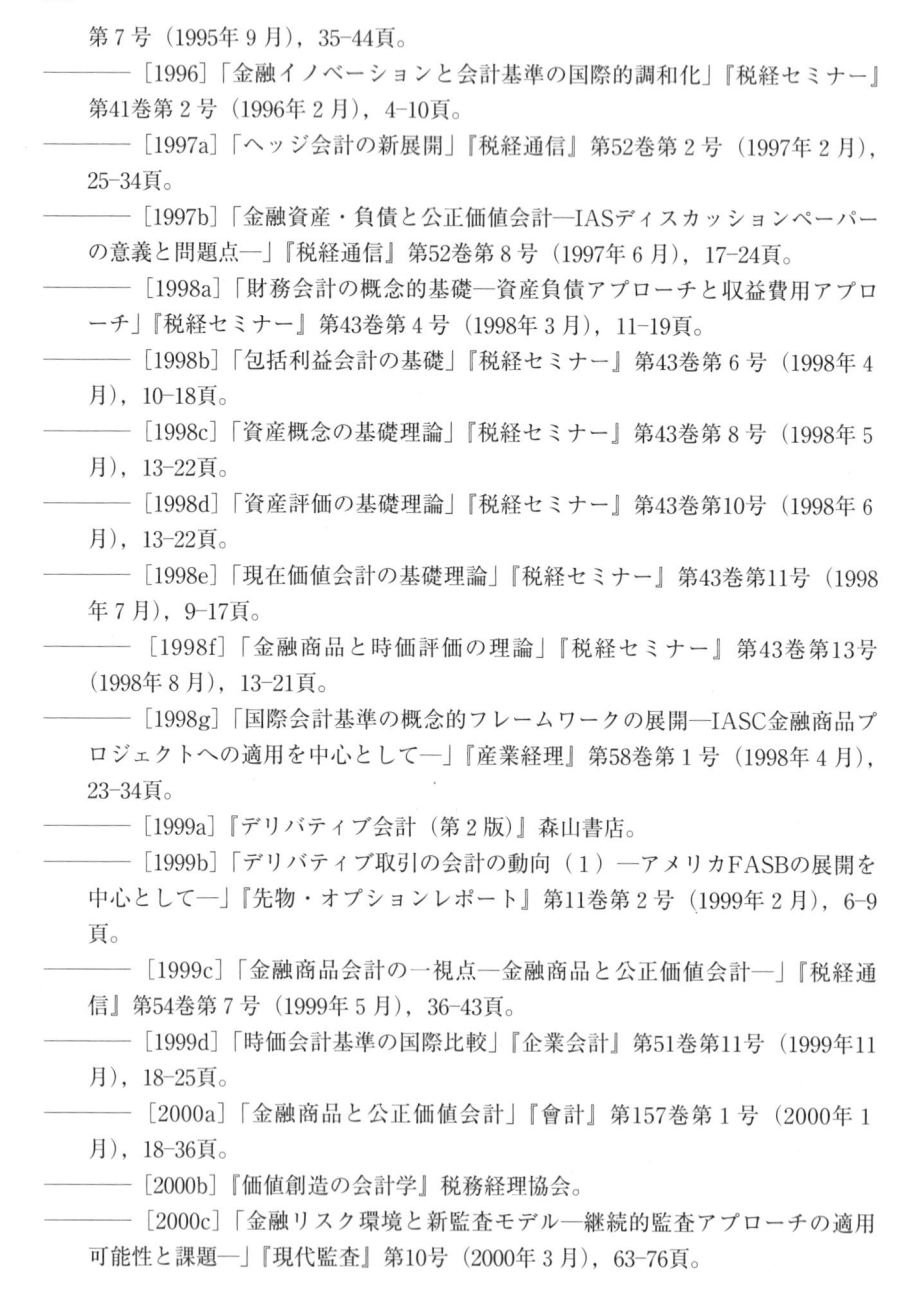

─────［2001a］「金融商品とファイナンス型会計理論─包括的公正価値評価とヘッジ会計─」『国民経済雑誌』第183巻第5号（2001年5月），31-43頁。

─────［2001b］「金融商品の評価基準と問題点」『税経セミナー』第46巻第7号（2001年5月），4-10頁。

─────［2001c］「企業の規模特性とヘッジ会計の選択行動」『先物・オプションレポート』第13巻第6号（2001年6月），2-7頁。

─────［2001d］「金融商品と包括的公正価値会計」『企業会計』第53巻第6号（2001年6月），58-65頁。

─────［2002］「金融商品とファイナンス型会計」『會計』第161巻第2巻（2002年2月），62-73頁。

古賀智敏・五十嵐則夫［1999］『会計基準のグローバル化戦略』森山書店。

古賀智敏・浦崎直浩［1998］「金融取引の簿記処理に関する実態調査」『月刊監査研究』第26巻第4号（1998年5月），7-38頁。

古賀智敏・滝田輝己・河﨑照行・松本敏史・浦崎直浩・羽藤憲一［1999］「デリバティブ取引の簿記処理に関する実態調査」『月刊監査研究』第25巻第4号（1999年4月），15-28頁。

後藤雅敏［1996］「経営者が公表する予測情報に関する研究─1980年代後半以降の実証研究のレビュー─」『国民経済雑誌』第173巻第6号（1996年6月），69-82頁。

後藤雅敏・桜井久勝［1993］「利益予測情報と株価形成」『會計』第143巻第6号（1993年6月），77-87頁。

斎藤静樹［1994］『企業会計における資産評価基準』第一法規出版。

斎藤静樹［1999］「キャッシュフロー・ヘッジの概念とヘッジ会計の方法」『會計』第156巻第6号（1999年12月），1-13頁。

坂本道美［2002］「金融商品とファイナンス型会計」『會計』第160巻第2号（2002年2月），109-123頁。

阪本安一先生傘寿記念論文集編集委員会［1986］『現代企業と会計』中央経済社。

桜井久勝［1991］『会計利益情報の有用性』千倉書房。

─────［1998a］「意思決定─有用性とディスクロージャー」『企業会計』第50巻第1号（1998年1月），59-65頁。

─────［1998b］「ストック・オプション制度とその会計」『税経セミナー』第43巻第13号（1998年8月），5-11頁。

桜井久勝・桜井貴憲［1999］「金融商品の時価情報と企業評価─東証上場銀行の実証分析─」『国民経済雑誌』第179巻第5号（1999年5月），29-42頁。

佐藤清和［1996］「ヘッジ概念とヘッジ会計の実質的意味」『酒田短期大学研究論集』第16号（1996年8月），87-134頁。

─────［1999］「オプション価格式のCVP分析への応用─損益分岐点を権利行使価格とする業績予測モデル─」『青森公立大学経営経済学研究』第4巻第2号（1999年3月），42-64頁。

佐藤信彦［1994］「確定額払い借入金の会計測定─L. ローレンセンの所説を中心にして─」『経済集志』第64巻第2号（1994年7月），97-106頁。

─────［1995］「FASBによる収益費用観・資産負債観と損益法・財産法」『経済集志』第64巻第4号（1995年1月），141-148頁。

─────［2000］「会計測定における割引現在価値─SFAC 7号『会計測定におけるキャッシュ・フロー情報と現在価値の使用』を中心に─」『経済集志』第70巻第2号（2000年7月），145-163頁。

─────［2001a］「負債の時価評価〜JWG基準書案『金融商品およびその類似項目』の検討〜」『経営財務』第2512号（2001年2月），14-20頁。

─────［2001b］「包括利益概念と利益観」『企業会計』第53巻第7号（2001年7月），18-24頁。

澤邉紀生［1998］『国際金融規制と会計制度』晃洋書房。

篠原繁［2001］「資産の保有利得と実現概念」（中村編著［2001］第4章所収）。

柴健次・伊藤美幸［2000］「日本企業のディスクロージャー行動」『経理情報』第915号（2000年4月10日），34-38頁。

島田美智子［1992］「国際会計基準とリース会計」『経営学研究論集』第19号（1992年7月），1-23頁。

島永和幸［2000］「企業の財務評価と売却時価会計」『會計』第158巻第6号（2000年12月），125-136頁。

白川方明・翁邦雄・白塚重典「金融市場のグローバル化：現状と将来展望」日本銀行金融研究所 Discussion Paper No. 97-J-15。

白鳥庄之助［2000］「時価主義会計・監査の系譜と21世紀への期待」『會計』第157巻第1号（2000年1月），1-17頁。

白鳥庄之助・村本孜・花枝英樹・明石茂生［1996］『金融デリバティブの研究─スワップを中心に─』同文舘。

証券研究会・小谷融編［2001］『有価証券報告書・半期報告書における『デリバティブ取引』記載事例集』税務研究会出版局。

須田一幸［2000］『財務会計の機能─理論と実証』白桃書房。

鈴木直行［2002］「金融商品の全面公正価値の提案に至るまでの米国会計基準の歴史的考察」日本銀行金融研究所 Discussion Paper No. 2002-J-6。

鈴木学［1999］「アメリカ会計原則設定直前期の会計学説における実現概念の検討」『近畿大学商学論究』第4巻第2号（1999年11月），22-30頁。

醍醐　聰［1999］『国際会計基準と日本の企業会計』中央経済社。
─── ［2001］「現在価値評価の浸透と利益概念の変容」『會計』第159巻第3号（2001年3月），58-69頁。
高木晴夫・小坂武［1990］『SIS経営革新を支える情報技術』日本経済新聞社。
高須教夫［1995］「FASB概念的フレームワークにおける資産負債アプローチ」『會計』第148巻第3号（1995年9月），27-39頁。
─── ［1996］「現行会計システムの特質に関する一考察」『會計』第150巻第5号（1996年），33-46頁。
─── ［2001］「FASB概念フレームワーク・プロジェクトの出発点と到達点」『商大論集』第52巻第5号（2001年3月），1-14頁。
武田安弘編著［2001］『財務報告制度の国際比較と分析』税務経理協会。
武田隆二［1961］「財産法と損益法の類型的考察」『国民経済雑誌』第103巻第3号（1961年3月），81-93頁。
─── ［1963a］「財産法の近代的解釈」『會計』第84巻第1号（1963年7月），26-43頁。
─── ［1963b］「財産法の技術的類型」『會計』第84巻第5号（1963年11月），42-63頁。
─── ［1963c］「財産法の類概念と種概念」『會計』第84巻第6号（1963年12月），106-121頁。
─── ［1964］「原初的財産法から近代的財産法へ」『會計』第85巻第1号（1964年1月），108-121頁。
─── ［1967］「時価主義と資本維持論との関連」『企業会計』第19巻第4号（1967年3月），81-91頁。
─── ［1969a］「処分可能利益概念の諸相」『国民経済雑誌』第119巻第3号（1969年3月），35-52頁。
─── ［1969b］「主観利益と実現可能利益の情報内容」『會計』第96巻第2号（1969年8月），25-42頁。
─── ［1969c］「主観利益と実現可能利益の情報内容（二・完）」『會計』第96巻第4号（1969年10月），80-98頁。
─── ［1971］『情報会計論』中央経済社。
─── ［1973］「情報会計における利用者指向的基礎」（黒澤編［1973］第4章所収）。
─── ［1982］『制度会計論』中央経済社。
─── ［1983］「会計情報基準の体系化」『企業会計』第35巻第7号（1983年7月），24-40頁。

────［1986］「会計情報の質的特性」（阪本安一先生傘寿記念論文集編集委員会［1986］第2章所収）。

────［1988a］「資産概念の拡大と能力概念」『企業会計』第40巻第10号（1988年10月），10-19頁。

────［1988b］「オフ・バランスの類型と資産化能力」『企業会計』第40巻第12号（1988年12月），12-22頁。

────［1992］「経常利益倍率にみるバブル効果」『税経通信』第47巻第6号（1992年5月），9-17頁。

────［1993］「会計環境の変化と財務会計理論の現代的課題」『會計』第143第1号（1993年1月），1-13頁。

────［1995］「会計パラダイム展開の回顧と展望」『税経通信』第50巻第1号（1995年1月），67-75頁。

────［1998a］『法人税法精説（平成10年版）』森山書店。

────［1998b］「ディスクロージャーの意義と必要性」『企業会計』第50巻第1号（1998年1月），27-35頁。

────［1998c］「商法と企業会計との関係枠組の検討」『税経通信』第53巻第11号（1998年9月），27-34頁。

────［1999a］『会計（第2版）』税務経理協会。

────［1999b］「損金・益金の認識・測定」『企業会計』第51巻第1号（1999年1月），108-115頁。

────［1999c］「インタビュー『21世紀の簿記教育』」（於：近畿大学）（1999年3月）。

────［1999d］「財務会計の理論的フレームワーク」『税経セミナー』第44巻第13号（1999年9月），3-10頁。

────編著［2000a］『中小会社の計算公開と監査―各国制度と実践手法』清文社。

────［2000b］「規制緩和と税理業務のゆくえ」『税経通信』第55巻第1号（2000年1月），17-25頁。

────［2001a］『最新財務諸表論（第7版）』中央経済社。

────［2001b］『会計学一般教程（第4版）』中央経済社。

────［2001c］『簿記Ⅰ簿記の基礎』税務経理協会。

────［2001d］「会計学認識の基点」『企業会計』第53巻第1号（2001年1月），4-10頁。

────［2001e］「時価会計と資本の疑似負債性」『會計』第159巻第5号（2001年5月），1-13頁。

田代樹彦［2001］「包括利益と会計処理―有価証券とデリバティブ」『企業会計』第

53巻第7号（2001年7月），55-62頁。
田中建二［1995］「金融派生商品の会計」『経済集志』第64巻第4号（1995年1月），149-160頁。
――――［1996］「米国貯蓄貸付組合の経営危機と会計問題」『経済集志』第65巻第4号（1996年1月），175-187頁。
――――［1996］「ヘッジ会計の論点」『税経セミナー』第45巻第6号（2000年4月），4-10頁。
田中隆雄［2001］「低くなる管理会計と財務会計の壁―減損会計と事業部貸借対照表」『企業会計』第53巻第12号（2001年12月），4-11頁。
田中 弘［1998］『時価主義を考える』中央経済社。
――――編著［1998］『取得原価主義会計論』中央経済社。
――――［1999］『原点復帰の会計学―通説を読み直す』税務経理協会。
田中弘・原光世［1994］『イギリス財務報告基準』中央経済社。
田中 勝［2000］「減損会計における測定理論―使用価値による測定に焦点を当てて―」『産業経理』第60巻第1号（2000年4月），82-94頁。
近 暁［1998］「包括利益の報告について―金融商品の時価評価との関連において―」日本銀行金融研究所 Discussion Paper No. 98-J-18。
中央監査法人編［1996］『デリバティブの会計と税務』日本経済新聞社。
辻 峰男［1998］『オフバランス会計の国際比較（第2版）』白桃書房。
津守常弘［1990］「米国における利益概念の変化とその問題性」『立命館経営学』第28巻第6号（1990年3月），23-60頁。
――――［1998］「概念フレームワーク研究の現代的視点―その論理構造と現実的構造の再吟味」『企業会計』第50巻第12号（1998年12月），4-12頁。
――――［2002］『会計基準形成の理論』森山書店。
徳賀芳弘訳［1989］J. St. G. カー著『負債の定義と認識』九州大学出版会。
――――［1999］「負債の評価基準の動向と展望」（醍醐［1999］第1章1‐2所収）。
――――［1998］「負債の公正価値評価―測定値の比較可能性という視点を中心として―」（中野・山地［1998］第3章所収）
冨塚嘉一［2000］「割引キャッシュフローからみた金銭債権・債務」（北村・今福編著［2000］第Ⅱ部第1章所収）。
冨増和彦［1991］「時価主義会計の基礎的考察―取得原価主義会計と実態開示・受託責任―」第42巻第2号（1991年7月），59-70頁。
友杉芳正［2000］「会計判断と監査判断」『會計』第158巻第3号（2000年9月），15-26頁。
豊岡 隆［1986］「インフレーション会計の諸方法に関する研究―FASB『基準書』

第33号に基づく事例と財務情報開示との関連において—」（阪本安一先生傘寿記念論文集編集委員会［1986］第9章所収）。

内藤文雄［2001］「コーポレート・ガバナンスと会計・監査の機能」『會計』第160巻第6号（2001年12月），1-13頁。

仲尾次洋子［1993］「実現概念の拡大と今日的意義—Windalの所説を中心として—」『経営学研究論集』第21号（1993年7月），1-22頁。

中久木雅之・宮田慶一［2002］「公正価値評価の有用性に関する実証研究のサーベイ」日本銀行金融研究所 Discussion Paper No. 2002-J-8。

中野　勲［1981］『会計利益測定論（第4版）』中央経済社。

―――［1987］『会計測定論—不信解消会計の構築—』同文舘。

―――［2000］「金融資産と金融債務の公正価値評価について」『産業経理』第59巻第4号（2000年1月），24-33頁。

中野　勲・山地秀俊編著［1998］『21世紀の会計評価論』勁草書房。

中野常男［1992］『会計理論生成史』中央経済社。

―――［2000］『複式簿記会計原理（第2版）』中央経済社。

永野則雄［1992］『財務会計の基礎概念』白桃書房。

中村忠編著［2001］『制度会計の変革と展望』白桃書房。

日本会計研究学会・スタディ・グループ［2000］『電子メディアによる情報開示に関する研究（最終報告）』（主査・河﨑照行，2000年9月）。

日本会計研究学会・特別委員会［2001a］『各国におけるデリバティブの会計・監査および課税制度に関する総合研究（最終報告）』（委員長古賀智敏教授，2001年9月）。

―――［2001b］『会計基準の動向と基礎概念の研究（最終報告）』（委員長斎藤静樹教授，2001年9月）。

日本公認会計士協会［1985］「債券先物取引の会計処理」。

―――［2001］「JWGドラフト基準『金融商品及び類似項目』に対するコメント」『JICPAジャーナル』第13巻第11号（2001年11月），69-77頁。

日本簿記学会・簿記実務研究部会［1998］「『金融取引の簿記処理に関する実務研究』（最終報告）」『日本簿記学会第14回全国大会報告要旨集』所収，25-51頁（この調査結果は，『月刊監査研究』第25巻第4号（1999年4月，15-28頁）においても公表されている）。

野中郁次郎監訳［1993］M・ハマー＆J・チャンピー著『リエンジニアリング革命』日本経済新聞社。

野村総合研究所訳［1994］ドン・タブスコット＆アート・キャストン著『情報技術革命とリエンジニアリング』野村総合研究所。

―――訳［2000］デュワイト・B・クレイン他著『金融の本質』野村総合研究所広報部。

岐山幸繁［2001］「ドイツにおけるデリバティブ会計とその実態」『広島県立大学論集』第4巻第2号（2001年2月），17-33頁。

八田進二・橋本尚共訳［2001］投資管理調査協会『21世紀の財務報告』白桃書房。

八田進二・橋本尚・町田祥弘［2001］「コーポレート・ガバナンス議論の国際比較研究」『駿河台経済論集』第10巻第2号（2001年3月），131-155頁。

八田進二・橋本尚・町田祥弘共訳［2001］『南アフリカ・キング委員会報告書 コーポレート・ガバナンス』白桃書房。

羽藤憲一［2000］「ビジネスレポーティングと情報技術」（日本会計研究学会・スタディグループ［2000］第3部第1章所収）。

浜本道正［1996］「利益情報の役割と資産評価」『企業会計』第48巻第9号（1996年9月），113-118頁。

原田満範［2000］「原価主義会計の論理と有用性―会計の重層的機能と取得原価会計の検討―」『會計』第157巻第2号（2000年2月），14-27頁。

土方 久編著［1993］『貸借対照表能力論―資産および負債の定義と認識―』税務経理協会。

土方 久［1998］『貸借対照表能力論』森山書店。

火原克二［1995］『物価変動会計の利益概念』森山書店。

平松一夫［1980］『外部情報会計―会計代替案選択問題の研究―』中央経済社。

――――［1986］『年次報告書会計』中央経済社。

――――［1998a］「アメリカにおけるディスクロージャー制度」『企業会計』第50巻第1号（1998年1月），113-128頁。

――――［1998b］「わが国会計制度における金融商品公開草案の意義」『税経通信』（1998年12月），50-56頁。

広瀬義州［1994］『会計基準論』中央経済社。

――――［1997a］「『企業会計原則』の見直しに伴う課題」『商事法務』第1446号（1997年1月25日），2-8頁。

――――［1997b］「会計基準設定のための日本版概念フレームワーク」『商事法務』第1455号（1997年4月25日），2-8頁。

深尾光洋・森田泰子［1997］『企業ガバナンス構造の国際比較』日本経済新聞社。

福井栄一監修［1992］『スワップ・オプション・先物取引提案事例集』銀行研修社。

藤井秀樹［1997］『現代企業会計論』森山書店。

藤井秀樹・金森絵里・境宏恵・山田康裕［1998］「会計測定におけるキャッシュ・フロー情報の利用―FASB1997年概念書公開草案の内容と論点―」経済論叢別冊

『調査と研究』第15号（1998年4月），1-17頁。

藤田友敬［2001］「『企業の本質』と法律学」『一橋ビジネスレビュー』第49巻第3号（2001年冬），64-75頁。

古庄　修［2001］「英国におけるビジネス・リポーティングの展開―私的開示問題の検討を中心として―」『會計』第160巻第3号（2001年9月），42-55頁。

包括利益研究委員会［1998］『包括利益をめぐる論点』企業財務制度研究会。

法務省民事局参事官室［2001］「商法等の一部を改正する法律案要綱中間試案の解説」『商事法務』第1593号（2001年4月25日），5-27頁。

法務大臣官房司法法制調査部［1968］『イギリス会社法―1948年法・1967年法―』法務資料（第408号）。

本田良巳［2001］「ドイツにおける金融派生商品の計上問題」『會計』第160巻第5号（2001年7月），69-80頁。

松浦良行［2000］「リスクベースの資本維持と財務会計システム」（森田編著［2000］第17章所収）

松尾聿正・柴健次編著［1999］『日本企業の会計実態―会計基準の国際化に向けて―』白桃書房。

松島克守［1994］『IT［情報技術］とリエンジニアリング』日本能率協会マネジメントセンター。

松本祥尚［1990］「財務報告プロセスにおけるSECの役割期待」『香川大学経済論叢』第63巻第1号（1990年6月），149-176頁。

万代勝信［2000a］『現代会計の本質と職能』森山書店。

―――［2000b］「2つのアプローチと期間損益計算―収益・費用の把握方法を中心として―」『産業経理』第60巻第2号（2000年7月），56-64頁。

三菱銀行商品開発部訳［1994］ジョンハル著『デリバティブ入門』金融財政事情研究会。

宮田慶一・古市峰子［1999］「IASCの金融商品に関する包括的会計基準策定を巡る最近の動きについて」日本銀行金融研究所 Discussion Paper No. 99-J-28。

宮田慶一・吉田慶太［2002］「金融商品の全面公正価値評価を巡る理論的論点の整理」日本銀行金融研究所 Discussion Paper No. 2002-J-7。

宮本邦男［1997］『現代アメリカ経済入門』日本経済新聞社。

向　伊知郎［1998］『カナダ会計制度研究―イギリスおよびアメリカの影響―』税務経理協会。

毛利敏彦［2000］『会計学の制度分析』森山書店。

森川八洲男［2001］「金融商品包括的時価評価の構想―JWG「基準案」の公開に寄せて」『企業会計』第53巻第5号（2001年5月），4-12頁。

森田哲彌［1983年］『価格変動会計論』国元書房。
―――編著［2000］『簿記と企業会計の新展開』中央経済社。
森田哲彌・岡本清・中村忠編［1972］『現代会計学の基本課題』中央経済社。
弥永真生［1996］『企業会計法と時価主義』日本評論社。
―――［1998］『デリバティブと企業会計法』中央経済社。
山形休司［1986］『FASB財務会計基礎概念』同文舘。
山口忠昭［1994］『物価変動会計論』同文舘。
山地秀俊［1994］『情報公開制度としての現代会計』同文舘。
―――編著［1998］『原価主義と時価主義』（研究叢書51）神戸大学経営経済研究所。
山下勝治［1980］「会計学に於けるケルナーシューレ」（神戸大学会計学研究会編［1982］第1編（一）所収）。
山田辰己［2001］「金融商品の時価評価と利益概念」『會計』第159巻第3号（2001年3月），27-38頁。
山田康裕［1999］「包括利益にかかる連繋問題」『会計史学会年報』第18号，116-125頁。
山中　宏［1997］『メインバンクの審査機能』税務経理協会。
山中　宏［2000］「メインバンク制の変容とコーポレート・ガバナンス」『商経学叢』第47巻第1号（2000年7月），17-28頁。
好川　透［1998］『コーポレート・ガバナンスとIR活動』白桃書房。
吉川　満［1999］「米国における時価会計導入の影響とわが国『論点整理』の問題点」『商事法務』第1539号（1999年10月5日），84-91頁。
―――［2000］「時価会計・ヘッジ会計対応のための準備」『商事法務』第1551号（2000年2月15日），4-15頁。
吉川　満・吉井一洋［2000］「時価算定方針の規程例」『商事法務』第1556号（2000年4月5日），14-18頁。
吉田　寛［1998］「会計情報に期待される経済実態の表明能力―工業社会から情報社会への変化のなかで―」『税経通信』第53巻第1号（1998年1月），22-27頁。
吉田康英［2000］「金融商品の時価評価と会計上の課題」『産業経理』第59巻第4号（2000年1月），61-69頁。
若杉明［1985］『企業利益の測定基準』中央経済社。

索　引

あ

IASC概念フレームワーク …………110
相対取引 ……………………179
アカウンタビリティ ………………349
アセットスワップ ……………198
ASOBAT ……………………2, 9, 63, 90
アメリカ経済 …………………225
あるべき会計 …………………94
安定株主 ……………………231
安定的秩序 ……………………50

い

イギリス会社法 ………………126
意思決定態様 …………………26
意思決定プロセス ……………59
意思決定有用性 ……………2, 76
委託・受託関係 ………………58
一貫性 ………………………105
一致の仮定 ……………………131
一般に公正妥当と認められる会計処理の原則または手続 ………53
一般に認められた会計処理の原則・手続 ………………………350
一般目的外部財務報告 ……129, 134, 232
一般目的財務諸表 ……………112
インサイダー …………………237
インターネット
　…………26, 28, 135, 153, 232, 326, 339

う

ウェブサイト …………………28, 72

え

AICPA財務報告特別委員会…………240
SFAC1号 ……………………66, 134
SFAC2号 ……………………75, 76
SFAC5号 ……………85, 99, 108, 125
SFAC6号 ……………………97, 140, 151
SFAC7号 ……………………153, 159
SFAS52号 ……………………303
SFAS105号 ……………………7
SFAS107号 ……………………7
SFAS114号 ……………………7
SFAS115号 ……………………7
SFAS118号 ……………………7
SFAS119号 ……………………7
SFAS125号 ……………………8
SFAS130号 ……………………267
SFAS133号 ………8, 180, 190, 202, 303
SFAS137号 ……………………190

お

オプション ………………179, 226, 279
オプション取引 ………………298
オプション評価モデル …………19
オフバランスシート項目 ………36
オフバランスシートリスク ……243
オフバランス取引 ……………93, 99

か

外貨換算調整勘定 ……………………253
外貨ヘッジ ……………………182, 302
会計概念フレームワーク ……………109
会計慣行 ………………………………50
会計監査人 ……………………………323
会計行為 …………………………49, 86
会計情報基準 …………………………90
会計情報の効果 ………………………64
会計情報の質的特性 ………10, 55, 59, 75
会計情報の有用性 …………………64, 75
会計責任 …………………………55, 57
会計測定 ……………………………136
会計帳簿 ………………………………51
会計データ ……………………………81
会計的コミュニケーション ……49, 113
会計的選択 …………………………75, 90
会計的選択規準 ………………………86
会計的認識領域の拡大 ……………341
会計パラダイム ………………………15
会計方針 ………………………………79
会計方針の変更 ………………………79
会計目的 ………………………63, 136, 151
概念フレームワーク ………55, 68, 80
価格リスク …………………………42, 179
確実性 …………………………………96
拡大取引概念 …………………………3
拡張損益計算書 ……………………257
「拡張損益計算書」アプローチ ……255
加重確率アプローチ ………………119, 123
課税所得 ……………………………212
課税所得計算 ………………………210
課税所得計算書 ……………………216
仮想企業体 …………………………227

価値情報 ……………………………242
価値発生 ……………………………138
価値費消 ……………………………138
価値ベース会計モデル ……………250
価値理論的アプローチ ………………64
稼得・実現・対応利益 ……260, 265, 345
稼得利益 ……………143, 182, 195, 253
過度の保守的経理 …………………353
株価指数先物取引 …………………293
株価リスク …………………………328
株式先物取引 ………………………293
株式の所有構造 ………………………30
株式の相互持合 ……………………316, 328
株式の相互持合の理由 ……………319
株式持合の減少の理由 ……………320
株主価値創造 ………………………230
株主価値の最大化 …………………230
株主重視 ………………………………6
株主の擬制的内部化 ………………151
株主の残余権益 ………………………83
株主有限責任 ………………………130
貨幣資本維持 ………………………151, 350
貨幣資本利益 ………………………130, 350
貨幣資本利益計算 ……………………94
貨幣的計量可能性 …………………95, 132
貨幣的実体資本維持 …………………24
貨幣の時間価値 ……………………155
借入金比率 …………………………35, 44
カレントコスト ………………………24
為替先物予約 …………………………9
為替相場 ……………………………140
為替リスク ……16, 41, 179, 226, 278, 328
環境会計 ………………………………57
監査 …………………………………244
監査委員会 …………………………325, 338

索　引　*391*

監査業務 …………………………53
監査制度 …………………………134
監査人 ………………52, 78, 240, 244
監査プロセス ……………………54
監査役 ……………………………323
間接金融 …………………………31

き

期間帰属認識 ……………………85
期間損益計算 ……………17, 93, 153
期間的未解消項目 ………………96
機関投資家 ………………………323
期間比較可能性 …………………105
企業会計の透明性 ………………20
企業活動の機能 …………………254
企業活動の社会的影響 …………58
企業間の比較可能性 ……………105
企業業績のトレンド ……………345
企業統治 ………………10, 305, 321, 329
企業の支払能力 …………………353
企業報告 ……………………10, 228
希少資源の効率的な配分 ………65
希少資源の最適な配分 …………129
希少資源の適正な配分 …………69
希少資源の配分 …………………75
規制当局 …………………………323
基礎変数 ……………………8, 181
期待キャッシュフロー …………69
期待キャッシュフロー・アプローチ
　……………………………………154
期待キャッシュフローの現在価値 …90
期待市場収益率 …………………141
期待将来キャッシュフロー ……142
期待将来キャッシュフローの現在価値
　……………………………………141

期待将来市場収益率 ……………141
義務 …………………………82, 116
客観価値 ……………………18, 132
キャッシュフロー ………………69
キャッシュフロー・担税価値アプローチ …………………6, 207, 211, 216
キャッシュフロー計算書 …67, 112, 245
キャッシュフローヘッジ
　……………………6, 182, 185, 195, 302
キャッシュフローを生み出す能力 …66
給付可能概念 ……………………221
給付能力可能性 …………………207
共益権 ………………………136, 232
金額の合理的見積可能性 ………88
金庫株制度 ………………………321
金融経済 ……………………16, 132
金融資産 ………32, 46, 70, 139, 141, 212
金融資産関連比率 ………………37
金融資産選択行動 ………………32
金融資産比率 ………………33, 36, 47
金融商品 …………………………139
金融商品会計の実態 ……………346
金融商品の公正価値 ……………141
金融商品の市場価格 ……………191
金融の自由化・国際化
　…………………………1, 31, 93, 153, 225
金融負債 ………32, 47, 70, 139, 141, 212
金融負債関連比率 ………………39
金融負債比率 ………………33, 39, 40
金融リスク ………………………17
金融リスク管理の実態 …………346
金利先物取引 ……………………293
金利スワップ ……………9, 181, 193, 197
金利リスク ……16, 41, 179, 226, 278, 328

く

クリーンサープラス利益 ……………255
繰延ヘッジ ……………193, 302, 315
繰延ヘッジ処理 ………………………328
グロスの収支概念 ……………………107
グロスリスク ……………………………234

け

経営者指向の会計 ……………130, 134
経営者支配の会社経営 ………129, 232
経営者の分析 …………………………245
景気変動 ………………………………32
経済事象の識別規準 …………………97
経済的資源 ……………………………81
経済的実質優先 ………………………2
経済的所有権 …………………………106
経済的便益 ……………………………88
経済的便益の犠牲 ……………………82
経済的利益 ……………………………24
計算擬制的項目 ………………………107
経常所得 ………………………………208
経常利益倍率 …………………………32
継続的監査 ……………………………151
継続的報告 ……………28, 151, 174
契約上の権利または義務 ……………19
契約に基づく権利と義務の認識 ……94
計量可能性 ……………………………90
系列 ……………………………………231
原価・実現アプローチ
　…1, 17, 36, 44, 50, 69, 79, 107, 139, 177
原価主義会計 …………………………3
原価配分 ………………………………41
原価配分の方法 ………………………90
現金主義会計 …………………………221

現金同等物 ……………………113, 116
現在価値 …………………………89, 115
現在価値測定 …………………………154
現在原価 ………………………………115
現在原価会計 …………………………15
現在市場収益率 …………………19, 140
現在市場収益率資本維持 ……………350
現在市場収益率資本維持概念 …140, 152
現在売却価値 …………………………90
原資産 …………………………………178
検証可能性 ……51, 54, 76, 86, 90, 96, 114
権利・義務関係 ………………………58

こ

コア概念 ………………………………245
コア概念に基づくキャッシュフロー計算書 ……………………………………249
コア概念に基づく損益計算書 ………246
コア概念に基づく貸借対照表 ………247
コア利益 …………………………248, 354
行為規準 ………………………………76
交換価値 ………………………………18
交換取引 ………………………………159
公正価値
　……8, 19, 22, 41, 153, 155, 159, 188, 207
公正価値会計
　…1, 2, 25, 44, 49, 70, 133, 139, 231, 349
公正価値会計情報の信頼性 …………349
公正価値会計の目的 …………………68
公正価値会計の役割 …………………341
公正価値測定 …………20, 178, 187, 196
公正価値評価の対象 …………………341
公正価値ヘッジ ………………182, 185, 302
購入価値 ………………………………170
購入保証契約 …………………………101

購買契約 …………………………94, 100
衡平法上の義務 ……………………82
合理的投資者 …………………20, 142
ゴーイングコンサーン ………………166
コーポレート・ガバナンス
　………………10, 28, 72, 134, 231, 318, 321
コーポレート・ダイアローグ
　………………………………29, 72, 151
コールオプション ……………………179
顧客満足 ……………………………242
個別有高差額計算法 …………146, 148
コミュニケーション・プロセス ………52
コモディティ型のデリバティブ ……193
コモディティ市場 ……………………140
雇用契約 ………………………………94
混合属性アプローチ …………………125
混合属性会計モデル …………………250
混合属性測定 ……………………18, 21

さ

財貨および役務の提供・授受関係 …58
財貨の損益作用性 …………………106
財貨発生 ……………………………138
財貨費消 ……………………………138
債券先物取引 …………………293, 294
財産法 ……………………………15, 143
財政状態変動表 ……………………112
裁定取引 ……………………………294
最頻確率アプローチ …………119, 120
財務会計概念ステートメント ………108
財務業績計算書 ……………………260
財務諸表 …………………51, 64, 93, 245
財務諸表の基礎概念 …………………75
財務諸表の質的特性 ………………113
財務諸表の目的 ……………………110

財務報告 ………………………………67
財務報告の目的 ………………65, 68, 75
債務免除益 …………………………165
先物 ……………………………179, 279
先物取引 ………………………293, 298
先渡 ……………………………179, 279
先渡取引 ………………………196, 298
差金決済 …………………………8, 181
査定可能所得 ………………………208
サンクション …………………………50

し

G4+1 …………………………119, 267
自益権 …………………………136, 232
JWGドラフト基準 …………………356
ジェンキンズ委員会 …………………240
ジェンキンズ報告書
　………………………10, 26, 241, 251, 345
時価・実現可能性アプローチ ………107
時価・発生アプローチ ……………3, 139
時価会計 ………………………32, 45, 316
時価主義 ………………………………16
時価主義会計 …………………………45
時価評価 …………………………17, 229
時価ヘッジ ………………193, 302, 315
時間価値 ………………………155, 189
事業セグメント情報 …………………245
事業利益 ……………………………354
資金調達の手段 ………………………31
資金調達方法 …………………………35
資金フロー計算書 …………………112
資源に対する支配権 …………………116
自己資本比率 …………………33, 39, 40
自己責任原則 ………………………136
資産 ……………………………80, 85, 115

資産構成比率	33	資本の委託・受託の関係	57
資産選択行動	31	資本比較計算法	146
資産の定義	80	指名委員会	325, 338
資産の本質	80, 96, 116	社外監査役	326
資産負債アプローチ	24, 70, 143, 144, 211, 341	社会関連情報	58
		社会システム	50
資産負債比較計算法	146, 147	社会責任会計	57
事実関係システム	3, 53, 138	社会的価値	57
事実関係を支配する内部原理	137	社会的期待ギャップ	348
市場価値	19	社外取締役	326
市場価値の推定方法	19	社債・転換社債比率	35, 44
市場価値法	209	収益	80, 85, 115
市場の相場	2	収益の定義	83
市場のボラティリティ	41	収益費用アプローチ	24, 93, 144
市場利子率	142	収支関連情報	58
市場リスク	234	重要性	76
事象理論的アプローチ	64	重要性の識閾	85
システマティック・リスク	233	主観価値	18, 132
実現可能価額	89	受託資本の維持管理	50
実現可能価値	115	受託資本の管理運用プロセス	136
実現原則	137	受託責任	57, 75, 111, 130, 229
実現主義	131	受託責任の解除	3
実現法	209	受託責任の履行	66
実現利益	351	出資と経営の分離	129
実効金利	159	取得原価	18, 132
執行役制度	325, 338	取得原価主義	1, 125, 349
実在財産余剰概念	221	取得原価主義会計	15, 69, 129, 151
実質優先性	114	取得原価主義の三つの仮定	130
実証的検証可能性	91	純額主義	107
実体資本維持	152	使用価値	18
質的特性	75	償却対象有形固定資産比率	36, 47
実物経済	16, 132	証券・金融市場のグローバル化	20
実物資本維持	45	証券市場	140, 323
シナリオ分析	276, 284	商品価格リスク	278
支配可能性	88	商品先物	181

| 情報格差 …………………………129, 232
| 情報技術 …………………29, 153, 349
| 情報提供能力 ……………………105
| 情報要求 ………………54, 59, 64, 111
| 情報要求指向的外部報告 …………72
| 情報要求の分類 ……………………61
| 情報要求の類型 ……………………60
| 正味実現可能価格 …………………90
| 将来キャッシュフロー…22, 24, 124, 156
| 将来キャッシュフローの現在価値 …19
| 将来キャッシュフローの予測 ………69
| 将来財貨流入・将来支出 …………98
| 将来指向的情報 ………………243, 245
| 将来収入・将来財貨支出 …………98
| 将来純キャッシュインフロー ………98
| 将来の経済的便益 …………80, 97, 151
| 将来の経済的便益に対する支配 ……97
| 将来の経済的便益をもたらす取引または事象の発生 ………………………97
| 初期の純投資 ………………………8
| 所得概念 ……………………………207
| 所有者権益 …………………………83
| 所有と支配の分離 …………………129
| 処理的記帳 …………………………95
| 新規測定 ……………………………155
| 真実かつ公正な概観 ………………126
| 真実かつ公正な写像 ………………114
| 真実性 ………………………………3
| 信用状態 ………………………154, 174
| 信用状態の影響 ……………………167
| 信用状態の測定 ……………………164
| 信用状態の変化 ……………………169
| 信用リスク ……………………42, 175
| 信頼性 ………………3, 76, 86, 88, 113, 243
| 真理対応の関係 ……………………54

す

数関係システム ……………………53
スタンプ・レポート ………………55, 65
ステークホルダー …………………10
ステークホルダーの重要度 ………322
既発生取引 …………………………97
ストックオプション ………………181
ストックの評価 ……………………25
ストレステスト ………………276, 284
スワップ ………………179, 226, 279
スワップ取引 ……………………197, 298

せ

成果資本 ……………………………24
成果資本維持 ………………………152
清算貨幣資本維持 …………………24, 45
制度 …………………………………49
説明責任 ……………………………229
潜在的収益力 ………………………106
全体価値から個別価値への移行性の仮定 …………………………………131
全部資本直入法 ……………310, 332

そ

総額計算法 ……………………146, 150
総額主義 ……………………………107
相互持合株式 ………………………309
操作的検証可能性 …………………91
想定財産余剰概念 …………………221
総認識利得損失 ……………………255
総認識利得損失計算書 ………255, 258
相場のない金融商品 ………………19
測定 …………………………………115
測定可能性 ……………………85, 88

測定尺度 …………………………21
測定尺度の適切性 ………………88
測定の信頼性 ……………………350
測定ルール ………………………49
組織業績管理 ……………………178, 187
組織効率管理 ……………………177, 178, 187
組織的単式簿記 …………………145
その他の包括利益 ………………196, 256
その他有価証券 …………7, 308, 310, 328
損益計算書 ………………66, 67, 112, 245
損益計算の原則 …………………137
損益指向的能力 …………………96
損益法 ……………………………15, 143
損失 ………………………………80, 85

た

第2の損益計算書 ………………257
「第2の損益計算書」アプローチ ……255
対応原則 …………………………137
第三者の検証 ……………………87
貸借対照表 ………………66, 67, 112, 245
貸借対照表能力 …………………93, 106
対称性のヘッジ商品 ……………180
対称性のリスク …………………180
高い発生の可能性 ………………86
担税価値 …………………………207
担税価値法 ………………………222

ち

注記 ………………………………80, 112
中立性 ……………………………76, 86
直接金融 …………………………31

つ

通貨先物取引 ……………………293
通貨先渡 …………………………181

て

定義 ………………………79, 85, 88, 115
ディスクロージャー制度 ………20, 129
データベース ……………………28, 87, 88
データベース開示 ………………136, 151
適時性 ……………………………28, 76
デリバティブ ……2, 8, 16, 17, 33, 46, 79,
　　　　　　　　94, 123, 178, 226, 271
デリバティブ会計 ………………9, 125
デリバティブ市場 ………………140
デリバティブの監査 ……………356
デリバティブの損益認識 ………124
デリバティブの定義 ……………180
デリバティブの利用実態 ………278
デリバティブの利用目的 ………279
電磁的媒体による議決権行使 …327
電子投票制度 ……………………135
電子メール ………………………339
伝統的会計モデル ………………129
伝統的取引概念 …………………3

と

投下貨幣資本の回収 ……………138
投機取引 …………………………294
投資者保護 ………………………140
投資ポートフォリオ ……………18, 234
投資有価証券比率 ………………36, 47
当初コスト ………………………17
当初認識 …………………………155
トータル・リスク ………………233

索　引　397

独立企業間取引 …………………9
特例処理 …………………………315
取替原価 …………………………89
取替原価会計 ……………………15
取締役会 …………………………323
取締役会制度 ……………………325
取締役の選任・解任 ……………232
取引概念の拡大 ……………94, 98, 105
取引の勘定認識 …………………95

な

内部管理情報の外部化 …………151
内部構造原理 ……………………3

に

日本型経営システム ………230, 317
日本的経営慣行 …………………316
２面的価値変動関係 ……………95
認識 ………………79, 85, 88, 99, 115
認識対象の拡張 …………………93

ね

ネットの収支概念 ………………107
ネットリスク ……………………234
ネットワーク ………………133, 135
ネットワーク社会 ………………136
年金契約 …………………………94
年度帰属修正法 …………………209

の

ノウハウ …………………………23

は

売却価値 …………………………170
背景情報 …………………………245

配当可能利益 ……………………353
売買目的有価証券
　　　　　………7, 33, 43, 213, 308, 328
発行済株式の持合先による保有割合
　　　　　…………………………318
発生原則 …………………………137
発生主義会計 ………9, 113, 221, 351
発生の可能性が高い
　　　　　…………81, 86, 88, 109, 119
「発生の可能性」規準 …………119
パラダイムシフト ………………15
パラレル経過の仮定 ……………131
バリュー・アット・リスク値 …276
販売活動の内部原理 ……………136

ひ

比較可能性 …………………76, 89, 113
引当金 ……………………………116
非コア資産 ………………………248
非コア負債 ………………………248
非財務的企業情報 ………………243
ビジネストレンド ………………245
ビジネスモデル ……………2, 341
ビジネスレポーティング ………153
非集計情報 ………………………242
非対称性のヘッジ商品 …………180
非対称性のリスク ………………180
百分率貸借対照表 ………………40
費用 …………………………80, 85, 115
評価損益 …………………………229
表現の忠実性 ………………76, 86, 89
費用性資産 ……………………32, 41
費用の定義 ………………………84

ふ

ファイナンス型会計理論 …………………17, 23, 24, 133, 139
ファイナンス型市場経済 ……………………23, 45, 133, 349
フィードバック価値 ………………………76, 259
付加価値会計 …………………………57
不確実性 ……………………………66, 154
含み益経営 …………………………347
負債 ……………………80, 82, 85, 97, 115
負債構成比率 …………………………33
負債の定義 …………………………82
負債の本質 ………………………82, 116
負債比率 ……………………………39, 40
付属明細書 …………………………112
物権 …………………………………106
プットオプション ……………………179
部分資本直入法 ……………………310, 332
不偏性 …………………………51, 54, 90
不偏性の検証可能性 …………………91
プラザ合意 …………………………16, 33, 226
ブランド ………………………………2, 341
プロダクト型会計理論 …………………24, 139
プロダクト型市場経済 …………23, 45, 132
分散可能リスク ………………………234
文書化されたリスク管理方針 …278, 312
文書的検証可能性 ……………………91
分配可能利益 …………………………24

へ

ヘッジ会計 ………177, 182, 187, 301, 311
ヘッジ会計の概念モデル ……………186
ヘッジ会計の適用 ……………………315
ヘッジ会計の方法 ……………………315
ヘッジ活動 ………………………178, 187
ヘッジ活動の有効性 …………………345
ヘッジ関係の有効性 …………………182
ヘッジ手段 ………………………182, 301
ヘッジ対象 ………………………182, 301
ヘッジ取引 …………………………294
ヘッジ取引の有効性 …………………315
ヘッジの有効性 ………………………139
ヘッジの有効性の判定 ………………189
ベネフィット＞コスト …………………76

ほ

包括主義利益 ………………………255
包括的企業報告モデル
　………………………27, 239, 244, 250
包括的な財務的業績 …………………136
包括的な写像結果 ……………………341
包括利益
　…140, 143, 187, 195, 253, 255, 350, 354
包括利益計算書 ……………………257
報告利益のボラティリティ ……………354
報酬委員会 ……………………325, 338
法定所得 ……………………………208
保証行為 ……………………………53
保有オプションの認識 ………………123
ボラティリティ …………28, 229, 345
本源的価値 …………………………189

ま

マーケットリスク管理 …………………276

み

未実現評価損益 ……………………253
未実現利益 …………………………138
未実現利得 …………………………212

索引 399

見積もり客観価値 …………………19
見積利益 …………………………354
未履行契約 ……………………79, 94
未履行契約に基づく権利と義務 ……96
未履行契約の会計的認識 ……………80

む

無形資産 …………………2, 161, 341

め

名目貨幣資本維持 ……………24, 112
名目数量 ……………………………8, 181
メインバンク ……………231, 317, 323

も

目的適合性
　………3, 21, 51, 59, 76, 85, 88, 90, 113
持合株式の表示科目 ………………318
持合株式の銘柄数 …………………318
持分 ………………………80, 83, 115, 116
持分変動計算書 ……………………257
「持分変動計算書」アプローチ ……255

や

約定の確定性 …………………………99
役割開示 ………………50, 52, 70, 111
役割記述 ………………50, 52, 70, 111
役割期待 ……………50, 52, 54, 70, 111
役割期待の相補性 ………49, 50, 64, 75
役割規定 ………………50, 52, 70, 111
役割構造の体系 ………………………49
役割の概念 ……………………………49

ゆ

有価証券運用益 ……………………308

有価証券の時価評価 ………………346
有価証券売却益 ……………………308
有価証券比率 ……………………36, 47
有効需要 ………………………………32
有効性 ………………………………189
有効性の評定 …………………178, 189
有用性 ……………………………3, 51

よ

用役潜在力 ……………80, 97, 132, 151
予測価値 ………………76, 254, 259
予定取引 ………………183, 191, 206

ら

ライアビリティスワップ ……………198
ラルフ委員会 ………………………209
ラルフ報告書 …………………208, 221
ランダムウォーク …………………266

り

リース契約 ……………………94, 102
リース資産 ……………………………96
リース取引 ……………………………94
利益の分配可能性 …………………350
リエンジニアリング ……………227, 239
理解可能性 ………………76, 89, 113
利害関係者 ……………………………10
利害関係者集団 ………………………56
利害関係者の分類 ……………………55
リサイクリング ……………………256
リスク・アカウンティング …………233
リスク・シェアリング社会 …………229
リスク・レポーティング ………225, 233
リスクエクスポージャー …18, 178, 186
リスクエクスポージャーの把握 ……70

リスク開示 …………………………6, 233
リスク加重資本 ……………………………152
リスク監査 …………………………………277
リスク管理 ………1, 25, 33, 93, 177, 276
リスク管理戦略 ……………………………187
リスク管理の顛末 …………………………139
リスク管理の有効性 ………………………70
リスク管理部門 ……………………………276
リスク管理プロセス ………………………277
リスク検証 …………………………………277
リスク測定 …………………………………277
リスク認識 …………………………………277
リスクの種類 ………………………………313
リスク負担 …………………………………229
リスクプレミアム …………………………156
リスク分析 …………………………………277
リスクポジション …………………………16
利息・税金・減価償却費・減耗償却費
控除前利益 ……………………………354
利得 ……………………………………80, 84
利用権 ………………………………………107

利用者指向的会計 ……………25, 64, 94
利用者指向の会計 …………………………135

る

累積確率アプローチ ………………119, 120
累積的会計修正 ……………………………143
ルーブル合意 ………………………………226

れ

歴史的原価 ………………………22, 89, 115
歴史的公正価値モデル ……………………154

ろ

労務関連情報 ………………………………58

わ

割引債 ………………………………………165
割引債の公正価値 …………………………142

著者紹介
浦崎 直浩（うらさき なおひろ）
1960年　　沖縄県那覇市に生まれる
1983年3月　琉球大学法文学部卒業
1988年3月　神戸大学大学院経営学研究科博士課程後期課程
　　　　　　単位取得退学
1988年4月　近畿大学商経学部専任講師，1991年4月同助教授
2001年4月　同教授，現在に至る
1995年9月～1996年8月　オーストラリア・メルボルン大学客
　　　　　　員研究員

主たる研究業績
論文
「取引概念の拡大とその会計的認識」『會計』(1993年4月)
「ヘッジ会計の基礎理論と会計処理」『商経学叢』(1999年12月)
「現在価値測定とリスク開示」『會計』(2000年8月)
著書
『オーストラリアの会計制度に関する研究』(2000年・近畿大学
商経学会)
共著・分担執筆
『貸借対照表能力論』(1993年・税務経理協会)
『予測財務情報論』(1995年・同文舘)
共訳
『貸借対照表の構造と機能』(1992年・森山書店)
『デリバティブ会計とヘッジ戦略』(2000年・東洋経済新報社)

公正価値会計

2002年6月10日　初版第1刷発行
2003年3月10日　初版第2刷発行

　　著　者　©　浦　崎　直　浩
　　　　　　　　うらさき　なおひろ

　　発行者　　　菅　田　直　文

　　発行所　有限　森山書店　東京都千代田区神田錦町
　　　　　　会社　　　　　　1-10林ビル（〒101-0054)
　　　　　TEL 03-3293-7061　FAX 03-3293-7063　振替口座 00180-9-32919

落丁・乱丁本はお取りかえします　　　　　　　　印刷・製本　シナノ
　　　本書の内容の一部あるいは全部を無断で複写複製する
　　　ことは，著作権および出版社の権利の侵害となります
　　　ので，その場合は予め小社あて許諾を求めてください。

ISBN 4-8394-1953-1